建筑业营改增实施指南
——会计核算与税务管理(第二版)

中国建筑业协会 组织编写

中国建筑工业出版社

图书在版编目（CIP）数据

建筑业营改增实施指南——会计核算与税务管理 / 中国建筑业协会组织编写 . —2 版 . —北京：中国建筑工业出版社，2017.10

ISBN 978-7-112-21259-0

Ⅰ.①建… Ⅱ.①中… Ⅲ.①建筑企业—增值税—税务会计—中国—指南②建筑企业—增值税—税收管理—中国—指南 Ⅳ.①F812.423-62

中国版本图书馆CIP数据核字（2017）第234114号

2016 年 5 月 1 日，建筑业营改增正式实施。建筑业实施增值税，不仅会对建筑企业的收入、利润等财务指标产生影响，更为重要的是将对企业的经营管理产生重大影响。

中国建筑业协会站在行业的高度组织编写了一套《建筑业营改增实施指南》，融合了十大建筑企业集团和专业财税咨询机构的丰富经验，提出了切实可行的税改应对方案以及实用性、操作性强的工作流程和制度办法，还根据最新文件对各项业务做出了详细的会计分录。本套《建筑业营改增实施指南》从经营管理和财税管理两方面为读者提供指引。其中，《建筑业营改增实施指南——会计核算与税务管理》主要是针对财税管理岗位的相关人员，共分为四章，分别为：增值税管理体系、增值税专用发票管理、增值税会计核算、增值税纳税申报管理。

本书适用于全国各类施工企业管理人员，包括工程造价人员、合约管理人员、法务管理人员以及公司高层领导，亦可供房地产企业等建设单位各类管理人员参考。

责任编辑：赵晓菲　朱晓瑜
书籍设计：京点制版
责任校对：李欣慰　王雪竹

建筑业营改增实施指南
——会计核算与税务管理（第二版）

中国建筑业协会　组织编写

*

中国建筑工业出版社出版、发行（北京海淀三里河路9号）
各地新华书店、建筑书店经销
北京京点图文设计有限公司制版
北京富生印刷厂印刷

*

开本：787×1092 毫米　1/16　印张：25　字数：433 千字
2017 年 11 月第二版　2017 年 11 月第六次印刷
定价：**60.00** 元
ISBN 978-7-112-21259-0
　　　（30903）

版权所有　翻印必究
如有印装质量问题，可寄本社退换
（邮政编码 100037）

编 委 会

主　　任：王铁宏
副 主 任：吴　涛
编　　委：（以姓氏笔画为序）
　　　　　王秀兰　王秀明　卞显敏　尹克定　石钟韶
　　　　　刘宇林　孙　璀　李　蓬　杨　良　邹红英
　　　　　陈书堂　陈关中　赵　峰　董国云　景　万
　　　　　傅俊元　游　霞　薛克庆

主　　编：吴　涛
副 主 编：王秀兰　孙治红　韩爱生
成　　员：董国云　周景梅　李燕鹏　王　飞　陈胜昔
　　　　　姜　静　王　芳　马明丽　孟广丽　孙越东
　　　　　刘宇彤　何　文　李　静　曹锡锐　高继红
　　　　　朱宏标　连　敏　唐定乾　戴德宏　陈立新
　　　　　范万柱　贾晓春　王红顺　莫　勇　张　杰
　　　　　何　力　韩　斌　刘　静

参编单位：中国建筑股份有限公司
　　　　　中国中铁股份有限公司
　　　　　中国铁建股份有限公司
　　　　　中国交通建设股份有限公司
　　　　　中国电力建设股份有限公司
　　　　　中国能源建设股份有限公司
　　　　　中国冶金科工集团有限公司
　　　　　中国核工业建设集团有限公司
　　　　　上海建工集团有限公司
　　　　　陕西建工集团有限公司
　　　　　北京华政税务师事务所
　　　　　新中大软件股份有限公司

总 序

营改增是中国建筑业新的风口，对于公司转型升级和提质增效有重要的推动作用，《建筑业营改增实施指南》丛书既具有深厚的理论知识，又讲述了明晰的操作实务，有助于建筑企业降低税务成本，规避税务风险，达到价值创造的目的。

中国建筑股份有限公司　总会计师　薛克拉

建筑业实施增值税，对行业和产业链运行的影响重大而深远。建筑企业必须应用增值税思维加以应对，从现在开始标本兼治，内外兼修。整个行业的各主体主责组织，都有责任加快落实这一重大政策，共筑行业良好生态环境，共享国家政策红利。

中国中铁股份有限公司　总会计师　杨良

《建筑业营改增实施指南》聚焦营改增对建筑业的影响与挑战，以建筑企业主要业务流程为主线，在对现状描述及问题分析的基础上，逐一给出了解决方案与建议，是建筑企业应对营改增、实现税改平稳过渡的行动指南。

中国铁建股份有限公司　总会计师

全面推开营改增试点是党中央、国务院在我国经济发展新常态下做出的一项重大战略决策，对推动产业结构转型升级、助力供给侧结构性改革具有重要作用。面对政策环境的重大变革，建筑企业要调整投标报价、招标采购、商务合同等经营模式以适应在产业链中的重新定位，要改变组织架构、生产流程以提高生产效率，还要建立完善的财税管理体系以控制税收风险，只有做到内外兼修、标本兼治，才能在变革中提升竞争能力。中国建筑业协会组织编写的《建筑业营改增实施指南》汇集了优秀建筑企业和咨询机构的先进经验，体系完整、内容详实、案例丰富，可以指导企业在营改增过程中实现转型升级，充分享受政策改革的红利。

中国交通建设股份有限公司　执行董事　财务总监

营改增是供给侧结构性改革和企业提质增效的重要举措。在建筑业实施营改增，对推动企业转型和结构优化将发挥重要作用。建筑企业应积极把握营改增的政策机遇，深化对企业管理体制、发展模式、经营方式等方面的改革，推动企业管理水平提升。《建筑业营改增实施指南》丛书，汇聚了多家建筑企业的实践经验和研究成果，对平稳、有序、规范实施营改增具有很好的指导作用。

中国电力建设股份有限公司　总会计师

建筑企业竞争激烈，毛利率偏低。实施营改增后，如何变革企业内部的组织体系及管理机制，实现依法纳税、合法进行税务规划，在建筑行业的意义更加凸显。《建筑业营改增实施指南》指出了应对思路及应对措施。

本书凝聚了国内顶尖的税务咨询专家、税务信息化专家及建筑企业财务管理精英的智慧，充分学习消化了建筑行业营改增相关的政策法规，深入调研掌握了中国建筑行业的管理现状，全书内容具有很强的实操性、针对性，也具有一定的前瞻性、先进性。该书既对建筑企业财务人员、税务管理人员具有指导意义，对广大建筑企业管理工作者也具有很强的借鉴作用。

中国能源建设股份有限公司　总会计师　陈关中

全面实施营改增，是国家推动经济结构调整、促进企业发展转型的一项重大税制改革。营改增对建筑行业影响深远，不仅对行业的整个产业链、上下游都产生重大影响，而且也彻底改变了每个企业过去已经习惯的经营管理、组织架构以及合同、分包、采购、资金、成本管理等工作流程，倒逼企业进行一场重大的管理变革，这对每一家建筑企业都是巨大的挑战和机遇。《建筑业营改增实施指南》丛书，及时总结了最新的法规政策和多家建筑企业的实践经验，理论结合实际，可操作性很强，为建筑企业在营改增过程中更好地抓住机遇、应对挑战提供了很好的指导作用。

中国核工业建设集团公司　总会计师　陈书堂

营改增是国家税制的一项重大改革，对建筑业而言具有里程碑意义。建筑业实现营改增顺利转轨，要求建筑企业在组织架构、生产经营和财税管理等方面进行调整优化，适应"新常态"，更需要行业内各类市场主体的专业分工和充分协作，使这项供给侧结构性改革的政策红利在整个产业链充分共享，推动整个行业的管理提升和转型升级。

中国冶金科工股份有限公司　副总裁

《建筑业营改增实施指南》从建筑企业在经营管理过程中涉及增值税业务的角度，详细讲解了相关政策，制定了具体对策和解决方案，具有很高的实务操作性和指导性，有利于帮助企业各类人员在处理各项经济业务过程中，正确理解和掌握营改增要点，在帮助企业不断提升管理水平和市场竞争力方面具有很大的作用。

上海建工集团股份有限公司　总裁

营改增对建筑企业来说，既是挑战也是机遇，这不仅仅是一个税制转换问题，更是一次推动管理模式变革的契机。促使建筑业完成由粗放型管理向精细化管理的蜕变，是一项十分复杂的系统工程，《建筑业营改增实施指南》正是一套内容全面、思路开阔、参考性极强的工具书。

陕西建工集团有限公司　董事长

序 Preface

营业税改征增值税是党中央、国务院全面深化改革的重要决策部署，是打造中国经济升级版的重大战略举措。随着营改增试点的全面实施，增值税取代营业税，将两者并行存在于第二产业和第三产业的流转税二元税制模式转换为一元税制模式，增值税覆盖所有货物、服务的生产、流通和消费。这使税制中性化的程度得以提高，为市场在资源配置中决定性作用的发挥创造了更优的税制环境，将成为推动产业转型升级、深化供给侧结构性改革、鼓励社会投资、促进大众创业、为企业减负的重要措施。

建筑企业要将国家税改给予的政策红利落到实处，必须理解国家税改精神，掌握国家税改政策精髓。首先，增值税是价外税，所谓价外税就是企业的收入中不含增值税税款，成本费用中也不含进项税款。市场部门在投标过程中，要将业主应该给付的销项税款在合同中单独明确；采购部门在物资采购过程中，要向销货方积极取得进项发票，及时进行认证抵扣，确保成本费用是不含税的。其次，充分认知增值税层层抵扣的原理，增值税是以销项税减去取得发票进项税后的差额作为纳税基础，因此，增值税管理的重点在于抵扣链条的管理，关键在于专用发票的开具和取得。最后，掌握增值税"以票管税"的特点，国家通过金税系统对增值税进行严格管理，目前正在全国推广的金税三期工程实现了"全国联网、发票及时认证抵扣"，税务机关对纳税人进行实时监控，并对虚开增值税专用发票等违法行为处以刑事重罪。企业在经营中必须严格遵守增值税法规，满足增值税管理的要求，防范风险。

营改增后，建筑企业的政策环境发生了重大改变。企业要把政策用到实处，充分享受政策改革红利，就需要企业管理层的高度重视、所有部门和人员的共同配合，通过加强组织管理、提高专业素质，达到提升公司整体管理水平的目的。建筑企业要根据税收政策原理，完善企业内部管理体系，积极推动经营机构的调整、制度的梳理和流程的再造，主动适应税改要求。

建筑企业现行的运营模式和组织管理方式是在营业税环境下制定的，无法适应增值税的管理要求，必须进行调整，比如：企业现行市场营销投标报价在目前合同文本下为含营业税价格,而增值税是价外税,为此企业在投标时必须按照住房和城乡建设部新的计价规则和增值税的要求,将投标报价调整为不含税价格;合约管理对合同条款中的价格标准、发票取得、付款方式等涉税重要事项的规定还是基于营业税管理体制下的传统规定,都要按照增值税的规定进行相应调整;企业现有成本管理模式是基于建造合同模式下的管理,缺乏对成本组成部分的个性化分析,税改后,要结合增值税规定,注重对各成本组成项目所含进项税额的管理;物资采购未考虑到增值税专用发票的管理,税改后,要筛选供应商库,确保能够取得增值税专用发票;增值税实行"项目就地预缴、机构集中汇缴"的管理模式,建筑企业工程项目分布范围广,分支机构多,管理链条长,税改后必须加强对项目和分支机构的管理,实现税务管理的集中管控;全面梳理和修订招标投标、合约、法务、市场与项目管理、投融资、考核、内控、财务与税务管理等有关制度。建筑企业需要对运营和管理进行全方位的梳理,并根据增值税法规及营改增政策做出相应的调整。

对建筑企业来说,做好营改增的应对工作是一项系统工程,绝非一朝一夕能够完成的。然而,税收政策是刚性的,从营改增政策发布到政策实施,留给建筑企业的准备时间并不长。为了帮助企业实现从营业税到增值税的顺利转变,国家出台了相应的政策,各级税务机关也做了大量的服务工作,但对于数量众多的建筑企业来说,应对营改增依然是一项艰巨的任务。

中国建筑业协会站在行业的高度组织编写的这套《建筑业营改增实施指南》,融合了十大建筑企业集团和专业财税咨询机构的丰富经验,提出了切实可行的税改应对方案和实用性、操作性强的工作流程及制度办法,还根据最新文件对各项业务做出了详细的会计分录和纳税申报指引,全书结构完整,内容详实,可以指导企业实现营改增的平稳过渡。各建筑企业如果能够认真学习领会《建筑业营改增实施指南》中的各项内容,根据自身的经营情况及时做出调整,主动适应外部变化,必能提升企业的管理水平和竞争能力,控制经营过程中的税收风险,为股东和社会创造价值。

厦门国家会计学院　院长

前言 Preface

2016年5月1日,建筑业营改增正式实施。建筑业实施增值税,不仅会对建筑企业的收入、利润等财务指标产生影响,更为重要的是将对企业的经营管理产生重大影响。并且,建筑业营改增影响的不仅是本行业,而是包括上下游的整个产业链。因此,建筑企业在积极应对营改增这一重大税制改革的时候,应当从经营管理和财税管理两方面入手,保证营改增平稳过渡,享受国家给予的政策红利。

本套《建筑业营改增实施指南》丛书将从经营管理和财税管理两方面为读者提供指引。

丛书之一为《建筑业营改增实施指南——组织优化与经营管理》,主要提供给企业管理层和非财税领域相关人员,以营改增对建筑业经营管理的影响为主题,提出应对指南。该书共十章,分别为营改增政策要览、业务模式与组织架构、工程承接管理、工程成本管理、工程结算管理、投资业务管理、老项目管理、制度办法修订、税收筹划和信息化管理。对营改增政策基本点的掌握是研究营改增的基础,因此,第一章对营改增政策要点按照纳税要素进行阐述,并对建筑业营改增政策进行单独整理。业务模式和组织架构是建筑业营改增经营管理层面的核心问题,对建筑企业影响重大且深远,如何调整业务模式以适应营改增的要求,营改增会对组织架构设计产生哪些影响,第二章内容在分析增值税原理和结合征管要求的基础上,为上述问题提供指南。项目管理流程基本为承接、施工、结算,因此,第三章、第四章、第五章分别从工程承接管理、成本管理和结算管理三个方面,对项目投标报价、甲供工程、供应商比价及选择、工料机费管理、结算管理等重点问题提供指南。投资业务越来越被建筑企业重视,特别是对大型建筑企业集团而言,以投资带动施工已经成为其经营的重要组成部分,第六章从BT项目、BOT项目、PPP项目等投资项目管理方面为建筑企业提供指南。国家对于建筑业老项目给予过渡性政策,第七章主要是针对老项目的计税方法选择、营业税和增值税判定、过渡期管理等方面提供应对指南。经营管理模式发生变化,制度流程也需做出相应调整和改变,第八章对哪些制度需要改变以及如何改变提供指导。在营改增期间，有哪些税收政策及优惠政策可以运用是第九章税收筹划的主要内容。营改增后，经营管理变化点的固化可以通过信息化手段来实现，第十章对营改增信息化管理的思路和要点提供指导，并辅以案例。

丛书之二《建筑业营改增实施指南——会计核算和税务管理》，主要提供给财税管理岗位的相关人员，共分为四章，分别为增值税管理体系、增值税专用发票管理、增值税会计核算、增值税纳税申报管理。第一章增值税管理体系分别从税务管理层级、部门职责分工、税务岗位职责和增值税管理制度等方面进行阐述，读者可直接将书中内容结合企业实际情况修订后搭建本企业的增值税管理体系。第二章增值税专用发票管理，主要是从法律风险、销项业务专业发票管理、进项业务扣税凭证管理、报销流程管理等方面进行梳理，方便读者掌握专用发票管理的实务要点，建立本企业专用发票管理办法或流程。第三章增值税会计核算，是依据《财政部关于印发<增值税会计处理规定>的通知》（财会〔2016〕22号）规定进行的会计科目设置，对读者关心的一般计税方法、简易计税方法、项目部与总机构结转、老项目衔接、投资业务、境外工程出口业务等核算问题均进行了详细的讲述和案例分析。第四章增值税纳税申报管理，结合最新的增值税纳税申报政策，对申报表逐表逐项进行深度分析，并结合第三章的案例，详细介绍增值税纳税申报表的填报方法，帮助读者准确填报增值税纳税申报表及相关资料。

因建筑业营改增尚处在实行之初，有的问题还存在不确定性或目前没有显现，因此，本书中的观点可能不够成熟或完善，欢迎读者批评指正，以便我们后续加以修订和完善。

《建筑业营改增实施指南》编委会
二〇一七年六月

目录 Contents

重点内容导引 ·· 001

第一章 增值税管理体系 ·· 007

一、税务管理层级 ··· 008
二、部门管理职责 ··· 010
三、税务管理部门及岗位设置 ··· 011
四、增值税管理制度 ·· 013

第二章 增值税专用发票管理 ··· 015

第一节 增值税专用发票相关法律风险 ································· 016
一、刑法规定的法律责任 ·· 016
二、税法规定的法律责任 ·· 018
三、善意取得虚开增值税专用发票 ··· 020

第二节 销项业务增值税专用发票管理 ································· 022
一、增值税专用发票管理原则 ··· 022
二、增值税专用发票的日常管理 ·· 022
三、增值税专用发票的领购与分发 ··· 024
四、增值税专用发票开具 ·· 025
五、增值税专用发票作废和红字发票开具 ···································· 026
六、增值税专用发票丢失和缴销的处理 ······································· 027

第三节 进项业务增值税扣税凭证管理 ································· 028
一、扣税凭证类型 ··· 028
二、扣税凭证管理原则 ··· 029
三、扣税凭证的取得及提交 ··· 030
四、扣税凭证的认证及抵扣 ··· 030
五、扣税凭证丢失的处理 ·· 031

第四节　报销流程管理与报销制度修订 ·············· 032
　　　　一、报销流程 ·· 032
　　　　二、报销制度修订 ······································ 034

第三章　增值税会计核算 ·············· 035

　　第一节　增值税会计核算总体原则 ·················· 036
　　　　一、建筑业管理特点与会计核算层级 ············ 036
　　　　二、建筑企业的经营业务情况 ······················ 036
　　　　三、建筑企业增值税相关规定 ······················ 038
　　　　四、建筑业增值税会计核算原则 ··················· 040
　　第二节　增值税会计科目设置 ························ 042
　　　　一、增值税会计科目设置原则 ······················ 043
　　　　二、增值税会计科目及专栏设置 ··················· 043
　　　　三、"其他应付款"下增值税会计科目设置 ····· 070
　　第三节　一般计税方法下项目部会计核算 ········ 071
　　　　一、合同预计总收入与合同预计总成本 ········· 071
　　　　二、工程施工与进项税额的会计核算 ············ 072
　　　　三、工程结算与销项税额的会计核算 ············ 092
　　　　四、工程收入与工程成本的会计核算 ············ 100
　　　　五、其他收入与销项税额的会计核算 ············ 103
　　　　六、预交增值税的会计核算 ························ 107
　　　　七、期末结转增值税的会计核算 ··················· 111
　　第四节　简易计税方法下项目部会计核算 ········ 114
　　　　一、合同预计总收入与合同预计总成本 ········· 114
　　　　二、工程施工与分包抵税的会计核算 ············ 117
　　　　三、工程结算与应纳税额的会计核算 ············ 122
　　　　四、工程收入与工程成本的会计核算 ············ 130
　　　　五、其他收入与销项税额的会计核算 ············ 133
　　　　六、预交增值税的会计核算 ························ 136
　　　　七、期末结转增值税的会计核算 ··················· 140
　　第五节　总机构会计核算 ······························ 143
　　　　一、收入与销项税的会计核算 ······················ 143

二、支出与进项税额的会计核算 ……………………………… 165
　　三、进项税转出的会计核算 …………………………………… 180
　　四、期末缴纳增值税会计核算 ………………………………… 185
第六节　老项目过渡期衔接会计核算 …………………………… 194
　　一、营业税金清理及会计核算 ………………………………… 195
　　二、预计总收入与预计总成本的调整 ………………………… 199
第七节　投资业务会计核算 ……………………………………… 203
　　一、BT 业务会计核算 ………………………………………… 203
　　二、BOT 业务会计核算 ……………………………………… 210
　　三、PPP 业务会计核算 ……………………………………… 217
第八节　境外工程出口业务 ……………………………………… 219
　　一、业务分析 …………………………………………………… 219
　　二、税务处理 …………………………………………………… 219
　　三、会计核算 …………………………………………………… 220
　　四、案例分析 …………………………………………………… 224

第四章　增值税纳税申报管理 …………………………………… 227

第一节　纳税申报要求 …………………………………………… 228
　　一、纳税申报相关税收法规 …………………………………… 228
　　二、纳税申报总体要求 ………………………………………… 229
　　三、预缴申报具体要求 ………………………………………… 230
　　四、机构纳税申报具体要求 …………………………………… 235
第二节　纳税申报管理要点 ……………………………………… 237
　　一、项目部纳税管理要点 ……………………………………… 238
　　二、机构纳税管理要点 ………………………………………… 239
第三节　纳税申报表填写分析 …………………………………… 241
　　一、《增值税纳税申报表（一般纳税人适用）》（主表）……… 242
　　二、增值税纳税申报表附列资料（一）………………………… 263
　　三、增值税纳税申报表附列资料（二）………………………… 275
　　四、增值税纳税申报表附列资料（三）………………………… 288
　　五、增值税纳税申报表附列资料（四）………………………… 291
　　六、增值税纳税申报表附列资料（五）………………………… 293

  七、固定资产（不含不动产）进项税额抵扣情况表 …………………… 299
  八、本期抵扣进项税额结构明细表 …………………………………… 299
  九、增值税减免税申报明细表 ………………………………………… 303
  十、增值税预缴税款 …………………………………………………… 307
  十一、营改增税负分析测算明细表 …………………………………… 312
 第四节 纳税申报案例分析 …………………………………………… 317
  一、纳税申报表填报顺序 ……………………………………………… 317
  二、申报表案例数据汇总 ……………………………………………… 320
  三、申报表案例数据填报 ……………………………………………… 335

附录1 增值税税收法规目录 ………………………………………… 356
附录2 建筑企业增值税管理制度 …………………………………… 358
附录3 建筑企业增值税专用发票管理办法 ………………………… 364
附录4 建筑企业增值税扣税凭证管理办法 ………………………… 371
附录5 建筑企业增值税纳税申报管理办法 ………………………… 377

重点内容导引

序号	业务领域	税务管理要点	主要内容	章节索引
1	增值税管理体系	建立增值税管理体系	建筑企业应建立税务管理层级，划分部门管理职责，设置相应的税务管理部门及岗位	第一章 增值税管理体系
2	增值税专用发票管理	增值税专用发票管理相关法律责任	虚开增值税专用发票、非法出售增值税专用发票、非法购买增值税专用发票、购买伪造的增值税专用发票等行为承担刑事责任	第二章/第一节 增值税专用发票相关法律风险
3	增值税专用发票管理	增值税专用发票开具管理	增值税专用发票的管理要点如下： （1）专人专岗管理； （2）依法领购、保管； （3）依法开具，杜绝虚开； （4）丢失之后依法处理	第二章/第二节 销项业务增值税专用发票管理
4	增值税专用发票管理	增值税扣税凭证进项发票管理	扣税凭证的取得及提交、认证及抵扣、丢失处理，介绍了增值税扣税凭证管理	第二章/第三节 进项业务增值税扣税凭证管理
5	增值税会计核算	增值税会计核算总体原则	一般纳税人建筑企业提供建筑服务适用简易计税方法的情形有： （1）清包工工程； （2）甲供工程； （3）建筑工程老项目	第三章/第一节 增值税会计核算总体原则

续表

序号	业务领域	税务管理要点		主要内容	章节索引
6	增值税会计核算	增值税会计核算总体原则	提供建筑服务纳税义务发生时间	一般纳税人建筑企业提供建筑服务，在以下产生纳税义务发生时间应按照纳税义务： （1）收到预收款的当天； （2）收到工程款的当天； （3）合同约定的付款日期； （4）发票开具的当天； （5）建筑服务完成的当天	第三章/第一节 增值税会计核算总体原则
7	增值税会计核算	增值税会计核算总体原则	价税分离原则	涉及增值税的各项销售业务及支出业务均应按照价税分离的原则进行会计核算，相关销售收入、资产价值、成本费用均应按照不含税金额进行确认	第三章/第一节 增值税会计核算总体原则
8	增值税会计核算	增值税会计科目设置	应交税费和其他应付款科目下增值税相关科目设置	为满足一般纳税人建筑企业既有适用一般计税方法的项目，又有适用简易计税方法的项目，结合建筑企业核算特点，明确增值税会计科目设置	第三章/第二节 增值税会计科目设置
9	增值税会计核算	一般计税项目部	合同预计总收入与合同预计总成本的核算	提供建筑服务适用一般计税方法的项目，合同预计总收入与合同预计总成本均为不含税金额	第三章/第三节 一般计税方法下项目部会计核算
10	增值税会计核算	一般计税项目部	工程施工与进项税额	一般计税方法下对工程施工核算时，根据取得抵扣凭证的类型以及取得时间进行不同的会计处理	第三章/第三节 一般计税方法下项目部会计核算
11	增值税会计核算	一般计税项目部	工程结算与销项税额	一般计税方法下对工程结算核算时，根据是否达到纳税义务发生时间进行相应的会计处理	第三章/第三节 一般计税方法下项目部会计核算

续表

序号	业务领域	税务管理要点	主要内容	章节索引
12	增值税会计核算	一般计税项目部	项目部出售材料	一般计税方法下，项目部出售工程用材料，按区分工程残料及未使用的库存材料，按不同的核算方法进行会计处理	第三章/第三节 一般计税方法下项目部会计核算
13	增值税会计核算	一般计税项目部	项目部处置资产	一般计税方法下，项目部代机构处置固定资产，应将处置资产的相关信息结转至总机构进行核算	第三章/第三节 一般计税方法下项目部会计核算
14	增值税会计核算	一般计税项目部	预交增值税核算	跨县（市、区）提供工程服务，应在工程项目所在地按2%预缴率预缴增值税	第三章/第三节 一般计税方法下项目部会计核算
15	增值税会计核算	一般计税项目部	期末项目部与总机构之间增值税结转核算	一般计税方法下项目部期末应将当期涉及增值税的相关业务结转至总机构	第三章/第三节 一般计税方法下项目部会计核算
16	增值税会计核算	简易计税项目部	合同预计总收入与合同预计总成本的核算	提供建筑服务适用简易计税方法的项目，合同预计总收入为不含税金额	第三章/第四节 简易计税方法下项目部会计核算
17	增值税会计核算	简易计税项目部	分包抵税对合同预计总收入与合同预计总成本的影响	提供建筑服务适用简易计税方法的项目，分包价款可以抵减销售额而抵减应纳增值税税额。分包抵减可增加合同预计总收入，也可减少合同预计总成本并进行相应的会计处理	第三章/第四节 简易计税方法下项目部会计核算
18	增值税会计核算	简易计税项目部	工程结算与应纳税额的核算	简易计税方法下，进行工程结算核算时，根据是否达到纳税义务发生时间进行不同的会计处理	第三章/第四节 简易计税方法下项目部会计核算

续表

序号	业务领域	税务管理要点	主要内容	章节索引
19	增值税会计核算	简易计税项目部	项目部出售材料	简易计税方法下，项目部出售工程用材料的、区分工程残料及未使用的库存材料较不同的核算方法进行会计处理	第三章/第四节 简易计税方法下项目部会计核算
20	增值税会计核算	简易计税项目部	预交增值税核算	简易计税方法下跨县（市、区）提供建筑服务，应在工程项目所在地按3%预征率预缴增值税	第三章/第四节 简易计税方法下项目部会计核算
21	增值税会计核算	简易计税项目部	期末项目部与总机构之间增值税结转核算	简易计税方法下项目部期末应将当期涉及增值税的相关业务结转至总机构	第三章/第四节 简易计税方法下项目部会计核算
22	增值税会计核算	总机构	资产处置	一般纳税人建筑企业处置资产需按照资产处置的税务处理原则进行相应的会计核算，并按纳税义务发生时间确认销项税额	第三章/第五节 总机构会计核算
23	增值税会计核算	不动产分期	不动产分期抵扣核算	一般纳税人建筑企业取得不动产时，按规定需分期抵扣的应按分期抵扣的政策分两期进行抵扣及会计核算	第三章/第五节 总机构会计核算
24	增值税会计核算	进项税转出	进项税转出	对于总机构发生进项税转出的情形以及进项税转出的会计核算本节进行了详细的阐述	第三章/第五节 总机构会计核算
25	增值税会计核算	老项目过渡期衔接	营业税金清理核算与合同预计总收入、预计总成本调整	老项目在过渡期会计核算时，应交税费－应交营业税科目余额的会计处理原则；与增值税下老项目合同预计总收入与合同预计总成本的调整方法	第三章/第六节 老项目过渡期衔接会计核算

续表

序号	业务领域	税务管理要点	主要内容	章节索引
26	增值税会计核算	投资业务会计核算	投资项目包括BT/BOT/PPP项目的增值税税务处理与会计核算	第三章/第七节 投资业务会计核算
27	增值税会计核算	境外工程项目增值税会计核算	工程设备物资出口、工程设计服务和工程设计服务的离岸服务外包、建筑施工服务、工程监理服务等税务处理原则及会计核算	第三章/第八节 境外工程出口业务
28	纳税申报管理	纳税申报表填报说明操作提示	基于国家税务总局的填表说明，逐表逐项进行分析，提示操作要点	第四章/第三节 纳税申报表填写分析
29	纳税申报管理	分包抵税的纳税申报	分包抵税在进行纳税申报时填写附列资料三	第四章/第三节 纳税申报表填写分析
30	纳税申报管理	预缴申报	项目部预缴时需填写预缴税款表，并报总机构，总机构按已预缴的税额填列在附列资料四和主表	第四章/第三节 纳税申报表填写分析
31	纳税申报管理	不动产分期抵扣的填报	不动产分期抵扣的核算与填报较为复杂，需区分不同情形对应填列附列资料五	第四章/第三节 纳税申报表填写分析
32	纳税申报管理	税负分析测算表申报	建筑企业需按主管税务机关要求填写税负分析测算表	第四章/第三节 纳税申报表填写分析
33	纳税申报管理	案例数据填报分析	根据"第三章增值税会计核算"所涉及甲建筑公司的案例1-1系列、案例1-2系列和案例1-3系列的情况，填报申建筑公司的纳税申报表	第四章/第四节 申报案例分析

005

第一章
增值税管理体系

增值税财务管理本着依法管理、整体把控、分工合作和财务统一的原则,建筑企业应根据业务规模和增值税管理原则设置专门的税务管理岗位,配备专业人员,制定相关制度办法,建立完善增值税管理体系。

一、税务管理层级

建筑企业的业务类型、业务模式和组织架构复杂多样,建立完善的增值税管理体系,需要企业整体的共同努力和配合。现以建筑集团企业为例,来设置增值税管理层级,明确增值税管理层级中,集团公司、二级公司、三级公司和项目部的权限及其职责。

(一)集团公司

集团公司作为增值税管理体系的最高层级,负责制定全局性的制度办法、税收筹划方案;指导和监督下属分、子公司的增值税管理工作;和国家财税部门进行高层对接。主要职责如下:

(1)贯彻落实国家、行业关于增值税税收方面的法律法规和政策,并监督执行。

(2)制定集团增值税税务管理制度及配套办法,并组织实施。

(3)研究国家及各地方增值税税收政策,为集团本部及下属企业提供税务咨询支持。

(4)编制集团增值税税收筹划方案,并指导集团内下属企业相关工作的开展。

(5)负责集团本部各项增值税相关税款的申报与缴纳工作。

(6)负责编制集团各期间增值税税务信息报告,并对外报送。

(7)负责与国家财税部门和地方税务主管机关进行高层对接和协调。

(8)完成其他增值税涉税相关工作。

(二)二级公司

二级公司作为集团增值税税务管理体系的第二层级,负责根据集团的增值税税务相关政策制定适合本公司的实施细则;指导和监督下属子、分公司的增值税税务管理工作。主要职责如下:

(1)贯彻落实国家、行业关于增值税税收方面的法律法规和政策,并监督执行。

(2)根据集团公司相关规定制定本公司增值税税务管理实施细则。

(3)研究国家及各地方增值税税收政策,并为二级公司本部及所属单位提供税务咨询支持。

（4）编制二级公司增值税税收筹划方案，并指导下属单位相关工作的开展。

（5）负责二级公司本部各项增值税相关税款的申报与缴纳工作。

（6）负责编制本公司各期间增值税税务信息报告，并对外报送。

（7）负责与地方税务主管机关进行高层对接和协调。

（8）完成其他增值税涉税相关工作。

（三）三级公司

三级公司是集团增值税税务管理体系的执行、监督层级，负责执行、实施二级公司制定的增值税税务相关政策及税收筹划方案，指导和监督下属项目部增值税税务管理工作，负责增值税相关税种的申报及缴纳工作，完成二级公司制定的税务管理目标。主要职责如下：

（1）贯彻落实国家、行业关于增值税税收方面的法律法规和政策，并监督执行。

（2）根据二级公司的增值税税务相关制度、办法制定本公司具体税务管理实施细则。

（3）根据本公司的增值税税收筹划方案制定详细的实施方案，并监督实施。

（4）指导和监督所属项目部的增值税税务管理工作，并为项目部提供税务支持。

（5）负责三级公司本部各项增值税相关税款的申报与缴纳工作。

（6）负责编制三级公司各期间税务信息报告，并对外报送。

（7）负责与地方主管税务机关进行沟通、协调。

（8）完成公司全年的税务目标及二级公司交办的其他税务工作。

（四）项目部

项目部是集团税务管理的具体执行层级，按照国家法律法规和所属公司税务管理制度、办法进行项目的增值税税务管理，负责具体实施所属公司制定的项目相关的税务政策、税收筹划方案；负责项目部发票管理；负责项目部税金的预缴以及汇总纳税信息的传递。主要职责如下：

（1）贯彻落实国家法律法规和所属公司制定的增值税税务相关的政策。

（2）具体执行所属公司制定的项目相关的增值税税收筹划方案。

（3）负责向所属公司申请开具增值税专用发票并及时转交给业主，建立发票使用台账。

（4）负责项目部增值税扣税凭证的接收、审核、认证、保管、传递等工作。

（5）负责项目在当地的预缴申报及缴纳。

（6）负责和当地税务机关的沟通。

（7）向所属公司传递本项目增值税纳税申报信息。

（8）完成所属公司全年的税务目标及所属公司交办的其他任务。

二、部门管理职责

建筑企业的增值税管理不仅是税务管理部门或财务部门的工作，业务模式调整、业主涉税信息收集管理、投标报价调整与谈判、采购定价与供应商管理、扣税凭证取得、合同中涉税条款约定与执行等增值税相关管理事项涉及各业务部门。各业务部门应提高认识，积极配合税务管理部门做好企业的增值税管理。为便于在建筑业营改增后统一安排增值税管理工作，下面对各部门在增值税管理中的主要职责进行明确。

（1）财务管理部门：制定增值税管理制度及相关管理办法；负责增值税发票管理、增值税会计核算、增值税申报缴纳等职责；办理增值税出口退税；设置增值税管理相关岗位，明确业务部门增值税管理职责；组织开展增值税相关专业培训；牵头进行增值税管理信息化建设工作；与税务机关的沟通，并配合税务机关的检查工作；监督增值税管理制度办法的具体执行。

（2）战略规划部门：负责调整各类工程项目的施工生产组织模式及业务流程；修订绩效考核相关管理制度，增加对增值税有效管理的相关内容。

（3）经营开发部门：负责业主信息收集、更新等管理；建立增值税测算模型，确定谈判价格区间；根据不同类型业主制定不同的定价原则和谈判策略；修订承包合同模板；修订经营开发相关管理制度。

（4）工程管理部门：负责按增值税下管理要求编制标后预算；负责分包管理，包括分包商信息管理及分包商选择；负责分包商增值税专用发票的获取、初步审核、保管及传递；修订分包合同模板；修订工程管理及成本管理相关管理制度。

（5）物资设备管理部门：负责物资、设备供应商梳理、信息管理及供应商选择；制定采购定价原则和谈判策略；负责机械设备租赁管理；负责修订物资、设备采购及租赁合同模板，并负责修订物资、设备相关管理制度等。

（6）投资发展部：负责根据营改增相关要求调整投资项目的业务模式和业务流程，研究 BT/BOT/PPP 业务的增值税处理；修订 BT/BOT/PPP 业务相关合同模板。

（7）海外事业部门：负责协助财务部门落实境外项目可享受的增值税税收优惠政策；协助财务部门落实出口退税业务办理流程。

（8）人力资源部门：负责落实增值税管理人员、专用发票管理人员等岗位的人员配置；对新员工进行培训；协助财务部门做好增值税相关培训工作。

（9）法律事务部门：负责组织相关职能部门对各类合同模板进行修订；负责修订合同管理相关制度；牵头组织合同评审，督促相关职能部门按修订后的合同模板签订合同。

三、税务管理部门及岗位设置

建筑业营改增之后，增值税采取"以票控税"的方式，国家财税部门对增值税专用发票的管理制定了非常严格的规定，建筑企业需设置专人保管专用发票和专用设备，按税务机关要求存放专用发票和专用设备。此外，增值税扣税凭证的认证和保管，应纳税额的计算及申报等工作，均大幅增加了税务管理的工作量。

为适应营改增后的税务管理，建议建筑集团企业增设垂直税务管理部门和岗位，例如：集团公司可设立税务处，负责集团公司的增值税税务管理工作；集团公司下属各子、分公司可以根据公司实际情况设立税务部门或设置税务管理岗位。具体如下。

（一）税务处处长（税务主管）

税务处处长是企业税务管理的直接负责人，负责组织税务管理制度、体系及流程的建立与完善，负责税收筹划方案拟定、保持与税务主管机关高层对接等工作。与增值税相关的主要职责如下：

（1）负责组织增值税税务管理制度、税收体系及工作流程的建立与完善，指导、监督所属企业相关工作的落实。

（2）组织研究国家及各地方增值税税收政策，为集团公司及所属企业提供税收政策解释。

（3）负责增值税税收筹划方案的编制工作，并监督实施。

（4）负责对外报送的纳税资料与文件的审核工作。

（5）负责各种增值税税费凭证的审核工作。

（6）参与审核公司重大涉税合同。

（7）负责与国家及各地方税务主管机关进行高层对接和协调。

（8）负责组织集团公司及下属各子、分公司在增值税税收方面的咨询与答疑服务工作。

（9）负责本部门全面工作，落实本部门工作安排、人员考核与业务指导等日常管理工作。

（10）承办领导交办的其他工作。

（二）税务管理岗（或增值税专用发票管理岗）

税务管理岗是公司增值税专用发票的管理专员，向税务处处长汇报工作；参与公司增值税税务管理制度、体系及流程的建立与完善；负责公司增值税税收筹划方案的编制、税费的申报与缴纳；增值税发票的领购、保管、开具、缴销等以及专用设备的保管及维护等。主要职责如下：

（1）参与公司增值税税务管理制度、税收体系及工作流程的建立与完善。

（2）参与研究国家及各地方增值税税收政策。

（3）负责公司及总部各项增值税相关税款的申报及缴纳工作。

（4）负责公司出口退税的申报及管理。

（5）负责公司增值税发票领购、保管、开具、传递、缴销等工作。

（6）负责公司税控专用设备的保管及维护。

（7）负责落实公司及所属企业在增值税税收方面的咨询与答疑服务工作。

（8）承办领导交办的其他工作。

（三）税务信息编制岗

税务信息编制岗负责公司税务信息的编制和分析；参与公司税务管理制度、体系及流程的建立与完善；负责公司定期税务报告的编制等工作，向税务处处长汇报工作。主要工作职责如下：

（1）参与公司增值税税务管理制度、税收体系及工作流程的建立与完善。

（2）参与公司增值税税收筹划方案的编制工作。

（3）负责税务总局大企业司等税务部门的税务信息填报工作。
（4）负责公司年度、季度、月度等定期税务分析报告的编制工作。
（5）负责公司税收风险管理调查、税务管理调研等工作。
（6）负责办理各种纳税证明文件的工作。
（7）配合相关部门开展税务检查、税务咨询等税务管理工作。
（8）参与公司及所属单位在税收方面的咨询与答疑服务工作。
（9）承办领导交办的其他工作。

（四）抵扣凭证管理岗

抵扣凭证管理岗负责公司的扣税凭证的接收、认证、保管等工作；参与公司税务管理制度、体系及流程的建立与完善。主要职责如下：
（1）参与公司税务管理制度、税收体系及工作流程的建立与完善。
（2）负责公司本部扣税凭证的接收、审核、认证、保管等工作。
（3）负责指导和检查下属项目部扣税凭证的认证、保管等工作。
（4）承办领导交办的其他工作。

四、增值税管理制度

为将增值税管理的相关要求进行细化和明确，建筑企业需编写制定本企业的增值税管理制度和办法，作为增值税的管理制度体系，包含以下制度和办法。

（一）增值税管理制度

为适应建筑业营改增税制变革，规范企业增值税管理，明确管理责任，完善管理流程，强化增值税基础工作，根据现行税收政策法规制定增值税管理制度，该制度是企业实施增值税管理的总纲。

具体内容详见本书"附录2 建筑企业增值税管理制度"。

（二）增值税专用发票管理办法

为规范建筑企业增值税专用发票的开具管理，明确专用发票管理责任，完善管理流程，满足税务部门的发票监管要求，根据现行税收政策法规，并结合企业实际情况，制定增值税专用发票管理办法，该办法主要规范增值税专用发票领购、开具、丢失、缴销和发票监管等事项。

具体内容详见本书"附录3 建筑企业增值税专用发票管理办法"。

(三) 增值税扣税凭证管理办法

为规范建筑企业增值税扣税凭证的管理,明确增值税抵扣的管理责任,完善管理流程,根据现行税收政策法规,并结合本企业实际情况,制定增值税扣税凭证管理办法,该办法主要规范增值税扣税凭证的传递、认证、抵扣、丢失等事项。

具体内容详见本书"附录4 建筑企业增值税扣税凭证管理办法"。

(四) 增值税纳税申报管理办法

为了适应建筑企业营改增重大税制改革的要求,规范企业增值税的纳税申报行为,保证建筑企业本部与项目部能够顺利完成政策过渡,正确、及时进行纳税申报,需制定增值税纳税申报管理办法,该办法主要明确计税方法、纳税期限和纳税地点等事项。

具体内容详见本书"附录5 建筑企业增值税纳税申报管理办法"。

(五) 增值税会计核算办法

为适应建筑业营改增税制变革及征管要求,规范增值税会计核算,根据《企业会计准则》及国家有关法律、法规,结合建筑行业特点,制定增值税会计核算办法,办法明确增值税会计核算科目设置,与增值税相关资产、收入、成本等会计要素的确认、计量和报告,提高会计信息质量,依法纳税。

建筑企业需依据自身的经营情况,结合本书"第三章 增值税会计核算",制定符合本企业的增值税会计核算办法。

第二章
增值税专用发票管理

增值税具有"征管严格、以票控税"的征管特点，增值税专用发票法律责任重大。在现有涉税法律责任中，增值税专用发票法律责任是唯一涉及刑法的。面临从宽松到严苛的管理环境，建筑企业应加强增值税管理的方方面面，增值税专用发票的管理是其中的重中之重。

本章在阐述增值税专用发票相关法律风险的基础上，从销项业务和进项业务两个角度分别明确增值税专用发票和扣税凭证的管理要点，并提出增值税下的报销流程管理和要求。

第一节　增值税专用发票相关法律风险

增值税专用发票是增值税纳税人销售货物、服务、无形资产或者不动产向购买方开具的收款凭证，也是购买方据以抵扣增值税进项税额的凭证。增值税专用发票法律责任重大，刑法及相关税收法律法规均对增值税专用发票相关法律责任予以了明确。各单位应加强增值税专用发票的管理，防范增值税专用发票的法律风险。

一、刑法规定的法律责任

《中华人民共和国刑法》对虚开、伪造、非法出售、非法购买、盗窃增值税专用发票等情形均给予具体的处罚规定，主要内容如下。

（一）虚开增值税专用发票

虚开增值税专用发票或者虚开用于骗取出口退税、抵扣税款的其他发票，是指有为他人虚开、为自己虚开、让他人为自己虚开、介绍他人虚开行为之一的。

最高人民法院关于适用《全国人民代表大会常务委员会关于惩治虚开、伪造和非法出售增值税专用发票犯罪的决定》的若干问题的解释（最高人民法院审判委员会第446次会议讨论通过）规定，具有下列行为之一的，属于"虚开增值税专用发票"：

（1）没有货物购销或者没有提供或接受应税劳务而为他人、为自己、让他人为自己、介绍他人开具增值税专用发票；

（2）有货物购销或者提供或接受了应税劳务，但为他人、为自己、让他人为自己、介绍他人开具数量或者金额不实的增值税专用发票；

（3）进行了实际经营活动，但让他人为自己代开增值税专用发票。

《刑法》第二百零五条规定，虚开增值税专用发票或者虚开用于骗取出口退税、抵扣税款的其他发票的，处三年以下有期徒刑或者拘役，并处二万元以上二十万元以下罚金；虚开的税款数额较大或者有其他严重情节的，处三年以上十年以下有期徒刑，并处五万元以上五十万元以下罚金；虚开的税款数额巨大或者有其他特别严重情节的，处十年以上有期徒刑或者无期徒刑，并处五万元以上五十万元以下罚金或者没收财产。

单位犯二百零五条规定之罪的，对单位判处罚金，并对其直接负责的主管人员和其他直接责任人员，处三年以下有期徒刑或者拘役；虚开的税款数额较大或者有其他严重情节的，处三年以上十年以下有期徒刑；虚开的税款数额巨大或者有其他特别严重情节的，处十年以上有期徒刑或者无期徒刑。

第三十三条："虚开本法第二百零五条规定以外的其他发票，情节严重的，处二年以下有期徒刑、拘役或者管制，并处罚金；情节特别严重的，处二年以上七年以下有期徒刑，并处罚金。"

（二）伪造或出售伪造增值税专用发票

《刑法》第二百零六条规定，伪造或者出售伪造的增值税专用发票的，处三年以下有期徒刑、拘役或者管制，并处二万元以上二十万元以下罚金；数量较大或者有其他严重情节的，处三年以上十年以下有期徒刑，并处五万元以上五十万元以下罚金；数量巨大或者有其他特别严重情节的，处十年以上有期徒刑或者无期徒刑，并处五万元以上五十万元以下罚金或者没收财产。

单位犯二百零六条规定之罪的，对单位判处罚金，并对其直接负责的主管人员和其他直接责任人员，处三年以下有期徒刑、拘役或者管制；数量较大或者有其他严重情节的，处三年以上十年以下有期徒刑；数量巨大或者有其他特别严重情节的，处十年以上有期徒刑或者无期徒刑。

（三）非法出售增值税专用发票

《刑法》第二百零七条规定，非法出售增值税专用发票的，处三年以下有期徒刑、拘役或者管制，并处二万元以上二十万元以下罚金；数量较大的，处三年以上十年以下有期徒刑，并处五万元以上五十万元以下罚金；数量巨大的，处十年以上有期徒刑或者无期徒刑，并处五万元以上五十万元以下罚金或者没收财产。

（四）非法购买增值税专用发票

《刑法》第二百零八条规定，非法购买增值税专用发票或者购买伪造的增值税专用发票的，处五年以下有期徒刑或者拘役，并处或者单处二万元以上二十万元以下罚金。

非法购买增值税专用发票或者购买伪造的增值税专用发票又虚开或者出售的，分别依照《刑法》第二百零五条、第二百零六条、第二百零七条的规定定罪处罚。

（五）伪造、擅自制造或出售伪造、擅自制造用于骗取国家出口退税凭证

《刑法》第二百零九条规定，伪造、擅自制造或者出售伪造、擅自制造的可以用于骗取出口退税、抵扣税款的其他发票的，处三年以下有期徒刑、拘役或者管制，并处二万元以上二十万元以下罚金；数量巨大的，处三年以上七年以下有期徒刑，并处五万元以上五十万元以下罚金；数量特别巨大的，处七年以上有期徒刑，并处五万元以上五十万元以下罚金或者没收财产。

伪造、擅自制造或者出售伪造、擅自制造的前款规定以外的其他发票的，处二年以下有期徒刑、拘役或者管制，并处或者单处一万元以上五万元以下罚金；情节严重的，处二年以上七年以下有期徒刑，并处五万元以上五十万元以下罚金。

非法出售可以用于骗取出口退税、抵扣税款的其他发票的，依照《刑法》第二百零九条第一款的规定处罚。

非法出售第三款规定以外的其他发票的，依照《刑法》第二百零九条第二款的规定处罚。

（六）盗窃增值税专用发票

《刑法》第二百一十条规定，盗窃增值税专用发票或者可以用于骗取出口退税、抵扣税款的其他发票的，依照本法第二百六十四条的规定定罪处罚。

使用欺骗手段骗取增值税专用发票或者可以用于骗取出口退税、抵扣税款的其他发票的，依照本法第二百六十六条的规定定罪处罚。

二、税法规定的法律责任

《中华人民共和国发票管理办法》对违反发票管理办法规定的相关事项规定了具体的罚则。罚则的规定对增值税专用发票亦适用，对违法规定的罚则的条款及具体内容如下：

（一）未按规定使用和开具发票

《中华人民共和国发票管理办法》第三十五条规定，违反本办法的规定，有下列情形之一的，由税务机关责令改正，可以处1万元以下的罚款；有违法所得的予以没收：

（1）应当开具而未开具发票，或者未按照规定的时限、顺序、栏目，全部联次一次性开具发票，或者未加盖发票专用章的；

（2）使用税控装置开具发票，未按期向主管税务机关报送开具发票的数据的；

（3）使用非税控电子器具开具发票，未将非税控电子器具使用的软件程序说明资料报主管税务机关备案，或者未按照规定保存、报送开具发票的数据的；

（4）拆本使用发票的；

（5）扩大发票使用范围的；

（6）以其他凭证代替发票使用的；

（7）跨规定区域开具发票的；

（8）未按照规定缴销发票的；

（9）未按照规定存放和保管发票的。

（二）跨规定的使用区域携带、邮寄、运输空白发票

《中华人民共和国发票管理办法》第三十六条规定，跨规定的使用区域携带、邮寄、运输空白发票，以及携带、邮寄或者运输空白发票出入境的，由税务机关责令改正，可以处1万元以下的罚款；情节严重的，处1万元以上3万元以下的罚款；有违法所得的予以没收。

丢失发票或擅自损毁发票的，依照前款规定处罚。

（三）虚开发票

《中华人民共和国发票管理办法》第三十七条规定，违反本办法第二十二条第二款的规定虚开发票的，由税务机关没收违法所得；虚开金额在1万元以下的，可以并处5万元以下的罚款；虚开金额超过1万元的，并处5万元以上50万元以下的罚款；构成犯罪的，依法追究刑事责任。非法代开发票的，依照前款规定处罚。

（四）私自印制、伪造、变造发票

《中华人民共和国发票管理办法》第三十八条规定，私自印制、伪造、变造发票，非法制造发票防伪专用品，伪造发票监制章的，由税务机关没收违法所得，没收、销毁作案工具和非法物品，并处1万元以上5万元以下的罚款；情节严重的，并处5万元以上50万元以下的罚款；对印制发票的企业，可以并处吊销发票准印证；构成犯罪的，依法追究刑事责任。

前款规定的处罚，《中华人民共和国税收征收管理法》有规定的，依照其规定执行。

《中华人民共和国发票管理办法》第三十九条规定，有下列情形之一的，由税务机关处1万元以上5万元以下的罚款；情节严重的，处5万元以上50万元以下的罚款；有违法所得的予以没收：

（1）转借、转让、介绍他人转让发票、发票监制章和发票防伪专用品的；

（2）知道或者应当知道是私自印制、伪造、变造、非法取得或者废止的发票而受让、开具、存放、携带、邮寄、运输的。

（五）其他违反发票管理规定的处罚

《中华人民共和国发票管理办法》第四十条规定，对违反发票管理规定2次以上或者情节严重的单位和个人，税务机关可以向社会公告。

《中华人民共和国发票管理办法》第四十一条规定，违反发票管理法规，导致其他单位或者个人未缴、少缴或者骗取税款的，由税务机关没收违法所得，可以并处未缴、少缴或者骗取的税款1倍以下的罚款。

三、善意取得虚开增值税专用发票

《国家税务总局关于纳税人取得虚开的增值税专用发票处理问题的通知》（国税发〔1997〕134号）❶《国家税务总局关于纳税人善意取得虚开的增值税专用发票处理问题的通知》（国税发〔2000〕187号）❷《国家税务总局关于＜国家税务总局关于纳税人取得虚开的增值税专用发票处理问题的通知＞的补充

---

❶ 以下简称"国税发〔1997〕134号文"，本书所引用的规范、文件可参照本书附录。
❷ 以下简称"国税发〔2000〕187号文"。

通知》（国税发〔2000〕182号）❶对虚开和善意取得虚开增值税专用发票的情形进行了界定，并明确了处理规定。

（一）善意取得虚开增值税专用发票的情形

善意取得虚开增值税专用发票是指购货方与销售方存在真实的交易，销售方使用的是其所在省（自治区、直辖市和计划单列市）的专用发票，专用发票注明的销售方名称、印章、货物数量、金额及税额等全部内容与实际相符，且没有证据表明购货方知道销售方提供的专用发票是以非法手段获得的。

有下列情形之一的，不属于善意取得虚开增值税专用发票。

（1）购货方取得的增值税专用发票所注明的销售方名称、印章与其进行实际交易的销售方不符。

（2）购货方取得的增值税专用发票为销售方所在省（自治区、直辖市和计划单列市）以外地区。

（3）其他有证据表明购货方明知取得的增值税专用发票系销售方以非法手段获得的。

（二）善意取得虚开增值税专用发票的处理

善意取得的属于虚开增值税专用发票的，对购货方不以偷税或者骗取出口退税论处，应按有关法规不予抵扣进项税款或者不予出口、退税；购货方已经抵扣的进项税款或者取得的出口退税，应依法追缴。

（1）购货方能够重新从销售方取得防伪税控系统开出的合法、有效专用发票的，且取得了销售方所在地税务机关或者正在依法对销售方虚开专用发票行为进行查处证明的，购货方所在地税务机关应依法准予抵扣进项税款或者出口退税。

（2）纳税人善意取得虚开的增值税专用发票被依法追缴已抵扣税款的，不属于《税收征收管理法》第三十二条"纳税人未按照规定期限缴纳税款"的情形，不适用该条"税务机关除责令限期缴纳外，从滞纳税款之日起，按日加收滞纳税款万分之五的滞纳金"的规定。

（3）纳税人非善意取得虚开的增值税专用发票购货方向税务机关申请抵扣

---

❶ 以下简称"国税发〔2000〕182号文"。

进项税款或者出口退税的，对购货方均应按偷税或者骗取出口退税处理。

第二节　销项业务增值税专用发票管理

根据《中华人民共和国发票管理办法》和《增值税专用发票使用规定》的规定，建筑企业一般纳税人的增值税发票由建筑企业机构开具，然后再传递给业主，不再由项目所在地税务机关代开。《税收征管法》和《刑法》也以立法的形式明确了增值税专用发票的违法责任和处罚规定。因此，增值税专用发票管理是增值税财税管理的重点，建筑企业必须加强增值税专用发票的管理，制定专门的增值税专用发票管理办法，防范增值税专用发票管理不当出现的经营风险甚至法律风险。

增值税专用发票管理办法应明确专用发票管理原则、专用发票开具要求和流程、专用发票日常管理等有关事项。管理要点的具体内容如下。

一、增值税专用发票管理原则

增值税专用发票管理要遵循合法合规、风险可控、统一领导、分级管理的原则。

合法合规原则。增值税发票的领购、保管、开具、取得、传递、作废、缴销等环节严格按照税法相关规定和公司制定的增值税发票管理办法执行。

风险可控原则。程序可控：要求增值税专用发票管理流程严格按增值税发票管理办法执行；人员可控：要求增值税专用发票的领购、保管、开具、取得、传递、作废、缴销应由专人管理；设备可控：严格管理税控相关设备和保管发票相关设施；监督可控：设内部税务审计岗位，对增值税发票的管理定期检查。

统一领导、分级管理原则。增值税专用发票由集团公司、各子公司、分公司统一管理，并根据实际情况对下属各单位进行授权及监督管理。

二、增值税专用发票的日常管理

建筑企业根据《增值税专用发票使用规定》以及主管税务机关的要求，设置增值税专用发票管理专岗，按要求存放、保管专用发票和增值税防伪税控系统及专用设备。

（一）专人管理

增值税专用发票和增值税防伪税控系统及相关专用设备应由专人按税务相关要求存放、保管。

专用发票包括未开具的空白增值税专用发票、已开具的增值税专用发票存根联和已开具尚未在本公司范围内传递的增值税专用发票。

增值税防伪税控系统，包括专用设备和通用设备、运用数字密码和电子存储技术管理专用发票的计算机管理系统。其中，专用设备是指金税卡、读卡器或金税盘和报税盘。

（二）空白增值税专用发票管理

增值税发票管理岗应全面掌握专用发票领、用、存情况，做到手续齐全、责任清晰。每月对专用发票领、用、存情况进行盘点，登记专用发票盘点表格，并由财务部门指定的负责人复核，复核无误后双方签字确认。

空白专用发票视同现金支票管理，且不得事先加盖发票专用章。财务管理部门负责人是专用发票安全管理的第一责任人。

（三）增值税专用发票使用规定

增值税发票使用时不得有以下行为：

（1）转借、转让、介绍他人转让发票、发票监制章和发票防伪专用品。

（2）知道或者应当知道是私自印制、伪造、变造、非法取得或者废止的发票而受让、开具、存放、携带、邮寄、运输。

（3）拆本使用发票。

（4）扩大发票使用范围。

（5）以其他凭证代替发票使用。

（6）不得跨规定的使用区域携带、邮寄、运输空白发票。

（四）已开具增值税专用发票的保管与传递

已开具增值税专用发票的记账联（含红字发票）、作废票三联、专用发票登记簿等资料应视同会计凭证进行管理；专用发票纸质资料应及时整理装订成册，保管期限为30年。如已实现信息系统管理的，则相关电子信息保管期限同上。

专用发票纸质资料在保存期满后，报经税务机关查验后销毁。销毁前必须编制销毁发票清册，经财务负责人和单位负责人签字盖章。

因传递需要，需邮寄增值税专用发票的，经办人要避开密码区折叠，准确写明收件人地址，并保存好邮寄存根以备查询。若在邮寄过程中发生增值税专用发票丢失，应及时按照规定处理，如处理不及时导致税款损失，相关业务人员及寄件人要承担责任。

（五）增值税专用发票监管

纳税人应按照主管税务机关要求定期上报专用发票使用情况，主动接受主管税务部门监管；同时应建立健全专用发票管理监督机制，定期对专用发票管理情况进行检查，确保专用发票管理合法规范。

三、增值税专用发票的领购与分发

建筑企业根据当地主管税务机关的要求依法进行专用发票的领购与分发。

（一）增值税专用发票领购

（1）集团公司及各子、分公司被认定为一般纳税人的机构应综合考虑业务规模等因素向当地税务机关申请专用发票最高限额及最高申购数量。

（2）首次领购专用发票需先向主管税务机关办理防伪税控初始发行，领购增值税专用发票应提供的资料有：发票购领簿；税控盘（或金税盘IC卡）；发票专用章；经办人身份证明；税务机关要求提供的其他资料。专用发票必须向税务机关领购，不得向其他单位和个人购买。

（3）领购专用发票前须完成抄报税，专用发票领用采取验旧换新方式，每次领购时依据属地主管税务机关的要求领取。

（二）增值税专用发票分发

（1）发票领购后需要读入系统方能进行开票。

（2）存在主、分开票服务器的建筑企业，需将主开票服务器上的发票信息分发至分开票服务器，分开票机将分发的发票信息读入分开票机的开票系统，然后分开票机才能开具专用发票。

（3）分开票机需将未使用的增值税专用发票退回至主开票机，分开票机不能直接到税务机关购买和退回发票。

四、增值税专用发票开具

（一）增值税专用发票开具原则

1. 增值税专用发票开具以真实交易为基础

专用发票开具应以真实交易为基础，开具项目应根据税法规定据实填写，其中涉及不同税率的业务按各自适用的税率分别开具，不得开具与实际经营业务不相符的专用发票，严禁虚开专用发票。

2. 严禁为其他单位代开增值税专用发票

纳税人应严禁用本单位专用发票为其他单位代开，或者让其他单位为本单位代开发票。

3. 增值税专用发票开具规定

开具发票应当按照规定的时限、顺序、栏目，全部联次一次性如实开具，并加盖发票专用章。开具发票时必须做到：

（1）项目齐全，与实际交易相符。

（2）字迹清楚，不得压线、错格。

（3）发票联和抵扣联必须加盖发票专用章。

（4）按照增值税纳税义务的发生时间开具。

可汇总应税项目开具专用票。汇总开具专用发票时，应使用防伪税控系统开具《销售货物或者提供应税劳务清单》，并加盖发票专用章。

4. 不得开具专用发票的情形

（1）向消费者个人销售货物、服务、无形资产或不动产。

（2）适用免征增值税规定的应税行为。

（3）销售旧货或者转让使用过的固定资产，按简易办法依3%的征收率减按2%征收增值税。

（4）实行增值税退（免）税办法的增值税零税率应税服务。

（5）其他按税法规定不得开具增值税专用发票。

（二）专用发票开具流程

建筑企业根据本企业税务管理层级、部门职责和岗位设置情况，制定专用发票的开具流程，主要流程如下：

1. 开票申请

开票申请人根据要求填写《专用发票开具申请单》（简称《申请单》），《申请单》上应准确填写开票信息、服务内容及金额，开票信息主要包括纳税人名称、纳税人识别号、开户行及银行账号、地址及电话等。

2. 审批开票

经财务部门审核人审批后，将《申请单》和开票信息资料传递给开票人，开票人根据上述资料开具专用发票，并将开票信息登记在《已开具专用发票登记簿》。

3. 已开具发票传递

开票申请人到财务管理部门领取其申请开具的发票；已开具的发票，经开票复核人员、申请人复核无误后，在发票登记簿上签字领取发票相应联次。

4. 发票退回

对客户拒收发票、开具错误发票和无法认证的发票，业务人员应在不迟于接到拒收通知或收到退回发票后×日内将发票退还至财务管理部门，财务管理部门应在×日重新开具发票。

五、增值税专用发票作废和红字发票开具

（一）增值税专用发票作废

同时具有下列情形的，需要将增值税专用发票作废的，可将已开具的增值税专用发票作废：

（1）收到退回的发票联、抵扣联时间未超过销售方开票当月。

（2）销售方未抄税并且未记账。

（3）购买方未认证或者认证结果为"纳税人识别号认证不符"或"专用发票代码、号码认证不符"的。

满足发票作废条件时，企业应对防伪税控系统中的发票和纸制发票同时进

行作废处理。

(二) 增值税红字专用发票开具

建筑企业开具增值税专用发票后,发生销货退回、开票有误、应税服务中止等情形但不符合发票作废条件,或者因销货部分退回及发生销售折让,需要开具红字专用发票的,按《国家税务总局关于红字增值税发票开具有关问题的公告》(国家税务总局公告2016年第47号)❶的要求申请开具红字增值税专用发票。

1. 取得专用发票已用于申报抵扣

业主取得专用发票已用于申报抵扣的,业主可在增值税发票管理新系统(以下简称"新系统")中填开并上传《开具红字增值税专用发票信息表》(以下简称《信息表》),在填开《信息表》时不填写相对应的蓝字专用发票信息。建筑企业依据《信息表》开具红字专用发票。

2. 取得专用发票未用于申报抵扣

业主取得专用发票未用于申报抵扣,发票联或抵扣联无法退回的,业主填开《信息表》时应填写相对应的蓝字专用发票信息。

业主未用于申报抵扣,并将发票联及抵扣联退回的,建筑企业可在新系统中填开并上传《信息表》。建筑企业填开《信息表》时应填写相对应的蓝字专用发票信息。

3. 开具专用发票尚未交付业主

建筑企业开具专用发票尚未交付业主的,建筑企业可在新系统中填开并上传《信息表》。建筑企业填开《信息表》时应填写相对应的蓝字专用发票信息。

六、增值税专用发票丢失和缴销的处理

(一) 增值税专用发票的丢失处理

1. 丢失上报的处理

空白专用发票丢失时,负责保管专用发票的人员应在发现丢失当日,撰写书面报告,报告中应包含丢失专用发票的纳税人名称、发票份数、专用发票号码等情况;应当于发现丢失当日书面报告税务机关,并在报刊等传播媒介上公

---

❶ 以下简称"国家税务总局公告2016年第47号文"。

告声明作废。

发票管理人员应填报《发票丢失被盗登记表》，持报税盘，按照主管税务机关要求办理电子发票退回或作废手续。

2.丢失后的补救措施

丢失已开具专用发票的发票联和抵扣联的处理，丢失情形包括：建筑企业已开具专用发票交付业主前丢失的和业主取得专用发票后丢失的。

如果丢失前已认证相符，业主需凭建筑企业提供的相应专用发票记账联复印件及所在地主管税务机关出具的《丢失增值税专用发票已报税证明单》，经业主方主管税务机关审核同意后，作为增值税进项税额的抵扣凭证。

如果丢失前未认证，业主需凭建筑企业提供的相应专用发票记账联复印件到主管税务机关进行认证，认证相符的凭该专用发票记账联复印件及建筑企业所在地主管税务机关出具的《丢失增值税专用发票已报税证明单》，经业主方主管税务机关审核同意后，可作为增值税进项税额的抵扣凭证。

（二）增值税专用发票缴销

纳税人在发生注销、变更税务登记，取消一般纳税人资格或专用发票改版等情况时，应按主管税务机关的要求办理专用发票缴销，并在税控系统中做缴销处理。

第三节 进项业务增值税扣税凭证管理

增值税扣税凭证是指一般纳税人企业购买货物、接受应税服务或劳务获得的增值税专用发票等可以抵减销项税额的凭证。

进项税的抵扣关系到建筑企业税负和经营利润，所以扣税凭证的管理应该作为增值税管理的重中之重。

一、扣税凭证类型

扣税凭证类型包括增值税专用发票、海关进口增值税专用缴款书、农产品收购发票、农产品销售发票、税控机动车销售统一发票、税收缴款凭证。

建筑企业采购货物或接受劳务和服务,取得表2-1所列税收凭证并用于可抵扣范围,则可以抵扣相应的增值税税额。

扣税凭证与抵扣额　　　　　　　　　　　　　　　　表 2-1

涉及业务	增值税扣税凭证	抵扣额	备注
境内增值税业务	增值税专用发票	增值税额	货物运输业专用发票(2016年7月1日停止使用)、机动车销售统一发票以及小规模纳税人向税务局要求代开的增值税专用发票均包含在内
进口业务	海关进口增值税专用缴款书	增值税额	
购进农产品	农产品收购发票或者销售发票	进项税额=买价×扣除率(13%)	含烟叶税
接受境外单位或者个人提供的应税服务	税收缴款凭证	增值税额	应当具备书面合同、付款证明和境外单位的对账单或者发票,资料不全不得抵扣

二、扣税凭证管理原则

(一)合法合规原则

纳税人购买货物或不动产、接受应税劳务或服务时,应取得合法有效的增值税专用发票,确保发票真实合法、内容准确完整。

(二)应抵尽抵原则

对属于增值税应税范围内且用于可抵扣项目的各类业务,均应取得扣税凭证,实现增值税进项税额的充分抵扣,取得的扣税凭证需符合《税法》相关规定。

(三)及时抵扣原则

业务人员应提醒督促供应商按合同约定时间及时提供扣税凭证;取得扣税凭证后,业务人员应在收到发票×日内将扣税凭证传递至扣税凭证管理岗;扣税凭证管理岗收到扣税凭证后在×日内进行认证;未通过认证的扣税凭证原则上不能发起报账。

（四）业务部门负责原则

业务部门是扣税凭证的接收部门。在签订涉及增值税业务的合同时，应明确要求对方提供增值税专用发票等扣税凭证；及时获得扣税凭证并负责经手保管，配合扣税凭证管理岗工作。

三、扣税凭证的取得及提交

（1）建筑企业的业务人员在办理采购货物或接受增值税应税劳务时，应主动向供应商索取增值税扣税凭证，并保证合同流向、货物流向、资金流向和发票流向一致。同时对扣税凭证的以下信息进行初步审核、验证，保证合法、有效：

1）字迹是否清晰，是否有压线、错格。
2）项目填写是否齐全。
3）发票联和抵扣联是否加盖发票专用章。
4）将扣税凭证与合同比对，查看是否符合合同的约定；扣税凭证上显示的开票方是否与合同相对方信息一致。

（2）扣税凭证经手人员应妥善保管扣税凭证，及时传递至扣税凭证管理专岗。

（3）对于应取得而未取得发票的，业务经办人员应要求对方重新开具专用发票；如无法取得专用发票，应做详细说明，并且要追究相关人员的责任。

四、扣税凭证的认证及抵扣

纳税人对收到的扣税凭证应及时完成认证，避免超过认定抵扣期限（2017年7月1日之前开具的增值税专用发票，其认定抵扣期限180天；2017年7月1日之后开具的增值税专用发票，其认定抵扣期限为360天）。对认证异常且最终无法通过认证的扣税凭证，业务人员应及时换取发票；逾期认证造成抵扣损失的，相关责任人员应承担赔偿责任。

下列项目取得扣税凭证的进项税额不得抵扣：

（1）用于简易计税方法计税项目、免征增值税项目、集体福利或者个人消费的购进货物、加工修理修配劳务、服务、无形资产和不动产。其中涉及的固定资产、无形资产、不动产，仅指专用于上述项目的固定资产、无形资产（不包括其他权益性无形资产）、不动产。纳税人的交际应酬消费属于个人消费。

（2）非正常损失的购进货物，以及相关的加工修理修配劳务和交通运输服务。

（3）非正常损失的在产品、产成品所耗用的购进货物（不包括固定资产）、加工修理修配劳务和交通运输服务。

（4）非正常损失的不动产，以及该不动产所耗用的购进货物、设计服务和建筑服务。

（5）非正常损失的不动产在建工程所耗用的购进货物、设计服务和建筑服务。

（6）购进的旅客运输服务、贷款服务、餐饮服务、居民日常服务和娱乐服务。

（7）向贷款方支付的与该笔贷款直接相关的投融资顾问费、手续费、咨询费等费用。

（8）财政部和国家税务总局规定的其他情形。

五、扣税凭证丢失的处理

（一）丢失增值税专用发票

1. 丢失前已认证相符

（1）丢失发票联和抵扣联

丢失已开具专用发票的发票联和抵扣联，且丢失前已认证相符的，由业务人员负责与供应商联系，取得相应专用发票记账联复印件（加盖发票专用章）及供应商主管税务机关出具的《丢失增值税专用发票已报税证明单》（以下简称《证明单》），作为增值税进项税额的抵扣凭证。专用发票记账联复印件和《证明单》留存备查，按照扣税凭证归档要求进行管理。

（2）丢失发票联或抵扣联

丢失已开具专用发票的发票联的，可将专用发票抵扣联作为记账凭证，专用发票抵扣联复印件留存备查。

丢失已开具专用发票的抵扣联的，如果丢失前已认证相符的，可使用专用发票的发票联复印件留存备查。

2. 丢失前未认证相符

（1）丢失发票联和抵扣联

丢失已开具专用发票的发票联和抵扣联的，如果丢失前未认证，由业务人员负责协调与供应商联系，取得相应专用发票记账联复印件（加盖发票专用章）及供应商所在地主管税务机关出具的《证明单》，并及时传递给扣税凭证管理岗，扣税凭证管理岗凭销售方提供的相应专用发票记账联复印件进行认证，认证相符的，可凭专用发票记账联复印件及供应商主管税务机关出具的《证明单》，作为增值税进项税额的抵扣凭证。

（2）丢失发票联或抵扣联

丢失已开具专用发票的发票联的，可将专用发票抵扣联作为记账凭证，专用发票抵扣联复印件留存备查。

丢失已开具专用发票的抵扣联的，如果丢失前未认证，可使用专用发票的发票联认证，专用发票的发票联复印件留存备查。

（二）丢失除增值税外其他扣税凭证

对于丢失除增值税专用发票外的扣税凭证，应取得对方记账联的复印件并加盖对方发票专用章后，留存备查。

第四节　报销流程管理与报销制度修订

营改增后，企业处理报销时除常规的管理性审批事项外，还要考虑报销事项是否可以抵扣，是否取得合法有效的扣税凭证以及是否能够通过认证等事项，上述管理事项应在相关报销制度中体现。

本节对营改增后的报销流程及报销制度修订进行阐述，使得企业的进项管理以流程的形式固化下来并形成规章制度。

一、报销流程

营改增后报销流程主要包括以下环节：业务部门发起报销、部门审批、财务审批、判断是否可抵扣、取票类型是否符合要求、勾选/扫描认证等。具体报销流程如图2-1所示。

第二章 增值税专用发票管理

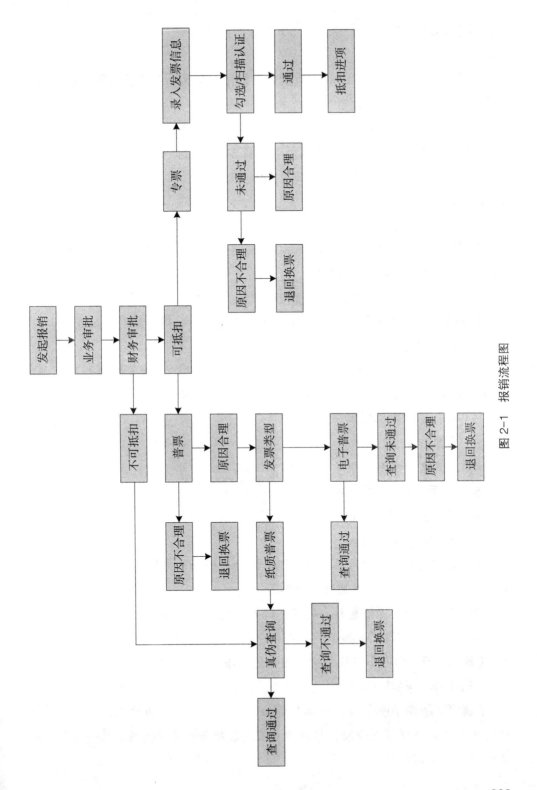

图 2-1 报销流程图

二、报销制度修订

营改增后,企业的报销制度应增加对报销发票类型、报销时限、报销发票信息审查等进行修订或新增。

(1)明确各类成本费用报销时应提供合规的报销凭证。

【修订/新增示例】对于可取得增值税专用发票的项目,必须取得增值税专用发票,如提供不符合要求的报销凭证,财务人员应拒绝报销,并要求重新提供合规发票。

(2)明确增值税专用发票的报销时限。

【修订/新增示例】对于发生的报销业务,应自取得扣税凭证的开具日期之日起30天内或××天内报销。

(3)明确增值税发票票面信息审查要求。

【修订/新增示例】对于发生的报销业务,应对取得的扣税凭证进行审核,审核的信息包括:

1)填写项目不齐全、内容不真实、字迹不清楚,未加盖发票专用章,发票专用章盖住金额。

2)发票打印错格压线。

3)发票折叠损坏。

4)客户名称填写有误(含未按全称填写)。

5)发票内容有涂改、挖补。

6)发票大小写金额不符。

7)发票联未经复写。

8)购买实物无对应清单或非税控系统开具的清单(适用于"货物与劳务"栏写"××一批"或"详见销售清单"的情形)。

9)发票上的票面信息与公司下发的开票信息不一致的。

(4)明确专用发票的报销的流程。

【修订/新增示例】在报销时按照规定的报销流程进行。

(5)明确一些具体事项的报销形式。

【修订/新增示例】如公车加油费按照"一车一卡"的要求,由公车管理部门在充值时办理预支手续,待换回专用发票后与加油卡使用记录一并提交财务部门履行报销程序。

第三章
增值税会计核算

根据《财政部国家税务总局关于全面推开营业税改征增值税试点的通知》(财税〔2016〕36号)[1]规定,自2016年5月1日起,在全国范围内全面推开营业税改征增值税试点,建筑业、房地产业、金融业、生活服务业等全部营业税纳税人,纳入试点范围,由缴纳营业税改为缴纳增值税。税制的改变必然对建筑企业的会计核算带来冲击和挑战。

本章首先结合营改增后税法要求与建筑企业会计核算的特点,阐述营改增后会计核算的总体原则;在此基础上,结合财政部最新发布的文件与建筑服务核算的特点,设计建筑企业营改增后所使用的涉及增值税的会计科目;并对一般纳税人建筑企业的一般计税方法下项目部的会计核算、简易计税方法下项目部的会计核算、总机构的会计核算、老项目的会计核算、投资业务会计核算以及境外工程出口业务营改增后的会计核算逐一进行阐述。

---

[1] 以下简称"财税〔2016〕36号文"。

第一节　增值税会计核算总体原则

建筑企业提供建筑服务的会计核算一般执行《企业会计准则第15号——建造合同》（以下简称《建造合同准则》）。建筑企业必须结合建筑服务及其他业务的增值税纳税义务发生时间规定及其价税分离特点，在遵循《建造合同准则》及其他会计准则所规定的核算原则的前提下，对各类业务的会计核算原则及核算内容进行调整，以适应增值税下的财税管理要求，即既要符合企业会计准则，又要确保准确计税，并满足纳税申报的数据需求。

一、建筑业管理特点与会计核算层级

建筑企业提供建筑服务，一般会同时开展多个工程项目，且项目地点遍布全国，通常情况下，建筑企业会在项目所在地设立项目部，作为其派出机构具体负责工程项目的具体施工组织及管理。

根据财税〔2016〕36号文的规定，一般纳税人跨县（市）提供建筑服务，应按照一定的预征率在建筑服务发生地预缴税款后，向机构所在地主管税务机关进行纳税申报。因此，对于跨县（市）提供建筑服务的建筑企业，其项目部并非独立的增值税纳税主体，而是增值税预缴主体，最终由总机构汇总计算所有项目部的增值税进项纳税申报，即建筑企业的增值税纳税申报分为两个层级"项目部预缴+机构申报"。

在会计核算上，建筑企业的项目部通常为独立核算主体，分别设置独立的账套进行会计核算，期末向总机构上报项目部会计报表，由总机构汇总出具建筑企业会计报表。因此，建筑企业的核算层级也分为两个层级"项目部独立核算+机构汇总"，基本与增值税纳税申报体系相对应。

二、建筑企业的经营业务情况

（一）建筑企业涉及的增值税相关业务

建筑企业生产经营中涉及增值税的销售业务主要为提供建筑服务，同时还

可能涉及材料销售、设备调拨、设备处置、设备出租、不动产销售、不动产出租等业务；支出业务包括材料采购、设备采购、设备租赁、工程分包、不动产购建、其他直接费用、间接费用及期间费用等支出业务。

不同层级的核算主体涉及增值税相关业务的具体情况如下：

1. 项目部的业务情况

项目部的销售业务主要涉及提供建筑服务、材料销售及资产处置等；支出业务主要涉及工程施工过程中的材料采购、设备采购、设备租赁、工程分包、临建设施、其他直接费用及间接费用等。

2. 总机构的业务情况

总机构的销售业务主要涉及设备调拨、设备处置、设备出租、不动产销售、不动产出租等；支出业务主要涉及设备采购、不动产购建、期间费用等。

（二）建筑服务具体范围

建筑服务是指各类建筑物、构筑物及其附属设施的建造、修缮、装饰，线路、管道、设备、设施等的安装以及其他工程作业的业务活动，包括工程服务、安装服务、修缮服务、装饰服务和其他建筑服务。

1. 工程服务

工程服务，是指新建、改建各种建筑物、构筑物的工程作业，包括与建筑物相连的各种设备或者支柱、操作平台的安装或者装设工程作业，以及各种窑炉和金属结构工程作业。

2. 安装服务

安装服务，是指生产设备、动力设备、起重设备、运输设备、传动设备、医疗实验设备以及其他各种设备、设施的装配、安置工程作业，包括与被安装设备相连的工作台、梯子、栏杆的装设工程作业，以及被安装设备的绝缘、防腐、保温、油漆等工程作业。

固定电话、有线电视、宽带、水、电、燃气、暖气等经营者向用户收取的安装费、初装费、开户费、扩容费以及类似收费，按照安装服务缴纳增值税。

3. 修缮服务

修缮服务，是指对建筑物、构筑物进行修补、加固、养护、改善，使之恢复原来的使用价值或者延长其使用期限的工程作业。

4. 装饰服务

装饰服务，是指对建筑物、构筑物进行修饰装修，使之美观或者具有特定用途的工程作业。

5. 其他建筑服务

其他建筑服务，是指上述工程作业之外的各种工程作业服务，如钻井（打井）、拆除建筑物或者构筑物、平整土地、园林绿化、疏浚（不包括航道疏浚）、建筑物平移、搭脚手架、爆破、矿山穿孔、表面附着物（包括岩层、土层、沙层等）剥离和清理等工程作业。

三、建筑企业增值税相关规定

（一）建筑企业纳税人身份认定

建筑企业提供建筑服务的年应税销售额超过500万元的，应认定为增值税一般纳税人；未超过500万元的，为增值税小规模纳税人。

由于增值税一般纳税人征管严格、计征复杂，且大部分建筑企业一般均符合一般纳税人的认定标准，因此，本章主要是针对一般纳税人建筑企业的会计核算。

（二）提供建筑服务的计税方法及适用税率、征收率

一般纳税人建筑企业提供建筑服务应按照一般计税方法计算缴纳增值税，适用税率11%。符合以下情形的，可以选择适用简易计税方法计税，适用征收率3%。

1. 清包工工程

一般纳税人以清包工方式提供的建筑服务，可以选择适用简易计税方法计税。

以清包工方式提供建筑服务，是指建筑企业不采购建筑工程所需的材料或只采购辅助材料，并收取人工费、管理费或者其他费用的建筑服务。

2. 甲供工程

一般纳税人建筑企业为甲供工程提供的建筑服务，可以选择适用简易计税方法计税。

甲供工程，是指全部或部分设备、材料、动力由工程发包方自行采购的建筑工程。

3. 建筑工程老项目

一般纳税人为建筑工程老项目提供的建筑服务，可以选择适用简易计税方法计税。

建筑工程老项目，是指：

（1）《建筑工程施工许可证》注明的合同开工日期在 2016 年 4 月 30 日前的建筑工程项目。

（2）《建筑工程施工许可证》未注明合同开工日期或未取得《建筑工程施工许可证》的，建筑工程承包合同注明的开工日期在 2016 年 4 月 30 日前的建筑工程项目。

一般纳税人承接上述工程项目以外的工程项目，应选择一般计税方法。由于不同类型的项目可能采用不同的计税方法，因此通常情况下，一般纳税人建筑企业可能同时存在采用一般计税方法的工程项目和采用简易计税方法的工程项目。

【案例1】S 省甲建筑公司（增值税一般纳税人），2016 年 7 月分别在 A 省和 B 省承接了 A、B 两个工程项目。

A 项目的合同总金额为 66 600 万元（含增值税），合同预计总成本为 57 000 万元（不含增值税），合同完工进度按照累计实际发生的合同成本占合同预计总成本的比例确定。该项目适用一般计税方法。

B 项目的合同总金额为 30 900 万元（含增值税），合同预计总成本为 28 000 万元（含增值税），其中预计分包成本为 8 240 万元（含增值税）。业主要求主要材料采用甲供方式，经协商，B 项目选择简易计税方法。

（三）提供建筑服务的纳税义务发生时间

根据财税〔2016〕36 号文规定，提供建筑服务的增值税纳税义务发生时间包括以下时点：

1. 收到预收款的当天

建筑工程采取预收款方式的，即在未施工前收到工程预收款，其纳税义务发生时间为收到预收款的当天。

2. 收到工程款的当天

建筑工程在施工过程中或完成后收到款项的，其纳税义务发生时间为收到工程款的当天。

3. 合同约定的付款日期

建筑企业与业主签订的书面合同有约定工程款项付款日期的，其纳税义务发生时间为合同约定的付款日期，即使建筑企业并未实际收到工程款项。

4. 发票开具的当天

先开具发票的，其纳税义务发生时间为开具发票的当天。

5. 建筑服务完成的当天

建筑企业与业主未签订书面合同或者书面合同未确定付款日期的，其纳税义务发生时间为建筑服务完成的当天。在实际执行时，通常以业主确认工程计量的当天为增值税纳税义务发生的时间。

6. 总结

综合上述关于建筑服务纳税义务发生时间的规定，根据建筑企业与业主签订合同的情况，纳税义务发生时间可归纳如下：

（1）在签订合同且明确约定付款日期的情况下，建筑企业提供建筑服务的纳税义务发生时间按"实际收款日期""合同约定的付款日期""开具发票日期"三者孰先确定。

（2）在未签订合同或合同未约定付款日期的情况下，建筑企业提供建筑服务的纳税义务发生时间按"实际收款日期""工程结算日期""开具发票日期"三者孰先确定。

四、建筑业增值税会计核算原则

（一）增值税会计核算的总体原则

营业税是价内税，增值税是价外税，由于价内税与价外税的转换，改变了收入、成本及税金的确认原则及核算内容。在增值税下，建筑企业应遵循以下两个原则进行会计核算：

1. 价税分离的总体原则

涉及增值税的各项销售业务及支出业务均应按照价税分离的原则进行会计核算，相关销售收入、资产价值、成本费用均应按照不含税金额进行确认。

2. 增值税确认的总体原则

增值税的纳税义务应按照税收法规规定的纳税义务发生时间进行确认；涉及进项税的，应按照可抵扣项目所取得扣税凭证上注明的税额进行确认。

（二）一般计税方法下的具体核算原则

1. 价税分离原则

在一般计税方法下，增值税按照销项税额减去进项税额计算应纳税额。因此，增值税相关销售业务及支出业务均需要进行价税分离，确认销售业务相关的不含税收入、支出业务相关的不含税资产价值及成本费用。

对于建筑企业提供建筑服务，其会计核算执行《建造合同准则》，因此，建造合同相关的合同预计总收入、合同预计总成本及相应的工程结算、工程施工、工程收入、工程成本等项目均涉及价税分离。

（1）合同预计总收入、工程结算及工程收入

合同预计总收入及工程结算均按适用税率11%计算价税分离，按不含税金额进行确认；工程收入直接按照价税分离后的合同预计总收入乘以完工百分比计算确认。计算公式如下：

$$合同预计总收入 = 合同总金额 \div (1+11\%)$$

$$工程结算 = 业主确认结算金额 \div (1+11\%)$$

（2）合同预计总成本、工程施工及工程成本

合同预计总成本按照扣除预计可抵扣进项税额的预算总成本进行确认；工程施工中，对于可抵扣支出项目，按照所取得的扣税凭证上记载的金额及税额进行价税分离，按不含税金额进行确认；工程成本直接按照实际发生的工程施工金额确认。

2. 增值税确认原则

在一般计税方法下，增值税销项税额应按照增值税的纳税义务发生时间进行确认；进项税额应按照所取得的扣税凭证上注明的增值税额进行确认。

（三）简易计税方法下的具体核算原则

1. 价税分离原则

在简易计税方法下，增值税按照适用征收率计算应纳税额，相应的进项税额不允许抵扣。因此，仅需要对增值税相关销售业务进行价税分离，确认为不含税收入。

对于建筑企业提供建筑服务，建造合同相关的合同预计总收入及相应的工程结算、工程收入均按适用征收率3%计算价税分离，按不含税金额进行确认；

合同预计总成本及相应的工程施工、工程成本均按含税金额进行确认。计算公式如下：

$$合同预计总收入 = 合同总金额 \div (1+3\%)$$

$$工程结算 = 业主计量结算款 \div (1+3\%)$$

对于涉及工程分包的，分包价款可按规定抵减应纳税额，在实际操作中，对于可抵减的应纳税额，建筑企业可采取增加收入或减少成本两种方法进行会计核算，在不同的核算方法下，建筑企业应相应调整合同预计总收入或合同预计总成本。计算公式如下：

$$合同预计总收入 = 合同总金额 \div (1+3\%) + 分包抵减税额$$

$$或，合同预计总成本 = 含税预算总成本 - 分包抵减税额$$

2. 增值税确认原则

在简易计税方法下，增值税应纳税额应按照增值税纳税义务发生时间进行确认。涉及分包抵税的，抵扣税额应按照所取得的分包发票注明的价税合计金额和 3% 征收率计算冲减应缴纳的增值税。分包抵税的计算公式如下：

$$分包抵减税额 = 含税分包金额 \div (1+3\%) \times 3\%$$

第二节　增值税会计科目设置

根据财税〔2016〕36 号文规定，增值税纳税人应当按照国家统一的会计制度进行增值税会计核算。为进一步规范增值税会计处理，促进财税〔2016〕36 号文的贯彻落实，财政部发布了《关于印发＜增值税会计处理规定＞的通知》（财会〔2016〕22 号）❶文件，明确了增值税相关主要会计科目及专栏设置，以及主要业务的账务处理原则。

对于本次营改增之前不涉及增值税业务的一般纳税人建筑企业，首先要设置增值税相关会计科目；对于本次营改增之前已经存在增值税业务的一般纳税人建筑企业，应结合建筑服务的特点，增设或完善增值税相关会计科目。

---

❶ 以下简称"财会〔2016〕22 号文"。

一、增值税会计科目设置原则

（一）同时满足两种计税方法下的会计核算

建筑企业提供建筑服务可能同时涉及一般计税方法和简易计税方法,因此,其增值税会计科目设置应同时满足一般计税方法下的会计核算和简易计税方法下的会计核算。

（二）满足增值税纳税申报表的数据需求

配套财税〔2016〕36号文营改增的全面推开,国家税务总局发布了一系列纳税申报相关的表类资料。其中,一般纳税人建筑企业涉及填报的表类申报资料包括:

（1）《增值税纳税申报表（一般纳税人适用）》及其附列资料,包括1张主表、8张附表。

（2）《增值税预缴税款表》。

（3）《营改增税负分析测算明细表》。

上述申报表所需数据量大且数据关系复杂,为便于归集申报数据,确保数据准确性,建筑企业的增值税会计科目设置应尽量满足增值税纳税申报表的数据需求。

【操作提示】如果企业集团不愿设置多级增值明细科目,可以通过对三级明细科目设置辅助核算的方式来满足纳税申报取数需求。

二、增值税会计科目及专栏设置

建筑企业应按照《企业会计准则》、财税〔2016〕36号文及财会〔2016〕22号文的要求,在"应交税费"科目下设置增值税相关各级明细科目,对增值税情况进行核算反映。

在"应交税费"科目下按"一般计税应交增值税""简易计税应交增值税""减免增值税""预交增值税""未交增值税""待确认转让金融商品应交增值税""待结转增值税额""待核销增值税额""待抵扣进项税额""待认证（确认）增值税额""增值税留抵税额""增值税检查调整""代扣代交税费"设置增值税相关13个二级科目,并在各二级科目下根据需要设置三级明细科目,具体见表 3-1 所列。

增值税科目设置　　　　　　　　　　表 3-1

一级科目	二级科目	三级科目	备注
应交税费			
	一般计税应交增值税		用于一般计税项目，详见【说明 1】
		销项税额	
		进项税额	
		进项税额转出	
		销项税额抵减	
		已交税金	
		出口抵减内销产品应纳税额	
		出口退税	
		项目部结转	
		转出未交增值税	
		转出多缴增值税	
	简易计税应交增值税		用于简易计税项目，详见【说明 3】
		应纳税额计提	
		应纳税额抵减	
		项目部结转	
		转出未交增值税	
	减免增值税		用于减免税项目，详见【说明 4】
		减免税款	
		项目部结转	
		转出减免增值税	
	预交增值税		一般计税项目和简易计税项目共用，详见【说明 5】
		预交税款	
		项目部结转	
		转出预交增值税	
	未交增值税		一般计税项目和简易计税项目共用，详见【说明 6】

续表

一级科目	二级科目	三级科目	备注
		结转一般计税	
		结转简易计税	
		结转减免增值税	
		结转预交增值税	
		缴纳增值税	
	待确认转让金融商品应交增值税		过渡科目，详见【说明2】
	待结转增值税额		过渡科目，详见【说明7】
		一般计税	
		简易计税	
	待核销增值税额		过渡科目，详见【说明8】
		一般计税	
		简易计税	
	待抵扣进项税额		过渡科目，详见【说明9】
		不动产40%	
		辅导期发票	
		海关专用缴款书	
		农产品收购或销售发票	
		完税凭证	
		其他	
	待认证（确认）增值税额		过渡科目，详见【说明10】
		一般计税	
		简易计税	
	增值税留抵税额		过渡科目，2017年起停用
	增值税检查调整		
		一般计税	
		简易计税	
	代扣代交税费		详见【说明11】
		增值税	
		城市维护建设税	
		教育费附加	
		地方教育费附加	

在上述增值税相关三级科目下，还可根据需要设置四级或五级明细科目。

（一）一般计税应交增值税

【说明1】在财会〔2016〕22号文中，本科目名为"应交增值税"，按财会〔2016〕22号文的科目设置思路，"应交增值税"及"简易计税"的科目单独用来核算一般计税方法项目及简易计税方法项目下的应交增值税，如果还继续保留原增值税体系下的"应交增值税"，同时新增"简易计税"来分别核算两种计税方法下的应交增值税，存在一些不合理性，如简易计税方法下计算的增值税也是应交增值税的一部分，很难从"应交增值税"科目上直接判断其核算的仅为一般计税方法下的增值税专栏，同时，"简易计税"目前属于二级科目，与其他税种平级，很难体现其是专门核算简易计税方法下的增值税的属性。

因此，本书将"应交增值税"科目更名为"一般计税应交增值税"，将"简易计税"科目更名为"简易计税应交增值税"，以便清晰地反映两种计税方法下的应交增值税。

"一般计税应交增值税"科目主要用来核算一般纳税人采用一般计税方法项目的增值税应交、抵扣、转出、已交等情况，一般纳税人选择简易计税方法的项目的增值税应交、已交等不在本科目核算。

"一般计税应交增值税"科目借方发生额主要反映银行购进货物、加工修理修配劳务（以下简称"劳务"）、服务、无形资产或者不动产支付款项中所包含的进项税额、差额纳税抵减的销项税额、已交的增值税、转出应交未交增值税等；贷方发生额主要反映销售货物、劳务、服务、无形资产或者不动产等应收取的增值税销项税额、出口货物退税、进项税转出、转出多交增值税等。

"一般计税应交增值税"科目下设"销项税额""进项税额""进项税额转出""销项税额抵减""已交税金""出口抵减内销产品应纳税额""出口退税""项目部结转""转出未交增值税""转出多交增值税"10个三级科目。

1. 销项税额

"销项税额"科目核算企业销售货物、劳务、服务、无形资产或者不动产应收取的增值税额，以及从境外单位或个人购进服务、无形资产或不动产应扣缴的增值税额。企业销售货物、劳务、服务、无形资产或者不动产应收取的销项税额，在贷方蓝字登记；因销售折让、中止或者退回而退还给购买方的增值税额，应冲销当期的销项税额，在贷方红字登记。

"销项税额"科目下可结合纳税申报表的数据需求,分别按税率和服务类型分别设置四级明细科目和五级明细科目(或辅助核算项目,下同)。具体见表 3-2 所列。

销项税额下级明细科目设置　　　　　表 3-2

三级科目	四级科目	五级科目	备注
销项税额	17% 税率	货物	
		加工、修理修配劳务	
		服务、不动产和无形资产	
	13% 税率		根据《财政部税务总局关于简并增值税税率有关政策的通知》(财税〔2017〕37 号)❶规定,自 2017 年 7 月 1 日起取消该档税率
	11% 税率		
	6% 税率	转让金融商品	用于适用一般计税方法的转让金融商品销项税额,详见【说明 2】
		其他	

【说明 2】根据财会〔2016〕22 号文的规定,在"应交税费"科目下新设了二级明细科目"转让金融商品应交增值税"专门用来核算增值税纳税人转让金融商品的增值税的计提、缴纳及年底冲销。

根据财税〔2016〕36 号文的规定,金融商品转让,按照卖出价扣除买入价后的余额为销售额。转让金融商品出现的正负差,按盈亏相抵后的余额为销售额。若相抵后出现负差,可结转下一纳税期与下期转让金融商品销售额相抵,但年末时仍出现负差的,不得转入下一个会计年度。

因此,转让金融商品的增值税计算与其他应税行为相比,具有一定的特殊性,即其销售额按金融商品转让的买卖价差确定,而买卖价差可能是收益,也可能是损失,并且各类金融商品的买卖价差还可以盈亏相抵,年度内出现的负差可以结转到下一纳税期参与销售额的计算。因此对于金融商品转让损益价税分离后,增值税可能是正数,也可能是负数,且此负数不能抵减其他应税行为的销项税额(或应纳税额)。基于此特殊性,财会〔2016〕22 号文在"应交税费"

---

❶ 以下简称"财税〔2017〕37 号文"。

下单独设置"转让金融商品应交增值税"二级科目，用于核算转让金融商品的销项税额（或应纳税额）。

但是，根据财会〔2016〕22号文中"转让金融商品应交增值税"科目的核算方法的规定，转让金融商品的应交增值税不仅单独核算，并且单独缴纳。考虑到企业发生的进项税额可以用于抵扣转让金融商品的应交增值税，通过"转让金融商品应交增值税"科目核算交纳的增值税，可能使核算变得相对复杂且账面反映不清晰，不利于企业内部管理及纳税申报取数。

例如：某建筑公司总部仅有一些金融商品投资业务，当月确认转让金融商品价差收益100万元，进项税额10万元，该公司实际应缴纳增值税为90万元，在这种情况下，如直接按"转让金融商品应交增值税"科目100万元缴税，将造成10万元进项税留抵，而当期多缴纳10万元增值税；如果要准确计税，则需将进项税额转入"未交增值税"科目，再进行缴纳增值税的会计处理，即，借记"转让金融商品应交增值税"科目100万元，贷记"未交增值税"10万元，贷记"银行存款"90万元。但根据原"应交增值税"科目的结转规则，一般不会将留抵的进项税额结转到未交增值税。

因此，基于转让金融商品应交增值税计算的特殊性，企业确实应当单独设置会计科目进行核算和判断；但根据上述分析可知，如果转让金融商品属于应交税的情形，其应交增值税实际为销项税额（或应纳税额）的一个特殊项目，应与其他应税行为的销项税额（或应纳税额）一并计算企业应缴纳的增值税。

在确保转让金融商品应交增值税单独核算和判断的基础上，从简化会计核算，便于企业整体的应交增值税计算和缴纳的角度出发，对"转让金融商品应交增值税"进行了以下调整：

（1）将财会〔2016〕22号文的"转让金融商品应交增值税"科目更名为"待确认转让金融商品增值税额"，变更为一个过渡性核算科目，用于核算月末根据转让金融商品价差损益价税分离出来的增值税。

（2）在"一般计税应交增值税－销项税额-6%税率"科目下设置"转让金融商品"及"其他"两个明细科目，分别用于核算适用一般计税方法时当期转让金融商品实际计提的销项税额，及其他适用6%一般计税方法的销项税额。

2. 进项税额

"进项税额"科目核算企业购进货物、劳务、服务、无形资产或者不动产而支付或负担的、准予从销项税额中抵扣的增值税额。企业购进货物、服务、无形资产或者不动产支付或负担的进项税额,在借方蓝字登记;因销售折让、中止或者退回而收回的增值税额,应冲销当期的进项税额,在借方红字登记。

"进项税额"科目下可结合纳税申报表的数据需求,分别按税率或征收率和服务类型分别设置四级明细科目和五级明细科目。具体见表 3-3 所列。

进项税额下级明细科目设置　　　　　　　　表 3-3

三级科目	四级科目	五级科目	备注
进项税额	17% 税率	固定资产	（1）按税率或征收率归集的进项税额中不含用于购建不动产的允许一次性抵扣和分期抵扣的进项税额。 （2）根据财税〔2017〕37 号文件,自 2017 年 7 月 1 日起取消 13% 税率
		有形动产租赁服务	
		其他	
	13% 税率		
	11% 税率	运输服务	
		电信服务	
		建筑安装服务	
		不动产租赁服务	
		受让土地使用权	
		通行费	
		其他	
	6% 税率	电信服务	
		金融保险服务	
		生活服务	
		取得无形资产	
		其他	
	5% 征收率	不动产租赁服务	
		通行费	
		其他	
	3% 征收率	固定资产	
		其他货物及加工、修理修配劳务	
		运输服务	
		电信服务	
		建筑安装服务	
		金融保险服务	

续表

三级科目	四级科目	五级科目	备注
进项税额	3% 征收率	有形动产租赁服务	
		生活服务	
		取得无形资产	
		通行费	
		其他	
	减按 1.5% 征收率	向个人租房	
	用于购建不动产	一次性抵扣	
		分期抵扣	

3. 进项税额转出

"进项税额转出"科目核算企业购进货物、劳务、服务、无形资产或者不动产等发生非正常损失以及其他原因（如用途改变等）而不应从销项税额中抵扣，按规定转出的进项税额，在贷方蓝字登记。

"进项税额转出"科目下可结合纳税申报表的数据需求，按涉及进项税转出的项目设置四级明细科目。具体见表 3-4 所列。

进项税额转出下级明细科目设置　　　　　　　　　　表 3-4

三级科目	四级科目	备注
进项税转出	免税项目用	
	集体福利、个人消费	
	非正常损失	
	简易计税方法征税项目用	
	免抵退税办法不得抵扣的进项税额	
	纳税检查调减进项税额	
	红字专用发票信息表注明的进项税额	
	上期留抵税额抵减欠税	
	上期留抵税额退税	
	其他	

各四级明细科目的核算内容具体如下：

（1）"免税项目用"科目核算用于免征增值税项目的购进货物、劳务、服务、无形资产或者不动产已抵扣进项税额的转出。

（2）"集体福利、个人消费"科目核算用于集体福利或者个人消费的购进货物、劳务、服务、无形资产或者不动产已抵扣进项税额的转出。

（3）"非正常损失"科目核算以下非正常损失情形涉及的已抵扣进项税额的转出：

1）非正常损失的购进货物及其相关加工修理修配劳务和交通运输服务；

2）非正常损失的不动产及其耗用的购进货物、设计服务和建筑服务；

3）非正常损失的不动产在建工程所耗用的购进货物、设计服务和建筑服务。

非正常损失，是指因管理不善造成货物被盗、丢失、霉烂变质，以及因违反法律法规造成货物或者不动产被依法没收、销毁、拆除的情形。

（4）"简易计税方法征税项目用"科目核算用于简易计税方法计税项目的购进货物、劳务、服务、无形资产或者不动产已抵扣进项税额的转出。

（5）"免抵退税办法不得抵扣的进项税额"科目核算适用"免、抵、退"税办法的出口货物按征税税率与退税税率的税率差计算不得免征和抵扣的进项税额的转出。

（6）"纳税检查调减进项税额"科目核算税务、财政、审计部门检查后而调减进项税额的转出。

（7）"红字专用发票信息表注明的进项税额"科目核算收到红字增值税专用发票上对应进项税额的转出。

（8）"上期留抵税额抵减欠税"科目核算经税务机关同意，使用上期留抵税额抵减欠税的金额。

（9）"上期留抵税额退税"科目适用于一般出口退税业务，核算实际收到上期留抵税额的退税额。

（10）"其他"科目核算企业以上明细科目之外的进项税额需转出的情形。例如：购进时已全额抵扣进项税额的货物和服务，转用于不动产在建工程的，其已抵扣进项税额的40%部分，应于转用的当期从进项税额中扣减，即在本科目作进项税额转出。

4.销项税额抵减

"销项税额抵减"科目核算一般计税方法下企业按照现行增值税制度规定因扣减销售额而减少的销项税额，在借方蓝字登记。

5. 已交税金

"已交税金"科目核算企业当期已交纳的当期应交增值税额，如未到征期但需先行缴纳入库的增值税，在借方蓝字登记。

6. 出口抵减内销产品应纳税额

"出口抵减内销产品应纳税额"科目核算企业出口适用"免、抵、退"税办法的货物后，向税务机关办理免抵退税申报，按规定计算的应免抵税额，在借方蓝字登记，即借记本科目，贷记"出口退税"科目。

7. 出口退税

"出口退税"科目核算企业出口适用零税率的货物，向海关办理报关出口手续后，凭出口报关单等有关凭证，向税务机关申报办理出口退税而收到的退回的税款。出口货物退回的增值税额，在贷方蓝字登记；进口货物办理退税后发生退货或者退关而补缴已退的税款，在贷方红字登记。企业按规定计算的应免抵税额，在贷方蓝字登记，即借记"出口抵减内销产品应纳税额"科目，贷记本科目。

8. 项目部结转

"项目部结转"科目核算建筑企业的项目部一般计税方法下，期末向总机构结转其"一般计税应交增值税"科目下相关明细科目的余额的情况，包括"销项税额""进项税额""进项税额转出""销项税额抵减""已交税金""出口抵减内销产品应纳税额""出口退税"等科目。

上述科目中的贷方余额之和减去借方余额之和后为贷方余额时，项目部借记本科目，贷记"内部往来－总机构"科目；总机构借记"内部往来－项目部"科目，贷记本科目。

上述科目中的贷方余额之和减去借方余额之和后为借方余额时，项目部借记"内部往来－总机构"科目，贷记本科目；总机构借记本科目，贷记"内部往来－项目部"科目。

9. 转出未交增值税

"转出未交增值税"科目核算企业期末转出当期应交未交的增值税额。建筑企业仅总机构涉及本科目。

期末，根据结转前"一般计税应交增值税"科目的余额进行判断，包括项目部结转数据，由于建筑企业基本不涉及使用"已交税金"科目，如为借方余额，则一般属于留抵税额，不作转出，也不参与转出应交未交增值税的计算；如为贷方余额，则属于应交未交的增值税，需进行结转，借记本科目，贷记"应交

税费 – 未交增值税 – 结转一般计税"。

10. 转出多交增值税

"转出多交增值税"科目核算企业期末转出当期多交的增值税额。由于建筑企业一般不涉及使用"已交税金"科目,因此,也基本不涉及本科目。

(二)简易计税应交增值税

【说明3】财会〔2016〕22号文中新增"简易计税"二级明细科目用来核算一般纳税人采用简易计税方法发生的增值税计提、扣减、预缴、缴纳等业务。根据本章"(一)一般计税应交增值税"中【说明1】的分析,为与"一般计税应交增值税"相呼应,本书将"简易计税"名称变更为"简易计税应交增值税"。此外,考虑到当期可实际抵扣的预缴,以及申报期内实际缴纳增值税的具体处理,本书将简易计税方法项目下的"预缴"调整至二级明细科目"预交增值税"核算,将简易计税方法下的"缴纳"通过"未交增值税"科目核算,具体分析及调整思路可参见本章"(四)预交增值税"中【说明5】及"(五)未交增值税"中【说明6】。

"简易计税应交增值税"科目核算建筑企业采用简易计税方法应交纳的增值税额情况,包括简易计税方法下应纳税额的计提、抵减及转出未交或多交增值税情况。

"简易计税应交增值税"科目下设"应纳税额计提""应纳税额抵减""项目部结转""转出未交增值税"四个三级明细科目,并按征收率设置两个四级明细科目。具体见表3-5所列。

"简易计税应交增值税"下级明细科目设置   表3-5

二级科目	三级科目	四级科目	备注
简易计税应交增值税	应纳税额计提	3%征收率	
		5%征收率	
	应纳税额抵减		
	项目部结转		
	转出未交增值税		

1. 应纳税额计提

"应纳税额计提"科目核算适用简易计税方法计税项目的增值税应纳税额

的计提情况。建筑企业计提的应纳税额在贷方蓝字登记；因销售折让、中止或者退回而退还给购买方的增值税额，应冲销当期的应纳税额，在贷方红字登记。

本科目下可结合纳税申报表的数据需求，分别按征收率不同分别设置"3%征收率""5%征收率"两个四级科目。同时考虑申报表明细填报，可在辅助账中区分"货物及加工修理修配劳务"及"服务、不动产和无形资产"进行辅助核算。

（1）3%征收率

"3%征收率"科目核算适用3%征收率的简易计税方法计税项目的增值税应纳税额的计提情况。如建筑工程老项目、以清包工方式提供建筑服务的项目、以甲供工程方式提供建筑服务的项目，建筑企业可选择简易计税方法计税。

（2）5%征收率

"5%征收率"科目核算适用5%征收率的简易计税方法计税项目的增值税应纳税额的计提情况。如建筑企业销售或出租其在2016年4月30日前取得的不动产并选择简易计税方法计税的业务等。

2. 应纳税额抵减

"应纳税额抵减"科目核算简易计税方法下，根据差额征税规定按扣除项目计算抵减的增值税额。

该科目主要用于企业提供涉及工程分包的建筑服务的情况。

3. 项目部结转

"项目部结转"科目核算建筑企业的项目部简易计税方法下，期末向总机构结转其"简易计税应交增值税"科目下相关明细科目的余额的情况。

期末"简易计税应交增值税"科目为贷方余额时，项目部借记本科目，贷记"内部往来－总机构"科目；总机构借记"内部往来－项目部"科目，贷记本科目。

期末"简易计税应交增值税"科目为借方余额时，项目部借记"内部往来－总机构"科目，贷记本科目；总机构借记本科目，贷记"内部往来－项目部"科目。

4. 转出未交增值税

"转出未交增值税"科目核算建筑企业期末转出当期应交未交的增值税额。

期末，根据结转前"简易计税应交增值税"科目的余额进行判断，如为借方余额，则属于存在可结转下期的抵减额，不进行结转；如为贷方余额，则属于应交未交的增值税，需进行结转，借记本科目，贷记"应交税费－未交增值税－

结转简易计税"。

(三) 减免增值税

【说明4】根据财会〔2016〕22号文的规定,通过"应交税费-应交增值税(减免税款)"三级明细科目核算一般纳税人按现行增值税制度规定准予减免的增值税额。

由于财会〔2016〕22号文规定的增值税会计科目体系的设置思路,是按区分用于一般计税项目和简易计税项目分别核算的思路进行设置的。其中,"应交增值税"科目原则上仅适用于一般计税项目,"简易计税"科目原则上仅适用于简易计税项目。但是,直接减免的增值税既可能产生于一般计税项目;也可能产生于简易计税项目,如销售使用过的固定资产;还可能与一般计税项目和简易计税项目均无直接关系,如购买税控专用设备。并且,"减免税款"的实际抵减额应当以一般计税项目和简易计税项目的合计应纳税额为限。可见,"减免税款"应当是独立于一般计税项目和简易计税项目的应交增值税科目之外、与之并列的专设科目。财会〔2016〕22号文将"减免税款"保留在"应交增值税"科目下与其他一般计税项目专栏并列,虽顾及了原增值税纳税人的习惯性科目设置,但并不利于增值税的清晰核算和准确结转。

因此,为了核算清晰、结转方便,本书建议调整"减免税款"科目的层级,由"应交增值税"科目下的三级明细科目调整为"应交税费"科目下的二级明细科目,专用于核算各种情形下直接减免的增值税。同时,为区别于"应交税费"科目下核算的其他税种,建议将"减免税款"科目更名为"减免增值税"。

"减免增值税"科目核算企业现行增值税制度规定准予减免的增值税额,在"减免增值税"科目下设置"减免税款""项目部结转"及"转出减免增值税"三个三级明细科目,分别核算减免增值税的发生、结转及转出。

1. 减免税款

增值税的直接减免包括直接减征和直接免征两类。直接减征是直接按一定比例减征或按一定金额直接抵减的增值税应纳税额,如销售已使用固定资产按3%征收率减按2%征收,即直接按1%减征增值税;个人出租住房按5%征收率减按1.5%征收,即直接按3.5%减征增值税;购置增值税税控系统专用设备直接按价税合计抵减增值税应纳税额等。直接免征则是对符合条件的销售业务直接免除其增值税纳税义务,纳税人不必缴纳,如国债利息收入、统借统还利息收入、符合条件的居民供热采暖费收入等免征增值税。

（1）直接减征

对于直接按一定比例减征的增值税应纳税额，常见的如销售使用过固定资产选择按3%征收率减按2%征收，应先按销售额和3%征收率计算确认增值税应纳税额，然后按1%计算可抵减的增值税应纳税额，借记"应交税费－减免增值税－减免税款"科目，贷记"营业外收入"等科目。

按一定金额直接抵减的增值税应纳税额，目前主要是企业初次购买增值税税控系统专用设备（包括分开票机）支付的费用以及以后每年度缴纳的技术维护费，可直接按价税合计金额抵减的增值税应纳税额，借记"应交税费－减免增值税－减免税款"科目，贷记"管理费用"等科目。增值税税控系统专用设备作为固定资产核算的，则贷记"递延收益"科目；在后续固定资产折旧期间，借记"递延收益"科目，贷记"管理费用"等科目。

（2）直接免征

对于直接免征的增值税，其会计处理在实务中一直存在较大争议，财会〔2016〕22号文也未进一步明确。本书收集了一下目前实务中的多种会计处理方式，其中常见的、比较具有代表性的两种处理方式如下：

第一种，认为免税销售额不含税，不进行价税分离。

该方式下，直接将销售价款全额确认收入（即主营业务收入、投资收益等），不进行价税分离，不确认销项税额（或应纳税额）。因此，这种方式并不涉及免征增值税处理。

第二种：认为免税销售额含税，需进行价税分离。

该方式下，首先对于销售价款进行价税分离，分别确认收入（即主营业务收入、投资收益等）和销项税额（或应纳税额）；然后按免征的增值税确认为营业外收入（或主营业务收入），借记"应交税费－减免增值税－减免税款"科目，贷记"营业外收入"等科目。

因此，上述两种处理方式都具有一定的合理性，且不影响会计核算的准确性。但从实际操作的角度来说，增值税纳税申报表中的"销项税额（或应纳税额）"不包含直接免征项目的增值税额，因此，从满足增值税纳税申报及会计核算相对准确、便捷的角度来看，选择第一种方式更符合增值税纳税申报的设置原理。

但应注意一点，在增值税和企业所得税同时免征的情况下，选择第一种方式对企业所得税产生一定影响。因为根据《财政部 国家税务总局关于财政性资金 行政事业性收费 政府性基金有关企业所得税政策问题的通知》（财税〔2008〕151号）❶的规定，企业取得直接减免的增值税应计入企业当年收入总额征收企业所得税，即免税销售额里包含的直接免征的增值税额，不属于企业所得税上的免税收入。因此，如果选择第一种方式，应在年度企业所得税汇算清缴时，按免征增值税的收入和适用税率（或征收率）价税分离，将直接免征的增值税从纳税调减的免税收入中扣除。

2. 项目部结转

"项目部结转"科目核算项目部期末向总机构结转其"减免增值税"科目余额的情况。

按照期末"减免增值税"科目余额,项目部借记"内部往来-总机构"科目，贷记本科目；总机构借记本科目，贷记"内部往来-项目部"科目。

3. 转出减免增值税

期末，根据本期实际可抵减的减免税额通过"转出减免增值税"科目结转至"应交税费-未交增值税-结转减免增值税"科目，具体结转方法可参考"未交增值税"科目的分析。

（四）预交增值税

【说明5】根据财会〔2016〕22号文的规定，一般计税项目的预缴增值税通过二级科目"应交税费-预交增值税"核算，月末转入二级科目"应交税费-未交增值税"；而简易计税项目的预缴增值税则通过二级科目"简易计税"核算，月末并不结转。两种计税方法下的预缴增值税会计核算是不一致的，相当于一般计税项目和简易计税项目分别计提、分别预缴、分别计算实际应纳税额。

但是，从增值税纳税申报表的设计思路及原理来看，纳税人应当是在抵减预缴增值税之前分别计算一般计税项目应纳税额和简易计税项目应纳税额，再合计抵减增值税减免税款，最后抵减两种计税方法下预缴增值税的合计额。为了便于理解，简化增值税应补（退）税额的计算公式如下：

本期应补（退）税额=（一般计税项目应纳税额+简易计税项目应纳税额）-减免增值税（以前两项应纳税额合计为限）-预交增值税（按实际可抵减额）

---

❶ 以下简称"财税〔2008〕151号文"。

可见，从满足增值税纳税申报数据的角度而言，"减免增值税"和"预交增值税"均应当是独立于一般计税项目和简易计税项目的应交增值税科目之外、与之并列的专设科目。财会〔2016〕22号文单独设立"预交增值税"科目是非常科学且非常必要的设置，但简易计税项目的预缴增值税并未纳入该科目单独核算，仍无法满足增值税实际应补（退）税额的计算需求。

为统一核算一般计税项目和简易计税项目的预缴增值税，本书将"应交税费－简易计税"科目下的预缴增值税核算内容调整纳入"应交税费－预交增值税"科目核算，以便清晰反映纳税人所有情况下预缴增值税的预缴及结转情况。

"预交增值税"科目核算企业提供建筑服务、转让不动产、提供不动产经营租赁服务、采用预收款方式销售自行开发的房地产项目等，按现行增值税制度规定应预缴的增值税额。

"预交增值税"科目下设"预交税款""项目部结转""转出预交增值税"三个三级明细科目。

1. 预交税款

"预交税款"科目核算企业按税法规定在项目所在地预缴的增值税，包括：跨县（市、区）提供建筑服务按规定向项目所在地主管国税机关预缴税款；企业销售不动产按规定向不动产所在地主管地税机关预缴税款；企业出租与机构所在地不在同一县（市、区）的不动产按规定向不动产所在地主管国税机关预缴税款等情形，在借方蓝字登记。

2. 项目部结转

"项目部结转"科目核算建筑企业的项目部期末向总机构结转其"预交增值税"科目余额的情况。

"项目部结转"科目下设"一般计税"和"简易计税"两个四级明细科目。

（1）一般计税

"一般计税"科目核算采用一般计税的项目部期末向总机构结转其"预交增值税"科目余额的情况。

按照项目部期末"预交增值税"科目的借方余额，项目部借记"内部往来－总机构"科目，贷记本科目；总机构借记本科目，贷记"内部往来－项目部"。

（2）简易计税

"简易计税"科目核算采用简易计税的项目部期末向总机构结转其"预交增值税"科目余额的情况。

按照项目部期末"预交增值税"科目的借方余额,项目部借记"内部往来－总机构"科目,贷记本科目;总机构借记本科目,贷记"内部往来－项目部"。

3. 转出预交增值税

"转出预交增值税"科目企业期末转出当期预缴的增值税额。建筑企业仅总机构涉及本科目。

按照期末"应交税费－预交增值税"科目的借方余额,借记"应交税费－未交增值税"科目,贷记本科目。

(五)未交增值税

【说明6】根据财会〔2016〕22号文的规定,"未交增值税"明细科目,核算一般纳税人月度终了从"应交增值税"或"预交增值税"明细科目转入当月应交未交、多交或预缴的增值税额,以及当月交纳以前期间未交的增值税额。简易计税项目的缴纳不通过本科目核算。

根据本章"(三)减免增值税"中【说明4】及"(四)预交增值税"中【说明5】的分析可知,纳税人应当是在抵减预交增值税之前分别计算一般计税项目应纳税额和简易计税项目应纳税额,再合计抵减增值税减免税款,最后抵减两种计税方法下预交增值税的合计额。在实际账务处理过程中,由于存在与一般计税项目和简易计税项目均无直接关系,如购买税控专用设备的税额减免,还存在一般计税方法项目与简易计税方法项目预交税款及应交税款的互相抵消,因此,纳税人期末实际应缴纳增值税环节原则上来说是无法划分出两种计税方法下的应纳税额的。

本书对"未交增值税"明细科目进行了相应的调整,将简易计税项目的增值税结转及缴纳、减免税款的实际抵减额、预交税款的实际抵减额均纳入本科目核算。

"未交增值税"科目核算建筑企业期末从"一般计税应交增值税""简易计税应交增值税""减免增值税""预交增值税"明细科目转入当期应交未交(或多交)、减免、预缴的增值税额,以及当期交纳以前期间未交的增值税额。

在"未交增值税"科目下设置"结转一般计税""结转简易计税""结转减免增值税""结转预交增值税""缴纳增值税"五个三级明细科目。

期末,建筑企业的总机构需要根据一般计税应交增值税、简易计税应交增值税、减免增值税及预交增值税的情况来确定是否转出以及转出金额,具体如下:

1. 结转一般计税

期末对"应交税费-一般计税应交增值税"科目结转的应交未交增值税，借记"应交税费-一般计税应交增值税-转出未交增值税"，贷记本科目；对"应交税费-一般计税应交增值税"科目结转的多交增值税，借记本科目，贷记"应交税费-一般计税应交增值税-转出多交增值税"。

2. 结转简易计税

期末对"应交税费-简易计税应交增值税"科目结转的应交未交增值税，借记"应交税费-简易计税应交增值税-转出未交增值税"，贷记本科目。

【操作提示】在不考虑税额抵减及预缴税款的前提下，上述两种计税方法下的应交未交（多交）增值税的结转金额没有关联，因此，上述两步的结转可根据需要进行调整，不影响最终结果。

3. 结转减免增值税

根据结转一般计税及简易计税下应交未交（多交）增值税后的"应交税费-未交增值税"科目余额来判断应结转的减免税额。

（1）"结转一般计税"及"结转简易计税"后，"应交税费-未交增值税"科目为贷方余额的，如果"应交税费-未交增值税"科目贷方余额≥结转前"应交增值税-减免增值税"科目的借方余额（该科目不应出现贷方余额），则按"应交增值税-减免增值税"科目的余额进行结转；如果"应交税费-未交增值税"科目贷方余额＜结转前"应交增值税-减免增值税"科目的借方余额（该科目不应出现贷方余额），则按"应交税费-未交增值税"科目的贷方余额进行结转。

按上述金额，借记本科目，贷记"应交增值税-减免增值税-转出减免增值税"科目。

（2）"结转一般计税"及"结转简易计税"后，"应交税费-未交增值税"科目为借方余额的，表示本期存在应退增值税，在这种情况下，不结转减免增值税。

4. 结转预交增值税

根据结转一般计税及简易计税下应交未交（多交）增值税及减免增值税后的"应交税费-未交增值税"科目余额来判断应结转的预缴增值税金额。

（1）"结转一般计税"、"结转简易计税"及"结转减免增值税"后，"应交税费-未交增值税"科目为贷方余额的，如果"应交税费-未交增值税"

科目贷方余额≥结转前"应交增值税－预交增值税"科目的借方余额（该科目不应出现贷方余额），则按"应交增值税－预交增值税"科目的余额进行结转；如果"应交税费－未交增值税"科目贷方余额＜结转前"应交增值税－预交增值税"科目的借方余额（该科目不应出现贷方余额），则按"应交税费－未交增值税"科目的贷方余额进行结转。

按上述金额，借记本科目，贷记"应交增值税－减免增值税－转出预交增值税"科目。

（2）"结转一般计税"、"结转简易计税"及"结转减免增值税"后，"应交税费－未交增值税"科目为借方余额或零，表示本期存在应退增值税或不需要缴纳增值税，在这种情况下，不结转预交增值税。

5. 缴纳增值税

交纳以前期间未交的增值税额，如建筑企业总机构在征期内向主管国税机关申报交纳的增值税，在借方蓝字登记。

（六）待确认转让金融商品应交增值税

"待确认转让金融商品增值税"科目是基于转让金融商品增值税缴纳的特殊性而设置的过渡性科目，具体分析参见本节"（一）一般计税应交增值税"中【说明2】。

（1）企业根据需要按期（日／月）对转让金融商品的收益或损失进行价税分离，将增值税税额部分计入本过渡科目，同时冲减收益或损失金额。如为转让收益，则按应纳税额，借记"投资收益"等科目，贷记本科目；如为转让损失，则按可结转下月抵扣税额，借记本科目，贷记"投资收益"等科目。

（2）在增值税纳税申报期的期末，企业根据"待确认转让金融商品增值税额"科目余额判断是否应结转纳税。如为贷方余额，则进行结转，借记本科目，贷记"应交税费－一般计税应交增值－销项税额－6%税率（转让金融商品）"科目；如为借方余额，则不进行结转；年末仍为借方余额的，则应按余额冲回，借记"投资收益"等科目，贷记本科目。

【操作提示】企业购买金融商品持有期间（含到期）利息（保本收益、报酬、资金占用费、补偿金等）收入应当按照贷款服务缴纳增值税，这部分税金不在此科目核算，而直接在"应交税费－一般计税应交增值－销项税额－6%税率（其他）"科目核算。

（七）待结转增值税额

【说明7】本科目的核算内容对应财会〔2016〕22号文中规定的"待转销项税额"科目。原科目核算企业销售货物、劳务、服务、无形资产或者不动产，已确认相关收入（或利得）但尚未发生增值税纳税义务而需于以后期间确认为销项税额的增值税额。但由于"待转销项税额"科目名称仅适用于一般计税方法，而在简易计税方法下也需要使用此性质的会计科目，以核算企业销售货物、服务或不动产，采用简易计税方法下，已确认相关收入（或利得）但尚未发生增值税纳税义务而需于以后期间确认为应纳税额的增值税额。因此，本书将此科目名称更改为"待结转增值税额"。

"待结转增值税额"科目核算企业销售货物、劳务、服务、无形资产或不动产，已确认相关收入（或利得）但尚未发生增值税纳税义务而需于以后期间确认为销项税额或应纳税税额的增值税额，在贷方蓝字登记。

"待结转增值税额"科目下设"一般计税"和"简易计税"两个三级明细科目。

1. 一般计税

"一般计税"科目核算企业一般计税方法下的销售业务，包括销售货物、劳务、服务、无形资产或不动产，已确认相关收入（或利得）但尚未发生增值税纳税义务而需于以后期间确认为销项税额的增值税额，在贷方蓝字登记。

确认收入（或利得）但尚未发生增值税纳税义务发生时间时计提增值税，借记相关资产科目，贷记本科目；到纳税义务发生时间时，借记本科目，贷记"应交税费－一般计税应交增值税－销项税额"科目。

2. 简易计税

"简易计税"科目核算企业简易计税方法下的销售业务，包括销售货物、服务或不动产，已确认相关收入（或利得）但尚未发生增值税纳税义务而需于以后期间确认为应纳税额的增值税额，在贷方蓝字登记。

确认收入（或利得）但尚未发生增值税纳税义务发生时间时计提增值税，借记相关资产科目，贷记本科目；到纳税义务发生时间时，借记本科目，贷记"应交税费－简易计税应交增值税－应纳税额计提"科目。

（八）待核销增值税额

【说明8】本科目是对财会〔2016〕22号文中规定的"待转销项税额"科目

核算内容的一个补充。原科目核算企业销售货物、劳务、服务、无形资产或不动产，已确认相关收入（或利得）但尚未发生增值税纳税义务而需于以后期间确认为销项税额的增值税额。但由于增值税的时间性税会差异，除了"已确认相关收入（或利得）但尚未发生增值税纳税义务"的情况外，还有"尚未确认相关收入（或利得）但已发生增值税纳税义务"的情况。因此，本书增加该科目专门用于核算纳税义务发生时间早于会计收入确认时间的增值税额。

"待核销增值税额"科目核算企业销售货物、劳务、服务、无形资产或不动产，尚未确认相关收入（或利得）但已发生增值税纳税义务而需要提前确认为销项税额或应纳税额的增值税额，在借方蓝字登记。

"待核销增值税额"科目下设"一般计税"和"简易计税"两个三级明细科目。

1. 一般计税

"一般计税"科目核算企业一般计税方法下的销售业务，包括销售货物、劳务、服务、无形资产或不动产，尚未确认相关收入（或利得）但已发生增值税纳税义务而需要提前确认为销项税额的增值税额，在借方蓝字登记。

尚未确认相关收入（或利得）但已发生增值税纳税义务时计提增值税，借记本科目，贷记"应交税费－一般计税应交增值税－销项税额"科目；到确认相关收入（或利得）时，借记相关资产科目，贷记本科目。

2. 简易计税

"简易计税"科目核算企业简易计税方法下的销售业务，包括销售货物、服务或不动产，尚未确认相关收入（或利得）但已发生增值税纳税义务而需要提前确认为应纳税额的增值税额，在借方蓝字登记。

尚未确认相关收入（或利得）但已发生增值税纳税义务时计提增值税，借记本科目，贷记"应交税费－简易计税应交增值税－应纳税额计提"科目；到确认相关收入（或利得）时，借记相关资产科目，贷记本科目。

（九）待抵扣进项税额

【说明9】本科目的核算内容对应财会〔2016〕22号文中规定的"待抵扣进项税额"科目。原科目核算仅核算以下增值税额：

（1）一般纳税人自2016年5月1日后取得并按固定资产核算的不动产或者2016年5月1日后取得的不动产在建工程，按现行增值税制度规定准予以后期间从销项税额中抵扣的进项税额；

（2）实行纳税辅导期管理的一般纳税人取得的尚未交叉稽核比对的增值税扣税凭证上注明或计算的进项税额。

根据营改增后《增值税纳税申报表附列资料（二）》的填报要求，"三、待抵扣进项税额"中除包括上述两项外，还包括：（1）纳税人未收到稽核比对结果的海关进口增值税专用缴款书情况；（2）已取得但截至本期期末仍未申报抵扣的代扣代缴税收完税凭证情况；（3）已取得但截至本期期末仍未申报抵扣的农产品收购发票和农产品销售普通发票情况；（4）其他。

从会计核算的角度来说，对于"纳税人未收到稽核比对结果的海关进口增值税专用缴款书情况"的增值税额，无论计入"待抵扣进项税额""待认证进项税额"科目都不影响会计报表的列示，但从会计核算满足纳税申报的角度来说，应将"纳税人未收到稽核比对结果的海关进口增值税专用缴款书情况"的增值税额计入"待抵扣进项税额"科目才能更好地按要求完成纳税申报数据的取得。

因此，本书对"待抵扣进项税额"科目的核算内容进行了增补，并在本科目下设置"不动产40%""辅导期发票""海关专用缴款书""农产品收购或销售发票""完税凭证""其他"六个明细科目，确保提供准确的纳税申报数据。

"待抵扣进项税额"科目核算企业已取得增值税扣税凭证并经税务机关认证，按照现行增值税制度规定准予以后期间从销项税额中抵扣的进项税额。包括：企业取得海关进口增值税专用缴款书，但尚未通过稽核比对的进项税额；企业自2016年5月1日后取得并按固定资产核算的不动产或者2016年5月1日后取得的不动产在建工程，按现行增值税制度规定准予以后期间从销项税额中抵扣的进项税额；实行纳税辅导期管理的企业取得的尚未交叉稽核比对的增值税扣税凭证上注明或计算的进项税额；按照增值税申报表填写要求，在附表二"三、待抵扣进项税额"中的"其他扣税凭证"。

"待抵扣进项税额"科目下设"不动产40%""辅导期发票""海关专用缴款书""农产品收购或销售发票""完税凭证"和"其他"六个三级明细科目。

1. 不动产40%

"不动产40%"科目核算，即企业用于购建不动产、需分期抵扣的进项税额中，尚未到抵扣期间的40%部分，在借方蓝字登记；在取得扣税凭证当月起第13个月转入"进项税额"科目，在贷方蓝字登记。

2. 辅导期发票

"辅导期发票"科目核算企业在实行纳税辅导期管理的期限内收到增值税专用发票,但尚未交叉稽核比对的进项税额,在借方蓝字登记;交叉稽核比对无误的进项税额,转入"进项税额"科目,在贷方蓝字登记;经核实不得抵扣的进项税额,从本科目冲销,在借方红字登记。

建筑企业一般不存在辅导期,因此基本不涉及本科目。

3. 海关专用缴款书

"海关专用缴款书"科目核算企业已取得海关进口增值税专用缴款书,但尚未通过稽核比对的进项税额,在借方蓝字登记;在税务稽核比对通过后转入"进项税额"科目,在贷方蓝字登记。

4. 农产品收购或销售发票

"农产品收购或销售发票"科目核算企业已取得农产品收购或销售发票,但尚未进行申报抵扣的进项税额,在借方蓝字登记;在申报抵扣当期转入"进项税额"科目,在贷方蓝字登记。

5. 完税凭证

"完税凭证"科目核算企业已取得代扣代缴完税凭证时,但尚未申报抵扣的进项税额,在借方蓝字登记;在申报抵扣后转入"进项税额"科目,在贷方蓝字登记。

6. 其他

"其他"科目核算企业已取得除上述扣税凭证外的其他扣税凭证,但尚未申报抵扣的进项税额,在借方蓝字登记;在申报抵扣后转入"进项税额"科目,在贷方蓝字登记。

【操作提示】对于上述六个三级明细科目而言,建筑企业如果确定基本不会发生的"辅导期发票""农产品收购或销售发票"及"其他",可以不设置相应明细科目。

(十)待认证(确认)增值税额

【说明10】本科目对应财会〔2016〕22号文中规定的"待认证进项税额"科目。原科目核算包括:一般纳税人已取得增值税扣税凭证、按照现行增值税制度规定准予从销项税额中抵扣,但尚未经税务机关认证的进项税额;一般纳税人已申请稽核但尚未取得稽核相符结果的海关缴款书进项税额。

由于"待认证进项税额"科目名称仅适用于一般计税方法，而在简易计税方法下也需要使用此性质的会计科目，以核算企业由于未取得抵减发票或未进行申报而不得从当期应纳税额中抵减的增值税额，因此本书将此科目名称更改为"待认证（确认）增值税额"。

此外，根据本节"（八）待抵扣进项税额"中【说明9】的分析，本书将"一般纳税人已申请稽核但尚未取得稽核相符结果的海关缴款书进项税额"的核算调整至"待抵扣进项税额"科目中。

"待认证（确认）增值税额"核算一般纳税人已取得增值税扣税凭证、按照现行增值税制度规定准予从销项税额中抵扣，但尚未经税务机关认证的进项税额，以及选择简易计税方法下，尚未取得抵减销售额发票或未进行申报而不得从当期应纳税额中抵减的增值税额。

"待认证（确认）增值税额"科目下设"一般计税"和"简易计税"两个三级明细科目。

1. 一般计税

"一般计税"科目核算企业在一般计税方法下由于未取得增值税扣税凭证或未经税务机关认证而不得从当期销项税额中抵扣的进项税额。

"一般计税"科目下设"已取得发票"和"未取得发票"两个五级科目。

（1）已取得发票

"已取得发票"科目核算企业已取得增值税扣税凭证、按照现行增值税制度规定准予从销项税额中抵扣，但尚未经税务机关认证的进项税额，在借方蓝字登记；在经税务机关认证后转入"应交税费－一般计税应交增值税－进项税额"科目，在贷方蓝字登记。

（2）未取得发票

"未取得发票"科目核算企业取得货物等已入账，但由于尚未收到相关增值税扣税凭证而不得从当期销项税额中抵扣的进项税额，在借方蓝字登记；在取得相关增值税扣税凭证并经税务机关认证后转入"应交税费－一般计税应交增值税－进项税额"科目，在贷方蓝字登记。

2. 简易计税

"简易计税"科目核算企业在简易计税方法下由于未取得分包发票或未进行申报而不得从当期应纳税额中抵减的增值税额。

"简易计税"科目下设"已取得发票"和"未取得发票"两个五级科目。

（1）已取得发票

"已取得发票"科目核算企业已取得分包发票、按照现行增值税制度规定准予通过扣减销售额而减少应纳税额，但尚不能向税务机关申报抵减的增值税额，在借方蓝字登记；在确定可向税务机关申报抵税时转入"应交税费－简易计税应交增值税－应纳税额抵减"科目，在贷方蓝字登记。

（2）未取得发票

"未取得发票"科目核算企业分包成本已入账，但由于尚未收到相关分包发票而不得从通过扣减销售额而从当期应纳税额中抵减的增值税额，在借方蓝字登记；在取得分包发票并确定可向税务机关申报抵税时转入"应交税费－简易计税应交增值税－应纳税额抵减"科目，在贷方蓝字登记。

（十一）增值税留抵税额

"增值税留抵税额"科目核算企业在营改增前货物和劳务挂账，在营改增后不得从销售服务、不动产和无形资产的销项税额中抵减的增值税留抵税额。

在营改增当期期初，按不得从销售服务、无形资产或不动产的销项税额中抵扣的增值税留抵税额，借记本科目，贷记"应交税费－一般计税应交增值税－进项税额转出"科目；在以后期间允许抵扣时，按允许抵扣的金额，借记"应交税费－一般计税应交增值税－进项税额"科目，贷记本科目。

根据《国家税务总局关于调整增值税一般纳税人留抵税额申报口径的公告》（国家税务总局公告2016年第75号）❶的规定，"增值税留抵税额"科目在本公告发布（即2016年12月8日）前有余额的，可在公告发布后的第一个纳税申报期将余额一次性填写至第13栏"上期留抵税额""一般项目"列"本月数"中，即企业如果在2016年12月"增值税留抵税额"科目还有余额，可在当月转入进项税额中参与抵扣，本科目自2016年12月31日起停止使用。

（十二）增值税检查调整

"增值税检查调整"科目核算企业在税务、财政、审计部门检查后而调整的增值税情况。

---

❶ 以下简称"国家税务总局公告2016年第75号文"。

"增值税检查调整"科目下设"一般计税"和"简易计税"两个三级明细科目。

1. 一般计税

"一般计税"科目核算企业在税务、财政、审计部门检查后对一般计税方法下销项税额、进项税额及进项税额转出的调整情况。检查后应调减进项税额或调增销项税额和进项税额转出的数额,在贷方蓝字登记;检查后应调增进项税额或调减销项税额和进项税额转出的数额,在借方蓝字登记。

全部调账事项入账后,应将相关调整金额分别结转计入"应交税费－一般计税应交增值税"科目下"销项税额""进项税额""进项税额转出"科目,结转后,本科目无余额。

为确保结转正确,企业应设置《增值税检查调整登记簿》,逐笔记录纳税检查调整事项及调整金额、增值税额等情况。销项税额、进项税额及进项税额转出调整的具体结转要求及《增值税检查调整登记簿》表样如下:

(1) 检查调整的销项税额

检查调整的销项税额,按照调整事项对应的适用税目及税率,分别汇总结转至"应交税费－一般计税应交增值税－销项税额"科目下的相应四级及五级明细科目。并设置增值税检查调整登记簿,在增值税检查调整登记簿设置"一般计税方法下销售业务调整表",表样见表3-6所列。

一般计税方法下销售业务调整(表样)　　　表3-6

序号	调整事项	调整依据	销售业务调整情况				
			含税销售额	适用税目	适用税率	销售额	销项税额
1							
2							

(2) 检查调整进项税额

检查调整的进项税额,涉及进项税额调增的,按照调整事项对应的服务类型及税率或征收率,分别汇总结转至"应交税费－一般计税应交增值税－进项税额"科目下的相应四级及五级明细科目;涉及进项税额调减的,汇总调整金额结转至"应交税费－一般计税应交增值税－进项税额转出"科目下的四级明细科目"纳税检查调减进项税额"。在增值税检查调整登记簿设置"一般计税方法下进项业务调整表",表样见表3-7所列。

一般计税方法下进项业务调整(表样)　　　　表3-7

序号	调整事项	调整依据	进项业务调整情况				
			含税金额	服务类型	税率/征收率	金额	进项税额
1							
2							

(3)检查调整进项税额转出

检查调整进项税额转出,按照调整事项对应的转出项目或原因汇总调整金额,分别结转至"应交税费－一般计税应交增值税－进项税额转出"科目下的相应四级明细科目。在增值税检查调整登记簿设置"一般计税方法下进项税转出业务调整表",表样见表3-8所列。

一般计税方法下进项税转出业务调整(表样)　　　　表3-8

序号	调整事项	调整依据	进项税转出业务调整情况		
			涉税金额	转出项目或原因	进项税额转出
1					
2					

2. 简易计税

"简易计税"科目核算企业在税务、财政、审计部门检查后对简易计税方法下应纳税额的调整情况。检查后应调增应纳税额的数额,在贷方蓝字登记;检查后应调减应纳税额的数额,在借方蓝字登记。

全部调账事项入账后,应将本科目余额结转计入"应交税费－简易计税应交增值税"科目,结转后本科目无余额。

为确保结转正确,企业应设置《增值税检查调整登记簿》,逐笔记录纳税检查调整事项及调整销售额、应纳税额等情况。应纳税额调整的具体结转要求及《增值税检查调整登记簿》表样如下:

检查调整的应纳税额,按照调整事项对应的适用税目及征收率,分别汇总结转至"应交税费－简易计税应交增值税"科目下的相应四级及五级明细科目。在增值税检查调整登记簿设置"简易计税方法下销售业务调整表",表样见表 3-9 所列。

简易计税方法下销售业务调整（表样） 表 3-9

序号	调整事项	调整依据	销售业务调整情况				
			含税销售额	适用税目	适用征收率	销售额	应纳税额
1							
2							

（十三）代扣代交税费

【说明11】根据财会〔2016〕22号文中规定，设置"代扣代交增值税"明细科目，核算纳税人购进在境内未设经营机构的境外单位或个人在境内的应税行为代扣代缴的增值税。但考虑到纳税人在扣缴增值税的同时需要扣缴相应的城市维护建设税、教育费附加及地方教育费附加，为避免二级科目过多，本书建议将原规定中的二级明细科目"代扣代交增值税"更名为"代扣代交税费"，并在该科目下按需要代扣代缴的税种增设明细科目。

"代扣代交税费"科目，核算纳税人购进在境内未设经营机构的境外单位或个人在境内的应税行为代扣代缴的增值税、城市维护建设税、教育费附加及地方教育费附加等。

在"代扣代交税费"科目下设置"增值税""城市维护建设税""教育费附加""地方教育费附加"四个三级明细科目。

企业从境外购进服务或无形资产，按应代扣代缴的各项税费，贷记本科目各相关明细科目。实际缴纳代扣代缴税费时，按代扣代缴的税额，借记本科目下相应明细科目，贷记"银行存款"科目。

三、"其他应付款"下增值税会计科目设置

建筑企业跨县（市、区）提供建筑服务，一般在征期（通常为次月15日之前）预缴当月的增值税。因此，项目部应在月底计提应预缴增值税。

对此，建筑企业可在"其他应付款"科目下设置"待预交增值税"二级科目，核算项目部在月底计提的应在征期预缴的增值税。

第三节　一般计税方法下项目部会计核算

一般纳税人建筑企业的工程项目，除可以选择适用简易计税方法计税的情形外，均应按照一般计税方法计算缴纳增值税。

采用一般计税方法的工程情况，其相关成本费用的进项税额，只要不属于税法规定的不允许抵扣范围，均可从其销项税额中进行抵扣。

基于建筑企业工程项目的会计核算执行《建造合同准则》，采用一般计税方法的项目部，其增值税相关的会计核算事项主要包括合同预计总收入与预计总成本、工程施工与进项税额、工程结算与销项税额、工程收入与工程成本、其他收入与销项税额、预交增值税及期末结转增值税等内容。

一、合同预计总收入与合同预计总成本

（一）合同预计总收入与合同预计总成本确认

采用一般计税方法计税的工程项目，其合同预计总收入与合同预计总成本均应按不含税金额确认，作为确认工程收入和工程成本的基础。

合同预计总收入按合同总金额及适用税率11%计算确认，计算公式如下：

$$合同预计总收入 = 合同总金额 \div (1+11\%)$$

合同预计总成本依据新的造价规则，按扣除预计可抵扣增值税进项税后的预算合同成本确认。

（二）案例分析

【案例1-1】S省甲建筑公司（增值税一般纳税人）2016年7月在A省承接的A项目的合同总金额为66 600万元（含增值税），预算总成本为57 000万元（不含增值税），合同完工进度按照累计实际发生的合同成本占合同预计总成本的比例确定。该项目适用一般计税方法。

A项目的合同预计总收入 = 66 600 ÷ （1+11%） = 60 000（万元）

A项目的合同预计总成本 = 不含税预算总成本 = 57 000（万元）

二、工程施工与进项税额的会计核算

工程项目实际发生的直接材料费、直接人工费、分包成本、机械使用费以及其他直接费用和间接费用等合同成本支出，均在"工程施工"科目进行核算。对于可抵扣进项税额的各项成本费用支出，如果取得合法有效的扣税凭证，且符合抵扣条件的，可以抵扣其进项税额。

工程项目的各项成本费用支出可能取得扣税凭证的类型包括增值税专用发票、海关进口增值税专用缴款书、农产品销售发票、通行费发票及完税凭证等。其中，增值税专用发票、海关进口增值税专用缴款书需要按规定通过认证或稽核比对后，方可抵扣进项税额；农产品销售发票、完税凭证、通行费发票等则不需要认证，取得后可直接计算抵扣进项税额。但应注意，完税凭证依据财税〔2016〕36号文规定，应当具备书面合同、付款证明和境外单位的对账单或者发票，资料不全的，其进项税额不得从销项税额中抵扣。

（一）直接材料

工程项目的直接材料支出主要包括施工生产过程中耗用的构成工程实体或有助于形成工程实体的原材料、辅助材料、周转材料等。

建筑企业采购材料的进项税额主要涉及取得增值税专用发票、海关进口增值税专用缴款书、农产品销售发票等扣税凭证。

1. 增值税专用发票

（1）税务处理

建筑企业采购材料，取得增值税专用发票，需在税收法规规定的期限内认证，认证通过后方可抵扣进项税额。根据《国家税务总局关于进一步明确营改增有关征管问题的公告》（国家税务总局公告2017年第11号）❶第十条第一款规定，自2017年7月1日起，增值税一般纳税人取得的2017年7月1日及以后开具的增值税专用发票和机动车销售统一发票，应自开具之日起360日内认证或登录增值税发票选择确认平台进行确认，并在规定的纳税申报期内，向主管国税机关申报抵扣进项税额。纳税人取得的2017年6月30日前开具的增值税扣税凭证，仍按《国家税务总局关于调整增值税扣税凭证抵扣期限有关

---

❶ 以下简称"国家税务总局公告2017年第11号文"。

问题的通知》（国税函〔2009〕617号）执行。因此，建筑企业取得2017年7月1日之前开具的增值税专用发票，应自发票开具日期起180天内认证；取得2017年7月1日及以后开具的增值税专用发票，应自发票开具日期起360天内认证。

增值税专用发票的认证方式有两种：一种是纸质发票扫描认证，一种是在"增值税发票查询平台"勾选确认进行认证。

（2）会计核算

无论采取哪种认证方式，均可及时获取发票认证结果。因此，一般情况下，建筑企业取得增值税专用发票时，应采取"先认证、后记账"的方式，在认证后进行会计处理。

对于月底取得增值税专用发票，未能及时认证的，建筑企业可采取"先记账、后认证"的方式，通过"应交税费－待认证（确认）增值税额－一般计税－已取得发票"科目核算尚未认证的进项税额。

对于材料已经验收，但月底尚未取得发票的，建筑企业可采取"先记账、后取票"的方式，根据采购合同的约定或与供应商的合作情况，判断取得增值税专用发票的可能性，再进行会计处理。对于确定能取得增值税专用发票的，可在确认材料成本的同时，确认进项税额，并通过"应交税费－待认证（确认）增值税额－一般计税－未取得发票"科目进行核算；对于不确定能取得增值税专用发票的，直接按含税价款全额确认材料成本。

对于不能取得增值税专用发票的，直接按含税价款确认材料成本。

1）"先认证、后记账"方式下的会计核算

建筑企业在取得增值税专用发票并认证通过后，按增值税专用发票注明的金额，借记"原材料"科目，按增值税专用发票注明的税额，借记"应交税费－一般计税应交增值税－进项税额"科目，按实际支付或应付的款项，贷记"银行存款"或"应付账款"等科目。会计分录如下：

借：原材料

　　应交税费－一般计税应交增值税－进项税额

　　贷：银行存款/应付账款等

领用原材料时（下同）：

借：工程施工－合同成本－直接材料

　　贷：原材料

2)"先记账、后认证"方式下的会计核算

对于月底未及时认证的增值税专用发票，按增值税专用发票注明的金额，借记"原材料"科目，按增值税专用发票注明的税额，借记"应交税费－待认证（确认）增值税额－一般计税－已取得发票"科目，按实际支付或应付的款项，贷记"银行存款"或"应付账款"等科目。会计分录如下：

借：原材料
　　应交税费－待认证（确认）增值税额－一般计税－已取得发票
　　贷：银行存款/应付账款等

下月认证通过后，按增值税专用发票注明的税额，借记"应交税费－一般计税应交增值税－进项税额"科目，贷记"应交税费－待认证（确认）增值税额－一般计税－已取得发票"科目。会计分录如下：

借：应交税费－一般计税应交增值税－进项税额
　　贷：应交税费－待认证（确认）增值税额－一般计税－已取得发票

3)"先记账、后取票"方式下的会计核算

对于月底材料已到、发票未到但确定能取得增值税专用发票的，按合同约定的不含税材料价款，借记"原材料"科目，按合同约定或按适用抵扣率（一般纳税人供应商抵扣率17%、小规模纳税人供应商抵扣率3%）计算未来可抵扣的进项税额，借记"应交税费－待认证（确认）增值税额－一般计税－未取得发票"科目，按实际支付或应付的款项，贷记"银行存款"或"应付账款"等科目。会计分录如下：

借：原材料
　　应交税费－待认证（确认）增值税额－一般计税－未取得发票
　　贷：银行存款/应付账款等

取得增值税专用发票，并认证通过后，按增值税专用发票注明的税额，借记"应交税费－一般计税应交增值税－进项税额"科目，贷记"应交税费－待认证（确认）增值税额－一般计税－未取得发票"科目。会计分录如下：

借：应交税费－一般计税应交增值税－进项税额
　　贷：应交税费－待认证（确认）增值税额－一般计税－未取得发票

如果因预计有误或供应商违约等情况，后期未能取得增值税专用发票的，需冲减原计入"待认证（确认）增值税额"的进项税额，并计入材料成本。会计分录如下：

借：工程施工－合同成本－直接材料（蓝字）
借：应交税费－待认证（确认）增值税额－一般计税－未取得发票（红字）

【操作提示】计入工程施工中的各项合同成本、费用支出，只要是取得增值税专用发票的项目，如工程分包支出、机械使用费支出、各项直接费用及间接费用支出等，都可能发生上述三种情形，相应的会计核算均与直接材料支出的会计核算原则一致。因此，下文对于其他成本费用支出，仅描写一般情况下，即"先认证、后记账"的会计核算；对于"先记账、后认证"及"先记账、后取票"这两种较少涉及的情形，可比照直接材料支出的会计处理，下文不再赘述。

4）未取得增值税专用发票的会计核算

对于未取得增值税专用发票的材料采购，按材料含税价款，借记"原材料"，贷记"银行存款"或"应付账款"科目。会计分录如下：

借：原材料
　　贷：银行存款/应付账款等

【操作提示】计入工程施工中的各项合同成本、费用支出，如工程分包支出、机械使用费支出、各项直接费用及间接费用支出等，在未取得增值税专用发票的情况下，相关进项税额均不能抵扣，企业应按含税金额直接计入相关的成本费用。因此，下文对于其他成本费用支出，仅描写取得增值税专用发票的情形。

（3）案例分析

【案例1-1-1】甲建筑公司的A项目部2016年8月采购一批螺纹钢，采用两票制结算，其中，材料价款（含税）1 170万元，取得增值税专用发票，已认证通过，发票上注明的金额1 000万元、税额170万元；运费（含税）11.1万元，取得增值税专用发票，已认证通过，发票上注明的金额10万元、税额1.1万元。款项均已支付。该批材料于当月领用。

A项目部的会计核算如下：

1）当月取得增值税专用发票并认证通过后：

借：原材料　　　　　　　　　　　　　　　　　　　　　　10 100 000
　　应交税费－一般计税应交增值税－进项税额－17%税率－其他
　　　　　　　　　　　　　　　　　　　　　　　　　　　　1 700 000
　　应交税费－一般计税应交增值税－进项税额－11%税率－运输服务
　　　　　　　　　　　　　　　　　　　　　　　　　　　　　 11 000
　　贷：银行存款　　　　　　　　　　　　　　　　　　　11 811 000

2）当月工程领用材料时：

借：工程施工－合同成本－直接材料　　　　　　　　　　　　10 100 000
　　贷：原材料　　　　　　　　　　　　　　　　　　　　　　10 100 000

【案例1-1-2】 甲建筑公司的A项目部2016年8月底采购一批钢板，采用一票制结算，采购价款及运费合计（含税）1 170万元，月末取得增值税专用发票，尚未认证，发票上注明的金额1 000万元、税额170万元，款项已支付。该批材料于当月领用。

A项目部的会计核算如下：

1）当月月底确认材料成本：

借：原材料　　　　　　　　　　　　　　　　　　　　　　　10 000 000
　　应交税费－待认证（确认）增值税额－一般计税－已取得发票
　　　　　　　　　　　　　　　　　　　　　　　　　　　　　1 700 000
　　贷：银行存款　　　　　　　　　　　　　　　　　　　　　11 700 000

2）当月月底工程领用材料时：

借：工程施工－合同成本－直接材料　　　　　　　　　　　　10 000 000
　　贷：原材料　　　　　　　　　　　　　　　　　　　　　　10 000 000

3）2016年9月对增值税专用发票认证通过后：

借：应交税费－一般计税应交增值税－进项税额－17%税率－其他
　　　　　　　　　　　　　　　　　　　　　　　　　　　　　1 700 000
　　贷：应交税费－待认证（确认）增值税额－一般计税－已取得发票
　　　　　　　　　　　　　　　　　　　　　　　　　　　　　1 700 000

【案例1-1-3】 甲建筑公司的A项目部2016年8月采购一批钢筋，采用一票制结算，采购价款及运费合计（含税）1 170万元，已验收入库，月末尚未取得增值税专用发票，款项也未支付。该批材料于当月领用。

A项目部的会计核算如下：

1）当月月底根据合同确认材料成本：

借：原材料　　　　　　　　　　　　　　　　　　　　　　　10 000 000
　　应交税费－待认证（确认）增值税额－一般计税－未取得发票
　　　　　　　　　　　　　　　　　　　　　　　　　　　　　1 700 000
　　贷：应付账款　　　　　　　　　　　　　　　　　　　　　11 700 000

2）当月工程领用材料时：

借：工程施工－合同成本－直接材料　　　　　　　　　　　　　　10 000 000
　　贷：原材料　　　　　　　　　　　　　　　　　　　　　　　　10 000 000

3）2016年9月取得增值税专用发票并认证通过后：

借：应交税费－一般计税应交增值税－进项税额－17%税率－其他

　　　　　　　　　　　　　　　　　　　　　　　　　　　　　1 700 000

　　贷：应交税费－待认证（确认）增值税额－一般计税－未取得发票

　　　　　　　　　　　　　　　　　　　　　　　　　　　　　1 700 000

2. 海关进口增值税专用缴款书

（1）税务处理

建筑企业进口货物，取得海关进口增值税专用缴款书，在税收法规规定的期限内进行稽核比对，稽核比对通过后方可抵扣进项税额。根据国家税务总局公告2017年第11号文第十条第二款规定，增值税一般纳税人取得的2017年7月1日及以后开具的海关进口增值税专用缴款书，应自开具之日起360日内向主管国税机关报送《海关完税凭证抵扣清单》，申请稽核比对。因此，建筑企业取得2017年7月1日之前开具的海关进口增值税专用缴款书，应自缴款书开具日期起180天内申请稽核比对；取得2017年7月1日及以后开具的海关进口增值税专用缴款书，应自缴款书开具日期起360天内申请稽核比对。

同时，根据《国家税务总局海关总署关于实行海关进口增值税专用缴款书"先比对后抵扣"管理办法有关问题的公告》（国家税务总局、海关总署公告2013年第31号）❶及《国家税务总局关于加强海关进口增值税抵扣管理的公告》（国家税务总局公告2017年第3号）❷的规定，建筑企业申请稽核但尚未取得稽核相符结果的海关缴款书进项税额，应通过"应交税费－待抵扣进项税额－海关专用缴款书"科目核算；待稽核比对相符以及核查后允许抵扣时，再确认进项税额。

（2）会计核算

建筑企业取得海关进口增值税专用缴款书后，按专用缴款书上注明的金额，借记"原材料"科目，按专用缴款书上注明的税额，借记"应交税费－待抵扣进项税额－海关专用缴款书"科目，按实际支付或应付的款项，贷记"银行存款"或"应付账款"等科目。会计分录如下：

---

❶ 以下简称"国家税务总局、海关总署公告2013年第31号文"。

❷ 以下简称"国家税务总局公告2017年第3号文"。

借：原材料

　　　　应交税费－待抵扣进项税额－海关专用缴款书

　　　　　贷：银行存款／应付账款等

建筑企业申请稽核比对通过后，按专用缴款书上注明的税额，借记"应交税费－一般计税应交增值税－进项税额"，贷记"应交税费－待抵扣进项税额－海关专用缴款书"。会计分录如下：

　　借：应交税费－一般计税应交增值税－进项税额

　　　　贷：应交税费－待抵扣进项税额－海关专用缴款书

（3）案例分析

【案例1-1-4】甲建筑公司的A项目部2016年8月进口一批耐磨钢板，采购支付价款及缴纳关税合计200万元，缴纳进口环节增值税34万元，取得海关进口增值税专用缴款书，并于当月申请稽核比对通过。该批材料于当月领用。

A项目部的会计核算如下：

1）当月取得海关进口增值税专用缴款书时：

　　借：原材料　　　　　　　　　　　　　　　　　　　2 000 000

　　　　应交税费－待抵扣进项税额－海关专用缴款书　　340 000

　　　　　贷：银行存款　　　　　　　　　　　　　　　2 340 000

2）当月稽核比对通过后：

　　借：应交税费－一般计税应交增值税－进项税额－17%税率－其他

　　　　　　　　　　　　　　　　　　　　　　　　　　340 000

　　　　贷：应交税费－待抵扣进项税额－海关专用缴款书　340 000

3）当月工程领用材料时：

　　借：工程施工－合同成本－直接材料　　　　　　　2 000 000

　　　　贷：原材料　　　　　　　　　　　　　　　　　2 000 000

3. 农产品销售发票

（1）税务处理

建筑企业购买免税农产品，如建筑用木材，无法取得增值税专用发票，可取得农产品销售发票，按照农产品销售发票上注明的农产品买价和一定的扣除率（根据财税〔2017〕37号文的规定，2017年7月1日之前按13%；2017年7月1日以后按11%）计算抵扣进项税额。计算公式为：

$$进项税额 = 买价 \times 扣除率$$

（2）会计核算

建筑企业可取得农产品销售发票后，按照上述公式计算可抵扣的进项税额，借记"应交税费－一般计税应交增值税－进项税额"科目，按买价减去进项税额后的数额，借记"原材料"科目，按实际支付或应付的款项，贷记"银行存款"或"应付账款"等科目。

（3）案例分析

【案例1-1-5】甲建筑公司的A项目部2016年8月购买一批原木，支付买价100万元，供应商享受免税优惠，A项目部取得农产品销售发票。该批原木已于当月领用。

A项目部计算可抵扣的进项税额及材料成本如下：

$$进项税额 =100 \times 13\%=13（万元）$$

$$材料成本 =100-13=87（万元）$$

A项目部的会计核算如下：

1）当月取得农产品销售发票时：

借：原材料   870 000

　　应交税费－一般计税应交增值税－进项税额－13%税率   130 000

　　贷：银行存款   1 000 000

2）当月工程领用材料时：

借：工程施工－合同成本－直接材料   870 000

　　贷：原材料   870 000

（二）分包成本

工程项目的分包一般包括地基处理、土方、商品混凝土、结构、防水、装修分包、幕墙、机电分包、基坑支护、降水等分包工程。

分包支出的进项税额扣税凭证涉及取得增值税专用发票。

1. 会计核算

结合建筑行业特点，建筑企业与分包商确认分包计量及结算金额后，存在两种开具发票情形：一种是分包商按计量金额全额开具发票；另一种是分包商按总包方支付分包款金额分期开具发票。在确认分包成本时，对于未及时取得发票的，建筑企业可根据分包合同的约定或与分包商的合作情况，确定取得增值税专用发票的情况。对于确定能取得增值税专用发票的，可按价税分离的原则确认分包成本和暂估进项税额,并通过"应交税费-待认证(确认)增值税额-一般计税"科目进行核算;对于不能取得增值税专用发票的,直接按含税价款确认分包成本。

建筑企业与分包商确认分包计量及结算金额后,按不含税分包价款,借记"工程施工-合同成本-分包成本"科目;对于已取得增值税专用发票并认证通过的,按增值税专用发票注明的税额,借记"应交税费-一般计税应交增值税-进项税额"科目,对于尚未取得增值税专用发票或尚未认证的,按照该部分结算金额和适用抵扣率(一般纳税人分包商抵扣率11%、小规模纳税人分包商抵扣率3%)计算可抵扣的进项税额,借记"应交税费-待认证(确认)增值税额-一般计税"科目;按实际支付或应付的金额,贷记"银行存款"或"应付账款"等科目。会计分录如下:

借:工程施工-合同成本-分包成本
　　应交税费-一般计税应交增值税-进项税额
　　应交税费-待认证(确认)增值税额-一般计税
贷:银行存款/应付账款等

对于尚未取得增值税专用发票或尚未认证的,在取得分包商开具的增值税专用发票并认证通过后,按增值税专用发票注明的税额,借记"应交税费-一般计税应交增值税-进项税额"科目,贷记"应交税费-待认证(确认)增值税额-一般计税"科目。会计分录如下:

借:应交税费-一般计税应交增值税-进项税额
　　贷:应交税费-待认证(确认)增值税额-一般计税

2. 案例分析

(1)分包计量全额取得增值税专用发票

【案例1-1-6】2016年8月,甲建筑公司的A项目部与地基工程分包商计量确认含税分包款111万元,分包商按合同约定全额开具增值税专用发票,发票上注明的金额100万元、税额11万元,该发票已认证通过,分包款项尚未支付。

A项目部的会计核算如下:

借:工程施工-合同成本-分包成本　　　　　　　　　　　　1 000 000
　　应交税费-一般计税应交增值税-进项税额-11%税率-建筑安装服务
　　　　　　　　　　　　　　　　　　　　　　　　　　　110 000
　　贷:应付账款　　　　　　　　　　　　　　　　　　　1 110 000

（2）分包计量部分取得增值税专用发票

【案例1-1-7】2016年8月，甲建筑公司的A项目部与土方工程分包商计量确认含税分包款555万元，分包合同约定当月支付80%，待工程完工后支付剩余20%。A项目部向分包商支付分包款444万元，取得增值税专用发票，发票上注明的金额400万元、税额44万元，该发票已认证通过。

A项目部计算未取得发票部分的分包成本及进项税额如下：

未取得发票的分包成本＝（555-444）÷（1+11%）=100（万元）

未取得发票的进项税额=100×11%=51（万元）

A项目部的会计核算如下：

1）当月分包结算时：

借：工程施工－合同成本－分包成本　　　　　　　　　　　　　5 000 000

　　应交税费－一般计税应交增值税－进项税额-11%税率－建筑安装服务

　　　　　　　　　　　　　　　　　　　　　　　　　　　　　440 000

　　应交税费－待认证（确认）增值税额－一般计税－未取得发票

　　　　　　　　　　　　　　　　　　　　　　　　　　　　　110 000

　　贷：银行存款　　　　　　　　　　　　　　　　　　　　4 440 000

　　　　应付账款　　　　　　　　　　　　　　　　　　　　1 110 000

2）分包工程完工后，取得增值税专用发票并认证通过：

借：应交税费－一般计税应交增值税－进项税额-11%税率－建筑安装服务

　　　　　　　　　　　　　　　　　　　　　　　　　　　　　110 000

　　贷：应交税费－待认证（确认）增值税额－一般计税－未取得发票

　　　　　　　　　　　　　　　　　　　　　　　　　　　　　110 000

（3）分包计量取得增值税普通发票

【案例1-1-8】2016年8月，甲建筑公司的A项目部与劳务分包商计量确认含税分包款33.3万元，取得增值税普通发票，款项尚未支付。

A项目部的会计核算如下：

借：工程施工－合同成本－分包成本　　　　　　　　　　　　　333 000

　　贷：应付账款　　　　　　　　　　　　　　　　　　　　　333 000

（三）直接人工

工程项目的直接人工支出主要包括从事工程建造的人员的工资、奖金、津贴补贴、职工福利费等职工薪酬。

直接人工支出不涉及增值税进项税额抵扣，在发生直接人工支出时，直接计入合同成本，借记"工程施工－合同成本－直接人工"科目，贷记"应付职工薪酬"科目。会计分录如下：

借：工程施工－合同成本－直接人工
　　贷：应付职工薪酬

（四）机械使用费

工程项目的机械使用费支出主要包括施工生产过程中使用自有施工机械所发生的机械使用费、租用外单位施工机械支付的租赁费和施工机械的安装、拆卸和进出场费等。

工程项目使用的自有施工机械，一般由建筑企业总机构统一购买，并在总机构核算固定资产及相关进项税额，资产折旧通过内部往来结转至项目部，项目部据此核算机械使用费，因此，项目部不涉及进项税额核算。

工程项目租用外单位施工机械，根据《财政部国家税务总局关于明确金融房地产开发教育辅助服务等增值税政策的通知》（财税〔2016〕140号）❶规定，建筑企业工程项目采用"建筑施工设备＋操作人员"的租赁方式，则出租方属于提供建筑服务适用11%税率；若出租方不配备操作人员的，则出租方应按照财税[2016]36号文规定，按照有形动产租赁适用17%税率。因此，建筑企业支付机械使用费应按上述规定取得增值税专用发票，并进行进项税额抵扣。

1. 会计核算

（1）使用自有施工机械

工程项目使用自有施工机械，项目部按总机构结转的资产折旧金额，借记"工程施工－合同成本－机械使用费"科目，贷记"内部往来－总机构"科目。会计分录如下：

借：工程施工－合同成本－机械使用费
　　贷：内部往来－总机构

（2）租用外单位施工机械

工程项目租用外单位施工机械，取得增值税专用发票并认证通过后，按增

---

❶ 以下简称"财税〔2016〕140号文"。

值税专用发票注明的金额，借记"工程施工－合同成本－机械使用费"科目，按增值税专用发票注明的税额，借记"应交税费－一般计税应交增值税－进项税额"科目，按实际支付或应付的款项，贷记"银行存款"或"应付账款"等科目。会计分录如下：

　　借：工程施工－合同成本－机械使用费
　　　　应交税费－一般计税应交增值税－进项税额
　　　　贷：银行存款/应付账款等

2. 案例分析

【案例1-1-9】2016年8月，甲建筑公司的A项目部租入外部施工机械（仅租赁设备不含操作人员），共支付351万元，取得了增值税专用发票，发票上注明的金额300万元，税额51万元，该发票已认证通过，款项已全部支付。

A项目部的会计核算如下：

　　借：工程施工－合同成本－机械使用费　　　　　　　　3 000 000
　　　　应交税费－一般计税应交增值税－进项税额－17%税率－
　　　　有形动产租赁服务　　　　　　　　　　　　　　　　510 000
　　　　贷：银行存款　　　　　　　　　　　　　　　　　3 510 000

【操作提示】如A项目部租入设备的同时配备相关操作人员，则依据财税〔2016〕140号文规定，应按接受建筑服务取得相关增值税专用发票，按11%抵扣进项税额。相关会计核算详见"本章本节二、（二）分包成本"。

（五）其他直接费用

工程项目的其他直接费用支出是在施工过程中发生的与施工过程直接相关的技术援助费用、施工现场材料的二次搬运费、生产工具和用具使用费、检验试验费、工程定位复测费、工程点交费用、场地清理费用、临建设施费等。

其他直接费用的进项税额扣税凭证主要涉及取得增值税专用发票；如果涉及向境外支付技术服务费、设计费，还涉及取得完税凭证。

1. 税务处理

企业取得增值税专用发票的税务处理，与直接材料等项目取得增值税专用发票的税务处理相同。

企业向境外单位或者个人购进服务、无形资产或不动产，属于需要代扣代缴增值税的情形的，以企业作为增值税的扣缴义务人。企业应按照下列公式计算应扣缴税额：

$$应扣缴税额 = 购买方支付的价款 \div (1 + 税率) \times 税率$$

2. 会计核算

（1）增值税专用发票

工程项目发生其他直接费用，取得增值税专用发票并认证通过后，按增值税专用发票注明的金额，借记"工程施工－合同成本－其他直接费"科目，按增值税专用发票注明的税额，借记"应交税费－一般计税应交增值税－进项税额"科目，按实际支付或应付的款项，贷记"银行存款"或"应付账款"等科目。会计分录如下：

借：工程施工－合同成本－其他直接费

应交税费－一般计税应交增值税－进项税额

贷：银行存款／应付账款等

（2）完税凭证

工程项目发生向境外支付其他直接费用，有的由项目部自行对外支付，有的则通过总机构对外支付，如果涉及代扣代缴增值税的，则需代扣代缴增值税。

1）项目部直接向境外支付费用

对于项目部自行向境外支付费用的，项目部按应计入相关成本费用的金额，借记"工程施工－合同成本－其他直接费"科目；按可抵扣的增值税额，借记"应交税费－待抵扣进项税额－完税凭证"科目；按应代扣代缴的增值税及附加税费，贷记"应交税费－代扣代交税费"相关明细科目；按实际支付或应付的金额，贷记"银行存款"或"应付账款"等科目。会计分录如下：

借：内部往来－项目部

应交税费－待抵扣进项税额－完税凭证

贷：银行存款／应付账款等

应交税费－代扣代交税费－增值税

应交税费－代扣代交税费－城市维护建设税

应交税费－代扣代交税费－教育费附加

应交税费－代扣代交税费－地方教育费附加

项目部解缴代扣代缴增值税及附加税费，并取得完税凭证时，按代扣缴的增值税及附加税费，借记"应交税费－代扣代交税费"相关明细科目，贷记"银行存款"科目。会计分录如下：

借：应交税费－代扣代交税费－增值税
　　应交税费－代扣代交税费－城市维护建设税
　　应交税费－代扣代交税费－教育费附加
　　应交税费－代扣代交税费－地方教育费附加
　　贷：银行存款

同时，按完税凭证上注明的增值税额，借记"应交税费－一般计税应交增值税－进项税额"，贷记"应交税费－待抵扣进项税额－完税凭证"科目。会计分录如下：

借：应交税费－一般计税应交增值税－进项税额
　　贷：应交税费－待抵扣进项税额－完税凭证

2）项目部通过总机构向境外支付费用

对于项目部通过总机构向境外支付费用的，由总机构代扣代缴增值税，相关费用支出通过内部往来结转给项目部。项目部与总机构的会计核算分别如下：

①项目部的会计核算

项目部按应计入相关成本费用的金额，借记"工程施工－合同成本－其他直接费"科目，贷记"内部往来－总机构"。

②总机构的会计核算

总机构按应计入相关成本费用的金额，借记"内部往来－项目部"科目，按可抵扣的增值税额，借记"应交税费－待抵扣进项税额－完税凭证"科目；按应代扣代缴的增值税及附加税费，贷记"应交税费－代扣代交税费"相关明细科目；按实际支付或应付的金额，贷记"银行存款"或"应付账款"等科目。会计分录如下：

借：内部往来－项目部
　　应交税费－待抵扣进项税额－完税凭证
　　贷：银行存款/应付账款等
　　　　应交税费－代扣代交税费－增值税
　　　　应交税费－代扣代交税费－城市维护建设税
　　　　应交税费－代扣代交税费－教育费附加
　　　　应交税费－代扣代交税费－地方教育费附加

总机构解缴代扣代缴增值税及附加税费，并取得完税凭证时，按代扣缴的增值税及附加税费，借记"应交税费－代扣代交税费"相关明细科目，贷记"银

行存款"科目。会计分录如下:

借:应交税费－代扣代交税费－增值税

应交税费－代扣代交税费－城市维护建设税

应交税费－代扣代交税费－教育费附加

应交税费－代扣代交税费－地方教育费附加

贷:银行存款

同时,按完税凭证上注明的增值税额,借记"应交税费－一般计税应交增值税－进项税额",贷记"应交税费－待抵扣进项税额－完税凭证"科目。会计分录如下:

借:应交税费－一般计税应交增值税－进项税额

贷:应交税费－待抵扣进项税额－完税凭证

【操作提示】工程项目中发生支付给境外单位或个人的计入间接费用和期间费用的其他支出,只要是属于代扣代缴增值税范围,并取得完税凭证的,均可据此进行会计处理,下文不再赘述。

3. 案例分析

【案例1-1-10】2016年8月,甲建筑公司的A项目部实际发生其他直接费用合计83.3万元,其中,检验试验费31.8万元,取得了增值税专用发票,发票上注明的金额30万元,税额1.8万元;施工现场材料的二次搬运费10.3万元,取得了增值税专用发票,发票上注明的金额10万元,税额0.3万元;总机构结转其支付境外技术咨询费20万元(总机构对外支付价款的含税金额21.2万元,代扣代缴增值税1.2万元,附加税费0.144万元,并取得了完税凭证);其他费用20万元,取得增值税普通发票。款项均已支付,取得的增值税专用发票均已认证通过。

A项目部的其他直接费用及进项税额明细见表3-10所列。

A项目部的其他直接费用及进项税额明细表　　　　表3-10

项目	价税合计	金额	进项税额	税项	抵扣率
检验试验费	318 000	300 000	18 000	现代服务	6%
施工现场材料的二次搬运费	103 000	100 000	3 000	现代服务	3%
技术咨询费(境外)	200 000	200 000	0		
其他直接费	200 000	200 000	0		
合计	821 000	800 000	21 000		

(1) A项目部的会计核算

1) 检验试验费核算

借:工程施工-合同成本-其他直接费　　　　　　　　　　　　　　300 000
　　应交税费-一般计税应交增值税-进项税额-6%税率-其他　　18 000
　　贷:银行存款　　　　　　　　　　　　　　　　　　　　　　　318 000

2) 施工现场材料的二次搬运费核算

借:工程施工-合同成本-其他直接费　　　　　　　　　　　　　　100 000
　　应交税费-一般计税应交增值税-进项税额-3%征收率-其他
　　　　　　　　　　　　　　　　　　　　　　　　　　　　　　　3 000
　　贷:银行存款　　　　　　　　　　　　　　　　　　　　　　　103 000

3) 结转境外咨询费核算

借:工程施工-合同成本-其他直接费　　　　　　　　　　　　　　200 000
　　贷:内部往来-总机构　　　　　　　　　　　　　　　　　　　200 000

4) 其他直接费核算

借:工程施工-合同成本-其他直接费　　　　　　　　　　　　　　200 000
　　贷:内部往来-A项目部　　　　　　　　　　　　　　　　　　200 000

(2) 总机构的会计核算

1) 支付境外咨询费时:

借:内部往来-A项目部　　　　　　　　　　　　　　　　　　　　200 00
　　应交税费-待抵扣进项税额-完税凭证　　　　　　　　　　　　12 000
　　贷:银行存款　　　　　　　　　　　　　　　　　　　　　　　198 560
　　　　应交税费-代扣代交税费-增值税　　　　　　　　　　　　12 000
　　　　应交税费-代扣代交税费-城市维护建设税　　　　　　　　　840
　　　　应交税费-代扣代交税费-教育费附加　　　　　　　　　　　360
　　　　应交税费-代扣代交税费-地方教育费附加　　　　　　　　　240

2) 解缴代扣代缴增值税,取得完税凭证时:

借:应交税费-代扣代交税费-增值税　　　　　　　　　　　　　　12 000
　　应交税费-代扣代交税费-城市维护建设税　　　　　　　　　　　840
　　应交税费-代扣代交税费-教育费附加　　　　　　　　　　　　　360
　　应交税费-代扣代交税费-地方教育费附加　　　　　　　　　　　240
　　贷:银行存款　　　　　　　　　　　　　　　　　　　　　　　13 440

同时，确认进项税额：

借：应交税费－一般计税应交增值税－进项税额－6%税率－其他

                  12 000

 贷：应交税费－待抵扣进项税额－完税凭证   12 000

（六）间接费用

工程项目的间接费用支出主要包括项目部临时设施摊销费用和组织、管理施工生产活动所发生的费用等，如管理人员薪酬、劳动保护费、固定资产折旧费及修理费、物料消耗、取暖费、水电费、办公费、差旅费、财产保险费、工程保修费、排污费、通行费等。

其中，临时设施摊销、管理人员薪酬、固定资产折旧费、差旅费中的交通费及餐饮费、排污费等费用属于不可抵扣进项税额的支出项目，应全额计入工程施工成本；劳动保护费、固定资产修理费、物料消耗、取暖费、水电费、办公费、差旅费中的住宿费、财产保险费、工程保修费、通行费等，属于可抵扣进项税额的支出项目，主要涉及取得增值税专用发票。

1. 税务处理

对于不可抵扣进项税额的支出项目，即使取得增值税专用发票，也不允许抵扣进项税额，实际支付金额全额计入工程施工。对于可抵扣进项税额的支出项目，取得增值税专用发票并认证通过后，可按发票上注明的税额进行抵扣。

在可抵扣支出项目中，通行费的进项税额抵扣在税法上有特殊规定。根据《财政部国家税务总局关于收费公路通行费增值税抵扣有关问题的通知》（财税〔2016〕86号）[1]规定，一般纳税人支付的道路、桥、闸通行费，暂凭取得的通行费发票上注明的收费金额按照下列公式计算可抵扣的进项税额：

高速公路通行费可抵扣进项税额＝高速公路通行费发票上注明的金额÷（1+3%）×3%

一级公路、二级公路、桥、闸通行费可抵扣进项税额＝一级公路、二级公路、桥、闸通行费发票上注明的金额÷（1+5%）×5%

---

[1] 以下简称"财税〔2016〕86号文"。

2. 会计核算

对于不可抵扣进项税额或未取得增值税专用发票的支出项目，按实际支付金额全额计入工程施工。对于可抵扣进项税额的支出项目，取得增值税专用发票并认证通过后，按增值税专用发票注明的金额，借记"工程施工－间接费用"科目，按增值税专用发票注明的税额，借记"应交税费－一般计税应交增值税－进项税额"科目，按实际支付或应付的款项，贷记"银行存款"或"应付账款"等科目。会计分录如下：

借：工程施工－间接费用

应交税费－一般计税应交增值税－进项税额

贷：银行存款/应付账款等

期末将间接费用结转至合同成本，借记"工程施工－合同成本－间接费用"科目，贷记"工程施工－间接费用"科目。会计分录如下：

借：工程施工－合同成本－间接费用

贷：工程施工－间接费用

3. 案例分析

【案例1-1-11】2016年8月，甲建筑公司的A项目部实际发生间接费用合计103.71万元，其中，劳保用品10.3万元，取得了增值税专用发票，发票上注明的金额10万元，税额0.3万元；设备维修费35.1万元，取得了增值税专用发票，发票上注明的金额30万元，税额5.1万元；水费11.3万，取得供水公司开具的增值税专用发票，发票上注明的金额10万元，税额1.3万元；电费23.4万元，取得供电公司开具的增值税专用发票，发票上注明的金额20万元，税额3.4万元；财产保险费5.3万元，取得保险公司开具的增值税专用发票，发票上注明的金额5万元，税额0.3万元；差旅费10.18万元，其中住宿费3.18万元取得增值税专用发票，发票上注明的金额3万元，税额0.18万元；通行费3.13万元，其中高速公路费1.03万元，其他公路及桥闸通行费2.1万元，均取得通行费发票；其他费用5万元，取得增值税普通发票。款项均已支付，取得的增值税专用发票均已认证通过。

A项目部计算通行费可抵扣进项税额如下：

高速公路通行费进项税额 = $1.03 \div (1+3\%) \times 3\% = 0.03$（万元）

其他公路及桥闸通行费进项税额 = $2.1 \div (1+5\%) \times 5\% = 0.1$（万元）

A项目部的间接费用及进项税额明细见表3-11所列。

A 项目部的间接费用及进项税额明细　　　　　表 3-11

项目	价税合计	金额	进项税额	税项	抵扣率
劳保用品	103 000	100 000	3 000	货物	3%
设备维修费	351 000	300 000	51 000	加工修理修配	17%
水费	113 000	100 000	13 000	货物	13%
电费	234 000	200 000	34 000	货物	17%
财产保险费	53 000	50 000	3 000	金融保险服务	6%
差旅费－住宿费	31 800	30 000	1 800	住宿服务	6%
差旅费－其他	70 000	70 000	0		
通行费－高速公路	10 300	10 000	300	通行费	3%
通行费－其他公路、桥、闸	21 000	20 000	1 000	通行费	5%
其他间接费	50 000	50 000	0		
合计	1 037 100	930 000	107 100		

A 项目部的会计核算如下：

1）劳保用品核算

借：工程施工－间接费用　　　　　　　　　　　　　　　　　　　　100 000

　　应交税费－一般计税应交增值税－进项税额-3% 征收率－其他货物

　　及加工、修理修配劳务　　　　　　　　　　　　　　　　　　　3 000

　　贷：银行存款　　　　　　　　　　　　　　　　　　　　　　　103 000

2）设备维修费核算

借：工程施工－间接费用　　　　　　　　　　　　　　　　　　　　300 000

　　应交税费－一般计税应交增值税－进项税额-17% 税率－其他　　 51 000

　　贷：银行存款　　　　　　　　　　　　　　　　　　　　　　　351 000

3）水费核算

借：工程施工－间接费用　　　　　　　　　　　　　　　　　　　　100 000

　　应交税费－一般计税应交增值税－进项税额-13% 税率　　　　　 13 000

　　贷：银行存款　　　　　　　　　　　　　　　　　　　　　　　113 000

4）电费核算

借：工程施工－间接费用　　　　　　　　　　　　　　　　　　　　200 000

　　应交税费－一般计税应交增值税－进项税额-17% 税率－其他　　 34 000

　　贷：银行存款　　　　　　　　　　　　　　　　　　　　　　　234 000

5）财产保险费核算

借：工程施工 – 间接费用 　　　　　　　　　　　　　　　　　　50 000

　　应交税费 – 一般计税应交增值税 – 进项税额 –6% 税率 – 金融保险服务

　　　　　　　　　　　　　　　　　　　　　　　　　　　　　　3 000

　　贷：银行存款　　　　　　　　　　　　　　　　　　　　　53 000

6）差旅费核算

借：工程施工 – 间接费用　　　　　　　　　　　　　　　　　　100 000

　　应交税费 – 一般计税应交增值税 – 进项税额 –6% 税率 – 生活服务

　　　　　　　　　　　　　　　　　　　　　　　　　　　　　　1 800

　　贷：银行存款　　　　　　　　　　　　　　　　　　　　　101 800

7）通行费核算

借：工程施工 – 间接费用　　　　　　　　　　　　　　　　　　30 000

　　应交税费 – 一般计税应交增值税 – 进项税额 –3% 征收率 – 通行费　300

　　应交税费 – 一般计税应交增值税 – 进项税额 –5% 征收率 – 通行费　1 000

　　贷：银行存款　　　　　　　　　　　　　　　　　　　　　31 300

8）其他间接费核算

借：工程施工 – 间接费用　　　　　　　　　　　　　　　　　　50 000

　　贷：银行存款　　　　　　　　　　　　　　　　　　　　　50 000

9）间接费用结转

借：工程施工 – 合同成本 – 间接费用　　　　　　　　　　　　930 000

　　贷：工程施工 – 间接费用　　　　　　　　　　　　　　　930 000

（七）进项税转出

1. 税务处理

对于工程项目上发生的各项成本费用支出，建筑企业均按照支出性质及其用途判断其进项税额是否可以抵扣。对于可抵扣的支出项目，在取得合法有效的扣税凭证的前提下，建筑企业均按规定抵扣其进项税额。

但是，根据税法规定，已经抵扣进项税额的购进货物（不含固定资产）、劳务、服务，如果发生税法规定不允许抵扣进项税额的情形，如用途改变用于集体福利、个人消费或发生非正常损失等，应当将该进项税额从当期进项税额中扣减；无法确定该进项税额的，按照当期实际成本计算应扣减的进项税额。

2. 会计核算

建筑企业的项目部在发生上述情形后,根据应从当期进项税额中扣减的进项税额,借记"工程施工-间接费用"或"原材料"等科目,贷记"应交税费-一般计税应交增值税-进项税额转出"科目。会计分录如下:

借:工程施工-间接费用/原材料等
　　贷:应交税费-一般计税应交增值税-进项税额转出

3. 案例分析

(1) 改变用途的进项税额转出

【案例1-1-12】2016年8月,甲建筑公司的A项目部将购进的部分钢材用于修缮职工食堂,钢材成本30万元。

A项目部计算应转出的进项税额如下:

$$进项税额转出 = 30 \times 17\% = 5.1(万元)$$

A项目部的会计核算如下:

借:工程施工-间接费用　　　　　　　　　　　　　　　　351 000
　　贷:原材料　　　　　　　　　　　　　　　　　　　　300 000
　　　　应交税费-一般计税应交增值税-进项税额转出-集体福利、个人消费
　　　　　　　　　　　　　　　　　　　　　　　　　　　51 000

(2) 非正常损失的进项税额转出

【案例1-1-13】2016年8月,甲建筑公司的A项目部由于管理不善,造成一批钢材腐蚀毁损,经盘点计算,该批钢材成本20万元。

A项目部计算应转出的进项税额如下:

$$进项税额转出 = 20 \times 17\% = 3.4(万元)$$

A项目部的会计核算如下:

借:原材料　　　　　　　　　　　　　　　　　　　　　　34 000
　　贷:应交税费-一般计税应交增值税-进项税额转出-非正常损失
　　　　　　　　　　　　　　　　　　　　　　　　　　　34 000

三、工程结算与销项税额的会计核算

工程项目的生产周期一般较长,工程结算包括中间结算和竣工结算。中间结算,即进度款结算,是指在工程项目的施工过程中,业主会定期(一般是按

月或者按季）对工程量进行测量和统计，形成验工计价金额，即工程结算额，并按约定向建筑企业支付工程进度款。竣工结算，是指在一项工程项目完工、验收、点交后，业主根据合同约定金额、施工过程调整金额以及已结算金额等进行最终的工程价款清算。

根据建筑行业特点，通常情况下，在中间结算过程中，业主对于当期确认的工程结算金额，工程承包合同并不会约定在当期全额支付，而是约定在不同的阶段分期支付。例如：工程承包合同的结算条款一般会约定，在结算当期，业主按验工计价结算金额的一定比例（如70%～80%）支付工程进度款，待主体工程完工后支付除质保金外的剩余工程款，在工程完工一定期限（如两年）后支付工程质保金（如3%～5%）。有的工程项目还会涉及预收工程款，即在开工之前，业主根据合同约定，提前支付一部分工程款项。

由于建筑企业提供建筑服务的会计核算执行《建造合同准则》，其工程结算的确认时点与增值税纳税义务时点存在差异，因此，建筑企业应根据其与业主结算工程款项的不同场景，准确判断价税分离时点和增值税确认时点，分别针对不同场景准确的进行会计核算。

（一）预收工程款

1. 税务处理

工程项目采取预收款方式的，其增值税纳税义务发生时间为收到预收款的当天。因此，建筑企业在未开工前收到工程预收款，应按规定计提增值税销项税额。计算公式如下：

$$销项税额 = 预收工程款 \div (1+11\%) \times 11\%$$

【操作提示】由于预收款方式下，增值税纳税义务发生时间为收到预收款的当天，而非合同约定的预付工程款的日期。因此，在实际操作中，建筑企业应注意以下两种情形下对纳税义务的判断：

（1）合同未约定预付工程款条款，但经沟通，业主在项目开工前实际预付工程款的，建筑企业也应当在收到业主预付工程款的当天确认增值税纳税义务。

（2）合同约定了预付工程款的日期及金额，但是如果业主未按约定预付工程款的，项目部不需确认增值税纳税义务；如果业主实际预付工程款的金额与合同约定应预付金额不一致的，项目部应按照实际收到的预付款金额计算确认增值税纳税义务。

2. 会计核算

建筑企业在收到预收工程款时，按上述公式计算销项税额，由于尚未进行工程结算，需通过"应交税费-待核销增值税额"科目核算，借记"应交税费-待核销增值税额-一般计税"科目，贷记"应交税费-一般计税应交增值税-销项税额-11%"科目。会计分录如下：

借：应交税费-待核销增值税额-一般计税

  贷：应交税费-一般计税应交增值税-销项税额-11%

3. 案例分析

【案例1-1-14】甲建筑公司2016年7月承接的A项目，与业主签订的施工合同约定于开工之前预付工程款1 665万元，项目于2016年8月1日开工。2016年8月初，业主预付工程款1 665万元，甲建筑公司未开具发票。

A项目部计算应计提的销项税额如下：

  应计提销项税额=1 665÷（1+11%）×11%=165（万元）

A项目部的会计核算如下：

借：银行存款	16 650 000
贷：预收账款	16 650 000

同时，计提销项税额：

借：应交税费-待核销增值税额-一般计税	1 650 000
贷：应交税费-一般计税应交增值税-销项税额-11%	1 650 000

（二）工程验工计价

1. 税务处理

在中间结算过程中，对于当期确认的工程结算金额，其增值税纳税义务发生时间为合同约定的付款日期；合同未明确约定付款日期或尚未签订合同的，其增值税纳税义务发生时间为建筑服务完成当天。

如果合同有明确约定付款日期，当期确认的工程结算金额中，对于合同约定在结算当期支付的部分（如按结算金额的70%～80%部分），应按规定计提增值税销项税额；对于合同约定不在结算当期支付的部分，不需要确认增值税纳税义务，待到合同约定的付款之日时，再计算确认增值税销项税额。

如果未明确约定付款日期或尚未签订合同的，应对当期确认的工程结算金额全额计提增值税销项税额。

【操作提示】在合同明确约定付款日期的情况下,增值税纳税义务发生时间为合同约定的付款日期,即使业主未按约定的时间及金额实际支付工程款,建筑企业也应当按合同约定的付款日期及应支付的金额确认增值税的纳税义务。

如果合同未明确约定付款日期或未签订合同,增值税纳税义务发生时间为建筑服务完成的当天。在实际执行中,通常以业主确认工程计量的当天为增值税纳税义务发生的时间。

2.会计核算

验工计价并经业主确认后,建筑企业应按照《建造合同准则》确认应冲减的预收工程款或应收工程款和工程结算额。由于工程结算对应工程项目收入,因此,建筑企业应对业主确认的工程结算金额进行价税分离,按不含税金额确认工程结算;同时,对于价税分离出的税额,应根据合同约定的付款情况确认增值税纳税义务,对于未到纳税义务发生时间的税额,可通过"应交税费-待结转增值税额"科目进行核算。

(1)合同明确约定付款日期

在合同明确约定付款日期的情况下,建筑企业应按当期确认的工程结算金额,借记"应收账款"科目;如果存在业主预付工程款,应先冲减预收工程款,借记"预收账款"科目;按价税分离后的不含税结算金额,贷记"工程结算"科目;按冲减预收账款所对应的前期已计提税额,贷记"应交税费-待核销增值税额-一般计税"科目;按计入应收账款中属于合同约定应在当期支付的部分工程款(如70%~80%部分)所对应的税额,贷记"应交税费-一般计税应交增值税-销项税额-11%"科目;对计入应收账款中属于合同约定不在当期支付的部分工程款(如20%~30%部分)所对应的税额,贷记"应交税费-待结转增值税额-一般计税"科目。

借:预收账款

　　应收账款

　贷:工程结算

　　　应交税费-待核销增值税额-一般计税

　　　应交税费-一般计税应交增值税-销项税额-11%

　　　应交税费-待结转增值税额-一般计税

待到合同约定的付款之日时,按应付工程款计算的税额,借记"应交税费-待结转增值税额-一般计税"科目,贷记"应交税费-一般计税应交增值税-

销项税额-11%"。会计分录如下：

借：应交税费-待结转增值税额-一般计税

贷：应交税费-一般计税应交增值税-销项税额-11%

【操作提示】对于合同约定的付款日期与验工计价业主确量不在同一月份的，如房建项目，合同约定的付款日期通常在验工计价业主确量之后30日之内，建筑企业在当期的计量结算款均未到增值税的纳税义务发生时间。在这种情况下，建筑企业应将计量结算款价税分离出的税额全额计入"应交税费-待结转增值税额-一般计税"，待下月到实际付款时间时，再按应付金额计算应结转确认的销项税额。

（2）合同未约定付款日期或未签订合同

在合同未约定付款日期或未签订合同的情况下，建筑企业应按当期确认的工程结算金额，借记"预收账款"、"应收账款"科目；按价税分离后的不含税结算金额，贷记"工程结算"科目；按冲减预收账款的部分工程款所对应的税额，贷记"应交税费-待核销增值税额-一般计税"科目，按确认为应收账款的部分工程款所对应的税额，贷记"应交税费-一般计税应交增值税-销项税额-11%"科目。会计分录如下：

借：预收账款

应收账款

贷：工程结算

应交税费-待核销增值税额-一般计税

应交税费-一般计税应交增值税-销项税额-11%

3. 案例分析

（1）合同明确约定付款日期

【案例1-1-15】甲建筑公司2016年7月承接的A项目，与业主签订的施工合同约定于开工之前预付工程款1 665万元，项目于2016年8月1日开工。从2016年8月开始，业主每月25日之前对当月已完工工程进行确量，并在月底之前按确量金额的80%支付工程款；剩余20%中，15%部分在主体工程完工时支付，5%部分作为质保金，在工程竣工决算完成后满两年支付。

2016年8月初，业主预付工程款1 665万元，甲建筑公司未开具发票。2016年8月，业主对A项目进行验工计价，确认计量结算款6 660万元，甲建筑公司按计量结算款的80%开具增值税专用发票，发票上注明的价款4 800

万元,税额 528 万元,价税合计 5 328 万元。

2016 年 8 月初收到预付工程款时的会计核算详见【案例 1-1-14】。

2016 年 8 月验工计价时,A 项目部计算工程结算、应计提的销项税额及未到纳税义务发生时间的增值税额如下:

应收账款 = 本月计量结算款 − 预收款 = 6 660 − 1 665 = 4 995(万元)

工程结算 = 6 660÷(1+11%)= 6 000(万元)

8 月应税销售额 =(本月计量结算款 × 合同约定付款比例 − 预收款)÷(1+11%)
　　　　　　 =(6 660×80% −1 665)÷(1+11%)= 3 300(万元)

8 月应计提销项税额 = 3 300×11%=363(万元)

待结转增值税额 = 未到纳税义务发生时间的增值税额 = 6 000×20%×11%
　　　　　　 = 132(万元)

A 项目部的会计核算如下:

借:预收账款	16 650 000
应收账款	49 950 000
贷:工程结算	60 000 000
应交税费 − 待核销增值税额 − 一般计税	1 650 000
应交税费 − 一般计税应交增值税 − 销项税额 −11%	3 630 000
应交税费 − 待结转增值税额 − 一般计税	1 320 000

【案例 2-1】乙建筑公司 2016 年 5 月承接一房建项目 C 项目,项目从 2016 年 6 月开工。承包合同约定,合同总金额 11 100 万元,业主每月 25 日之前对当月已完工工程进行确量,并确量后 30 日内按确量金额的 80% 支付工程款;剩余 20% 中,15% 部分在主体工程完工时支付,5% 部分作为质保金,在工程竣工决算完成后满两年支付。

2016 年 7 月,业主对 C 项目进行验工计价,确认计量结算款 1 110 万元,均未开具发票。2016 年 8 月,C 项目按计量结算款的 80% 向业主开具增值税专用发票,发票上注明的金额 800 万元,税额 88 万元,价税合计 888 万元。

1)2016 年 7 月验工计价时:

2016 年 7 月验工计价时,C 项目尚未产生纳税义务,因此,计算工程结算及待结转增值税如下:

工程结算 =1 110÷(1+11%)=1 000(万元)

待结转增值税额 =1 000×11%=110(万元)

C 项目部的会计核算如下：

借：应收账款　　　　　　　　　　　　　　　　　　　　　　11 100 000
　　贷：工程结算　　　　　　　　　　　　　　　　　　　　10 000 000
　　　　应交税费 - 待结转增值税额 - 一般计税　　　　　　　1 100 000

2）2016 年 8 月到合同约定的付款日期时：

2016 年 8 月，按合同约定，业主应按 7 月确量金额的 80% 支付工程款，C 项目部计算应计提的销项税额如下：

应计提销项税额 =1 000×80%×11%=88（万元）

C 项目部的会计核算如下：

借：应交税费 - 待结转增值税额 - 一般计税　　　　　　　　　880 000
　　贷：应交税费 - 一般计税应交增值税 - 销项税额 -11%　　　880 000

（2）合同未约定付款日期或未签订合同

【案例 2-2】丙建筑公司承接 D 项目，合同总金额（含税）22 200 万元，合同约定业主按月计量，但未明确约定支付工程款的时间。

2016 年 9 月，业主预付工程款 1 110 万元，丙建筑公司未开具发票。2016 年 10 月，业主对 D 项目进行验工计价，确认计量结算款 2 220 万元，丙建筑公司未开具发票。

1）2016 年 9 月收到预付工程款时：

D 项目部计算应计提销项税额如下：

9 月应计提销项税额 =1 110÷（1+11%）×11%=110（万元）

D 项目部的会计核算如下：

收到预付工程款时：

借：银行存款　　　　　　　　　　　　　　　　　　　　　11 100 000
　　贷：预收账款　　　　　　　　　　　　　　　　　　　11 100 000

同时，计提销项税额：

借：应交税费 - 待核销增值税额 - 一般计税　　　　　　　　1 100 000
　　贷：应交税费 - 一般计税应交增值税 - 销项税额 -11%　　1 100 000

2）2016 年 10 月验工计价时：

D 项目部计算工程结算、应计提的销项税额如下：

应收账款 = 本月计量结算款 - 上月预收款 =2 220-1 100=1 100（万元）

工程结算 =2 220÷（1+11%）=2 000（万元）

10月应税销售额＝（本月计量结算款－上月预收款）÷（1+11%）
　　　　　　　＝（2 220-1 110）÷（1+11%）=1 000（万元）

10月应计提销项税额=1 000×11%=110（万元）

D项目部的会计核算如下：

借：预收账款　　　　　　　　　　　　　　　　　　　　　　11 100 000
　　应收账款　　　　　　　　　　　　　　　　　　　　　　11 100 000
　　贷：工程结算　　　　　　　　　　　　　　　　　　　　20 000 000
　　　　应交税费－待核销增值税额－一般计税　　　　　　　　1 100 000
　　　　应交税费－一般计税应交增值税－销项税额-11%　　　　1 100 000

（三）提前开具发票

1. 税务处理

在工程施工过程中，建筑企业未收到工程款项、也未到合同约定的付款日期，而提前开具增值税发票的，应当按照发票开具的日期确认增值税的纳税义务，按规定计提增值税销项税额。

【操作提示】在存在提前开具增值税发票的情况下，建筑企业应注意在后期结算工程款项时，价税分离的税额应先扣除前期开具发票时已计提的销项税额，剩余部分再确认为当期销项税额，避免重复纳税。

在填报当期增值税纳税申报表时，应按发票上注明的金额填写销售额。

2. 会计核算

在未收到工程款项、也未到合同约定的付款日期的情况下，提前开具增值税发票的，按发票上注明的税额，借记"应交税费－待核销增值税额－一般计税"科目，贷记"应交税费－一般计税应交增值税－销项税额-11%"科目。会计分录如下：

借：应交税费－待核销增值税额－一般计税
　　贷：应交税费－一般计税应交增值税－销项税额-11%

3. 案例分析

【案例2-3】丁建筑公司承接E项目，合同总金额（含税）11 100万元，合同约定按月计量，按达到既定的工程量支付工程款。2016年8月，工程尚未达到付款条件，但因工程施工需要，E项目部向业主申请提前支付一笔工程款，以缓解资金压力，业主要求先开具增值税专用发票。2016年8月底，丁建筑公司向业主开具增值税专用发票,发票上注明的金额500万元,税额55万元,价税合计555万元。

E项目部应计提销项税额55万元,会计核算如下:

借:应交税费-待核销增值税额-一般计税　　　　　　　　　　550 000
　　贷:应交税费-一般计税应交增值税-销项税额-11%　　　　 550 000

(四)月底检查销项税额计提情况

在《建造合同准则》下,按增值税纳税义务发生时间计税使增值税相关会计核算更加复杂化。为确保增值税销项税额计提正确,避免少缴税和重复纳税风险,建议建筑企业根据增值税纳税义务的确认原则的三个标准,在月末比较三个标准下的销售额,按孰大原则确认计税销售额;并据此计算销项税额,以判断账面确认销项税额是否存在多计或少计的情况。如检查发现存在多计或少计的情况,应及时查明原因,并调整相关会计核算,按多提的销项税额,贷记"应交税费-一般计税应交增值税-销项税额-11%(红字)",贷记"应交税费-待结转增值税额-一般计税"或"应交税费-待核销增值税额-一般计税";按少计的销项税额,借记"应交税费-待结转增值税额-一般计税"或"应交税费-待核销增值税额-一般计税",贷记"应交税费-一般计税应交增值税-销项税额-11%"。

不同合同情况下的计税销售额确定具体如下:

(1)在合同有明确约定付款日期的情况下,纳税义务发生时间为"实际收款日期"、"合同约定的付款日期"、"开具发票日期"三者孰先。因此,月末应比较"实际收款金额"、"合同约定的付款金额"、"开具发票金额",按三者孰大确认计税销售额。

(2)在未签订合同或合同未约定付款日期的情况下,纳税义务发生时间为"实际收款日期"、"工程结算日期"、"开具发票日期"三者孰先。因此,月末应比较"实际收款金额"、"工程结算金额"、"开具发票金额",按三者孰大确认计税销售额。

四、工程收入与工程成本的会计核算

建筑企业按月根据《建造合同准则》确定工程完工进度,计算确认工程收入和工程成本。

(一) 会计核算

1. 确定完工进度

按照《建造合同准则》规定,确定合同完工进度有以下三种方法:

(1) 根据累计实际发生的合同成本占合同预计总成本的比例确定

该方法是确定合同完工进度比较常用的方法,计算公式如下:

合同完工进度 = 累计实际发生的合同成本 ÷ 合同预计总成本 ×100%

上述计算公式中,累计实际发生的合同成本是指形成工程完工进度的工程实体和工作量所耗用的直接成本和间接成本,不包括与合同未来活动相关的合同成本和在分包工程的工作量完成之前预付给分包单位的款项。

(2) 根据已经完成的合同工作量占合同预计总工作量的比例确定

该方法适用于合同工作量容易确定的建造合同,如道路工程、土石方挖掘、砌筑工程等。计算公式如下:

合同完工进度 = 已经完成的合同工作量 ÷ 合同预计总工作量 ×100%

(3) 根据实际测定的完工进度确定

该方法是在无法根据上述两种方法确定合同完工进度时方可采用根据实际测定的完工进度确定的方法,该方法适用于一些特殊的建造合同,如水下施工工程等。且该方法属于依靠技术测量来确定,因此测量方不能是由建筑企业自行测定,而应由第三方专业人员现场进行科学测定。

【操作提示】在实际操作中,建筑企业一般均按照第一种方法"根据累计实际发生的合同成本占合同预计总成本的比例确定合同完工进度";第二种和第三种方法在实际操作中很少采用。因此,下文仅介绍第一种方法下的会计核算。

2. 计算合同收入和合同毛利

建筑企业根据累计实际发生的合同成本占合同预计总成本的比例确定合同完工进度后,根据完工进度计算确认当期的合同收入,计算公式如下:

当期确认的合同收入 = 合同预计总收入 × 完工进度 − 以前会计期间累计已确认的收入

当期确认的合同费用 = 合同预计总成本 × 完工进度 − 以前会计期间累计已确认的费用

由于完工进度是根据累计实际发生的合同成本占合同预计总成本的比例确

定的，因此，当期确认的合同费用实际就等于当期的工程施工发生额。

当期确认的合同费用 = 当期确认的工程施工

当期确认的合同毛利 = 当期确认的合同收入 - 当期确认的合同费用

【操作提示】在一般计税方法下，上述计算公式中合同预计总收入、合同预计总成本、以前会计期间累计已确认的收入、费用均为不含增值税的金额。

3. 核算工程收入和工程成本

建筑企业按照上述公式计算相关数据后，按当期确认的合同费用（即当期实际发生的工程施工），借记"主营业务成本"科目，按当期确认的合同毛利，借记"工程施工－合同毛利"科目，按当期确认的合同收入，贷记"主营业务收入"科目。会计分录如下：

借：主营业务成本
　　工程施工－合同毛利
　贷：主营业务收入

（二）案例分析

【案例1-1-16】甲建筑公司2016年7月承接的A项目，合同总金额为66 600万元（含增值税），合同预计总成本57 000万元（不含增值税），合同完工进度按照累计实际发生的合同成本占合同预计总成本的比例确定。

2016年8月，A项目部"工程施工"科目实际发生额为5 700万元。其中：直接材料3 500万元，直接人工900万元，分包成本750万元，机械作业费350万元，其他直接费用80万元，间接费用120万元。2016年7月未确认合同收入、费用。

A项目的合同预计总收入60 000万元，计算详见【案例1-1】。

A项目部计算8月完工进度、合同收入、费用及毛利如下：

合同完工进度 = 累计实际发生的合同成本 ÷ 合同预计总成本 × 100%

　　　　　　 = 5 700 ÷ 57 000 × 100% = 10%

8月确认的合同收入 = 合同预计总收入 × 完工进度 - 以前会计期间累计已确认的收入 = 60 000 × 10% - 0 = 6 000（万元）

8月确认的合同费用 = 工程施工实际发生额 = 5 700（万元）

8月确认的合同毛利 = 8月确认的合同收入 - 8月确认的合同费用

　　　　　　　　　 = 6 000 - 5 700 = 300（万元）

A 项目部的会计核算如下：

借：主营业务成本　　　　　　　　　　　　　　　　　　　57 000 000
　　工程施工－合同毛利　　　　　　　　　　　　　　　　 3 000 000
　　贷：主营业务收入　　　　　　　　　　　　　　　　　60 000 000

五、其他收入与销项税额的会计核算

建筑企业的项目部涉及的其他收入业务主要包括材料销售、资产处置等，应按税法规定确认增值税纳税义务。

（一）材料销售

1. 税务处理

建筑企业的项目部销售材料，应按照不含税销售额和适用税率17%计算确认销项税额。

2. 会计核算

建筑企业的项目部发生的材料销售主要是处置施工过程中产生的残余物资，如一些材料物资的下脚料等；有时也会销售库存多余的原材料。

（1）销售施工残余物资

建筑企业的项目部销售施工残余物资，由于在工程领用材料时已将领用材料的价值直接计入了工程成本，材料物资的下脚料已包括在合同成本中，因此，处置这些残余物资取得的收益应冲减合同成本。

建筑企业的项目部销售施工残余物资，按实际收取销售款项，借记"银行存款"科目，按17%税率计算的不含税价款，冲减合同成本，借记红字冲减"工程施工－合同成本－直接材料"，按17%税率计算的增值税额，贷记"应交税费－一般计税应交增值税－销项税额－17%税率－货物"科目。会计分录如下：

借：银行存款
　　工程施工－合同成本－直接材料（红字）
　　贷：应交税费－一般计税应交增值税－销项税额－17%税率－货物

（2）销售库存原材料

建筑企业的项目部销售原材料，按实际收取销售款项，借记"银行存款"科目，按17%税率计算的不含税价款和增值税额，贷记"其他业务收入"和"应交税费－一般计税应交增值税－销项税额－17%税率－货物"科目；同时，按销售材料的成本，借记"其他业务成本"科目，贷记"原材料"科目。会计分录如下：

确认材料销售收入：

借：银行存款

  贷：其他业务收入

    应交税费－一般计税应交增值税－销项税额－17%税率－货物

同时，结转材料销售成本：

借：其他业务成本

  贷：原材料

3. 案例分析

【案例1-1-17】甲建筑公司的A项目部2016年8月处置一批工程使用后的钢材下脚料，取得销售价款1.17万元，开具增值税专用发票，发票上注明的金额1万元，税额0.17万元。

A项目部会计核算如下：

借：银行存款   11 700

  工程施工－合同成本－直接材料   －10 000

  贷：应交税费－一般计税应交增值税－销项税额－17%税率－货物 1 700

（二）销售使用过的固定资产

建筑企业的固定资产一般由总机构统一购买并核算管理，对于在工程项目上使用的施工机械类固定资产，总机构通过内部往来的方式将资产折旧结转至项目部，由项目部核算机械使用费。由于这类固定资产的实物管理实际由项目部负责，因此，这类固定资产需要处置时，一般由项目部代总机构直接在项目上就地处置，处置收取的款项，通过内部往来的方式支付给总机构。

1. 税务处理

根据财税〔2016〕36号文、《国家税务总局关于营业税改征增值税试点期间有关增值税问题的公告》(国家税务总局公告2015年第90号)❶《财政部国家税务总局关于简并增值税征收率的政策的通知》(财税〔2014〕57号)❷《国

---

❶ 以下简称"国家税务总局公告2015年第90号文"。
❷ 以下简称"财税〔2014〕57号文"。

家税务总局关于简并增值税征收率有关问题的公告》（国家税务总局公告2014年第36号）❶和《财政部国家税务总局关于全面实施增值税转型改革若干问题的通知》（财税〔2008〕170号）❷等规定，一般纳税人销售使用过的固定资产按表3-12情况进行税务处理。

一般纳税人销售使用过的固定资产的税务处理　　　表3-12

销售情形	计税方法及税率、征收率	发票类型	计算公式
《增值税暂行条例》第十条规定不得抵扣且未抵扣进项税额	简易办法依照3%征收率减按2%征收增值税	不可开具增值税专用发票	增值税=售价÷（1+3%）×2%
	简易办法依照3%征收率征收增值税（放弃减税）	可开具增值税专用发票	增值税=售价÷（1+3%）×3%
营改增试点前购进或自制的固定资产	简易办法依照3%征收率减按2%征收增值税	不可开具增值税专用发票	增值税=售价÷（1+3%）×2%
	简易办法依照3%征收率征收增值税（放弃减税）	可开具增值税专用发票	增值税=售价÷（1+3%）×3%
营改增试点后购进或自制已抵扣进项税额的固定资产	适用税率征收增值税	可开具增值税专用发票	增值税=售价÷（1+适用税率）×适用税率
营改增后购进应抵扣未抵扣进项税额的固定资产	适用税率征收增值税	可开具增值税专用发票	增值税=售价÷（1+适用税率）×适用税率

【操作提示】建筑企业的项目部虽然基本不涉及固定资产处置的税务处理及会计核算，但是项目部财务人员应掌握上述税收政策规定，在实际处置固定资产时，应充分考虑销售对象及增值税对销售定价的影响。

2. 会计核算

建筑企业的项目部代总机构销售使用过的固定资产时，按实际收到的销售款项，借记"银行存款"科目，贷记"内部往来－总机构"科目。会计分录如下：

借：银行存款
　　贷：内部往来－总机构

建筑企业的总机构收到项目部上报的固定资产销售情况表，通过"固定资产清理"科目进行固定资产处置的会计核算，详见本章第五节"一、收入与销

---
❶ 以下简称"国家税务总局公告2014年第36号文"。
❷ 以下简称"财税〔2008〕170号文"。

项税额的会计核算/（一）销售使用过的固定资产（不含不动产）"。

3. 案例分析

（1）销售营改增前取得的固定资产

【案例 1-1-18】 甲建筑公司的 A 项目部 2016 年 8 月处置一台挖掘机，收取销售价款 5.15 万元。该设备为总机构 2010 年购置，处置时，总机构账面固定资产原值 60 万元，累计折旧 57 万元。

1）A 项目部的会计核算

借：银行存款　　　　　　　　　　　　　　　　　　　　　　51 500
　　贷：内部往来 – 总机构　　　　　　　　　　　　　　　　　51 500

2）总机构的会计核算

收到项目部上报的固定资产销售情况表，计算增值税并确认固定资产处置收益。由于资产是营改增前购置，总机构采用简易计税方法按 3% 征收率减按 2% 计算缴纳增值税。

处置固定资产的应税销售额 =5.15÷（1+3%）=5（万元）

增值税应纳税额 =5×3%=0.15（万元）

增值税减免税额 =5×1%=0.05（万元）

总机构的会计处理如下：

首先，将账面固定资产转入清理：

借：固定资产清理　　　　　　　　　　　　　　　　　　　　30 000
　　累计折旧　　　　　　　　　　　　　　　　　　　　　　570 000
　　　贷：固定资产　　　　　　　　　　　　　　　　　　　 600 000

然后，根据 A 项目部的销售价款核算清理收益：

借：内部往来 –A 项目部　　　　　　　　　　　　　　　　　 51 500
　　贷：固定资产清理　　　　　　　　　　　　　　　　　　　50 000
　　　　应交税费 – 简易计税应交增值税 – 应纳税额计提 –3% 征收率　1 500

同时，确认 1% 减免税款：

借：应交税费 – 减免增值税 – 减免税款　　　　　　　　　　　　500
　　贷：营业外收入　　　　　　　　　　　　　　　　　　　　　500

最后，结转固定资产处置净收入：

借：固定资产清理　　　　　　　　　　　　　　　　　　　　20 000
　　贷：营业外收入　　　　　　　　　　　　　　　　　　　 20 000

（2）销售营改增后取得的固定资产

【案例1-1-19】 甲建筑公司的A项目部2016年8月销售一辆吊车，收取销售价款58.5万元。该设备为总机构2016年5月购置，已抵扣进项税额，由于型号不适用而处置。处置时，总机构账面固定资产原值62万元，累计折旧3万元。

1）A项目部的会计核算

借：银行存款	585 000
贷：内部往来－总机构	585 000

2）总机构的会计核算

收到项目部上报的固定资产销售情况表，计算增值税并确认固定资产处置收益。由于资产是营改增后购置，总机构适用一般计税方法按17%税率计算增值税销项税额。

处置固定资产的应税销售额=58.5÷（1+17%）=50（万元）

应计提的销项税额=50×17%=8.5（万元）

总机构的会计处理如下：

首先，将账面固定资产转入清理：

借：固定资产清理	590 000
累计折旧	30 000
贷：固定资产	620 000

然后，根据A项目部的销售价款核算清理收益：

借：内部往来－A项目部	585 000
贷：固定资产清理	500 000
应交税费－一般计税应交增值税－销项税额－17%税率－货物	
	85 000

最后，结转固定资产处置净损失：

借：营业外支出	90 000
贷：固定资产清理	90 000

六、预交增值税的会计核算

建筑企业的工程项目所在地与机构所在地不在同一县（市、区）的，项目部需在工程所在地预缴增值税。

（一）税务处理

1. 预交税款

根据《国家税务总局关于发布＜纳税人跨县（市、区）提供建筑服务增值税征收管理暂行办法＞的公告》（国家税务总局公告2016年第17号）❶规定，一般纳税人建筑企业跨县（市、区）提供建筑服务，适用一般计税方法计税的，以取得的全部价款和价外费用扣除支付的分包款后的余额，按照2%的预征率计算应预缴税款。

应预缴税款＝（全部价款和价外费用－支付的分包款）÷（1+11%）×2%

纳税人取得的全部价款和价外费用扣除支付的分包款后的余额为负数的，可结转下次预缴税款时继续扣除。

【操作提示】上述公式中的"全部价款和价外费用"为工程项目达到增值税纳税义务发生时间的含税销售额，包括预收账款、合同约定的付款金额及提前开具发票金额；"支付的分包款"为已经取得合法有效增值税发票含税金额。

2. 缴纳附加税费

根据《财政部国家税务总局关于纳税人异地预缴增值税有关城市维护建设税和教育费附加政策问题的通知》（财税〔2016〕74号）❷中规定，纳税人跨地区提供建筑服务、销售和出租不动产的，应在建筑服务发生地、不动产所在地预缴增值税时，以预缴增值税税额为计税依据，并按预缴增值税所在地的城市维护建设税适用税率和教育费附加征收率就地计算缴纳城市维护建设税和教育费附加（以下简称"城建税及教育费附加"）。因此，在预缴增值税的同时应计提城建税及教育费附加。

（二）会计核算

建筑企业的项目部对当月产生的增值税纳税义务一般应在征期内（通常为次月15日之前）预缴。但在实际操作中，有的地方国税机关要求项目部在当月开票时提前预缴。项目部应区分不同预缴情形进行不同的会计处理。

1. 当月预缴

对于在当月预缴的增值税，项目部应按实际预缴的税额，借记"应交税费－预交增值税－预交税款"科目，贷记"银行存款"科目。会计分录如下：

---

❶ 以下简称"国家税务总局公告2016年第17号文"。
❷ 以下简称"财税〔2016〕74号文"。

借：应交税费 - 预交增值税 - 预交税款
　　贷：银行存款

同时，根据实际预缴的增值税计提应缴纳的城建税及教育费附加，借记"税金及附加"科目，贷记"应交税费 - 应交城市维护建设税"、"应交税费 - 应交教育费附加"和"应交税费 - 应交地方教育费附加"科目；在缴纳的城建税及教育费附加时，按实际缴纳的金额，借记"应交税费 - 应交城市维护建设税"、"应交税费 - 应交教育费附加"和"应交税费 - 应交地方教育费附加"科目，贷记"银行存款"科目。会计分录如下：

计提城建税及教育费附加：

借：税金及附加
　　贷：应交税费 - 应交城市维护建设税
　　　　应交税费 - 应交教育费附加
　　　　应交税费 - 应交地方教育费附加

缴纳城建税及教育费附加：

借：应交税费 - 应交城市维护建设税
　　应交税费 - 应交教育费附加
　　应交税费 - 应交地方教育费附加
　　贷：银行存款

2. 征期预缴

对于在征期预缴的增值税，项目部应在月底计提应预缴的税额，借记"应交税费 - 预交增值税 - 预交税款"科目，贷记"其他应付款 - 待预交增值税"科目。会计分录如下：

借：应交税费 - 预交增值税 - 预交税款
　　贷：其他应付款 - 待预交增值税

【操作提示】如果项目部在当月有预缴的，月末计提应预缴增值税应扣除已预缴的税额，计算公式如下：

月末计提应预缴税款 =（全部价款和价外费用 - 支付的分包款）÷（1+11%）× 2% - 当月已预缴税款

同时，根据应预缴的增值税计提应缴纳的城建税及教育费附加，借记"税金及附加"科目，贷记"应交税费 - 应交城市维护建设税"、"应交税费 - 应交教育费附加"和"应交税费 - 应交地方教育费附加"科目；在缴纳的城建税及教育费附加时，按实际缴纳的金额，借记"应交税费-应交城市维护建设税"、"应交税费-应交教育费附加"和"应交税费-应交地方教育费附加"科目，借记"银行存款"科目。会计分录与"当月预缴"情形相同。

（三）案例分析

【案例1-1-20】甲建筑公司的A项目部所在地为A省某市，城建税税率7%，教育费附加3%，地方教育费附加2%，无其他附加税费。

2016年8月，A项目部与业主的计量结算款6 660万元，其中，冲减8月初预收款1 665万元，业主应在当期支付3 663万元，未到付款期的1 332万元；与分包商确量合计816.3万元，其中，取得增值税专用发票的555万元，取得增值税普通发票的33.3万元，未取得发票的228万元。A项目部在2016年8月中旬已提前预缴增值税20万元，并同时缴纳了城建税及教育费附加。

（1）2016年8月中旬预缴税款并缴纳附加税费

A项目部计算应缴纳城建税及教育费附加如下：

应交城市建设维护税 =20×7%=1.4（万元）

应交教育费附加 =20×3%=0.6（万元）

应交地方教育费附加 =20×2%=0.4（万元）

A项目部的会计核算如下：

1) 预缴增值税：

借：应交税费-预交增值税-预交税款	200 000	
贷：银行存款		200 000

2) 计提城建税及教育费附加：

借：税金及附加	24 000	
贷：应交税费-应交城市维护建设税		14 000
应交税费-应交教育费附加		6 000
应交税费-应交地方教育费附加		4 000

3) 缴纳城建税及教育费附加：

借：应交税费-应交城市维护建设税	14 000	
应交税费-应交教育费附加	6 000	
应交税费-应交地方教育费附加	4 000	
贷：银行存款		24 000

（2）2016年8月底计提应预缴税款及附加税费

A项目部计算应预缴的增值税和应交城建税及教育费附加如下：

8月全部价款和价外费用=1 665+3 663=5 328（万元）

可扣除的分包款=555+33.3=588.3（万元）

应预缴税款=（全部价款和价外费用-支付的分包款）÷（1+11%）×2%-当月已预缴税款=（5 328-588.3）÷（1+11%）×2%-20=65.4（万元）

应交城市建设维护税=65.4×7%=4.578（万元）

应交教育费附加=65.4×3%=1.962（万元）

应交地方教育费附加=65.4×2%=1.308（万元）

A项目部的会计核算如下：

1）计提应预缴增值税：

借：应交税费-预交增值税-预交税款　　　　　　　　　　　654 000
　　贷：其他应付款-待预交增值税　　　　　　　　　　　　654 000

2）计提城建税及教育费附加：

借：税金及附加　　　　　　　　　　　　　　　　　　　　78 480
　　贷：应交税费-应交城市维护建设税　　　　　　　　　　45 780
　　　　应交税费-应交教育费附加　　　　　　　　　　　　19 620
　　　　应交税费-应交地方教育费附加　　　　　　　　　　13 080

（3）2016年9月预缴税款并缴纳附加税费

1）预缴增值税：

借：其他应付款-待预交增值税　　　　　　　　　　　　　654 000
　　贷：银行存款　　　　　　　　　　　　　　　　　　　654 000

2）缴纳城建税及教育费附加：

借：应交税费-应交城市维护建设税　　　　　　　　　　　45 780
　　应交税费-应交教育费附加　　　　　　　　　　　　　19 620
　　应交税费-应交地方教育费附加　　　　　　　　　　　13 080
　　贷：银行存款　　　　　　　　　　　　　　　　　　　78 480

七、期末结转增值税的会计核算

由于建筑企业的工程项目较多，且分散在全国各地，为便于总机构统一核算增值税申报数据,确保总机构准确结转其应交未交增值税和预缴增值税,需要将各项目部的"应交税费-一般计税应交增值税"、"应交税费-减免增值税"及"应交税费-预交增值税"科目余额通过"内部往来-总机构"科目结转至总机构。

(一)"应交税费-一般计税应交增值税"科目余额结转

1. 会计核算

期末,项目部应将"应交税费-一般计税应交增值税"科目下相关明细科目余额进行结转。

项目部按期末"应交税费-一般计税应交增值税"下一般计税相关明细科目,包括"销项税额"、"进项税额"、"进项税额转出"、"销项税额抵减"、"已交税金"、"出口抵减内销产品应纳税额"、"出口退税"等科目的余额汇总情况进行结转。

上述科目中的贷方余额之和减去借方余额之和后,如为贷方余额,项目部借记"应交税费-一般计税应交增值税-项目部结转"科目,贷记"内部往来-总机构"科目;如为借方余额,项目部借记"内部往来-总机构"科目,贷记"应交税费-一般计税应交增值税-项目部结转"科目。会计分录如下:

借(或贷):应交税费-一般计税应交增值税-项目部结转
　　贷(或借):内部往来-总机构

总机构作相反会计分录如下:

借(或贷):内部往来-项目部
　　贷(或借):应交税费-一般计税应交增值税-项目部结转

2. 案例分析

【案例1-1-21】甲建筑公司的A项目部2016年8月底"应交税费-一般计税应交增值税"科目发生额及余额情况见表3-13所列。

A项目部8月"应交税费-一般计税应交增值税"科目发生额及余额　表3-13

借方	应交税费-一般计税应交增值税		贷方
		期初余额	0
进项税额	3 369 100	销项税额	5 281 700
		进项税额转出	85 000
		期末余额	1 997 600

A 项目部 8 月"应交税费 – 一般计税应交增值税"下的明细科目数据均为一般计税方法下的数据，期末余额为贷方余额 199.76 万元。

1）A 项目部的会计核算

借：应交税费 – 一般计税应交增值税 – 项目部结转　　　　1 997 600
　　贷：内部往来 – 总机构　　　　　　　　　　　　　　　1 997 600

2）总机构的会计核算

借：内部往来 – A 项目部　　　　　　　　　　　　　　　　1 997 600
　　贷：应交税费 – 一般计税应交增值税 – 项目部结转　　　1 997 600

（二）"应交税费 – 减免增值税"科目余额结转

项目部按期末"应交税费 – 减免增值税 – 减免税款"科目余额，借记"内部往来 – 总机构"科目，贷记"应交税费 – 减免增值税 – 项目部结转"科目。会计分录如下：

借：内部往来 – 总机构
　　贷：应交税费 – 减免增值税 – 项目部结转

总机构作相反会计分录如下：

借：应交税费 – 减免增值税 – 项目部结转
　　贷：内部往来 – 项目部

（三）"应交税费 – 预交增值税"科目余额结转

1. 会计核算

项目部按期末"应交税费 – 预交增值税 – 预交税款"科目余额，借记"内部往来 – 总机构"科目，贷记"应交税费 – 预交增值税 – 项目部结转 – 一般计税"科目。会计分录如下：

借：内部往来 – 总机构
　　贷：应交税费 – 预交增值税 – 项目部结转 – 一般计税

总机构作相反会计分录如下：

借：应交税费 – 预交增值税 – 项目部结转 – 一般计税
　　贷：内部往来 – 项目部

2. 案例分析

【案例 1-1-22】甲建筑公司的 A 项目部 2016 年 8 月底"应交税费 – 预交

增值税-预交税款"科目为借方余额 85.4 万元。

（1）A 项目部的会计核算

借：内部往来-总机构　　　　　　　　　　　　　　　854 000

　　贷：应交税费-预交增值税-项目部结转-一般计税　　854 000

（2）总机构的会计核算

借：应交税费-预交增值税-项目部结转-一般计税　　　854 000

　　贷：内部往来-A 项目部　　　　　　　　　　　　　854 000

第四节　简易计税方法下项目部会计核算

根据财税〔2016〕36 号文的规定，一般纳税人建筑企业以清包工方式为甲供工程、为建筑工程老项目提供的建筑服务可以选择适用简易计税方法计税。一般纳税人建筑企业可根据所承接工程项目的具体情况，选择适当的计税方法。

建筑企业工程项目在采用简易计税方法的情况下，其相关成本费用的进项税额不允许抵扣；但在涉及分包的情况下，项目部取得分包发票的，可以按差额纳税的政策，通过扣减销售额而抵减增值税应纳税额。

基于建筑企业工程项目的会计核算执行《建造合同准则》，采用简易计税方法的项目部，其增值税相关的会计核算事项主要包括合同预计总收入与预计总成本、工程施工与分包抵税、工程结算与应纳税额、工程收入与工程成本、其他收入与销项税额、预缴增值税及期末结转增值税等。

一、合同预计总收入与合同预计总成本

（一）相关税收政策规定

根据财税〔2016〕36 号文的规定，一般纳税人提供建筑服务，选择适用简易计税方法计税的，应以取得的全部价款和价外费用扣除支付的分包款后的余额为销售额，按照 3% 的征收率计算应纳税额。因此，在涉及工程分包的情况下，分包价款可按规定扣减销售额，而实现应纳税额抵减。计算公式如下：

$$应纳税额 =（全部价款和价外费用 - 分包价款）\div（1+3\%）\times 3\%$$

其中，分包抵减税额＝分包价款÷（1+3%）×3%

根据国家税务总局公告2016年第17号文规定，企业按照上述规定从取得的全部价款和价外费用中扣除支付的分包款，应当取得符合法律、行政法规和国家税务总局规定的合法有效凭证，否则不得扣除。合法有效凭证是指：

（1）从分包方取得的2016年4月30日前开具的建筑业营业税发票。建筑业营业税发票在2016年6月30日前可作为预缴税款的扣除凭证。

（2）从分包方取得的2016年5月1日后开具的，备注栏注明建筑服务发生地所在县（市、区）、项目名称的增值税发票。

（3）国家税务总局规定的其他凭证。

（二）合同预计总收入和合同预计总成本确认

采用简易计税方法计税的工程项目，其合同预计总收入应按不含税合同总金额确认，作为确认工程收入的基础；其合同预计总成本应按含税金额确认，作为确认工程成本的基础。

如涉及工程分包，分包价款可以作为销售额的扣除项目而减少增值税应纳税额。在会计核算的实际操作中，对于可抵减的应纳税额，建筑企业可采取增加收入或减少成本两种方法进行会计核算，在不同的核算方法下，建筑企业应相应调整工程项目的合同预计总收入或合同预计总成本。

1. 分包抵税增加收入

采取分包抵税增加收入的方法，合同预计总成本仍按含税预算总成本确认，不涉及调整；合同预计总收入应调整为按不含税合同总金额加上分包抵减税额后金额确认，相当于仅对合同总金额扣除分包价款的部分进行价税分离，确认不含税金额及应纳税额，对于分包价款扣减的销售额部分不做价税分离，按含税金额确认。计算公式如下：

合同预计总收入＝合同总金额÷（1+3%）+分包抵减税额
　　　　　　　＝合同总金额÷（1+3%）+分包价款÷（1+3%）×3%
合同预计总成本＝含税预算总成本

2. 分包抵税减少成本

采取分包抵税减少成本的方法，合同预计总收入仍按不含税合同总金额确认，不涉及调整；合同预计总成本调整为按含税预算总成本减去分包抵减税额后金额确认。计算公式如下：

合同预计总收入＝合同总金额÷（1+3%）

合同预计总成本＝含税预算总成本－分包抵减税额

＝含税预算总成本－分包价款÷（1+3%）×3%

【操作提示】根据税法规定，分包成本抵减应纳税额应以取得分包发票为前提，即上述公式中的分包价款均应为取得分包发票的分包价款。

但应注意，在实际操作中，建筑企业取得分包商开具的增值税发票，可能是11%税率的，也可能是3%征收率的。而无论取得的分包发票是11%税率的还是3%征收率的，在计算分包抵税时均应按含税价款和3%征收率计算应纳税额的抵减额。

（三）案例分析

1. 分包抵税增加收入

【案例1-2】S省甲建筑公司（增值税一般纳税人）2016年在B省承接的B项目，合同总金额为30 900万元（含增值税），合同总成本为28 000万元，其中分包成本为8 240万元（含增值税，预计全部可取得分包发票）。合同完工进度按照累计实际发生的合同成本占合同预计总成本的比例确定。业主要求主要材料采用甲供方式，经协商，B项目选择简易计税方法。

B项目部采用分包抵税增加收入的方法，确认合同预计总收入和合同预计总成本如下：

B项目的合同预计总收入＝合同总金额÷（1+3%）+分包价款÷（1+3%）×3%

＝30 900÷（1+3%）+8 240÷（1+3%）×3%

＝30 240（万元）

B项目的合同预计总成本＝含税预算总成本＝28 000（万元）

2. 分包抵税减少成本

【案例3-1】如果【案例1-2】中甲建筑公司的B项目部采用分包抵税减少成本的方法，则确认合同预计总收入和合同预计总成本如下：

B项目的合同预计总收入＝合同总金额÷（1+3%）

＝30 900÷（1+3%）＝30 000（万元）

B项目的合同预计总成本＝含税预算总成本－分包价款÷（1+3%）×3%

＝28 000－8 240÷（1+3%）×3%

＝27 760（万元）

二、工程施工与分包抵税的会计核算

工程项目实际发生的直接材料费、直接人工费、分包成本、机械使用费以及其他直接费用和间接费用等合同成本支出,均在"工程施工"科目进行核算。在简易计税方法下,进项税额不允许抵扣,分包成本在取得发票的前提下可扣减销售额,因此,除分包成本外,各项成本费用支出均按实际支出金额(即含税价款)进行确认。

由于在简易计税方法下,进项税额不允许抵扣,因此,各项成本费用支出原则上应要求取得增值税普通发票,为避免滞留票风险增加,从管理上不建议取得增值税专用发票。

(一)工程施工的会计核算

1. 取得增值税普通发票

工程项目发生直接材料、分包成本、直接人工、机械使用费、其他直接费用及间接费用,按实际支付或应付的金额,借记"原材料"、"工程施工"相关明细科目,贷记"银行存款"、"应付账款"等科目。相关会计分录如下:

(1)采购材料

借:原材料

　　贷:银行存款/应付账款等

(2)领用材料及发生分包费、人工费、机械使用费、其他直接费、间接费

借:工程施工-合同成本-直接材料

　　工程施工-合同成本-分包成本

　　工程施工-合同成本-直接人工

　　工程施工-合同成本-机械使用费

　　工程施工-合同成本-其他直接费用

　　工程施工-间接费用

　　贷:原材料、银行存款、应付账款等

2. 取得增值税专用发票

如果工程项目支出发生了取得增值税专用发票的情况,为避免出现大量滞留票,对取得的增值税专用发票可采取"先认证、后转出"的方式,在核算进项税额的同时作进项税转出,即按增值税专用发票上注明的税额,借记"应交

税费－一般计税应交增值税－进项税额"，贷记"应交税费－一般计税应交增值税－进项税额转出"。会计分录如下：

借：应交税费－一般计税应交增值税－进项税额

　　贷：应交税费－一般计税应交增值税－进项税额转出

【操作提示】滞留票是指销售方已开出增值税专用发票，并抄税报税，而购货方没进行认证抵扣的增值税专用发票。

（二）分包抵税的会计核算

工程项目发生分包成本，如果取得增值税发票，可以按规定计算抵减应纳税额。

结合建筑行业特点，建筑企业与分包商确认分包计量及结算金额后，发票开票存在两种情形：一种是分包商按计量金额全额开具发票；另一种是分包商按总包方支付分包款金额分期开具发票。在确认分包成本时，对于未及时取得发票的，建筑企业可根据分包合同的约定或与分包商的合作情况，确定取得增值税发票的情况。对于确定能取得增值税发票的，可计算可抵减应纳税额的增值税额，并通过"应交税费－待认证（确认）增值税额－简易计税"科目进行核算；对于不能取得增值税发票的，则不考虑分包抵税的情形。

对于分包抵减的应纳税额，建筑企业可采取增加收入或减少成本两种方法进行会计核算，在不同的核算方法下，建筑企业应首先调整工程项目的合同预计总收入或合同预计总成本，并在取得分包发票时，相应计入工程结算或冲减工程施工。

1. 分包抵税增加收入

对于可抵减的应纳税额，如果采取增加收入的方法，建筑企业相应调整了合同预计总收入，因此，在取得分包发票时，按分包价款计算的可抵减应纳税额，应相应计入工程结算。

建筑企业与分包商确认分包计量及结算金额后，对于已取得增值税发票并确定可向税务机关申报抵税的，按该部分结算金额计算的可抵减应纳税额，借记"应交税费－简易计税应交增值税－应纳税额抵减"科目，对于尚未取得增值税发票或尚不能向税务机关申报抵税的，按照该部分结算金额计算未来可抵减应纳税额，借记"应交税费－待认证（确认）增值税额－简易计税"科目，按这两项可抵减应纳税额合计，贷记"工程结算"科目。会计分录如下：

借：应交税费－简易计税应交增值税－应纳税额抵减

应交税费－待认证（确认）增值税额－简易计税

贷：工程结算

对于尚未取得增值税发票或尚不能向税务机关申报抵税的，在取得分包商开具的增值税发票并确定可向税务机关申报抵税时，按该部分结算金额计算的可抵减应纳税额，借记"应交税费－简易计税应交增值税－应纳税额抵减"科目，贷记"应交税费－待认证（确认）增值税额－简易计税"科目。会计分录如下：

借：应交税费－简易计税应交增值税－应纳税额抵减

贷：应交税费－待认证（确认）增值税额－简易计税

2.分包抵税减少成本

对于可抵减的应纳税额，如果采取减少成本的方法，建筑企业相应调整了合同预计总成本，因此，在取得分包发票时，按分包价款计算的可抵减应纳税额，应相应冲减工程施工。

建筑企业与分包商确认分包计量及结算金额后，对于已取得增值税发票并确定可向税务机关申报抵税的，按该部分结算金额计算的可抵减应纳税额，借记"应交税费－简易计税应交增值税－应纳税额抵减"科目，对于尚未取得增值税发票或尚不能向税务机关申报抵税的，按照该部分结算金额计算未来可抵减应纳税额，借记"应交税费－待认证（确认）增值税额－简易计税"科目，按这两项可抵减应纳税额合计，借记红字冲减"工程施工"科目。会计分录如下：

借：应交税费－简易计税应交增值税－应纳税额抵减

应交税费－待认证（确认）增值税额－简易计税

借：工程施工－合同成本－分包成本（红字）

对于尚未取得增值税发票或尚不能向税务机关申报抵税的，在取得分包商开具的增值税发票并确定可向税务机关申报抵税时，按该部分结算金额计算的可抵减应纳税额，借记"应交税费－简易计税应交增值税－应纳税额抵减"科目，贷记"应交税费－待认证（确认）增值税额－简易计税"科目。会计分录如下：

借：应交税费－简易计税应交增值税－应纳税额抵减

贷：应交税费－待认证（确认）增值税额－简易计税

（三）案例分析

1. 分包抵税增加收入

【案例1-2-1】 S省甲建筑公司（增值税一般纳税人）在B省承接的B项目适用简易计税方法，分包抵税按增加合同预计总收入处理。2016年8月B项目共发生分包计量结算金额1 063.99万元。其中：

B项目部对M分包商确认的计量结算金额342.99万元，根据合同约定在计量当月支付80%分包款，B项目部据此向M分包商支付分包款274.392万元，并取得M分包供应商开具的增值税专用发票，发票上注明的金额247.2万元，税率11%，税额27.192万元。

B项目部对N分包商确认的计量结算金额721万元，根据合同约定在计量当月支付80%分包款，B项目部据此向N分包商支付分包款576.8万元，并取得N分包供应商开具的增值税普通发票，发票上注明的金额560万元，征收率3%，税额16.8万元。

（1）B项目部对M分包商的会计核算

B项目部计算对M分包商分包成本的可抵减应纳税额：

已取票分包成本可抵减税额=274.392÷（1+3%）×3%=7.992（万元）

未取票分包成本=342.99-274.392=68.598（万元）

未取票分包成本待抵减税额=68.598÷（1+3%）×3%=1.998（万元）

1）B项目部确认M分包商的分包成本及分包抵减税额：

借：工程施工－合同成本－分包成本　　　　　　　　　　3 429 900
　　贷：银行存款　　　　　　　　　　　　　　　　　　2 743 920
　　　　应付账款　　　　　　　　　　　　　　　　　　　685 980

同时，确认分包抵减税额：

借：应交税费－简易计税应交增值税－应纳税额抵减　　　　79 920
　　应交税费－待认证（确认）增值税额－简易计税－未取得发票　19 980
　　贷：工程结算　　　　　　　　　　　　　　　　　　　 99 900

2）B项目部对M分包商开具的增值税专用发票认证通过后，核算进项税额及进项税额转出：

借：应交税费－一般计税应交增值税－进项税额－11%税率－建筑安装服务
　　　　　　　　　　　　　　　　　　　　　　　　　　　271 920

贷：应交税费－一般计税应交增值税－进项税额转出－简易计税方法
　　　　征税项目用　　　　　　　　　　　　　　　　　　　　　271 920

（2）B项目部对N分包商的会计核算

B项目部计算对N分包商分包成本的可抵减应纳税额：

已取票分包成本可抵减税额=576.8÷（1+3%）×3%=16.8（万元）

未取票分包成本=721-576.8=144.2（万元）

未取票分包成本待抵减税额=144.2÷（1+3%）×3%=4.2（万元）

B项目部确认N分包商的分包成本及分包抵减税额如下：

借：工程施工－合同成本－分包成本　　　　　　　　　　　7 210 000
　　贷：银行存款　　　　　　　　　　　　　　　　　　　5 768 000
　　　　应付账款　　　　　　　　　　　　　　　　　　　1 442 000

同时，确认分包抵减税额：

借：应交税费－简易计税应交增值税－应纳税额抵减　　　　　168 000
　　应交税费－待认证（确认）增值税额－简易计税－未取得发票　42 000
　　贷：工程结算　　　　　　　　　　　　　　　　　　　　210 000

2. 分包抵税减少成本

【案例3-2】如果【案例1-2-1】中甲建筑公司的B项目部采用分包抵税减少成本的方法，则B项目部对M分包商和N分包商的会计核算如下：

（1）B项目部对M分包商的会计核算

1）B项目部确认M分包商的分包成本及分包抵减税额：

借：工程施工－合同成本－分包成本　　　　　　　　　　　3 429 900
　　贷：银行存款　　　　　　　　　　　　　　　　　　　2 743 920
　　　　应付账款　　　　　　　　　　　　　　　　　　　　685 980

同时，确认分包抵减税额：

借：应交税费－简易计税应交增值税－应纳税额抵减　　　　　 79 920
　　应交税费－待认证（确认）增值税额－简易计税－未取得发票　19 980
借：工程施工－合同成本－分包成本　　　　　　　　　　　　－99 900

2）B项目部对M分包商开具的增值税专用发票认证通过后，核算进项税额及进项税额转出：

借：应交税费－一般计税应交增值税－进项税额－11%税率－建筑安装服务
　　　　　　　　　　　　　　　　　　　　　　　　　　　　271 920

贷：应交税费-一般计税应交增值税-进项税额转出-简易计税方法
　　　　征税项目用　　　　　　　　　　　　　　　　　　　　271 920
（2）B项目部对N分包商的会计核算
B项目部确认N分包商的分包成本及分包抵减税额如下：
借：工程施工-合同成本-分包成本　　　　　　　　　　　7 210 000
　　贷：银行存款　　　　　　　　　　　　　　　　　　　5 768 000
　　　　应付账款　　　　　　　　　　　　　　　　　　　1 442 000
同时，确认分包抵减税额：
借：应交税费-简易计税应交增值税-应纳税额抵减　　　　　　168 000
　　应交税费-待认证（确认）增值税额-简易计税-未取得发票　42 000
借：工程施工-合同成本-分包成本　　　　　　　　　　　　-210 000

三、工程结算与应纳税额的会计核算

　　工程项目的生产周期一般较长，建筑施工企业与业主的结算按合同约定一般包括中间结算和竣工结算。中间结算，即进度款结算，是指在工程项目的施工过程中，业主会定期（一般是按月或者按季）对工程量进行测量和统计，形成验工计价金额，即工程结算额，并按约定向建筑企业支付工程进度款。竣工结算，是指在一项工程项目完工、验收、点交后，业主根据合同约定金额、施工过程调整金额以及已结算金额等进行最终的工程价款清算。

　　根据建筑行业特点，通常情况下，在中间结算过程中，业主对于当期确认的工程结算金额，工程承包合同并不会约定在当期全额支付，而是约定在不同的阶段分期支付。例如：工程承包合同的结算条款一般会约定，在结算当期，业主按验工计价结算金额的一定比例（如70%～80%）支付工程进度款，待主体工程完工后支付除质保金外的剩余工程款，在工程完工一定期限（如两年）后支付工程质保金（如3%～5%）。有的工程项目还会涉及预收工程款，即在开工之前，业主根据合同约定，提前支付一部分工程款项。

　　由于建筑企业提供建筑服务的会计核算执行《建造合同准则》，其工程结算的确认时点与增值税纳税义务时点存在差异。因此，建筑企业应根据其与业主结算工程款项的不同场景，准确判断价税分离时点和增值税确认时点，分别针对不同场景准确的进行会计核算。

（一）预收工程款

1. 税务处理

工程项目采取预收款方式的，其增值税纳税义务发生时间为收到预收款的当天。因此，建筑企业在未开工前收到工程预收款，应按规定确认应纳税额。计算公式如下：

$$应纳税额 = 预收工程款 \div (1+3\%) \times 3\%$$

【操作提示】由于预收款方式下，增值税纳税义务发生时间为收到预收款的当天，而非合同约定的预付工程款的日期。因此，在实际操作中，建筑企业应注意以下两种对纳税义务判断的情形：

（1）合同未约定预付工程款条款，但经沟通，业主在项目开工前实际预付工程款的，建筑企业也应当在收到业主预付工程款的当天确认增值税纳税义务。

（2）合同约定了预付工程款的日期及金额，但是如果业主未按约定预付工程款的，项目部不需确认增值税纳税义务；如果业主实际预付工程款的金额与合同约定应预付金额不一致，项目部应按照实际收到的预付款金额计算确认增值税纳税义务。

2. 会计核算

建筑企业在收到预收工程款时，按上述公式计算应纳税额，由于尚未进行工程结算，需通过"应交税费-待核销增值税额"科目核算，借记"应交税费-待核销增值税额-简易计税"科目，贷记"应交税费-简易计税应交增值税-应纳税额计提-3%征收率"科目。会计分录如下：

借：应交税费-待核销增值税额-简易计税
　　贷：应交税费-简易计税应交增值税-应纳税额计提-3%征收率

3. 案例分析

【案例1-2-2】甲建筑公司2016年8月承接的B项目，与业主签订的施工合同约定于2016年8月10日之前预付工程款1 030万元，项目于2016年8月初开工。2016年8月初，业主预付工程款1 030万元，甲建筑公司未开具发票。

B项目部计算应确认的应纳税额如下：

应确认应纳税额 =1 030÷（1+3%）×3%=30（万元）

B项目部的会计核算如下：

借：银行存款　　　　　　　　　　　　　　　　　10 300 000
　　贷：预收账款　　　　　　　　　　　　　　　　10 300 000
同时，确认应纳税额：
借：应交税费-待核销增值税额-简易计税　　　　　　300 000
　　贷：应交税费-简易计税应交增值税-应纳税额计提-3%征收率
　　　　　　　　　　　　　　　　　　　　　　　　300 000

（二）工程验工计价

1. 税务处理

在中间结算过程中，对于当期确认的工程结算金额，其增值税纳税义务发生时间为合同约定的付款日期；合同未明确约定付款日期或尚未签订合同的，其增值税纳税义务发生时间为建筑服务完成当天。

如果合同有明确约定付款日期，当期确认的工程结算金额中，对于合同约定在结算当期支付的部分（如按结算金额的70%~80%部分），应按规定确认增值税应纳税额；对于合同约定不在结算当期支付的部分，不需要确认增值税纳税义务，待到合同约定的付款之日时，再确认增值税应纳税额。

如果未明确约定付款日期或尚未签订合同的，应对当期确认的工程结算金额全额确认增值税应纳税额。

【操作提示】在合同明确约定付款日期的情况下，增值税纳税义务发生时间为合同约定的付款日期，即使业主未按约定的时间及金额实际支付工程款，建筑企业也应当按合同约定的付款日期及应支付的金额确认增值税的纳税义务。

如果合同未明确约定付款日期或未签订合同，增值税纳税义务发生时间为建筑服务完成的当天。实际执行时，通常以业主确认工程计量的当天为增值税纳税义务发生的时间。

2. 会计核算

验工计价并经业主确认后，建筑企业依据验工计价金额按照《建造合同准则》确认应收账款或应冲减的预收工程款。由于工程结算对应工程项目收入，因此，建筑企业应对业主确认的工程结算金额进行价税分离，按不含税金额确认工程结算；同时，对于价税分离出的税额，应根据合同约定的付款情况确认增值税纳税义务，对于未到纳税义务发生时间的税额，可通过"应交税费-待结转增值税额"科目进行核算。

（1）合同明确约定付款日期

在合同明确约定付款日期的情况下，建筑企业应按当期确认的工程结算金额，借记"应收账款"科目；如果存在业主预付工程款，应先冲减预收工程款，借记"预收账款"科目；按价税分离后的不含税结算金额，贷记"工程结算"科目；按冲减预收账款所对应的前期已计提税额，贷记"应交税费－待核销增值税额－简易计税"科目；按计入应收账款中属于合同约定应在当期支付的部分工程款（如70%～80%部分）所对应的税额，贷记"应交税费－简易计税应交增值税－应纳税额计提－3%征收率"科目；对计入应收账款中属于合同约定不在当期支付的部分工程款（如20%～30%部分）所对应的税额，贷记"应交税费－待结转增值税额－简易计税"科目。会计分录如下：

借：预收账款

　　应收账款

　贷：工程结算

　　　应交税费－待核销增值税额－简易计税

　　　应交税费－简易计税应交增值税－应纳税额计提－3%征收率

　　　应交税费－待结转增值税额－简易计税

待到合同约定的付款之日时，按应付工程款计算的税额，借记"应交税费－待结转增值税额－简易计税"科目，贷记"应交税费－简易计税应交增值税－应纳税额计提－3%征收率"。会计分录如下：

借：应交税费－待结转增值税额－简易计税

　贷：应交税费－简易计税应交增值税－应纳税额计提－3%征收率

【操作提示】对于合同约定的付款日期与验工计价业主确量不在同一月份的，如房建项目，合同约定的付款日期通常在验工计价业主确量之后30日之内，建筑企业在当期的计量结算款均未到增值税的纳税义务发生时间。在这种情况下，建筑企业应将计量结算款价税分离出的税额全额计入"应交税费－待结转增值税额－简易计税"，待下月到实际付款时间时，再按应付金额计算应结转确认的应纳税额。

（2）合同未约定付款日期或未签订合同

在合同未约定付款日期或未签订合同的情况下，建筑企业应按当期确认的工程结算金额，借记"预收账款"、"应收账款"科目；按价税分离后的不含税结算金额，贷记"工程结算"科目；按冲减预收账款的部分工程款所对应的税额，贷记"应交税费-待核销增值税额-简易计税"科目，按确认为应收账款的部分工程款所对应的税额，贷记"应交税费-简易计税应交增值税-应纳税额计提-3%征收率"科目。会计分录如下：

　　借：预收账款

　　　　应收账款

　　　　贷：工程结算

　　　　　　应交税费-待核销增值税额-简易计税

　　　　　　应交税费-简易计税应交增值税-应纳税额计提-3%征收率

　　　　　　应交税费-待结转增值税额-简易计税

3. 案例分析

（1）合同明确约定付款日期

【案例1-2-3】甲建筑公司2016年8月承接B项目，与业主签订施工合同，约定于2016年8月初预付工程款1 030万元，项目于2016年8月初开工。从2016年8月开始，业主每月25日对当月已完工工程进行确量，并在月底之前按确量金额的80%支付工程款，业主在支付工程款时先冲减已预付的工程款；剩余20%中，15%部分在主体工程完工时支付，5%部分作为质保金，在工程竣工决算完成后满两年支付。

2016年8月初，业主预付工程款1 030万元，甲建筑公司未开具发票。2016年8月，业主对B项目进行验工计价，确认计量结算款3 090万元，甲建筑公司按计量结算款的80%开具增值税发票，发票上注明的价款2 400万元，税额72万元，价税合计2 472万元。

2016年8月收到预付工程款时的会计核算详见【案例1-2-2】。

2016年8月验工计价时，B项目部计算应收账款、工程结算、应确认的应纳税额及未到纳税义务发生时间的增值税额如下：

　　应收账款 = 本月计量结算款 - 上月预收款 = 3 090 - 1 030 = 2 060（万元）

　　工程结算 = 3 090 ÷（1+3%）= 3 000（万元）

　　8月应税销售额 =（本月计量结算款 × 合同约定付款比例 - 上月预收款）÷（1+3%）=（3 090×80% - 1 030）÷（1+3%）= 1 400（万元）

　　8月应确认应纳税额 = 1 400 × 3% = 42（万元）

　　待结转增值税额 = 未到纳税义务发生时间的增值税额 = 3 000 × 20% × 3% = 18（万元）

B 项目部的会计核算如下：

借：预收账款　　　　　　　　　　　　　　　　　　　　　　10 300 000
　　应收账款　　　　　　　　　　　　　　　　　　　　　　20 600 000
　　贷：工程结算　　　　　　　　　　　　　　　　　　　　30 000 000
　　　　应交税费－待核销增值税额－简易计税　　　　　　　　　300 000
　　　　应交税费－简易计税应交增值税－应纳税额计提－3%征收率
　　　　　　　　　　　　　　　　　　　　　　　　　　　　　420 000
　　　　应交税费－待结转增值税额－简易计税　　　　　　　　　180 000

【案例3-3】乙建筑公司2016年5月承接一房建项目J项目，项目从2016年6月开工。承包合同约定，合同总金额10 300万元，业主每月25日之前对当月已完工工程进行确量，并确量后30日内按确量金额的80%支付工程款；剩余20%中，15%部分在主体工程完工时支付，5%部分作为质保金，在工程竣工决算完成后满两年支付。

2016年7月，业主对J项目进行验工计价，确认计量结算款1 030万元，均未开具发票。2016年8月，J项目按计量结算款的80%向业主开具增值税发票，发票上注明的金额800万元，税额24万元，价税合计824万元。

1）2016年7月验工计价时：

2016年7月验工计价时，J项目尚未产生纳税义务，因此，计算工程结算及待结转增值税如下：

工程结算=1 030÷（1+3%）=1 000（万元）

待结转增值税额=1 000×3%=30（万元）

J项目部的会计核算如下：

借：应收账款　　　　　　　　　　　　　　　　　　　　　　10 300 000
　　贷：工程结算　　　　　　　　　　　　　　　　　　　　10 000 000
　　　　应交税费－待结转增值税额－简易计税　　　　　　　　　300 000

2）2016年8月到合同约定的付款日期时：

2016年8月，按合同约定，业主应按7月确量金额的80%支付工程款，J项目部计算确认的应纳税额如下：

应确认应纳税额=1 000×80%×3%=24（万元）

J项目部的会计核算如下：

借：应交税费－待结转增值税额－简易计税　　　　　　　　　　240 000

贷：应交税费－简易计税应交增值税－应纳税额计提－3%征收率
　　　　　　　　　　　　　　　　　　　　　　　　　　240 000

（2）合同未约定付款日期或未签订合同

【案例3-4】 丙建筑公司承接K项目，合同总金额（含税）30 900万元，合同约定业主按月计量，但未明确约定支付工程款的时间。

2016年9月，业主预付工程款618万元，甲建筑公司未开具发票。2016年10月，业主对K项目进行验工计价，确认计量结算款3 090万元，K建筑公司未开具发票。

1）2016年9月收到预付工程款时：

K项目部计算应纳税额如下：

9月应确认应纳税额=618÷（1+3%）×3%=18（万元）

K项目部的会计核算如下：

收到预付工程款时：

借：银行存款　　　　　　　　　　　　　　　　　　　　6 180 000
　　贷：预收账款　　　　　　　　　　　　　　　　　　6 180 000

同时，确认应纳税额：

借：应交税费－待核销增值税额－简易计税　　　　　　　180 000
　　贷：应交税费－简易计税应交增值税－应纳税额计提－3%征收率
　　　　　　　　　　　　　　　　　　　　　　　　　　180 000

2）2016年10月验工计价时：

K项目部计算工程结算、应确认的应纳税额如下：

应收账款=本月计量结算款－上月预收款=3 090－618=2 472（万元）

工程结算=3 090÷（1+3%）=3 000（万元）

10月应税销售额=（本月计量结算款－上月预收款）÷（1+3%）
　　　　　　　=（3 090－618）÷（1+3%）=2 400（万元）

10月应确认应纳税额=2 400×3%=72（万元）

K项目部的会计核算如下：

借：预收账款　　　　　　　　　　　　　　　　　　　　6 180 000
　　应收账款　　　　　　　　　　　　　　　　　　　　24 720 000
　　贷：工程结算　　　　　　　　　　　　　　　　　　30 000 000
　　　　应交税费－待核销增值税额－简易计税　　　　　180 000

应交税费 – 简易计税应交增值税 – 应纳税额计提 –3% 征收率

720 000

（三）提前开具发票

1. 税务处理

在工程施工过程中，建筑企业未收到工程款项、也未到合同约定的付款日期，而提前开具增值税发票的，应当按照发票开具的日期确认增值税的纳税义务，按规定确认应纳税额。

【操作提示】在存在提前开具增值税发票的情况下，建筑企业应注意在后期结算工程款项时，价税分离的税额应先扣除前期开具发票时已确认的应纳税额，剩余部分再确认为当期应纳税额，避免重复纳税。

在填报当期增值税纳税申报表时，将提前开具发票的票面上注明的金额增加填写的销售额金额。

2. 会计核算

在未收到工程款项、也未到合同约定的付款日期的情况下，提前开具增值税发票的，按发票上注明的税额，借记"应交税费 – 待核销增值税额 – 简易计税"科目，贷记"应交税费 – 简易计税应交增值税 – 应纳税额计提 –3% 征收率"科目。会计分录如下：

借：应交税费 – 待核销增值税额 – 简易计税

贷：应交税费 – 简易计税应交增值税 – 应纳税额计提 –3% 征收率

3. 案例分析

【案例3-5】甲建筑公司承接 M 项目，合同总金额（含税）10 300 万元，合同约定按月计量，按达到既定的工程量支付工程款。2016 年 8 月，工程尚未达到付款条件，但因工程施工需要，M 项目部向业主申请提前支付一笔工程款，以缓解资金压力，业主要求先开具增值税发票。2016 年 8 月底，甲建筑公司向业主开具增值税发票，发票上注明的金额 500 万元，税额 15 万元，价税合计 515 万元。

M 项目部应确认应纳税额 15 万元，会计核算如下：

借：应交税费 – 待核销增值税额 – 简易计税 150 000

贷：应交税费 – 简易计税应交增值税 – 应纳税额计提 –3% 征收率

150 000

（四）月底检查应纳税额确认情况

在《建造合同准则》下，按增值税纳税义务发生时间计税使增值税相关会计核算更加复杂化。为确保简易计税应纳税额计提正确，避免少缴税或重复纳税风险，建议建筑企业根据增值税纳税义务的确认原则的三个标准，在月末比较三个标准下的销售额，按孰大原则确认计税销售额；并据此计算应纳税额，以判断账面确认应纳税额是否存在多计或少计的情况。如检查发现存在多计或少计的情况，应及时查明原因，并调整相关会计核算，按多提的应纳税额，贷记"应交税费－简易计税应交增值税－应纳税额计提－3%征收率（红字）"，贷记"应交税费－待结转增值税额－简易计税"或"应交税费－待核销增值税额－简易计税"；按少计的应纳税额，借记"应交税费－待结转增值税额－简易计税"或"应交税费－待核销增值税额－简易计税"，贷记"应交税费－简易计税应交增值税－应纳税额计提－3%征收率"。

不同合同情况下的计税销售额确定具体如下：

（1）在合同有明确约定付款日期的情况下，纳税义务发生时间为"实际收款日期"、"合同约定的付款日期"、"开具发票日期"三者孰先。因此，月末应比较"实际收款金额"、"合同约定的付款金额"、"开具发票金额"，按三者孰大确认计税销售额。

（2）在未签订合同或合同未约定付款日期的情况下，纳税义务发生时间为"实际收款日期"、"工程结算日期"、"开具发票日期"三者孰先。因此，月末应比较"实际收款金额"、"工程结算金额"、"开具发票金额"，按三者孰大确认计税销售额。

四、工程收入与工程成本的会计核算

建筑企业按月根据《建造合同准则》确定工程完工进度，计算确认工程收入和工程成本。

（一）会计核算

1. 确定完工进度

按照《建造合同准则》规定，确定合同完工进度有以下三种方法：

（1）根据累计实际发生的合同成本占合同预计总成本的比例确定

该方法是确定合同完工进度比较常用的方法，计算公式如下：

合同完工进度 = 累计实际发生的合同成本 ÷ 合同预计总成本 × 100%

上述计算公式中，累计实际发生的合同成本是指形成工程完工进度的工程实体和工作量所耗用的直接成本和间接成本，不包括与未来活动相关的合同成本和在分包工程的工作量完成之前预付给分包单位的款项。

【操作提示】在涉及分包抵税的情况下，如果采取分包抵税增加收入的方法，累计实际发生的合同成本和合同预计总成本均为含税预算总成本；如果采取分包抵税减少成本的方法，累计实际发生的合同成本和合同预计总成本均为含税预算总成本减去分包抵税金额之后的金额。

（2）根据已经完成的合同工作量占合同预计总工作量的比例确定

该方法适用于合同工作量容易确定的建造合同，如道路工程、土石方挖掘、砌筑工程等。计算公式如下：

合同完工进度 = 已经完成的合同工作量 ÷ 合同预计总工作量 × 100%

（3）根据实际测定的完工进度确定

该方法是在无法根据上述两种方法确定合同完工进度时方可采用根据实际测定的完工进度确定的方法，该方法适用于一些特殊的建造合同，如水下施工工程等。且该方法属于依靠技术测量来确定，因此测量方不能是由建筑企业自行测定，而应由第三方专业人员现场进行科学测定。

【操作提示】在实际操作中，建筑企业一般均按照第一种方法"根据累计实际发生的合同成本占合同预计总成本的比例确定合同完工进度"；第二种和第三种方法在实际操作中很少采用。因此，下文仅涉及第一种方法下的会计核算。

2.计算合同收入和合同毛利

建筑企业根据累计实际发生的合同成本占合同预计总成本的比例确定合同完工进度后，根据完工进度计算确认当期的合同收入，计算公式如下：

当期确认的合同收入 = 合同预计总收入 × 完工进度 - 以前会计期间累计已确认的收入

当期确认的合同费用 = 合同预计总成本 × 完工进度 - 以前会计期间累计已确认的费用

由于完工进度是根据累计实际发生的合同成本占合同预计总成本的比例确定的，因此，当期确认的合同费用实际就等于当期的工程施工发生额。

当期确认的合同费用 = 当期确认的工程施工

当期确认的合同毛利 = 当期确认的合同收入 - 当期确认的合同费用

3. 核算工程收入和工程成本

建筑企业按照上述公式计算相关数据后,按当期确认的合同费用(即当期实际发生的工程结算),借记"主营业务成本"科目,按当期确认的合同收入和合同毛利,借记"工程施工 - 合同毛利"科目,贷记"主营业务收入"科目。会计分录如下:

借:主营业务成本
　　工程施工 - 合同毛利
　　贷:主营业务收入

(二)案例分析

1. 分包抵税增加合同收入

【案例1-2-4】甲建筑公司2016年8月承接的B项目,合同总金额为30 900万元(含增值税),合同预计总成本28 000万元(含增值税),其中分包成本为8 240万元(预计全部可取得分包发票)。合同完工进度按照累计实际发生的合同成本占合同预计总成本的比例确定。

2016年8月,B项目部"工程施工"科目实际发生额为2 800万元。其中:直接材料1 000万元,直接人工200万元,分包成本1 063.99万元,机械作业费400万元,其他直接费用50万元,间接费用86.01万元。2016年8月前未确认合同收入、费用。

B项目部采取分包抵税增加收入的方法,B项目的合同预计总收入30 240万元,合同预计总成本为28 000万元,计算详见【案例1-2】。

B项目部计算8月完工进度、合同收入、费用及毛利如下:

合同完工进度 = 累计实际发生的合同成本 ÷ 合同预计总成本 × 100%
　　　　　　 = 2 800 ÷ 28 000 × 100% = 10%

8月确认的合同收入 = 合同预计总收入 × 完工进度 - 以前会计期间累计已确认的收入 = 30 240 × 10% - 0 = 3 024(万元)

8月确认的合同费用 = 工程施工实际发生额 = 2 800(万元)

8月确认的合同毛利 = 8月确认的合同收入 - 8月确认的合同费用
　　　　　　　　 = 3 024 - 2 800 = 224(万元)

B 项目部的会计核算如下：

借：主营业务成本　　　　　　　　　　　　　　　　　　　　28 000 000
　　工程施工 – 合同毛利　　　　　　　　　　　　　　　　　 2 240 000
　　贷：主营业务收入　　　　　　　　　　　　　　　　　　　　30 240 00

2. 分包抵税减少合同成本

【案例 3-6】 如果【案例 1-2-4】中甲建筑公司的 B 项目部采用分包抵税减少成本的方法，则 2016 年 8 月，B 项目部"工程施工"科目实际发生额为 2769.01 万元（实际支出额 2 800 - 分包抵税额 30.99），其中：直接材料 1 000 万元，直接人工 200 万元，分包成本 1 033 万元（实际支出额 1 063.99 - 分包抵税额 30.99），机械作业费 400 万元，其他直接费用 50 万元，间接费用 86.01 万元。2016 年 7 月未确认合同收入、费用。

B 项目部采取分包抵税增加收入的方法，B 项目的合同预计总收入 30 000 万元，合同预计总成本为 27 760 万元，计算详见【案例 3-1】。

H 项目部计算 8 月完工进度、合同收入、费用及毛利如下：

合同完工进度 = 累计实际发生的合同成本 ÷ 合同预计总成本 × 100%
　　　　　　 = 2 769.01 ÷ 27 760 × 100% = 9.97%

8 月确认的合同收入 = 合同预计总收入 × 完工进度 - 以前会计期间累计已确认的收入 = 30 000 × 9.97% - 0 = 2 991（万元）

8 月确认的合同费用 = 工程施工实际发生额 = 2 769.01（万元）

8 月确认的合同毛利 = 8 月确认的合同收入 - 8 月确认的合同费用
　　　　　　　　　 = 2 991 - 2 769.01 = 221.99（万元）

B 项目部的会计核算如下：

借：主营业务成本　　　　　　　　　　　　　　　　　　　　27 690 100
　　工程施工 – 合同毛利　　　　　　　　　　　　　　　　　 2 219 900
　　贷：主营业务收入　　　　　　　　　　　　　　　　　　　　29 910 000

五、其他收入与销项税额的会计核算

一般纳税人建筑企业的简易计税项目涉及的其他收入业务主要包括材料销售、资产处置等，应按税法规定确认增值税纳税义务。

（一）材料销售

1. 税务处理

如果项目部所属的建筑公司为一般纳税人，则无论对工程项目采用一般计税方法还是简易计税方法，项目部销售材料均应按一般计税方法计算缴纳增值税，按照不含税销售额和适用税率17%计算确认销项税额。

2. 会计核算

建筑企业的项目部发生的材料销售主要是处置施工过程中产生的残余物资，如一些材料物资的下脚料等；有时也会销售库存多余的原材料。

（1）销售施工残余物资

一般纳税人建筑企业的项目部销售施工残余物资，由于在工程领用材料时已将领用材料的价值直接计入了工程成本，材料物资的下脚料已包括在合同成本中，因此，处置这些残余物资取得的收益应冲减合同成本。

建筑企业的项目部销售施工残余物资，按实际收取销售款项，借记"银行存款"科目，按17%税率计算的不含税价款，冲减合同成本，借记红字冲减"工程施工－合同成本－直接材料"科目，按17%税率计算的增值税额，贷记"应交税费－一般计税应交增值税－销项税额－17%税率－货物"科目。

借：银行存款
　　工程施工－合同成本－直接材料（红字）
　　贷：应交税费－一般计税应交增值税－销项税额－17%税率－货物

（2）销售库存原材料

一般纳税人建筑企业的适用简易计税项目部销售原材料，按实际收取销售款项，借记"银行存款"科目，按17%税率计算的不含税价款和增值税额，贷记"其他业务收入"和"应交税费－一般计税应交增值税－销项税额－17%税率－货物"科目；同时，按销售材料的成本，借记"其他业务成本"科目，贷记"原材料"科目。会计分录如下：

确认材料销售收入：

借：银行存款
　　贷：其他业务收入
　　　　应交税费－一般计税应交增值税－销项税额－17%税率－货物

同时，结转材料销售成本：

借：其他业务成本
　　贷：原材料

3. 案例分析

一般纳税人建筑企业采用简易计税方法的项目部销售材料，其会计处理与采用一般计税方法的项目部的会计处理相同，具体案例可参考本章第三节中的【案例 1-1-17】。

（二）销售使用过的固定资产

建筑企业的固定资产一般由总机构统一购买并核算管理，对于在工程项目上使用的施工机械类固定资产，总机构通过内部往来的方式将资产折旧结转至项目部，由项目部核算机械使用费。由于这类固定资产的实物管理由项目部负责，因此，这类固定资产需要处置时，一般由项目部代总机构直接在项目上就地处置，处置收取的款项，通过内部往来的方式支付给总机构。

1. 税务处理

如果项目部所属的建筑公司为一般纳税人，则无论对工程项目采用一般计税方法还是简易计税方法，项目部销售使用过的固定资产，均应按一般纳税人销售使用过的固定资产的税收政策规定进行税务处理。

根据财税〔2016〕36 号文、国家税务总局公告 2015 年第 90 号文、财税〔2014〕57 号文、国家税务总局公告 2014 年第 36 号文和财税〔2008〕170 号文等规定，一般纳税人销售使用过的固定资产按表 3-14 情况进行税务处理。

一般纳税人销售使用过的固定资产税务处理　　　　表 3-14

销售情形	计税方法及税率、征收率	发票类型	计算公式
《增值税暂行条例》第十条规定不得抵扣且未抵扣进项税额	简易办法依照 3% 征收率减按 2% 征收增值税	不可开具增值税专用发票	增值税 = 售价 ÷（1+3%）× 2%
	简易办法依照 3% 征收率征收增值税（放弃减税）	可开具增值税专用发票	增值税 = 售价 ÷（1+3%）× 3%
营改增试点前购进或自制的固定资产	简易办法依照 3% 征收率减按 2% 征收增值税	不可开具增值税专用发票	增值税 = 售价 ÷（1+3%）× 2%
	简易办法依照 3% 征收率征收增值税（放弃减税）	可开具增值税专用发票	增值税 = 售价 ÷（1+3%）× 3%

续表

销售情形	计税方法及税率、征收率	发票类型	计算公式
营改增试点后购进或自制已抵扣进项税额的固定资产	适用税率征收增值税	可开具增值税专用发票	增值税＝售价÷（1+适用税率）×适用税率
营改增后购进应抵扣未抵扣进项税额的固定资产	适用税率征收增值税	可开具增值税专用发票	增值税＝售价÷（1+适用税率）×适用税率

【操作提示】建筑企业的项目部虽然基本不涉及固定资产处置的税务处理及会计核算，但是项目部财务人员应掌握上述税收政策规定，在实际处置固定资产时，应充分考虑销售对象及增值税对销售定价的影响。

2. 会计核算

建筑企业的项目部代总机构销售使用过的固定资产时，按实际收到的销售款项，借记"银行存款"科目，贷记"内部往来"科目。会计分录如下：

借：银行存款

　　贷：内部往来－总机构

建筑企业的总机构收到项目部上报的固定资产销售情况表，通过"固定资产清理"科目进行固定资产处置的会计核算，详见本章第五节"一、收入与销项税额的会计核算/（一）销售使用过的固定资产（不含不动产）"。

3. 案例分析

一般纳税人建筑企业采用简易计税方法的项目部使用过的固定资产，其会计处理与采用一般计税方法的项目部的会计处理相同，具体案例可参考本章第三节中的【案例1-1-18】和【案例1-1-19】。

六、预交增值税的会计核算

建筑企业的工程项目所在地与机构所在地不在同一县（市、区）的，项目部需在工程所在地预缴增值税。

（一）税务处理

1. 预缴增值税

根据国家税务总局公告2016年第17号文规定，一般纳税人建筑企业跨县

（市、区）提供建筑服务，选择适用简易计税方法计税的，以取得的全部价款和价外费用扣除支付的分包款后的余额，按照3%的征收率计算应预缴税款。

应预缴税款 =（全部价款和价外费用 − 支付的分包款）÷（1+3%）× 3%

纳税人取得的全部价款和价外费用扣除支付的分包款后的余额为负数的，可结转下次预缴税款时继续扣除。

【操作提示】上述公式中的"全部价款和价外费用"为工程项目达到增值税纳税义务发生时间的含税销售额，包括预收账款、合同约定的付款金额及提前开具发票金额；"支付的分包款"为已经取得合法有效增值税发票含税金额。

2.缴纳附加税费

根据财税〔2016〕74号文规定，纳税人跨地区提供建筑服务、销售和出租不动产的，应在建筑服务发生地、不动产所在地预缴增值税时，以预缴增值税税额为计税依据，并按预缴增值税所在地的城市维护建设税适用税率和教育费附加征收率就地计算缴纳城建税及教育费附加。因此，在预缴增值税的同时应计提城建税及教育费附加。

（二）会计核算

建筑企业的项目部对当月产生的增值税纳税义务一般应在征期内（通常为次月15日之前）预缴。但在实际操作中，有的地方国税机关要求项目部在当月按照开票等情况提前预缴。项目部应区分不同预缴情形进行不同的会计处理。

1.当月预缴

对于按简易计税方法的项目部，在当月预缴增值税的，应按实际预缴的税额，借记"应交税费 − 预交增值税 − 预交税款"科目，贷记"银行存款"科目。会计分录如下：

借：应交税费 − 预交增值税 − 预交税款

　　贷：银行存款

同时，根据实际预缴的增值税计提应缴纳的城建税及教育费附加，借记"税金及附加"科目，贷记"应交税费 − 应交城市维护建设税"、"应交税费 − 应交教育费附加"和"应交税费 − 应交地方教育费附加"科目；在缴纳的城建税及教育费附加时，按实际缴纳的金额，借记"应交税费 − 应交城市维护建设税"、"应交税费 − 应交教育费附加"和"应交税费 − 应交地方教育费附加"科目，贷记"银行存款"科目。会计分录如下：

计提城建税及教育费附加：

借：税金及附加

　　贷：应交税费 - 应交城市维护建设税

　　　　应交税费 - 应交教育费附加

　　　　应交税费 - 应交地方教育费附加

缴纳城建税及教育费附加：

借：应交税费 - 应交城市维护建设税

　　应交税费 - 应交教育费附加

　　应交税费 - 应交地方教育费附加

　　贷：银行存款

2. 征期预缴

对于在征期预缴的增值税，项目部应在月底计提应预缴的税额，借记"应交税费 - 预交增值税 - 预交税款"科目，贷记"其他应付款 - 待预交增值税"科目。会计分录如下：

借：应交税费 - 预交增值税 - 预交税款

　　贷：其他应付款 - 待预交增值税

【操作提示】如果项目部在当月有预缴的，月末计提应预缴增值税应扣除已预缴的税额，计算公式如下：

月末计提应预缴税款 =（全部价款和价外费用 - 支付的分包款）÷（1+3%）×3% - 当月已预缴税款

同时，根据应预缴的增值税计提应缴纳的城建税及教育费附加，借记"税金及附加"科目，贷记"应交税费 - 应交城市维护建设税"、"应交税费 - 应交教育费附加"和"应交税费 - 应交地方教育费附加"科目；在缴纳城建税及教育费附加时，按实际缴纳的金额，借记"应交税费 - 应交城市维护建设税"、"应交税费 - 应交教育费附加"和"应交税费 - 应交地方教育费附加"科目，借记"银行存款"科目。会计分录与"当月预缴"情形相同。

（三）案例分析

【案例1-2-5】甲建筑公司的B项目部所在地为B省某市，城建税税率7%，教育费附加3%，地方教育费附加2%，无其他附加税费。

2016年8月，B项目部与业主的计量结算款3 090万元，其中，冲减8月初预收款 1 030 万元，业主应在当期支付 1 442 万元，未到付款期的 618 万元；与分包商确量合计 1 063.99 万元，其中，取得增值税发票的金额为 851.192 万元，未取得发票的 212.798 万元。B 项目部在 2016 年 8 月中旬已提前预缴增值税 20 万元，并同时缴纳了城建税及教育费附加。

（1）2016 年 8 月中旬预缴税款并缴纳附加税费

B 项目部计算应缴纳城建税及教育费附加如下：

应交城市维护建设税 =20×7%=1.4（万元）

应交教育费附加 =20×3%=0.6（万元）

应交地方教育费附加 =20×2%=0.4（万元）

B 项目部的会计核算如下：

1）预缴增值税：

借：应交税费 – 预交增值税 – 预交税款	200 000
贷：银行存款	200 000

2）计提城建税及教育费附加：

借：税金及附加	24 000
贷：应交税费 – 应交城市维护建设税	14 000
应交税费 – 应交教育费附加	6 000
应交税费 – 应交地方教育费附加	4 000

3）缴纳城建税及教育费附加：

借：应交税费 – 应交城市维护建设税	14 000
应交税费 – 应交教育费附加	6 000
应交税费 – 应交地方教育费附加	4 000
贷：银行存款	24 000

（2）2016 年 8 月底计提应预缴税款及附加税费

B 项目部计算应预缴的增值税和应交城建税及教育费附加如下：

8 月全部价款和价外费用 =1 030+1 442=2 472（万元）

可扣除的分包款 =851.192（万元）

应预缴税款 =（全部价款和价外费用 - 支付的分包款）÷（1+3%）×3%- 当月已预缴税款 =（2 472-851.192）÷（1+3%）×3%-20=27.208（万元）

应交城市维护建设税 =27.208×7%=1.904 6（万元）

应交教育费附加 =27.208×3%=0.816 2（万元）

应交地方教育费附加 =27.208×2%=0.5442（万元）

B 项目部的会计核算如下：

1）计提应预缴增值税：

借：应交税费 – 预交增值税 – 预交税款　　　　　　　　　272 080
　　贷：其他应付款 – 待预交增值税　　　　　　　　　　　272 080

2）计提城建税及教育费附加：

借：税金及附加　　　　　　　　　　　　　　　　　　　32 650
　　贷：应交税费 – 应交城市维护建设税　　　　　　　　　19 046
　　　　应交税费 – 应交教育费附加　　　　　　　　　　　 8 162
　　　　应交税费 – 应交地方教育费附加　　　　　　　　　 5 442

（3）2016 年 9 月预缴税款并缴纳附加税费

1）预缴增值税：

借：其他应付款 – 待预交增值税　　　　　　　　　　　272 080
　　贷：银行存款　　　　　　　　　　　　　　　　　　272 080

2）缴纳城建税及教育费附加：

借：应交税费 – 应交城市维护建设税　　　　　　　　　19 046
　　应交税费 – 应交教育费附加　　　　　　　　　　　 8 162
　　应交税费 – 应交地方教育费附加　　　　　　　　　 5 442
　　贷：银行存款　　　　　　　　　　　　　　　　　　32 650

七、期末结转增值税的会计核算

由于建筑企业的工程项目较多，且分散在全国各地，为便于总机构统一核算增值税申报数据，确保总机构准确结转其应交未交增值税和预交增值税，需要将各项目部的"应交税费 – 简易计税应交增值税"、"应交税费 – 减免增值税"及"应交税费 – 预交增值税"科目余额通过"内部往来 – 总机构"科目结转至总机构。

（一）"应交税费 – 简易计税应交增值税"科目余额结转

1. 会计核算

期末，项目部应将"应交税费 – 简易计税应交增值税"科目下相关明细科目余额进行结转。

项目部按期末"应交税费－简易计税应交增值税"下简易计税相关明细科目，包括"应纳税额计提"、"应纳税额抵减"等科目的余额汇总情况进行结转。如为贷方余额，项目部借记"应交税费－简易计税应交增值税－项目部结转"科目，贷记"内部往来－总机构"科目；如为借方余额，项目部借记"内部往来－总机构"科目，贷记"应交税费－简易计税应交增值税－项目部结转"科目。会计分录如下：

借（或贷）：应交税费－简易计税应交增值税－项目部结转
　　贷（或借）：内部往来－总机构

总机构作相反会计分录如下：

借（或贷）：内部往来－项目部
　　贷（或借）：应交税费－简易计税应交增值税－项目部结转

2. 案例分析

【案例1-2-6】 甲建筑公司的B项目部2016年8月底"应交税费－简易计税应交增值税"科目发生额及余额情况如下：

B项目部8月底"应交税费－简易计税应交增值税"科目发生额及余额　　表3-15

借方	应交税费－简易计税应交增值税		贷方
		期初余额	0
进项税额	271 920	进项税额转出	271 920
		简易计税	472 080
		期末余额	472 080

B项目部8月"应交税费－简易计税应交增值税"下的明细科目数据，既有一般计税方法下的数据，也有简易计税下的数据，期末余额为贷方余额47.208万元。

B项目部计算8月应交增值税结转数据：

一般计税相关科目余额合计 = 进项税额转出 － 进项税额
　　　　　　　　　　　　 = 27.192－27.192 = 0

简易计税科目余额 = 47.208（万元）

因此，B项目部仅涉及简易计税科目余额结转。

1) B 项目部的会计核算

借：应交税费－简易计税应交增值税－项目部结转　　　　472 080
　　贷：内部往来－总机构　　　　　　　　　　　　　　472 080

2) 总机构的会计核算

借：内部往来－B 项目部　　　　　　　　　　　　　　　472 080
　　贷：应交税费－简易计税应交增值税－项目部结转　　472 080

（二）"应交税费－减免增值税"科目余额结转

项目部按期末"应交税费－减免增值税－减免税款"科目余额，借记"内部往来－总机构"科目，贷记"应交税费－减免增值税－项目部结转"科目。会计分录如下：

借：内部往来－总机构
　　贷：应交税费－减免增值税－项目部结转

总机构作相反会计分录如下：

借：应交税费－减免增值税－项目部结转
　　贷：内部往来－项目部

（三）"应交税费－预交增值税"科目余额结转

1. 会计核算

项目部按期末"应交税费－预交增值税－预交税款"科目余额，借记"内部往来－总机构"科目，贷记"应交税费－预交增值税－项目部结转－简易计税"科目。会计分录如下：

借：内部往来－总机构
　　贷：应交税费－预交增值税－项目部结转－简易计税

总机构作相反会计分录如下：

借：应交税费－预交增值税－项目部结转－简易计税
　　贷：内部往来－项目部

2. 案例分析

【案例1-2-7】甲建筑公司的 B 项目部 2016 年 8 月底"应交税费－预缴增值税－预缴税款"科目为借方余额 47.208 万元。

（1）B项目部的会计核算

借：内部往来－总机构　　　　　　　　　　　　　　　472 080
　　贷：应交税费－预交增值税－项目部结转－简易计税　　472 080

（2）总机构的会计核算

借：应交税费－预交增值税－项目部结转－简易计税　　　472 080
　　贷：内部往来－B项目部　　　　　　　　　　　　　　472 080

第五节　总机构会计核算

一般纳税人建筑企业，提供建筑服务按项目单独核算，建筑企业销售的货物、劳务、其他服务、无形资产、不动产等除国家有特殊规定可以按简易计税方法的项目之外，应按一般计税方法计算应确认的销项税额；同时取得合法有效的扣税凭证，确认应抵扣的进项税额。期末结转项目部的增值税明细科目后，与总机构确认的销项税额、进项税额等一并计算应缴纳的增值税，并进行相应的会计核算。

一、收入与销项税的会计核算

建筑企业总机构涉及的其他收入业务主要包括资产处置、资产出租、贷款服务及视同销售等，总机构应按税法规定确认增值税纳税义务。

（一）销售使用过的固定资产（不含不动产）

固定资产，是指使用期限超过12个月的机器、机械、运输工具以及其他与生产经营有关的设备、工具、器具等有形动产。

使用过的固定资产，是指符合上述条件并根据财务会计制度已经计提折旧的固定资产。

1. 税务处理

根据财税〔2016〕36号文、国家税务总局公告2015年第90号文、财税〔2014〕57号文、国家税务总局公告2014年第36号文和财税〔2008〕170号文等规定，一般纳税人销售使用过的固定资产按表3-16情况进行税务处理。

一般纳税人销售使用过的固定资产税务处理　　　　　表 3-16

销售情形	计税方法及税率、征收率	发票类型	计算公式
《增值税暂行条例》第十条规定不得抵扣且未抵扣进项税额	简易办法依照3%征收率减按2%征收增值税	不可开具增值税专用发票	增值税=售价÷(1+3%)×2%
	简易办法依照3%征收率征收增值税（放弃减税）	可开具增值税专用发票	增值税=售价÷(1+3%)×3%
营改增试点前购进或自制的固定资产	简易办法依照3%征收率减按2%征收增值税	不可开具增值税专用发票	增值税=售价÷(1+3%)×2%
	简易办法依照3%征收率征收增值税（放弃减税）	可开具增值税专用发票	增值税=售价÷(1+3%)×3%
营改增试点后购进或自制已抵扣进项税额的固定资产	适用税率征收增值税	可开具增值税专用发票	增值税=售价÷(1+适用税率)×适用税率
营改增后购进应抵扣未抵扣进项税额的固定资产	适用税率征收增值税	可开具增值税专用发票	增值税=售价÷(1+适用税率)×适用税率

2. 会计核算

建筑企业销售使用过的固定资产，应将固定资产转入固定资产清理，借记"固定资产清理"、"累计折旧"，或"固定资产减值准备"等科目，贷记"固定资产"科目。会计分录如下：

借：固定资产清理
　　累计折旧
　　固定资产减值准备
　　贷：固定资产

收到资产变卖收入，依照3%征收率减按2%缴纳增值税时，按实际收取的款项，借记"银行存款"科目，按3%征收率价税分离的不含税金额，贷记"固定资产清理"科目，按3%征收率计算的增值税额，贷记"应交税费-简易计税应交增值税-应纳税额计提-3%征收率"科目。会计分录如下：

借：银行存款
　　贷：固定资产清理
　　　　应交税费-简易计税应交增值税-应纳税额计提-3%征收率

减免的1%作为减免税收入，借记"应交税费-减免增值税-减免税款"科目，贷记"营业税收入"科目。会计分录如下：

借：应交税费-减免增值税-减免税款
　　贷：营业外收入

如果依照适用税率缴纳增值税时，按实际收取的款项，借记"银行存款"科目，按17%税率价税分离的不含税金额，贷记"固定资产清理"科目，按17%税率计算的增值税额，贷记"应交税费-一般计税应交增值税-一般计税-17%税率"科目。

借：银行存款
　　贷：固定资产清理
　　　　应交税费-一般计税应交增值税-销项税额-17%税率-货物

发生资产处置费用时，借记"固定资产清理"科目，贷记"银行存款"等科目。

借：固定资产清理
　　贷：银行存款等

确认销售资产的损益，如为净损失，则借记"营业外支出"科目，贷记"固定资产清理"科目；如为净收益，则借记"固定资产清理"科目，贷记"营业外收入"科目。

借：营业外支出
　　贷：固定资产清理
借：固定资产清理
　　贷：营业外收入

【操作提示】一般由总机构管理固定资产，但实际使用单位为项目部。因此主要由项目部代机构处置使用过的固定资产，项目部需要将处置信息结转至总机构，由总机构进行会计核算。

3. 案例分析

（1）销售营改增前取得的固定资产

【续案例1-1-18】甲建筑公司的A项目部2016年8月处置一台挖掘机，收取销售价款5.15万元。该设备为总机构2010年购置，处置时，总机构账面固定资产原值60万元，累计折旧57万元。

收到项目部上报的固定资产销售情况表，计算增值税并确认固定资产处置收益。由于资产是营改增前购置，总机构采用简易计税方法按3%征收率减按2%计算缴纳增值税。

处置固定资产的应税销售额 =5.15÷（1+3%）=5（万元）

增值税应纳税额 =5×3%=0.15（万元）

增值税减免税额 =5×1%=0.05（万元）

总机构的会计处理如下：

1）将账面固定资产转入清理：

借：固定资产清理 30 000
　　累计折旧 570 000
　　贷：固定资产 600 000

2）根据 A 项目部的销售价款核算清理收益：

借：内部往来 –A 项目部 51 500
　　贷：固定资产清理 50 000
　　　　应交税费 – 简易计税应交增值税 – 应纳税额计提 –3% 征收率　1 500

同时，确认 1% 减免税款：

借：应交税费 – 减免增值税 – 减免税款 500
　　贷：营业外收入 500

3）结转固定资产处置净收入：

借：固定资产清理 20 000
　　贷：营业外收入 20 000

（2）销售营改增后取得的固定资产

【续案例 1-1-19】甲建筑公司的 A 项目部 2016 年 8 月销售一辆吊车，收取销售价款 58.5 万元。该设备为总机构 2016 年 5 月购置，已抵扣进项税额，由于型号不适用而处置。处置时，总机构账面固定资产原值 62 万元，累计折旧 3 万元。

收到项目部上报的固定资产销售情况表，计算增值税并确认固定资产处置收益。由于资产是营改增后购置，总机构适用一般计税方法按 17% 税率计算增值税销项税额。

处置固定资产的应税销售额 =58.5÷（1+17%）=50（万元）

应计提的销项税额 =50×17%=8.5（万元）

总机构的会计处理如下：

1）将账面固定资产转入清理：

借：固定资产清理 590 000
　　累计折旧 30 000

贷：固定资产 620 000

2）根据A项目部的销售价款核算清理收益：

借：内部往来–A项目部 585 000

　　贷：固定资产清理 500 000

　　　　应交税费–一般计税应交增值税–销项税额–17%税率–货物
  85 000

3）结转固定资产处置净损失：

借：营业外支出 90 000

　　贷：固定资产清理 90 000

（二）销售不动产

不动产，是指不能移动或者移动后会引起性质、形状改变的财产，包括建筑物、构筑物等。

建筑物，包括住宅、商业营业用房、办公楼等可供居住、工作或者进行其他活动的建造物。构筑物，包括道路、桥梁、隧道、水坝等建造物。

建筑企业转让不动产所有权、建筑物有限产权或者永久使用权，转让在建的建筑物或者构筑物所有权，以及在转让建筑物或者构筑物时一并转让其所占土地的使用权的，按照销售不动产缴纳增值税。

1. 税务处理

根据财税〔2016〕36号文、《国家税务总局关于发布<纳税人转让不动产增值税征收管理暂行办法>的公告》（国家税务总局公告2016年第14号）❶等规定，一般纳税人销售不动产的具体税务处理见表3-17所列。

一般纳税人销售不动产的税务处理　　　　表3-17

序号	取得方式	取得时间	计税方法	计税销售额	税率/征收率	预缴地点	预征率	申报地点
1	非自建	2016年4月30日前	选择一般计税	全部价款和价外费用÷（1+11%）（预缴时可扣除不动产购置原价或者取得不动产时的作价）	11%	不动产所在地主管地税机关	5%	机构所在地主管国税机关

---

❶ 以下简称"国家税务总局公告2016年第14号文"。

续表

序号	取得方式	取得时间	计税方法	计税销售额	税率/征收率	预缴地点	预征率	申报地点
1	非自建	2016年4月30日前	选择简易计税	（全部价款和价外费扣除不动产购置原价或者取得不动产时的作价）÷（1+5%）	5%	不动产所在地主管地税机关	5%	机构所在地主管国税机关
		2016年5月1日后	适用一般计税	全部价款和价外费用÷（1+11%）（预缴时可扣除不动产购置原价或者取得不动产时的作价）	11%	不动产所在地主管地税机关	5%	机构所在地主管国税机关
2	自建	2016年4月30日前	选择一般计税	全部价款和价外费÷（1+11%）	11%	不动产所在地主管地税机关	5%	机构所在地主管国税机关
			选择简易计税	全部价款和价外费÷（1+5%）	5%	不动产所在地主管地税机关	5%	机构所在地主管国税机关
		2016年5月1日后	适用一般计税	全部价款和价外费÷（1+11%）	11%	不动产所在地主管地税机关	5%	机构所在地主管国税机关

【操作提示】（1）非自建不动产包括直接购买、接受捐赠、接受投资入股及抵债等。

（2）以转让不动产取得的全部价款和价外费用作为预缴税款计算依据的，计算公式为：应预缴税款＝全部价款和价外费用÷（1+5%）×5%。

（3）以转让不动产取得的全部价款和价外费用扣除不动产购置原价或者取得不动产时的作价后的余额作为预缴税款计算依据的，计算公式为：应预缴税款＝（全部价款和价外费用－不动产购置原价或者取得不动产时的作价）÷（1+5%）×5%。

2. 会计核算

不动产在固定资产中核算，出售时会计核算与销售使用过的固定资产基本相同，应通过"固定资产清理"科目进行核算，具体核算方法请参考"本章本节一、（一）销售使用过的固定资产"的会计核算。

3. 案例分析

【案例1-3-1】甲建筑公司总机构2016年8月转让2014年5自建的一处房产，该房产原值为2 000万，会计账面已计提折旧350万，房产所在地与甲建筑公司机构所在地不在同一个省，销售房产取得价款为2 625万元，已向购买方开具了增值税专用发票。

转让房产系2016年4月30日之前自建，可选择一般计税方法，也可选择简易计税方法，总机构根据实际情况，转让房产选择按简易计税方法。

销售额=取得全部价款和价外费用÷（1+5%）=2 625÷（1+5%）=2 500（万元）

应交增值税=2 500×5%=125（万元）

不动产所在地预缴增值税=2 625÷（1+5%）×5%=125（万元）

不动产销售收益=2 500-（2 000-350）=850（万元）

（1）不动产转入固定资产清理：

借：固定资产清理　　　　　　　　　　　　　　　　16 500 000
　　累计折旧　　　　　　　　　　　　　　　　　　 3 500 000
　　贷：固定资产　　　　　　　　　　　　　　　　20 000 000

（2）简易计税方法核算应交增值税：

借：银行存款/库存现金　　　　　　　　　　　　　26 250 000
　　贷：固定资产清理　　　　　　　　　　　　　　25 000 000
　　　　应交税费-简易计税应交增值税-应纳税额计提-5%征收率
　　　　　　　　　　　　　　　　　　　　　　　　1 250 000

（3）不动产所在地预缴增值税：

借：应交税费-预交增值税-预交税款　　　　　　　 1 250 000
　　贷：银行存款/其他应付款　　　　　　　　　　 1 250 000

（4）结转销售不动产的收益：

借：固定资产清理　　　　　　　　　　　　　　　　8 500 000
　　贷：营业外收入　　　　　　　　　　　　　　　8 500 000

【案例4-1】甲建筑公司总机构如果就【案例1-3-1】所述转让房产选择一般计税方法，其他涉税事项不变。

则总机构的会计核算如下：

销售额=取得全部价款和价外费用÷（1+11%）=2 625÷（1+11%）
　　　 =2 364.864 9（万元）

应交增值税=2 364.864 9×11%=260.135 1（万元）

不动产所在地预缴增值税=2 625÷（1+5%）×5%=125（万元）

（1）一般计税方法核算销项税：

借：银行存款/库存现金　　　　　　　　　　　　　　　26 250 000
　　贷：固定资产清理　　　　　　　　　　　　　　　　23 648 649
　　　　应交税费-一般计税应交增值税-销项税额-11%税率　2 601 351

（2）不动产所在地预缴增值税：

借：应交税费-预交增值税-预交税款　　　　　　　　　　1 250 000
　　贷：银行存款/其他应付款　　　　　　　　　　　　　1 250 000

【案例4-2】 乙建筑公司为增值税一般纳税人，2016年8月转让2013年购买的写字楼一层，该房产原值为1 000万（保留有合法有效的凭证），会计账面已计提折旧150万，房产所在地与乙建筑公司机构所在地不在同一个省，写字楼取得转让价款为1 699.3万元（含税），乙建筑公司向购买方开具了增值税专用发票。

转让的写字楼为2013年外购，属于2016年4月30日之前非自建的不动产，因此可选择一般计税方法，也可选择简易计税方法。

（1）简易计税方法的会计核算

销售额=（全部价款和价外费用-不动产的购置原价）÷（1+5%）

　　　=（1 699.3-1 000）÷（1+5%）=666（万元）

应交增值税=666×5%=33.3（万元）

不动产所在地预缴增值税=（1 699.3-1 000）÷（1+5%）×5%=33.3（万元）

1）核算应交增值税：

借：银行存款/库存现金　　　　　　　　　　　　　　　16 993 000
　　贷：固定资产清理　　　　　　　　　　　　　　　　16 660 000
　　　　应交税费-简易计税应交增值税-应纳税额计提-5%征收率　333 000

2）不动产所在地预缴增值税：

借：应交税费-预交增值税-预交税款　　　　　　　　　　333 000
　　贷：银行存款/其他应付款　　　　　　　　　　　　　333 000

（2）一般计税方法的会计核算

销售额=全部价款和价外费用÷（1+11%）=1 699.3÷（1+11%）

　　　=1 530.900 9（万元）

销项税额 =1 530.9009×11%=168.3991（万元）

不动产所在地预缴增值税 =（1 699.3-1 000）÷（1+5%）×5%=33.3（万元）

1）核算应交增值税

借：银行存款/库存现金　　　　　　　　　　　　　　　　16 993 000

　　贷：固定资产清理　　　　　　　　　　　　　　　　　15 309 009

　　　　应交税费－一般计税应交增值税－销项税额-11%税率　1 683 991

2）不动产所在地预缴增值税

借：应交税费－预交增值税－预交税款　　　　　　　　　　333 000

　　贷：银行存款/其他应付款　　　　　　　　　　　　　　333 000

（三）销售无形资产

销售无形资产，是指转让无形资产所有权或者使用权的业务活动。

无形资产，是指不具实物形态，但能带来经济利益的资产，包括技术、商标、著作权、商誉、自然资源使用权和其他权益性无形资产。

技术，包括专利技术和非专利技术。

自然资源使用权，包括土地使用权、海域使用权、探矿权、采矿权、取水权和其他自然资源使用权。

其他权益性无形资产，包括基础设施资产经营权、公共事业特许权、配额、经营权（包括特许经营权、连锁经营权、其他经营权）、经销权、分销权、代理权、会员权、席位权、网络游戏虚拟道具、域名、名称权、肖像权、冠名权、转会费等。

【操作提示】道路通行服务（包括过路费、过桥费、过闸费等）等按照不动产经营租赁服务缴纳增值税，不属于基础设施资产经营权。

1.销售除土地使用权外的其他无形资产收入

（1）税务处理

建筑企业销售除土地使用权以外的上述无形资产的，须按一般计税方法适用6%税率或17%税率计算缴纳增值税。

（2）会计核算

建筑企业出售无形资产时，按实际收到的金额，借记"银行存款"或"应收账款"等科目；按已摊销的累计摊销额，借记"累计摊销"科目；原已计提减值准备的，借记"无形资产减值准备"科目；按应支付的增值税，贷记"应交税费－一般计税应交增值税－销项税额"等科目，按其账面原值，贷记"无形资产"科目，按其差额，贷记"营业外收入"科目（收益）或借记"营业外支出"科目（损失）。会计分录如下：

借：银行存款／应收账款
　　累计摊销
　　无形资产减值准备
　　营业外支出（如为损失）
　贷：无形资产
　　　应交税费－一般计税应交增值税－销项税额
　　　营业外收入（如为收益）

2. 销售土地使用权收入

（1）税务处理

1）根据财税〔2016〕36号文、财税〔2016〕47号文等规定，转让土地使用权按表3-18所列方法进行税务处理。

转让土地使用权税务处理　　　　　　　　　　表3-18

取得时间	计税方法	计税销售额	税率/征收率	申报地点
2016年4月30日前	选择简易计税	全部价款和价外费用减去取得该土地使用权的原价	5%	机构所在地主管国税机关
	选择一般计税	全部价款和价外费用	11%	机构所在地主管国税机关
2016年5月1日后	适用一般计税	全部价款和价外费用	11%	机构所在地主管国税机关

2）转让土地使用权免税的情形

土地使用权转让给农业生产者用于农业生产，或将土地使用权归还给土地所有者的免缴纳增值税。

（2）会计核算

建筑企业转让土地使用权时，按实际收到的金额，借记"银行存款"等科目；按已摊销的累计摊销额，借记"累计摊销"科目；原已计提减值准备的，借记"无形资产减值准备"科目；选择一般计税方法时，按计算的销项税额，贷记"应交税费－一般计税应交增值税－销项税额"科目，选择简易计税方法，按计算的应纳税额,贷记"应交税费－简易计税应交增值税－应纳税额计提－5%征收率"科目;按土地使用权账面原值,贷记"无形资产"科目,按照差额,贷记"营业外收入"科目或借记"营业外支出"科目。会计分录如下:

1)一般计税方法

借:银行存款
　　累计摊销
　　无形资产减值准备
　　营业外支出(如为损失)
　　贷:无形资产
　　　　应交税费－一般计税应交增值税－销项税－11%税率
　　　　营业外收入(如为收益)

2)简易计税方法

借:银行存款
　　累计摊销
　　无形资产减值准备
　　营业外支出(如为损失)
　　贷:无形资产
　　　　应交税费－简易计税应交增值税－应纳税额计提－5%征收率
　　　　营业外收入(如为收益)

(3)案例分析

【案例1-3-2】 甲建筑公司总机构8月转让一处2012年购买的土地使用权,该土地使用权购入时的价款为500万元(保留有合法有效的凭证),累计摊销为300万元,销售取得全部价款和价外费用(含税)共计1046万元。

销售的土地使用权为2016年4月30日前取得,可选择适用简易计税方法,也可选择适用一般计税方法。总机构根据实际情况,选择了简易计税方法。

销售额=(1 046-500)÷(1+5%)=520(万元)

应纳税额=销售额×5%=520×5%=26(万元)

总机构的会计核算如下:

借:银行存款/库存现金	10 460 000
累计摊销	3 000 000
贷:无形资产	5 000 000

应交税费-简易计税应交增值税-应纳税额计提-5%征收率

　　　　　　　　　　　　　　　　　　　　　　　　　260 000

　　　营业外收入　　　　　　　　　　　　　　　　8 200 000

【案例 4-3】 甲建筑公司总机构如果就【案例 1-3-2】所述转让土地使用权选择一般计税方法，则：

一般计税方法下的销售额和销项税额为：

销售额 = 1 046 ÷（1+11%）= 942.3423（万元）

应纳税额 = 942.3423 × 11% = 103.6577（万元）

总机构的会计核算如下：

借：银行存款/库存现金　　　　　　　　　　　　10 460 000

　　累计摊销　　　　　　　　　　　　　　　　　3 000 000

　贷：无形资产　　　　　　　　　　　　　　　　5 000 000

　　　应交税费-一般计税应交增值税-销项税额-11%税率　1 036 577

　　　营业外收入　　　　　　　　　　　　　　　7 423 423

（四）经营租赁收入

　　经营租赁收入，是指企业提供固定资产、包装物或者其他资产的使用权取得的收入。租金收入分为经营租赁收入和融资租赁收回。建筑企业很少涉及融资租赁业务，因此以下主要分析一般纳税人经营租赁业务。

　　经营租赁中按资产类型分为动产经营租赁和不动产经营租赁。

　　1. 动产经营租赁收入

　　动产经营租赁服务，是指在约定时间内将有形动产转让他人使用且租赁物所有权不变更的业务活动。水路运输的光租业务、航空运输的干租业务，属于动产经营租赁。

　　（1）税务处理

　　一般纳税人动产经营租赁应按一般计税方法适用17%税率计算缴纳增值税。若属于以下情形之一的，可选择简易计税方法适用3%征收率计算缴纳增值税：

　　1）以纳入营改增试点之日前取得的有形动产为标的物提供的经营租赁服务。

　　2）以纳入营改增试点之日前签订的尚未执行完毕的有形动产租赁合同。

　　提供有形动产租赁服务纳税义务发生时间为：

　　1）纳税人提供应税服务并收讫销售款项或者取得索取销售款项凭据的当

天;先开具发票的,为开具发票的当天。

2)纳税人提供有形动产租赁服务采取预收款方式的,其纳税义务发生时间为收到预收款的当天。

(2)会计核算

建筑企业作为出租人根据合同约定收取租金时,借记"银行存款"或"应收账款"等科目,贷记"其他业务收入"等科目,同时按一般计税方法计算应缴纳的销项税额,贷记"应交税费-一般计税应交增值税-销项税额-17%税率"科目,按简易计税方法计算应缴纳的增值税额,贷记"应交税费-简易计税应交增值税-应纳税额计提-3%征收率"科目。会计分录如下:

1)一般计税方法

借:银行存款/应收账款
　　贷:其他业务收入
　　　　应交税费-一般计税应交增值税-销项税额-17%税率-服务、不动产和无形资产

2)简易计税方法

借:银行存款/应收账款
　　贷:其他业务收入
　　　　应交税费-简易计税应交增值税-应纳税额计提-3%征收率

【操作提示】纳税义务发生时间与会计收入确认时点不一致的,需区分以下情况进行会计处理:

会计收入确认时未到纳税义务时间的,将收入对应的增值税计入"应交税费-待结转增值税额-一般计税"或"应交税费-待结转增值税额-简易计税"。

纳税义务发生时间在前,或在会计确认收入前提前开具增值税发票的,对于需要提前确认的增值税额计入"应交税费-待核销增值税额-一般计税"或"应交税费-待核销增值税额-简易计税"。

(3)案例分析

【案例1-3-3】甲建筑公司总机构向下属子公司租赁施工设备一台(仅租赁设备不含操作人员),取得租赁收入702万元,租赁资产为2013年8月1日之前取得,合同约定每月25日支付当月租金,款项已收;经过内部协商确定,总机构选择一般计税方法,向子公司开具17%的专用发票。

一般计税方法下计算的销售额和销项税额为:

销售额 =702÷（1+17%）=600（万元）

销项税额 =600×17%=102（万元）

总机构租赁资产的会计核算如下：

借：银行存款 7 020 000

　　贷：其他业务收入 – 租赁收入 6 000 000

　　　　应交税费 – 一般计税应交增值税 – 销项税额 –17% 税率 – 服务、不动产和无形资产 1 020 000

【案例4-4】乙建筑公司8月份对外出租设备两台，其中一台设备A取得租赁收入103万元，该资产为2011年5月购入，合同约定每月25日支付当月租金，款项已收。乙建筑公司根据实际情况，选择简易计税方法，并向承租方开具了专用发票。另外一台设备B为2016年6月购入，预收承租方10～12月租金234万元，款项已收。

1）出租设备A的会计核算如下：

销售额 =103÷（1+3%）=100（万元）

应纳增值税税额 =100×3%=3（万元）

借：银行存款 1 030 000

　　贷：其他业务收入 – 租赁收入 1 000 000

　　　　应交税费 – 简易计税应交增值税 – 应纳税额计提 –3% 征收率 30 000

2）出租设备B，在收到预收款的时候产生纳税义务，设备属于营改增试点实施之后购入，预收租金应按一般计税方法计算销项税。

预收租金销售额 =234÷（1+17%）=200（万元）

预收租金销项税额 =200×17%=34（万元）

出租设备B预收租金会计核算如下：

借：银行存款 2 340 000

　　贷：预收账款 2 340 000

借：应交税费 – 待核销增值税额 – 一般计税 340 000

　　贷：应交税费 – 一般计税应交增值税 – 销项税额 –17% 税率 – 服务、不动产和无形资产 340 000

2. 不动产经营租赁收入

（1）税务处理

出租不动产，按照提供不动产租赁服务，适用11%税率缴纳增值税。将建筑物、构筑物等不动产或者飞机、车辆等有形动产的广告位出租给其他单位或者个人用于发布广告，按照不动产经营租赁服务缴纳增值税。

根据财税〔2016〕36号文、《国家税务总局关于发布＜纳税人提供不动产经营租赁服务增值税征收管理暂行办法＞的公告》（国家税务总局公告2016年第16号）❶等规定，一般纳税人出租不动产按表3-19规定进行税务处理。

一般纳税人出租不动产的税务处理　　　　　　　　表3-19

不动产取得时间	计税方法	预征率	税率/征收率	预缴地	申报地点
2016年4月30日前	选择简易计税	5%	5%	不动产所在地主管国税机关	机构所在地主管国税机关
	选择一般计税	3%	11%	不动产所在地主管国税机关	机构所在地主管国税机关
2016年5月1日后	适用一般计税	3%	11%	不动产所在地主管国税机关	机构所在地主管国税机关

（2）会计核算

建筑企业作为出租人根据合同约定的收款时间，借记"银行存款"或"应收账款"等科目，贷记"其他业务收入"等科目，同时按一般计税方法计算的销项税额，贷记"应交税费－一般计税应交增值税－销项税额－11%税率"科目，按简易计税方法计算应缴纳的增值税额，贷记"应交税费－简易计税应交增值税－应纳税额计提－5%征收率"科目。在不动产所在地预缴时借记"应交税费－预交增值税－预交税款"科目，贷记"银行存款"或"其他应付款"等。

1）一般计税方法

借：银行存款/应收账款

　　贷：其他业务收入

　　　　应交税费－一般计税应交增值税－销项税额－11%税率

借：应交税费－预交增值税－预交税款

　　贷：银行存款/其他应付款

2）简易计税方法

借：银行存款/应收账款

　　贷：其他业务收入

---

❶ 以下简称"国家税务总局公告2016年第16号文"。

　　　　　应交税费－简易计税应交增值税－应纳税额计提－5%征收率
　借：应交税费－预交增值税－预交税款
　　　贷：银行存款／其他应付款

（3）案例分析

【案例1-3-4】甲建筑公司总机构8月出租一处房产，房产所在地为C省，合同约定月末收取当月租金，取得8月租金收入为36.75万元，款项已收。甲建筑企业选择了简易计税方法，向承租方开具了增值税普通发票。

总机构出租房产选择简易计税方法，应按5%预征率在房产所在地预缴增值税。

销售额＝36.75÷（1+5%）＝35（万元）

应纳税额＝35×5%＝1.75（万元）

不动产所在地预缴税额＝35×5%＝1.75（万元）

总机构会计核算如下：

1）出租房产确认应交增值税：

借：银行存款　　　　　　　　　　　　　　　　　　　　　　367 500
　　贷：其他业务收入　　　　　　　　　　　　　　　　　　350 000
　　　　应交税费－简易计税应交增值税－应纳税额计提－5%征收率
　　　　　　　　　　　　　　　　　　　　　　　　　　　　 17 500

2）不动产所在地预缴：

借：应交税费－预交增值税－预交税款　　　　　　　　　　　 17 500
　　贷：银行存款　　　　　　　　　　　　　　　　　　　　 17 500

【案例4-5】甲建筑公司总机构如果就【案例1-3-4】所述出租房产选择一般计税方法时，应按3%预征率在房产所在地预缴增值税。

销售额＝36.75÷（1+11%）＝33.1081（万元）

销项税额＝33.1081×11%＝3.6419（万元）

不动产所在地预缴税额＝33.1081×3%＝0.9932（万元）

总机构会计核算如下：

1）出租房产确认销项税：

借：银行存款　　　　　　　　　　　　　　　　　　　　　　367 500
　　贷：其他业务收入　　　　　　　　　　　　　　　　　　331 081
　　　　应交税费－一般计税应交增值税－销项税－11%税率　　 36 419

2）在不动产所在地预缴：

借：应交税费－预交增值税－预交税款　　　　　　　　　　　　9 932
　　贷：银行存款　　　　　　　　　　　　　　　　　　　　　9 932

【案例4-6】乙建筑公司将2016年5月购入办公楼的一层对外出租，8月与承租方签订租赁合同，租期为一年，租金为111万元，合同中约定，承租方签订合同一次性支付一年的租金，8月份收到租金111万元，乙建筑公司向承租方开具了专用发票。

出租的房产为营改增试点实施之后取得，适用一般计税方法，按11%税率缴纳增值税。按照纳税义务时间的规定，预收款时应缴纳增值税。房产所在地与机构所在地在同一县市，不用预缴。

销售额=111÷（1+11%）=100（万元）

应纳税额=100×11%=11（万元）

乙建筑公司不动产租赁的会计核算如下：

借：银行存款　　　　　　　　　　　　　　　　　　　　1 110 000
　　贷：预收账款　　　　　　　　　　　　　　　　　　1 110 000
借：应交税费－待核销增值税额－一般计税　　　　　　　　110 000
　　贷：应交税费－一般计税应交增值税－销项税额－11%税率　110 000

（五）贷款服务利息收入

贷款服务是指将资金贷于他人使用而取得利息收入的业务活动。包括各种占用、拆借资金取得的收入，按照贷款服务缴纳增值税。

建筑企业通常会涉及贷款服务，包括资金占用利息收入、委托贷款利息收入和集团内的统借统还利息收入。

1. 资金占用利息收入

（1）税务处理

建筑企业向集团内其他增值税纳税单位提供资金，取得利息收入的，应按照贷款服务一般计税方法适用6%税率计算缴纳增值税。

【操作提示】建筑企业向同一增值税纳税主体内的项目部提供资金，取得利息收入，属于同一纳税主体之间的资金内部调拨，不属于增值税的征收范围。

（2）会计核算

建筑企业向其他单位提供资金收取资金占用利息，应依据合同约定的收取利息的时间，借记"应收利息"或"银行存款"科目，贷记"财务费用-利息收入"科目，计算销项税额，贷记"应交税费-一般计税应交增值税-销项税额-6%税率-其他"科目。会计分录如下：

借：应收利息/银行存款

　　贷：财务费用-利息收入

　　　　应交税费-一般计税应交增值税-销项税额-6%税率-其他

【操作提示】纳税义务发生时间与会计收入确认时点不一致的，需区分以下情况进行会计处理：

会计收入确认时未到纳税义务时间的，将收入对应的增值税计入"应交税费-待结转增值税额-一般计税"或"应交税费-待结转增值税额-简易计税"。

纳税义务发生时间在前，或在会计确认收入前提前开具增值税发票的，对于需要提前确认的增值税额计入"应交税费-待核销增值税额-一般计税"或"应交税费-待核销增值税额-简易计税"。

以下相同情况，不再重复说明。

（3）案例分析

【案例4-7】戊公司为一般纳税人建筑企业集团，向一家子公司提供2 000万元资金，约定年利率为6%，每月收取的利息为10万元（含税）。戊公司向子公司开具增值税专用发票。

戊企业收取的资金占用费应按照贷款服务，适用6%税率缴纳增值税。

利息收入的销售额=10÷（1+6%）=9.4340（万元）

利息收入的销项税额=9.4340×6%=0.5660（万元）

戊公司的会计核算如下：

借：银行存款/应收利息　　　　　　　　　　　　　　　100 000

　　贷：财务费用-利息收入　　　　　　　　　　　　　　94 340

　　　　应交税费-一般计税应交增值税-销项税额-6%税率-其他　5 660

2. 委托贷款利息收入

委托贷款是由委托人提供合法来源的资金转入委托银行一般委存账户，委托银行根据委托人确定的贷款对象、用途、金额、期限、利率等代为发放、监督使用并协助收回的贷款业务。委托贷款的委托方为资金提供方，应收取委托贷款利息，确认利息收入。受托方为委托贷款的具体发放、管理、利息收取方，为委托方提供发放委托贷款的服务，委托方向受托方支付服务费用。资金使用方支付利息，确认利息支出。

（1）税务处理

委托方提供资金收取的利息收入，应按照贷款服务缴纳增值税，适用6%税率。

（2）会计核算

建筑企业委托银行金融机构发放贷款，依据合同约定的收息日，借记"应收利息"或"银行存款"科目，贷记"财务费用－利息收入"科目，贷记"应交税费－一般计税应交增值税－销项税额－6%税率－其他"科目。资金贷出方会计分录如下：

借：银行存款/应收利息

　　贷：财务费用－利息收入

　　　　应交税费－一般计税应交增值税－销项税额－6%税率－其他

向受托方支付服务费取得增值税专用发票，并认证通过时，借记"财务费用"科目，借记"应交税费－一般计税应交增值税－进项税额－6%税率－金融保险服务"科目，贷记"银行存款"科目。会计分录如下：

借：财务费用

　　应交税费－一般计税应交增值税－进项税额－6%税率－金融保险服务

　　贷：银行存款

【操作提示】与贷款服务相关的不可抵扣服务费是指接受贷款服务的一方，也即资金借入方向贷款方支付的与该笔贷款直接相关的投融资顾问费、手续费、咨询费等费用，其进项税额不得从销项税额中抵扣。在委托贷款中，委托方向受托方支付的服务费，是资金提供方向受托方支付的服务费，其进项税额可以从销项税额抵扣。

（3）案例分析

【案例1-3-5】甲建筑公司总机构委托××银行向集团内其他子公司发放4 000万贷款，约定月利率为0.53%，每月收取的利息为21.2万元（含税）。2016年8月，甲建筑公司收到利息21.2万元，同时向××银行支付委托贷款服务费0.53万元，取得增值税专用发票，并认证通过。

总机构会计核算如下：

销售额 =21.2÷（1+6%）=20（万元）

销项税额 =20×6%=1.2（万元）

可抵扣的进项税额 =0.53÷（1+6%）=0.03（万元）

1）收取利息收入时：

借：银行存款/应收利息　　　　　　　　　　　　　　　　212 000
　　贷：财务费用-利息收入　　　　　　　　　　　　　　200 000
　　　　应交税费-一般计税应交增值税-销项税额-6%税率-其他　12 000

2）支付银行委托贷款服务费：

借：财务费用-手续费　　　　　　　　　　　　　　　　　5 000
　　应交税费-一般计税应交增值税-进项税额-6%税率-金融保险服务
　　　　　　　　　　　　　　　　　　　　　　　　　　　300
　　贷：银行存款　　　　　　　　　　　　　　　　　　　5 300

3. 统借统还利息收入

统借统还业务，是指企业集团或者企业集团中的核心企业向金融机构借款或对外发行债券取得资金后，将所借资金分拨给下属单位（包括独立核算单位和非独立核算单位，下同），并向下属单位收取用于归还金融机构或债券购买方本息的业务。

企业集团向金融机构借款或对外发行债券取得资金后，由集团所属财务公司与企业集团或者集团内下属单位签订统借统还贷款合同并分拨资金，并向企业集团或者集团内下属单位收取本息，再转付企业集团，由企业集团统一归还金融机构或债券购买方的业务。

（1）税务处理

企业集团或企业集团中的核心企业以及集团所属财务公司按不高于支付给金融机构的借款利率水平或者支付的债券票面利率水平，向企业集团或者集团内下属单位收取的利息，免征增值税。

统借方向资金使用单位收取的利息，高于支付给金融机构借款利率水平或者支付的债券票面利率水平的，应全额按6%税率缴纳增值税。

（2）会计核算

建筑企业集团或企业集团中的核心企业以及集团所属财务公司统借统还业务中，符合免税条件，产生的利息收入，借记"银行存款"或"应收利息"等科目，贷记"财务费用-利息收入"科目；对不符合免税条件的利息收入，应按照收取的全部利息计算销项税额，贷记"应交税费-一般计税应交增值税-销项税额-6%税率-其他"科目。资金贷出方会计分录如下：

1）符合免税条件

借：银行存款/应收利息

　　贷：财务费用-利息收入

2）不符合免税条件

借：银行存款/应收利息

　　贷：财务费用-利息收入

　　　　应交税费-一般计税应交增值税-销项税额-6%税率-其他

【操作提示】不符合统借统还免税条件时，资金贷出方需要按照收取的利息收入，按6%税率计算销项税，同时资金贷入方支付的利息支出，不允许抵扣进项税。

（六）视同销售收入

1. 税务处理

（1）视同销售货物

根据《中华人民共和国增值税暂行条例实施细则》第四条规定，下列行为，视同销售货物：

1）将货物交付其他单位或者个人代销；

2）销售代销货物；

3）设有两个以上机构并实行统一核算的纳税人，将货物从一个机构移送其他机构用于销售，但相关机构设在同一县（市）的除外；

4）将自产或者委托加工的货物用于非增值税应税项目；

5）将自产、委托加工的货物用于集体福利或者个人消费；

6）将自产、委托加工或者购进的货物作为投资，提供给其他单位或者个体工商户；

7）将自产、委托加工或者购进的货物分配给股东或者投资者；

8）将自产、委托加工或者购进的货物无偿赠送其他单位或者个人。

（2）视同销售服务、无形资产或者不动产

下列情形视同销售服务、无形资产或者不动产：

1）单位或者个体工商户向其他单位或者个人无偿提供服务，但用于公益事业或者以社会公众为对象的除外。

2）单位或者个人向其他单位或者个人无偿转让无形资产或者不动产，但用于公益事业或者以社会公众为对象的除外。

3）财政部和国家税务总局规定的其他情形。

（3）视同销售的销售额

纳税人有视同销售货物、销售服务、无形资产或者不动产行为而无销售额者，按下列顺序确定销售额：

1）按纳税人最近时期同类货物、同类服务、无形资产或者不动产的平均销售价格确定；

2）按其他纳税人最近时期同类货物、同类服务、无形资产或者不动产平均销售价格确定；

3）按组成计税价格确定。组成计税价格的公式为：

$$组成计税价格 = 成本 \times (1 + 成本利润率)$$

属于应征消费税的货物，其组成计税价格中应加计消费税额。

公式中的成本是指：销售自产货物的为实际生产成本，销售外购货物的为实际采购成本。公式中的成本利润率由国家税务总局确定。

2. 会计核算

建筑企业一般涉及的视同销售行为，包括将货物作为投资，提供给其他单位、将货物分配给股东或者投资者，以及将货物无偿赠送其他单位或者个人。根据具体视同销售行为借记"应付股利"、"长期股权投资"、"应付职工薪酬"或"营业外支出"等科目，贷记"原材料"、"库存商品"或"固定资产"等科目，按视同销售规定确认销项税额，贷记"应交税费－一般计税应交增值税－销项税额"科目。会计分录如下：

借：应付股利/长期股权投资/应付职工薪酬/营业外支出等
　　贷：原材料/库存商品/固定资产等
　　　　应交税费－一般计税应交增值税－销项税额

3. 案例分析

【案例4-8】乙建筑公司8月向灾区捐赠，3月购入的一批建筑材料，购入时价税合计1.17万元，3月购入时未抵扣进项税。8月对外捐赠时市场价格与3月基本持平。

对灾区捐赠建筑材料属于视同销售行为，应根据公允价格计算销项税：

视同销售销售额 = 1.17 ÷ （1+17%） = 1（万元）

销项税额 = 1 × 17% = 0.17（万元）

乙建筑公司捐赠建筑材料的会计核算如下：
借：营业外支出   13 400
    贷：原材料   11 700
        应交税费－一般计税应交增值税－销项税额－17%税率－货物 1 700

二、支出与进项税额的会计核算

一般纳税人建筑企业总机构涉及进项税的支出主要包括固定资产－不动产、不动产在建工程、固定资产－有形动产、无形资产、增值税税控、周转材料及期间费用，对于可抵扣进项税额的各项资产及成本费用支出，如果取得合法有效的扣税凭证，且符合抵扣条件的，可以抵扣其进项税额。

扣税凭证的类型包括增值税专用发票、海关进口增值税专用缴款书、农产品销售发票、通行费发票及完税凭证等。其中，增值税专用发票、海关进口增值税专用缴款书需要按规定通过认证或稽核比对后，方可抵扣进项税额；农产品销售发票、完税凭证、通行费发票等则不需要认证，取得后可直接计算抵扣进项税额。但应注意，对于取得完税凭证的，根据财税〔2016〕36号文规定，应当具备书面合同、付款证明和境外单位的对账单或者发票，资料不全的，其进项税额不得从销项税额中抵扣。

（一）固定资产－不动产

不动产是指不能移动或者移动后会引起性质、形状改变的财产，包括建筑物、构筑物等。建筑物，包括住宅、商业营业用房、办公楼等可供居住、工作或者进行其他活动的建造物。构筑物，包括道路、桥梁、隧道、水坝等建造物。

取得的不动产，包括以直接购买、接受捐赠、接受投资入股以及抵债等各种形式取得的不动产。

营改增之后，取得的不动产允许抵扣进项税额，不动产的抵扣方式有两种，一种为分期抵扣，即进项税额自取得之日起分2年从销项税额中抵扣；另外一种为一次性全额扣除，即进项税额自取得之日起一次性从销项税额中抵扣。

1. 分期抵扣

（1）税务处理

一般纳税人2016年5月1日后取得并且在会计制度上按固定资产核算的

不动产，进项税额应分2年从销项税额中抵扣，第一年抵扣比例为60%，第二年抵扣比例为40%。

1）分期抵扣。不动产进项税额中，60%的部分于取得扣税凭证的当期从销项税额中抵扣；40%的部分为待抵扣进项税额，于取得扣税凭证的当月起第13个月从销项税额中抵扣。

纳税人销售其取得的不动产时，尚未抵扣完毕的待抵扣进项税额，允许于销售的当期从销项税额中抵扣。

2）台账管理。纳税人应建立不动产台账，分别记录并归集不动产的成本、费用、扣税凭证及进项税额抵扣情况，留存备查。

用于简易计税方法计税项目、免征增值税项目、集体福利或者个人消费的不动产，也应在纳税人建立的台账中记录。

（2）会计核算

建筑企业取得不动产时，应按取得的不动产的价值借记"固定资产"科目，按不动产扣税凭证注明进项税额60%的部分，借记"应交税费－一般计税应交增值税－进项税额"科目，按进项税额40%的部分，借记"应交税费－待抵扣进项税额－不动产40%"科目，按照取得方式不同，贷记"银行存款"、"股本"、"资本公积"或"营业外收入"等科目。会计分录如下：

借：固定资产

　　应交税费－一般计税应交增值税－进项税额－用于购建不动产－分期抵扣

　　应交税费－待抵扣进项税额－不动产40%

　　贷：银行存款/股本/资本公积/营业外收入等

专用发票认证抵扣当月起第13个月，将计入待抵扣进项税额的40%部分，借记"应交税费－一般计税应交增值税－进项税额－不动产"科目，贷记"应交税费－待抵扣进项税额"科目。会计分录如下：

借：应交税费－一般计税应交增值税－进项税额－用于购建不动产－分期抵扣

　　贷：应交税费－待抵扣进项税额－不动产40%

（3）案例分析

【案例1-3-6】甲建筑公司总机构8月新购置一处办公楼，价税合计为1 050万元，取得开发商开具的5%征收率的增值税专用发票，款项已支付。

可抵扣60%的金额＝1 050÷（1+5%）×5%×60%=30（万元）

2017年8月抵扣40%的金额＝1 050÷（1+5%）×5%×40%=20（万元）

总机构的会计核算为：

1）购置办公大楼时抵扣进项税：

借：固定资产   10 000 000

　　应交税费－一般计税应交增值税－进项税额－用于购建不动产－分期抵扣   300 000

　　应交税费－待抵扣进项税额－不动产40%   200 000

　　贷：银行存款   10 500 000

2）2017年8月，抵扣剩下的40%：

借：应交税费－一般计税应交增值税－进项税额－用于购建不动产－分期抵扣   200 000

　　贷：应交税费－待抵扣进项税额－不动产40%   200 000

2. 一次性抵扣

（1）税务处理

建筑企业在施工现场取得的一些不需要建设安装的临时性简易设施，属于不动产的范畴，允许一次性抵扣。

（2）会计核算

建筑企业在施工现场取得的临时设施，项目部在取得时，应按取得的不动产的价值，借记"临时设施"科目，按增值税专用发票取得的进项税额，借记"应交税费－一般计税应交增值税－进项税额－用于购建不动产－一次性抵扣"科目，按照取得方式不同，贷记"银行存款"或"营业外收入"等科目。项目部取得临时设施的会计分录如下：

借：临时设施

　　应交税费－一般计税应交增值税－进项税额－用于购建不动产－一次性抵扣

　　贷：银行存款/营业外收入等

（二）不动产在建工程

建筑企业对不动产进行新建、改建、扩建、修缮、装饰，属于不动产在建工程。

1. 分期抵扣

（1）税务处理

一般纳税人 2016 年 5 月 1 日后发生的不动产在建工程，其进项税额按规定分 2 年从销项税额中抵扣。

一般纳税人 2016 年 5 月 1 日后购进货物和设计服务、建筑服务，用于改建、扩建、修缮、装饰不动产并增加不动产原值超过 50% 的，其进项税额按规定分 2 年从销项税额中抵扣。

1）分期抵扣

不动产在建工程支出进项税额中，60% 的部分于取得增值税专用发票的当期从销项税额中抵扣；40% 的部分为待抵扣进项税额，于取得扣税凭证的当月起第 13 个月从销项税额中抵扣。

购进时已全额抵扣进项税额的货物和服务，转用于不动产在建工程的，其已抵扣进项税额的 40% 部分，应于转用的当期从进项税额中扣减，计入待抵扣进项税额，并于转用的当月起第 13 个月从销项税额中抵扣。

2）台账管理

纳税人应建立不动产在建工程台账，分别记录并归集不动产在建工程的成本、费用、扣税凭证及进项税额抵扣情况，留存备查。

用于简易计税方法计税项目、免征增值税项目、集体福利或者个人消费的不动产在建工程，也应在纳税人建立的台账中记录。

（2）会计核算

建筑企业的不动产在建工程，应按在建工程发生的各项支出，借记"在建工程"科目，依据各项支出取得的增值税专用发票注明进项税额 60% 的部分，借记"应交税费－一般计税应交增值税－进项税额－用于购建不动产－分期抵扣"科目，按进项税额 40% 的部分，借记"应交税费－待抵扣进项税额－不动产 40%"科目，按照支出方式不同，贷记"银行存款"、"应付账款"等科目。会计分录如下：

借：在建工程

　　应交税费－一般计税应交增值税－进项税额－用于购建不动产－分期抵扣

　　应交税费－待抵扣进项税额－不动产 40%

贷：银行存款/应付账款等

专用发票认证抵扣当月起第 13 个月，将计入待抵扣进项税额的 40% 部分，借记"应交税费-一般计税应交增值税-进项税额-用于购建不动产-分期抵扣"科目,贷记"应交税费-待抵扣进项税额"科目。会计分录如下:

借:应交税费-一般计税应交增值税-进项税额-用于购建不动产-分期抵扣

贷:应交税费-待抵扣进项税额-不动产40%

(3)案例分析

【案例1-3-7】甲建筑公司总机构8月对自有的一栋办公大楼进行改造,原值为500万元,已计提折旧300万元,预计改造支出(材料支出、工程服务和设计服务)占办公大楼的账面原值的60%。8月将办公大楼的账面价值转入在建工程,除此之外发生用于改造支出的事项有:

1)购买改造用材料234万元,款项已付并取得了增值税专用发票;

2)发生运输费用11.1万元,款项已付并取得了增值税专用发票;

3)发生改造设计费用53万元,款项已付并取得了增值税专用发票。

因预计办公楼改造支出超过不动产原值的50%,改造支出对应的货物和设计服务、建筑服务需分2年抵扣;改造支出发生的运费可一次性抵扣。

总机构的会计核算如下:

1)固定资产原值、累计折旧转入在建工程:

借:在建工程	2 000 000
累计折旧	3 000 000
贷:固定资产	5 000 000

2)改造支出购买原材料:

借:在建工程	2 000 000
应交税费-一般计税应交增值税-进项税额-用于购建不动产-分期抵扣	204 000
应交税费-待抵扣进项税额-不动产40%	136 000
贷:银行存款	2 340 000

3)改造支出支付运输费用:

借:在建工程	100 000
应交税费-一般计税应交增值税-进项税额-用于购建不动产-一次性抵扣	11 000
贷:银行存款	111 000

4）改造支出支付设计费：

借：在建工程　　　　　　　　　　　　　　　　　　　　500 000

　　应交税费－一般计税应交增值税－进项税额－用于购建不动产－分期抵扣　　　　　　　　　　　　　　　　　　　　　　　18 000

　　应交税费－待抵扣进项税额－不动产40%　　　　　　12 000

贷：银行存款　　　　　　　　　　　　　　　　　　　　530 000

【操作提示】购进材料和设计费对应的40%部分，应在2017年8月从待抵扣进项税额转入进项税额中抵扣。

2. 一次性抵扣

（1）税务处理

建筑企业在施工现场建设的临时性简易设施，如工棚、物料库、现场办公用房等，临时设施属于不动产，可以一次性抵扣。

不动产在建工程中，所用购进的不属于货物和设计服务、建筑服务的，可一次性抵扣不用分期。

（2）会计核算

建筑企业在施工现场自建临时设施，项目部在自建时，根据在建工程支出，借记"在建工程"科目，按取得增值税专用发票注明的进项税额，借记"应交税费－一般计税应交增值税－进项税额－用于购建不动产－一次性抵扣"科目，按照支付情况，贷记"银行存款"或"应付账款"等科目。

项目部自建临时设施的会计分录如下：

借：在建工程

　　应交税费－一般计税应交增值税－进项税额－用于购建不动产－一次性抵扣

贷：银行存款/应付账款等

借：临时设施

贷：在建工程

（三）固定资产－有形动产

固定资产－有形动产包括机器、机械、运输工具以及其他与生产经营活动有关的设备、器具和工具等。取得方式有直接购买、融资租赁、投资者投入和接受捐赠等。

建筑企业的固定资产一般由总机构统一购买，由项目部使用。项目部一般不进行固定资产的核算。

1. 税务处理

增值税一般纳税人购进的非专用于简易计税方法计税项目、免征增值税项目、集体福利或者个人消费的固定资产，取得合法有效的扣税凭证，可全额抵扣进项税额。

2. 会计核算

建筑企业购进或自建固定资产时，取得增值税专用发票认证通过后，按增值税专用发票注明的金额，借记"固定资产"或"在建工程"科目，按增值税专用发票注明的税额，借记"应交税费－一般计税应交增值税－进项税额"科目，按照取得方式不同，贷记"银行存款"、"应付账款"、"股本"、"资本公积"或"营业外收入"等科目。

借：固定资产/在建工程

　　应交税费－一般计税应交增值税－进项税额

　　贷：银行存款/应付账款/股本/资本公积/营业外收入等

对无法取得可抵扣凭证或专用于简易计税方法计税项目、免征增值税项目、集体福利或者个人消费的，按取得的固定资产全价，借记"固定资产"或"在建工程"科目。

借：固定资产/在建工程

　　贷：银行存款/应付账款/股本/资本公积/营业外收入等

3. 案例分析

【案例1-3-8】甲建筑公司总机构8月统一购入一批施工用设备，采购价款为936万元（含税），取得增值税专用发票，专用发票注明的金额为800万元，税额为136万元，上述款项已经支付。

总机构会计核算如下：

借：固定资产　　　　　　　　　　　　　　　　　　　　　8 000 000

　　应交税费－一般计税应交增值税－进项税额－17%税率－固定资产

　　　　　　　　　　　　　　　　　　　　　　　　　　　1 360 000

　　贷：银行存款　　　　　　　　　　　　　　　　　　　9 360 000

【操作提示】对既用于应税项目又用于免税项目的固定资产可全额抵扣进项税额，不用作为无法划分的进项税额按照计算进项税额转出。

（四）无形资产

无形资产通常包括专利权、非专利技术、商标权、著作权、特许权、土地使用权、软件等。

1. 税务处理

增值税一般纳税人购进的非专用于简易计税方法计税项目、免征增值税项目、集体福利或者个人消费的无形资产，取得合法有效的扣税凭证，可全额抵扣进项税额。

2. 会计核算

建筑企业购买无形资产时，按增值税专用发票注明的金额借记"无形资产"科目，按增值税专用发票注明的税额，借记"应交税费－一般计税应交增值税－进项税额"科目，按照取得方式不同，贷记"银行存款"、"应付账款"、"股本"、"资本公积"或"营业外收入"等科目。会计分录如下：

借：无形资产

  应交税费－一般计税应交增值税－进项税额－17%税率/6%税率

  贷：银行存款/应付账款/股本/资本公积/营业外收入等

3. 案例分析

【案例1-3-9】甲建筑公司总机构8月购入一项预算软件计入无形资产，购置价款为58.5万元，取得增值税专用发票，专用发票价款为50万元，税率为17%，税额为8.5万元。上述款项已付。

总机构购置软件会计核算如下：

借：无形资产   500 000

  应交税费－一般计税应交增值税－进项税额－17%税率－其他 85 000

  贷：银行存款   585 000

【操作提示】对既用于应税项目又用于免税项目的固定资产的进项税额可全额抵扣进项，不用作为无法划分的进项税额按照公式计算进项税额转出。

（五）增值税税控

1. 增值税税控设备

（1）税务处理

根据《财政部国家税务总局关于增值税税控系统专用设备和技术维护费用

抵减增值税税额有关政策的通知》(财税〔2012〕15号)❶中规定,纳税人初次购买增值税税控系统专用设备(包括分开票机)支付的费用,可凭购买增值税税控系统专用设备取得的增值税专用发票,在增值税应纳税额中全额抵减(抵减额为价税合计额),不足抵减的可结转下期继续抵减。

增值税防伪税控系统的专用设备包括金税卡、IC卡、读卡器或金税盘和报税盘。

(2)会计核算

1)首次购买。首次购买增值税税控专用设备,作为固定资产核算时,依据支付的全部价款,借记"固定资产"科目,贷记"银行存款"或"应付账款"科目;同时,按相同的金额,借记"应交税费-减免增值税-减免税款"科目,贷记"递延收益"科目。会计分录如下:

借:固定资产
  贷:银行存款/应付账款
借:应交税费-减免增值税-减免税款
  贷:递延收益

增值税税控专用设备按期计提折旧时,借记"管理费用",贷记"累计折旧",同时,借记"递延收益"科目,借记"管理费用"科目红字。会计分录如下:

借:管理费用
  贷:累计折旧
借:递延收益
借:管理费用(红字)

【操作提示】一般纳税人支付的初次购买增值税税控系统专用设备(包括分开票机)支付的费用在增值税应纳税额中全额抵减的,其增值税专用发票不作为增值税抵扣凭证,其进项税额不得从销项税额中抵扣。

2)非首次购买。非首次购买增值税税控专用设备,按照购入固定资产进行税务处理和会计核算,具体见本节"二、支出与进项税额的会计核算/(三)固定资产-有形动产"。

【操作提示】增值税纳税人非初次购买增值税税控系统专用设备支付的费用,由其自行负担,不得在增值税应纳税额中抵减。增值税专用发票可作为增

---

❶ 以下简称"财税〔2012〕15号文"。

值税抵扣凭证,其进项税额可以从销项税额中抵扣。

(3)案例分析

【案例4-9】 乙建筑公司5月首次购买增值税税控专用设备,含税价格1 170元,取得了增值税专用发票,并认证通过。增值税专用发票注明的不含税金额为1 000元,税额170元。

乙建筑公司的会计核算如下:

1)购入税控设备

借:固定资产　　　　　　　　　　　　　　　　　　　　1 170
　　贷:银行存款　　　　　　　　　　　　　　　　　　　1 170

2)抵减应纳税额

借:应交税费-减免增值税-减免税款　　　　　　　　　　1 170
　　贷:递延收益　　　　　　　　　　　　　　　　　　　1 170

2. 增值税税控技术维护费

(1)税收规定

根据财税〔2012〕15号文规定,纳税人缴纳的技术维护费,可凭技术维护服务单位开具的技术维护费发票,在增值税应纳税额中全额抵减,不足抵减的可结转下期继续抵减。

增值税一般纳税人支付的税控系统技术维护费在增值税应纳税额中全额抵减的,其增值税专用发票不作为增值税抵扣凭证,其进项税额不得从销项税额中抵扣。

(2)会计核算

建筑企业缴纳的技术维护费,根据支付的全部价款,借记"管理费用"科目,贷记"银行存款"或"应付账款"科目;同时,按相同的金额,借记"应交税费-减免增值税-减免税款"科目,借记"管理费用"科目红字。会计分录如下:

借:管理费用
　　贷:银行存款/应付账款

确认抵减应纳税额:

借:应交税费-减免增值税-减免税款
借:管理费用(红字)

(3)案例分析

【案例1-3-10】 甲建筑公司总机构8月支付税控设备的技术维护费共计金

额 1 000 元,取得了增值税专用发票。

总机构的会计核算如下:

借:管理费用 1 000
    贷:银行存款/应付账款 1 000

确认抵减应纳税额:

借:应交税费-减免增值税-减免税款 1 000
    贷:管理费用 1 000

(六)境外支付费用

向境外支付技术服务费、设计费,涉及取得完税凭证的抵扣。工程项目发生向境外支付其他直接费用,涉及代扣代缴增值税的,需要通过总机构对外支付,并代扣代缴增值税,相关费用支出通过内部往来结转给项目部。

1. 税务处理

企业取得增值税专用发票的税务处理,与直接材料等项目取得增值税专用发票的税务处理相同。

企业向境外单位或者个人购进服务、无形资产或不动产,属于需要代扣代缴增值税的情形的,以企业作为增值税的扣缴义务人。企业应按照下列公式计算应扣缴税额:

$$应扣缴税额 = 购买方支付的价款 \div (1+税率) \times 税率$$

2. 会计核算

根据财办会〔2016〕27 号文规定,从境外单位或个人购进服务、无形资产或不动产应代扣代缴的增值税额,应计入企业销项税额;如属于可抵扣项目,可依据解缴税款的完税凭证上注明的税额确认进项税额。

总机构按应计入相关成本费用的金额,借记"内部往来-项目部"科目,按可抵扣的增值税额,借记"应交税费-待抵扣进项税额-完税凭证"科目;按应代扣代缴的增值税及附加税费,贷记"应交税费-代扣代交税费"相关明细科目;按实际支付或应付的金额,贷记"银行存款"或"应付账款"等科目。

会计分录如下:

借:内部往来-项目部
    应交税费-待抵扣进项税额-完税凭证
    贷:银行存款/应付账款等

应交税费 - 代扣代交税费 - 增值税

应交税费 - 代扣代交税费 - 城市维护建设税

应交税费 - 代扣代交税费 - 教育费附加

应交税费 - 代扣代交税费 - 地方教育费附加

总机构解缴代扣代缴增值税及附加税费，并取得完税凭证时，按代扣缴的增值税及附加税费，借记"应交税费 - 代扣代交税费"相关明细科目，贷记"银行存款"科目。会计分录如下：

借：应交税费 - 代扣代交税费 - 增值税

应交税费 - 代扣代交税费 - 城市维护建设税

应交税费 - 代扣代交税费 - 教育费附加

应交税费 - 代扣代交税费 - 地方教育费附加

贷：银行存款

同时，按完税凭证上注明的增值税额，借记"应交税费 - 一般计税应交增值税 - 进项税额"，贷记"应交税费 - 待抵扣进项税额 - 完税凭证"科目。会计分录如下：

借：应交税费 - 一般计税应交增值税 - 进项税额

贷：应交税费 - 待抵扣进项税额 - 完税凭证

【操作提示】工程项目中发生支付给境外单位或个人的其他支出，只要是属于代扣代缴增值税范围，并取得完税凭证的，均可据此进行会计处理，下文不再赘述。

3. 案例分析

【续案例 1-1-10】2016 年 8 月，甲建筑公司总机构向 A 项目部结转其支付境外技术咨询费 20 万元（总机构对外支付价款的含税金额 21.2 万元，代扣代缴增值税 1.2 万元，附加税费 0.144 万元，并取得了完税凭证）。

1）支付境外咨询费时：

借：内部往来 - A 项目部　　　　　　　　　　　　　　　　20 000

应交税费 - 待抵扣进项税额 - 完税凭证　　　　　　　12 000

贷：银行存款　　　　　　　　　　　　　　　　　　　198 560

应交税费 - 代扣代交税费 - 增值税　　　　　　　　　12 000

应交税费 - 代扣代交税费 - 城市维护建设税　　　　　　840

应交税费 - 代扣代交税费 - 教育费附加　　　　　　　　360

| 应交税费-代扣代交税费-地方教育费附加 | 240 |

2）解缴代扣代缴增值税，取得完税凭证时：

借：应交税费-代扣代交税费-增值税	12 000
应交税费-代扣代交税费-城市维护建设税	840
应交税费-代扣代交税费-教育费附加	360
应交税费-代扣代交税费-地方教育费附加	240
贷：银行存款	13 440

同时，确认进项税额：

| 借：应交税费-一般计税应交增值税-进项税额-6%税率-其他 | 12 000 |
| 　　贷：应交税费-待抵扣进项税额-完税凭证 | 12 000 |

（七）管理费用

管理费用，包括企业在筹建期间内发生的开办费、董事会，以及行政管理部门在企业的经营管理中发生的或者应由企业统一负担的公司经费（包括行政管理部门职工工资及福利费、物料消耗、低值易耗品摊销、办公费和差旅费等）、工会经费、董事会费（包括董事会成员津贴、会议费和差旅费等）、聘请中介机构费、咨询费（含顾问费）、诉讼费、业务招待费、房产税、车船使用税、土地使用税、印花税、技术转让费、矿产资源补偿费、研究费用、排污费等。

1. 税务处理

管理费用中因摊销形成的如固定资产的折旧费、无形资产的摊销费、长期待摊费等为之前的采购支出形成，在采购支出时已经抵扣进项税，计提摊销时不存在进项抵扣的问题。

管理费用中的差旅费中的交通费、职工福利费、餐饮费、业务招待费、各种税金等项目不可抵扣。

管理费用中的办公费用、差旅费中的住宿费、会议费、水电费、通信费、劳动保护费、物业管理费、绿化费、租赁费、咨询费、聘请中介机构费、修理费、注册登记费、研究费用等取得增值税专用发票，进项税额可以抵扣。

2. 会计核算

建筑企业发生管理费用，按取得增值税专用发票上注明的金额，借记"管理费用"科目，按专用发票注明的税额，借记"应交税费-一般计税应交增值税-进项税额"科目，按实际支付或应付的款项，贷记"银行存款"、"应付账款"或"其他应付款"等科目。会计分录如下：

借：管理费用
　　应交税费-一般计税应交增值税-进项税额
　贷：银行存款/应付账款/其他应付款

3. 案例分析

【案例1-3-11】甲建筑企业总机构8月管理费用中，部分涉及增值税的事项如下：差旅费中发生住宿费9 540元；购买办公用品58 500元；支付电话费33 300元；支付网络使用费7 420元；支付财产保险费46 640元；从个人处租入办公用房支付租金6 300元；取得税务机关代开的增值税专用发票；公司召开会议，支付租赁场地费14 700元（适用5%征收率）；支付中介机构咨询费127 200元；办公楼维修费9 270元（适用3%征收率），以上金额均为含税金额，均取得了增值税专用发票并已经通过认证。

总机构管理费用中可抵扣情况见表3-20所列。

总机构管理费用可抵扣项目表　　　　　　　　　　　　　表3-20

序号	费用项目	税率/征收率	金额	税额
1	住宿费	6%	9 000	540
2	办公用品	17%	50 000	8 500
3	电话费	11%	30 000	3 300
4	网络使用费	6%	7 000	420
5	财产保险费	6%	44 000	2 640
6	房屋租金	1.5%	6 210	90
7	场地租赁费	5%	14 000	700
8	中介机构咨询费	6%	120 000	7 200
9	办公楼维修费	3%	9 000	270
	合计		289 210	23 660

总机构管理费用的会计核算如下：

借：管理费用　　　　　　　　　　　　　　　　　　　　　289 210
　　应交税费-一般计税应交增值税-进项税额-17%税率-其他　　8 500
　　应交税费-一般计税应交增值税-进项税额-11%税率-电信服务　3300

应交税费－一般计税应交增值税－进项税额－6%税率－生活服务　540

应交税费－一般计税应交增值税－进项税额－6%税率－电信服务　420

应交税费－一般计税应交增值税－进项税额－6%税率－金融保险服务

　2 640

应交税费－一般计税应交增值税－进项税额－6%税率－其他　7 200

应交税费－一般计税应交增值税－进项税额－5%征收率－不动产租赁服务　700

应交税费－一般计税应交增值税－进项税额－3%征收率－建筑安装服务　270

应交税费－一般计税应交增值税－进项税额－减按1.5%征收率－向个人租房　90

贷：银行存款　312 870

（八）财务费用

财务费用为企业在生产经营过程中为筹集资金而发生的筹资费用。包括企业生产经营期间发生的利息支出、金融机构手续费、企业发生的现金折扣或收到的现金折扣等。

1. 税务处理

建筑企业购进的贷款服务不可抵扣。向银行支付的手续费除接受贷款服务向贷款方支付的与该笔贷款直接相关的投融资顾问费、手续费、咨询费等费用外，其进项税额可以从销项税额中抵扣。

2. 会计核算

建筑企业财务费用中的利息支出，借记"财务费用"科目，贷记"银行存款"或"应付利息"等科目。为购建或生产满足资本化条件的资产发生的应予资本化的借款费用，在"在建工程"等科目核算。会计分录如下：

借：财务费用／在建工程等

　　贷：银行存款／应付利息等

一般纳税人企业接受贷款服务，向贷款方支付的与该笔贷款直接相关的投融资顾问费、手续费、咨询费等费用支出，按全额计入"财务费用"科目，贷记"银行存款"或"其他应付款"等科目。

借：财务费用

贷：银行存款/应付账款/其他应付款等

一般纳税人企业发生的与接受贷款服务无关的手续费支出，按增值税专用发票注明的金额，借记"财务费用"科目，按注明的税额，借记"应交税费－一般计税应交增值税－进项税-6%税率－金融保险服务"科目，贷记"银行存款"科目。会计分录如下：

借：财务费用
　　应交税费－一般计税应交增值税－进项税-6%税率－金融保险服务
　　贷：银行存款等

3. 案例分析

【案例1-3-12】甲建筑公司总机构8月支付流动资金贷款利息200万元；发生与贷款相关的手续费1万元；向供应商支付货款，发生电汇手续费支出0.53万元，取得增值税专用发票。

总机构支付的利息及与贷款相关的手续费不可抵扣进项税，支付的电汇手续费支出可以抵扣，会计核算如下：

借：财务费用－利息支出　　　　　　　　　　　　　　　2 000 000
　　财务费用－手续费　　　　　　　　　　　　　　　　　　15 000
　　应交税费－一般计税应交增值税－进项税额-6%税率－金融保险服务
　　　　　　　　　　　　　　　　　　　　　　　　　　　　　300
　　贷：银行存款　　　　　　　　　　　　　　　　　　2 015 300

三、进项税转出的会计核算

增值税实行进项税额抵扣制度，但在一些特定情况下，纳税人已经抵扣的进项税额发生不允许抵扣的情形，需要对已经抵扣的进项税做转出处理。

不允许抵扣进项税的情形列于表3-21。

不得抵扣进项税额情况表　　　　　　　　　　　表3-21

不得抵扣的进项税额	备注
用于简易计税方法计税项目、免征增值税项目、集体福利或者个人消费的购进货物、加工修理修配劳务、服务、无形资产和不动产	（1）其中涉及的固定资产、无形资产、不动产，仅指专用于上述项目； （2）个人消费包括交际应酬消费

续表

不得抵扣的进项税额	备注
非正常损失的购进货物及相关的加工修理修配劳务和交通运输业服务	非正常损失，是指因管理不善造成货物被盗、丢失、霉烂变质，以及因违反法律法规造成货物或者不动产被依法没收、销毁、拆除的情形
非正常损失的在产品、产成品所耗用的购进货物、加工修理修配劳务或者交通运输业服务	
非正常损失的不动产和在建工程，以及该不动产所耗用的购进货物、设计服务和建筑服务	
购进的旅客运输服务、贷款服务、餐饮服务（不含住宿）、居民日常服务和娱乐服务	

根据上述不允许抵扣的情形，需要进行进项税转出核算的情形，归类为以下三种情况，具体为用途改变的资产、非正常损失以及无法划分进项税的转出。

（一）用途改变的资产

1. 已抵扣进项税的资产发生不可抵扣情形

（1）税务处理

已抵扣进项税额的固定资产、无形资产或者不动产，发生不可抵扣情形的，按照下列公式计算不得抵扣的进项税额：

不得抵扣的进项税额 = 固定资产、无形资产或者不动产净值 × 适用税率

固定资产、无形资产或者不动产净值，是指纳税人根据财务会计制度计提折旧或摊销后的余额。

《国家税务总局关于发布＜不动产进项税额分期抵扣暂行办法＞的公告》（国家税务总局公告 2016 年第 15 号）❶ 中规定，已抵扣进项税额的不动产，发生非正常损失，或者改变用途，专用于简易计税方法计税项目、免征增值税项目、集体福利或者个人消费的，按照下列公式计算不得抵扣的进项税额：

不得抵扣的进项税额 =（已抵扣进项税额 + 待抵扣进项税额）× 不动产净值率

不动产净值率 =（不动产净值 ÷ 不动产原值）× 100%

不得抵扣的进项税额小于或等于该不动产已抵扣进项税额的，应于该不动产改变用途的当期，将不得抵扣的进项税额从进项税额中扣减。

---

❶ 以下简称"国家税务总局公告 2016 年第 15 号文"。

（2）会计核算

属于购进的不动产需做进项税额转出时，应按照不动产净值率计算的不可抵扣的进项税增加资产原值，借记"固定资产–不动产"科目，同时将计算不得抵扣的进项税额与已经抵扣进项税额进行比较，小于或等于已抵扣进项税额时，贷记"应交税费–一般计税应交增值税–进项税额转出"科目。会计分录如下：

借：固定资产–不动产

  贷：应交税费–一般计税应交增值税–进项税额转出

不得抵扣的进项税额大于已抵扣进项税额时，按已经抵扣税额，贷记"应交税费–一般计税应交增值税–进项税额转出"科目；按两者的差额，贷记"应交税费–待抵扣进项税额–不动产40%"科目，会计分录如下：

借：固定资产–不动产

  贷：应交税费–一般计税应交增值税–进项税额转出

    应交税费–待抵扣进项税额–不动产40%

固定资产或无形资产用途改变需做进项税额转出时，因固定资产或无形资产购入时一次性扣除，故应按照净值率计算的不可抵扣的进项税增加资产原值，借记"固定资产"或"无形资产"科目，同时贷记"应交税费–一般计税应交增值税–进项税额转出"科目。会计分录如下：

借：固定资产/无形资产

  贷：应交税费–一般计税应交增值税–进项税额转出

（3）案例分析

【案例1-3-13】甲建筑公司总机构5月购买的一处办公楼，取得增值税专用发票上注明的金额为600万元，税额为66万元。5月时，总机构抵扣进项税39.6万元，将26.4万元计入待抵扣进项税，将于2017年5月进行抵扣。该办公楼按10年摊销，每年摊销60万元，每月摊销5万元，在2016年8月，甲建筑公司将办公楼改造为职工食堂。

办公楼改变用途，用于职工福利，则：

不动产的净值率=[600-600÷（10×12）×2]÷600=98.33%

不得抵扣的进项税=66×98.33%=64.8978（万元）

不得抵扣的进项税与已抵扣进项税比较：64.8978万元＞39.6万元

已经抵扣的39.6万元应做进项税转出处理。

不得抵扣的进项税与已抵扣进项税差额：64.8978-39.6=25.2978（万元）

应从待抵扣进项税额中扣减25.2978万元

剩余待抵扣进项税额=26.4-25.2978=1.1022（万元）

剩余的待抵扣进项税额1.1022万元将按原允许抵扣的所属期即2017年5月进行抵扣。

总机构资产用途改变的会计核算如下：

借：固定资产－不动产　　　　　　　　　　　　　　　　648 978

　　贷：应交税费－一般计税应交增值税－进项税额转出－集体福利、个人消费　　　　　　　　　　　　　　　　　　　　　　396 000

　　　　应交税费－待抵扣进项税额－不动产40%　　　　252 978

2. 已全额抵扣的转用于分期抵扣的情形

（1）税务处理

购进时已全额抵扣进项税额的货物和服务，转用于不动产在建工程的，其已抵扣进项税额的40%部分，应于转用的当期从进项税额中扣减，计入待抵扣进项税额，并于转用的当月起第13个月从销项税额中抵扣。

（2）会计核算

购进时已全额抵扣进项税额的货物和服务，将已抵扣进项税额的40%部分，转入待抵扣进项税额，借记"应交税费－待抵扣进项税额－不动产40%"科目，贷记"应交税费－一般计税应交增值税－进项税额转出－其他"科目，会计分录如下：

借：应交税费－待抵扣进项税额－不动产40%

　　贷：应交税费－一般计税应交增值税－进项税额转出－其他

（3）案例分析

【案例1-3-14】甲建筑公司总机构2016年5月购进的材料，取得增值税专用发票并认证相符，专用发票上注明的税额为34万元，购入时未确定用于不动产，因此全额抵扣。8月，领用该材料用于新建综合楼。

总机构应将购进时已全额抵扣进项税额的40%应转入待抵扣进项税，同时，在2017年8月进行抵扣。

已抵扣进项税额的40%部分=34×40%=13.6（万元）

借：应交税费－待抵扣进项税额－不动产40%　　　　　　136 000

　　贷：应交税费－一般计税应交增值税－进项税额转出－其他　136 000

（二）发生非正常损失

1. 税务处理

建筑企业一般会发生非正常损失，不得抵扣增值税的"非正常损失"指因管理不善造成被盗、丢失、霉烂变质以及因违反法律法规造成货物或者不动产被依法没收、销毁、拆除的情形。

如发生非正常损失，除发生非正常损失的货物不能抵扣进项税外，因货物而发生的加工修理修配劳务或者交通运输业服务也不得抵扣进项税。

2. 会计核算

属于购进的货物（不含不动产）、劳务、服务，发生不可抵扣情形的，应借记"管理费用"、"其他业务支出"、"营业外支出"等科目，贷记"应交税费－一般计税应交增值税－进项税额转出"科目。

属于购进不动产发生非正常损失，需做进项税额转出，与不动产用途改变的会计核算相同，具体核算方法详见本节"三、进项税转出的会计核算/（一）的用途改变的资产"。

3. 案例分析

【案例1-3-15】甲建筑公司总机构因保管不善丢失一批办公用品，含税金额为1.17万元，该批办公用品系为7月购入，进项税已经抵扣。

总机构丢失办公用品的会计核算如下：

借：管理费用　　　　　　　　　　　　　　　　　　　　　　　　1 700
　　贷：应交税费－一般计税应交增值税－进项税额转出－非正常损失
　　　　　　　　　　　　　　　　　　　　　　　　　　　　　　1 700

（三）无法划分的进项税额

1. 税务处理

适用一般计税方法的纳税人，兼营简易计税方法计税项目、免征增值税项目而无法划分不得抵扣的进项税额，按照下列公式计算不得抵扣的进项税额：

不得抵扣的进项税额＝当期无法划分的全部进项税额×（当期简易计税
　　方法计税项目销售额＋免征增值税项目销售额）÷当期全部销售额

2. 会计核算

对于无法划分的进项税额，通过公式计算不可抵扣的进项税后，根据费用明细，借记相关费用或支出科目，借"管理费用"、财务费用"、"其他业务支出"或"营业外支出"等科目，根据转出原因，贷记"应交税费－一般计税应交增值税－进项税额转出－免税项目用"或"应交税费－一般计税应交增值税－进项税额转出－简易计税方法征税项目用"科目。会计分录如下：

  借：管理费用/财务费用/其他业务支出
    贷：应交税费－一般计税应交增值税－进项税额转出－简易计税方法
      征税项目用
      应交税费－一般计税应交增值税－进项税额转出－免税项目用

3. 案例分析

【案例1-3-16】续【案例1-3-11】，甲建筑公司同时存在一般计税项目和简易计税项目，总机构本月的管理费用对应的无法划分的进项税额为23 660元，财务费用对应的无法划分的进项税额为300元，无法划分的进项税额共计23 960元，需要根据甲建筑公司（含A项目部、B项目部和总机构）的收入构成，计算不允许抵扣的进项税。

  甲建筑公司8月的收入情况如下：
  一般计税销售额＝54 710 000（元）
  简易计税销售额＝46 336 000（元）
  销售额合计＝101 046 000（元）
  不允许抵扣管理费用进项税额＝23 660×46 336 000÷101 046 000
          ＝10 849.61（元）
  不允许抵扣财务费用进项税额＝300×46 336 000÷101 046 000＝137.59（元）
  总机构进项税转出的会计核算如下：

借：管理费用	10 849.61
财务费用	137.59
贷：应交税费－一般计税应交增值税－进项税额转出－简易计税方法	
征税项目用	10 987.20

四、期末缴纳增值税会计核算

（一）接受项目部结转增值税

  总机构接受项目部结转，主要涉及二级科目"一般计税应交增值税"下的"项目部结转"科目、二级科目"简易计税应交增值税"下的"项目部结转"科目、二级科目"减免增值税"下的"项目部结转"科目和二级科目"预交增值税"科目下的"项目部结转"科目。

1. 一般计税项目部结转应交增值税

一般计税项目部期末向总机构结转其"应交税费－一般计税应交增值税"科目下一般计税相关明细科目的余额的情况，包括"销项税额"、"进项税额"、"进项税额转出"、"销项税额抵减"、"已交税金"、"出口抵减内销产品应纳税额"、"出口退税"等科目。

上述科目中的贷方余额之和减去借方余额之和后为贷方余额时，项目部借记"应交税费－一般计税应交增值税－项目部结转"科目，贷记"内部往来－总机构"科目；总机构借记"内部往来－项目部"科目，贷记本科目。总机构的会计分录如下：

借：内部往来－项目部
　　贷：应交税费－一般计税应交增值税－项目部结转

上述科目中的贷方余额之和减去借方余额之和后为借方余额时，项目部借记"内部往来－总机构"科目，贷记"应交税费－一般计税应交增值税－项目部结转"科目；总机构借记本科目，贷记"内部往来－项目部"科目。总机构的会计分录如下：

借：应交税费－一般计税应交增值税－项目部结转
　　贷：内部往来－项目部

2. 简易计税项目部结转应交增值税

项目部期末向总机构结转其"应交税费－简易计税应交增值税"科目余额的情况，包括"应纳税额计提"、"应纳税额抵减"等科目的余额汇总情况进行结转。

上述科目中的贷方余额之和减去借方余额之和后为贷方余额时，项目部借记"应交税费－简易计税应交增值税－项目部结转"科目，贷记"内部往来－总机构"科目；总机构借记"内部往来－项目部"科目，贷记"应交税费－简易计税应交增值税－项目部结转"科目。总机构的会计分录如下：

借：内部往来－项目部
　　贷：应交税费－简易计税应交增值税－项目部结转

上述科目中的贷方余额之和减去借方余额之和后为借方余额时，项目部借记"内部往来－总机构"科目，贷记"应交税费－简易计税应交增值税－项目部结转"科目；总机构借记"应交税费－简易计税应交增值税－项目部结转"科目，贷记"内部往来－项目部"科目。总机构的会计分录如下：

借：应交税费－简易计税应交增值税－项目部结转
　　贷：内部往来－项目部

3. 项目部结转减免增值税

项目部期末向总机构结转其"减免增值税"科目余额。按照期末"应交税费－减免增值税－减免税款"科目余额，项目部借记"内部往来－总机构"科目，贷记"应交税费－减免增值税－项目部结转"科目；总机构借记"应交税费－减免增值税－项目部结转"科目，贷记"内部往来－项目部"科目。总机构会计分录如下：

借：应交税费－减免增值税－项目部结转
　　贷：内部往来－项目部

4. 项目部结转预交增值税

（1）一般计税方法的项目

采用一般计税的项目部期末向总机构结转其"预交增值税"科目余额。按照项目部期末"应交税费－预交增值税－预交税款"科目的借方余额，项目部借记"内部往来－总机构"科目，贷记"应交税费－预交增值税－项目部结转－一般计税"科目；总机构借记"应交税费－预交增值税－项目部结转－一般计税"科目，贷记"内部往来－项目部"。总机构会计分录如下：

借：应交税费－预交增值税－项目部结转－一般计税
　　贷：内部往来－项目部

（2）简易计税方法的项目

采用简易计税的项目部期末向总机构结转其"预交增值税"科目余额。按照项目部期末"应交税费－预交增值税－预交税款"科目的借方余额，项目部借记"内部往来－总机构"科目，贷记"应交税费－预交增值税－项目部结转－简易计税"科目；总机构借记"应交税费－预交增值税－项目部结转－简易计税"科目，贷记"内部往来－项目部"。总机构会计分录如下：

借：应交税费－预交增值税－项目部结转－简易计税
　　贷：内部往来－项目部

5. 案例分析

【案例1-3-17】甲建筑公司的A项目部根据2016年8月底"应交税费－一般计税应交增值税"科目、"应交税费－减免增值税"和"应交税费－预交

增值税"科目发生额及余额情况向总机构结转增值税:

(1) 结转"应交税费-一般计税应交增值税"

A项目部8月"应交税费-一般计税应交增值税"下的期末余额为贷方余额199.76万元。具体明细见表3-22所列。

A项目部8月底"应交税费-一般计税应交增值税"期末余额表　　表3-22

借方		应交税费-一般计税应交增值税		贷方
		期初余额		0
进项税额	3 369 100	销项税额		5 281 700
		进项税额转出		85 000
		期末余额		1 997 600

总机构的会计核算:

借:内部往来-A项目部　　　　　　　　　　　　　　1 997 600

　　贷:应交税费-一般计税应交增值税-项目部结转　　1 997 600

(2) 结转"应交税费-减免增值税"

本案例不涉及。

(3) 结转"应交税费-预交增值税"

A项目部8月"应交税费-预交增值税"的期末余额为借方余额85.4万元。

总机构的会计核算:

借:应交税费-预交增值税-项目部结转-一般计税　　854 000

　　贷:内部往来-A项目部　　　　　　　　　　　　854 000

【案例1-3-18】甲建筑公司的B项目部根据2016年8月底"应交税费-简易计税应交增值税"科目、"应交税费-减免增值税"和"应交税费-预交增值税"科目发生额及余额情况向总机构结转增值税:

(1) 结转"应交税费-简易计税应交增值税"

B项目部8月"应交税费-简易计税应交增值税"下的期末余额为贷方余额47.208万元。

总机构的会计核算:

借:内部往来-B项目部　　　　　　　　　　　　　　472 080

　　贷:应交税费-简易计税应交增值税-项目部结转　　472 080

(2)结转"应交税费－减免增值税"

本案例不涉及。

(3)结转"应交税费－预交增值税"

B项目部8月"应交税费－预交增值税"的期末余额为贷方余额47.208万元。

总机构的会计核算：

借：应交税费－预交增值税－项目部结转－简易计税　　　　472 080

　　贷：内部往来－B项目部　　　　　　　　　　　　　　472 080

（二）总机构转出未交增值税

总机构一般涉及"应交税费－一般计税应交增值税"科目、"应交税费－简易计税应交增值税"科目及"应交税费－减免增值税"、"应交税费－预交增值税"等相关科目，同时还涉及项目部结转的数据，需要判断是否转出应交未交增值税。

1. 结转一般计税

总机构"应交税费－一般计税应交增值税"科目下的一般计税相关明细科目，包括"销项税额"、"进项税额"、"进项税额转出"、"销项税额抵减"、"已交税金"、"出口抵减内销产品应纳税额"、"出口退税"、"项目部结转"等科目。

上述科目中的贷方余额之和减去借方余额之和后，如为借方余额，则属于一般计税方法下的留抵进项税额（总机构基本不涉及已交税金），不作转出；如为贷方余额，则借记"应交税费－一般计税应交增值税－转出未交增值税"，贷记"应交税费－未交增值税－结转一般计税"。

总机构会计分录如下：

借：应交税费－一般计税应交增值税－转出未交增值税

　　贷：应交税费－未交增值税－结转一般计税

2. 结转简易计税

总机构"应交税费－简易计税应交增值税"科目下的简易计税相关明细科目，包括"应纳税额计提"、"应纳税额抵减"、"项目部结转"等科目。

上述科目中的贷方余额之和减去借方余额之和后，如为借方余额，则属于简易计税方法下存在可结转下期的抵减额，不进行结转；如为贷方余额，则需作转出应交未交增值税。则借记"应交税费－简易计税应交增值税－转出未交增值税"，贷记"应交税费－未交增值税－结转简易计税"。

总机构会计分录如下：

借：应交税费－简易计税应交增值税－转出未交增值税

  贷：应交税费－未交增值税－结转简易计税

3. 结转减免增值税

总机构"应交税费－减免增值税"科目下的相关明细科目，包括"减免税款"、"项目部结转"等科目。

总机构根据结转一般计税及简易计税下应交未交（多交）增值税后的"应交税费－未交增值税"科目余额来判断应结转的减免税额。

（1）"结转一般计税"及"结转简易计税"后，"应交税费－未交增值税"科目为贷方余额的，如果"应交税费－未交增值税"科目贷方余额≥结转前"应交增值税－减免增值税"科目的借方余额（该科目不应出现贷方余额），则按"应交增值税－减免增值税"科目的余额进行结转；如果"应交税费－未交增值税"科目贷方余额＜结转前"应交增值税－减免增值税"科目的借方余额（该科目不应出现贷方余额），则按"应交税费－未交增值税"科目的贷方余额进行结转。

按上述金额，总机构会计分录如下：

借：应交税费－未交增值税－结转减免增值税

  贷：应交增值税－减免增值税－转出减免增值税

（2）"结转一般计税"及"结转简易计税"后，"应交税费－未交增值税"科目为借方余额的，表示本期存在应退增值税，因此，本期不结转减免增值税。

4. 结转预交增值税

总机构"应交税费－预交增值税"科目下的相关明细科目，包括"预交税款"、"项目部结转"等科目。

总机构根据结转一般计税及简易计税下应交未交增值税、多交增值税及减免增值税后的"应交税费－未交增值税"科目余额来判断应结转的预缴增值税金额。

（1）"结转一般计税"、"结转简易计税"及"结转减免增值税"后，"应交税费－未交增值税"科目为贷方余额的，如果"应交税费－未交增值税"科目贷方余额≥结转前"应交增值税－预交增值税"科目的借方余额（该科目不应出现贷方余额），则按"应交增值税－预交增值税"科目的余额进行结转；如果"应交税费－未交增值税"科目贷方余额＜结转前"应交增值税－预交免增值税"科目的借方余额（该科目不应出现贷方余额），则按"应交税费－未交增值税"

科目的贷方余额进行结转。

按上述金额，总机构会计分录如下：

借：应交税费 – 未交增值税 – 结转预交增值税

　　贷：应交增值税 – 预交增值税 – 转出预交增值税

（2）"结转一般计税"、"结转简易计税"及"结转减免增值税"后，"应交税费 – 未交增值税"科目为借方余额或零，表示本期存在应退增值税或不需要缴纳增值税，因此，本期不结转预交增值税。

5. 案例分析

【案例1-3-19】甲建筑公司的总机构2016年8月底"应交税费 – 一般计税应交增值税"、"应交税费 – 简易计税应交增值税"、"应交税费 – 减免增值税"和"应交税费 – 预交增值税"科目发生额及余额情况见表3-23～表3-26所列。

甲建筑公司总机构8月底"应交税费 – 一般计税应交增值税"余额表　　表3-23

借方	应交税费 – 一般计税应交增值税		贷方
		期初余额	0
进项税额	2 014 260	销项税额	1 117 000
		进项税额转出	544 687.20
		项目部结转	1 997 600
		余额	1 645 027.20

总机构结转未交增值税会计核算如下：

借：应交税费 – 一般计税应交增值税 – 转出未交增值税　　1 645 027.20

　　贷：应交税费 – 未交增值税 – 结转一般计税　　1 645 027.20

甲建筑公司总机构8月底"应交税费 – 简易计税应交增值税"余额表　　表3-24

借方	应交税费 – 简易计税应交增值税		贷方
		期初余额	0
		应纳税额计提	1 529 000
		项目部结转	472 080
		余额	2 001 080

总机构结转未交增值税会计核算如下：

借：应交税费 - 简易计税应交增值税 - 转出未交增值税　　2 001 080

　　贷：应交税费 - 未交增值税 - 结转简易计税　　　　　2 001 080

甲建筑公司总机构8月底"应交税费 - 减免增值税"余额表　　表3-25

借方	应交税费 - 减免增值税	贷方
期初余额	0	
减免税款	1 500	
余额	1 500	

总机构结转未交增值税会计核算如下：

借：应交税费 - 未交增值税 - 结转减免增值税　　　　1 500

　　贷：应交税费 - 减免增值税 - 转出减免增值税　　　1 500

甲建筑公司总机构8月底"应交税费 - 预交增值税"余额表　　表3-26

借方	应交税费 - 预交增值税	贷方
期初余额	0	
预交税款	1 267 500	
项目部结转 - 一般计税	854 000	
项目部结转 - 简易计税	472 080	
期末余额	2 593 580	

总机构结转预缴增值税会计核算如下：

借：应交税费 - 未交增值税 - 结转预交增值税　　　　2 593 580

　　贷：应交税费 - 预交增值税 - 转出预交增值税　　　2 593 580

结转后，总机构"应交税费 - 未交增值税"科目余额为1 051 027.20元。

（三）总机构缴纳税款

建筑企业的总机构应在征期内（通常为次月15日之前）申报并缴纳增值税税款。

1. 会计核算

总机构按应缴纳的税额，借记"应交税费 - 未交增值税 - 缴纳增值税"，贷记"银行存款"科目。会计分录如下：

借：应交税费-未交增值税-缴纳增值税
　　贷：银行存款

同时，根据实际预缴的增值税计提应缴纳的城建税及教育费附加，借记"税金及附加"科目，贷记"应交税费-应交城市维护建设税"、"应交税费-应交教育费附加"和"应交税费-应交地方教育费附加"科目；在缴纳的城建税及教育费附加时，按实际缴纳的金额，借记"应交税费-应交城市维护建设税"、"应交税费-应交教育费附加"和"应交税费-应交地方教育费附加"科目，贷记"银行存款"科目。会计分录如下：

计提城建税及教育费附加：

借：税金及附加
　　贷：应交税费-应交城市维护建设税
　　　　应交税费-应交教育费附加
　　　　应交税费-应交地方教育费附加

缴纳城建税及教育费附加：

借：应交税费-应交城市维护建设税
　　应交税费-应交教育费附加
　　应交税费-应交地方教育费附加
　　贷：银行存款

2. 案例分析

【案例1-3-20】甲建筑公司的总机构2016年8月底结转相关科目后"应交税费-未交增值税"科目余额为1 051 027.20元。总机构应缴纳的税款为1 051 027.20元。

计算应缴纳城建税及教育费附加如下：

应交城市建设维护税 = 1 051 027.20 × 7% = 73 571.90（元）

应交教育费附加 = 1 051 027.20 × 3% = 31 503.82（元）

应交地方教育费附加 = 1 051 027.20 × 2% = 21 020.54（元）

总机构的会计核算如下：

1）缴纳增值税：

借：应交税费-未交增值税-缴纳增值税　　　　　　1 051 027.20
　　贷：银行存款　　　　　　　　　　　　　　　　1 051 027.20

2）计提城建税及教育费附加：

借：税金及附加　　　　　　　　　　　　　　　　　　126 096.26

　　贷：应交税费 – 应交城市维护建设税　　　　　　　73 571.90

　　　　应交税费 – 应交教育费附加　　　　　　　　　31 503.82

　　　　应交税费 – 应交地方教育费附加　　　　　　　21 020.54

3）缴纳城建税及教育费附加：

借：应交税费 – 应交城市维护建设税　　　　　　　　73 571.90

　　应交税费 – 应交教育费附加　　　　　　　　　　31 503.82

　　应交税费 – 应交地方教育费附加　　　　　　　　21 020.54

　　贷：银行存款　　　　　　　　　　　　　　　　　126 096.26

第六节　老项目过渡期衔接会计核算

一般纳税人为建筑工程老项目提供的建筑服务，可以选择适用简易计税方法计税。

建筑工程老项目，是指：

（1）《建筑工程施工许可证》注明的合同开工日期在2016年4月30日前的建筑工程项目；

（2）《建筑工程施工许可证》未注明合同开工日期或未取得《建筑工程施工许可证》的，建筑工程承包合同注明的开工日期在2016年4月30日前的建筑工程项目。

一般纳税人的工程老项目，可能采用不同的计税方法，因此，通常情况下，一般纳税人建筑企业的老项目同时存在一般计税方法和简易计税方法两种。

建筑企业的老项目，在营业税下完工的工程，执行《建造合同准则》，按照完工百分比已经确认相应的收入和成本，2016年5月1日后，建筑企业由营业税纳税人变为增值税纳税人，未完工的部分对应的收入将征收增值税，建造合同相关的合同预计总收入、合同预计总成本及相应的工程结算、工程施工、工程成本等项目均涉及调整并进行价税分离。因此，对于建筑企业老项目会计核算，主要涉及营业税金清理和重新确认预计总收入和预计总成本的会计核算。

【案例 5】 M 省乙建筑公司（增值税一般纳税人），在 A 省和 B 省承接了 A、B 两个工程项目，两个项目为 2016 年 4 月 30 日之前的老项目。

A 项目的合同总金额为 16 600 万元，预计总成本为 15 604 万元，其中预计可抵扣的分包成本为 4 990 万元，截至 2016 年 4 月 30 日，已经取得工程施工许可证，合同完工进度按照累计实际发生的合同成本占合同预计总成本的比例确定。该项目选择简易计税方法。

B 项目的合同总金额为 21 200 万元，预计总成本为 19 822 万元，其中预计可抵扣的分包成本为 6 450 万元，截至 2016 年 4 月 30 日，已经取得工程施工许可证，但工程尚未开工，仅预收业主支付的工程款 6 360 万元。该项目选择一般计税方法。

一、营业税金清理及会计核算

一般纳税人建筑企业应在营改增试点实施时全面完成营业税清理，对已达到纳税义务发生时间的，应及时确认纳税义务并在 2016 年 5 月申报期内及时缴纳营业税。

对因营业税税会差异形成的"应交税费 - 应交营业税"科目余额的，应在遵循《建造合同准则》及其他会计准则所规定的核算原则的前提下，以适应增值税下的财税管理要求及时进行会计处理。

（一）营业税税会差异

1. 营业税纳税义务发生时间

营业税纳税义务发生时间为纳税人收讫营业收入款项或者取得索取营业收入款项凭据的当天。签订书面合同的，为书面合同确定的付款日期的当天；未签订书面合同或者书面合同未确定付款日期的，为应税行为完成的当天。

纳税人提供建筑服务采取预收款方式的，其纳税义务发生时间为收到预收款的当天。

2. 营业税计税营业额

营业税下建筑企业纳税人计税依据为提供建筑服务取得的全部价款和价外费用；将建筑工程分包给其他单位的，以其取得的全部价款和价外费用扣除其支付给其他单位的分包款后的余额为营业额。

3. 税会差异（时间性差异）

纳税人提供建筑服务，会计上按《建造合同准则》确认收入，按照权责发生制核算分包成本，根据会计核算的主营业务收入扣除预计可以抵扣的分包成本的差额为计税基础，在确认主营业务收入的同时计提应交营业税及附加。

而税法上是以取得的全部价款和价外费用扣除实际取得分包发票后的余额为营业额，按照纳税义务发生时间确认应缴纳的营业税。

因此，会计上确认的应交营业税与税法营业税的纳税义务发生时间存在差异。2016年4月30日建筑企业会计核算上的"应交税金－应交营业税"科目借方余额或贷方余额，如果系会计核算与纳税义务发生时间产生的税会差异，应进行相应的会计处理。

（二）"应交税费－应交营业税"贷方余额

1. 会计核算

2016年4月30日工程项目的"应交税金－应交营业税"科目为贷方余额时，表明截至2016年4月30日累计已确认建造合同收入扣除分包成本计算的应缴纳的税金及附加，大于按照营业税纳税义务发生时间计算实际缴纳的税金及附加，差额部分对应的合同收入，为尚未到营业税纳税义务发生时间，营改增后应按增值税的纳税义务发生时间计算缴纳增值税。

根据财会〔2016〕22号文规定，企业营改税前已确认收入，但因未产生营业税纳税义务而未计提营业税的，在达到增值税纳税义务时点时，企业应在确认应交增值税销项税额的同时冲减当期收入；已经计提营业税且未缴纳的，在达到增值税纳税义务时点时，应借记"应交税费－应交营业税"、"应交税费－应交城市维护建设税"、"应交税费－应交教育费附加"等科目，贷记"主营业务收入"科目，并根据调整后的收入计算确定计入"应交税费－待结转增值税额"科目的金额，同时冲减收入。因此，对于已经计提营业税但未缴纳的"应交税费－应交营业税"贷方余额，需在达到增值税纳税义务时点时才进行会计处理。会计分录如下：

借：应交税费－应交营业税

　　应交税费－应交城市维护建设税

　　应交税费－应交教育费附加

　　应交税费－应交地方教育费附加

贷：主营业务收入
　借：主营业务收入
　　贷：应交税费－待结转增值税额

2. 案例分析

【**案例 5-1**】乙建筑公司 A 项目的合同总金额为 16 600 万元，预计总成本为 15 604 万元，其中预计可抵扣的分包成本为 4 990 万元。截至 2016 年 4 月 30 日，累计发生成本 7 802 万元，实际已经发生并抵扣税款的分包成本为 1 560.4 万元，完工百分比为 50%，累计确认收入为 8 300 万元，累计确认工程结算（取得监理批量确认单）6 640 万元，实际收到业主支付的工程款为 5 312 万元，并已向业主开具了营业税发票。账面应交营业税及附加贷方余额为 100.39 万元，其中营业税 89.64 万元，城建税 6.274 8 万元；教育费附加 2.689 2 万元；地方教育费附加 1.792 8 万元。

A 项目部对于账面应交营业税及附加贷方余额应区分情况进行处理：

（1）营改增前已取得监理批量确认单，属于应交未交营业税部分，暂不进行账面处理。待实际缴纳营业税时，正常冲减应交营业税及附加等相关科目。具体计算及会计分录如下：

属于应交未交营业税部分工程结算额 =6 640-5 312=1 328（万元）

对应应交营业税 =1 328×3%=39.84（万元）

对应应交城建税 =39.84×7%=2.788 8（万元）

对应应交教育费附加 =39.84×3%=1.195 2（万元）

对应应交地方教育费附加 =39.84×2%=0.796 8（万元）

实际缴纳此部分营业税时，会计分录如下：

借：应交税费－应交营业税　　　　　　　　　　　398 400
　　应交税费－应交城市建设维护税　　　　　　　 27 888
　　应交税费－应交教育费附加　　　　　　　　　 11 952
　　应交税费－应交地方教育费附加　　　　　　　　7 968
　贷：银行存款　　　　　　　　　　　　　　　　446 208

（2）营改增后才能取得监理批量确认单，属于应交增值税部分，暂不进行账面处理。待取得监理批量确认单，达到增值税纳税义务时点时，进行会计处理。具体计算及会计分录如下：

属于应交增值税部分工程结算额 =8 300-6 640=1 660（万元）

对应应冲减的应交营业税 =1 660×3%=49.80（万元）

对应应冲减的应交城建税 =49.80×7%=3.486（万元）

对应应冲减的应交教育费附加 =49.80×3%=1.494（万元）

对应应冲减的应交地方教育费附加 =49.80×2%=0.996（万元）

待取得监理批量确认单，达到增值税纳税义务时点时，会计分录如下：

借：应交税费 – 应交营业税　　　　　　　　　　　　　498 000

　　应交税费 – 应交城市建设维护税　　　　　　　　　 34 860

　　应交税费 – 应交教育费附加　　　　　　　　　　　 14 940

　　应交税费 – 应交地方教育费附加　　　　　　　　　　9 960

贷：主营业务收入　　　　　　　　　　　　　　　　　557 760

由于增值税为价外税，因此在计算应交增值税时，需进行收入的换算调整。

即：1 660÷1.03×3%=48.3495（万元）

借：主营业务收入　　　　　　　　　　　　　　　　　483 495

　　贷：应交税费 – 待结转增值税额　　　　　　　　　483 495

（三）"应交税费 – 应交营业税"借方余额

1. 会计核算

"应交税金 – 应交营业税"科目账面余额为借方，表明截至2016年4月30日累计已确认建造合同收入小于营业税计税收入。对于已经缴纳营业税，尚未确认的收入及相关税费，也即在营改增后会计确认收入有部分为已缴纳过营业税，不需再缴纳增值税，但需根据2016年5月1日后，会计收入确认进度补计提税金及附加，直至应交税金及附加科目余额为零。

对于"应交税费 – 应交营业税"科目借方余额，营改增衔接时点，不进行会计处理。待实际与业主确认，应确认收入时，按照与收入配比的原则，补提税金及附加时，借记"税金及附加"科目，贷记"应交税费 – 应交营业税"、"应交税费 – 应交城建税"、"应交税费 – 应交教育费附加"、"应交税费 – 应交地方教育费附加"等科目。会计分录如下：

借：税金及附加

　　贷：应交税费 – 应交营业税

　　　　应交税费 – 应交城建税

　　　　应交税费 – 应交教育费附加

应交税费-应交地方教育费附加

2. 案例分析

【案例 5-2】B 项目的合同总金额为 21 200 万元，预计总成本为 19 822 万元，其中预计可抵扣的分包成本为 6 450 万元。截至 2016 年 4 月 30 日，预收业主支付的工程款 6 360 万元，缴纳了税金及附加，账面应交税费-应交营业税及附加借方余额为 213.70 万元，其中营业税 190.80 万元，城建税 13.36 万元；教育费附加 5.72 万元；地方教育费附加 3.82 万元。

B 项目部对于"应交税费-应交营业税"科目借方余额，营改增衔接时点，不进行会计处理。

二、预计总收入与预计总成本的调整

根据增值税价外税的特点要求，对未完工老项目，无论采用简易计税方法，还是采用一般计税方法，均应按照价税分离的原则重新确认合同预计总收入和合同预计总成本。

（一）简易计税方法

老项目选择简易计税方法，按照营业税改征增值税有关规定，以取得的全部价款和价外费用扣除支付的分包款后的余额为销售额。对分包款抵减的增值税额应增加合同预计总收入还是应冲减合同预计总成本，两种处理方法对合同预计总成本、合同预计总收入均有影响。

1. 分包抵税增加预计总收入

（1）合同预计总收入

营改增后，老项目简易计税法下合同预计总收入为按照营业税纳税义务发生时间确认的收入与增值税下不含税收入之和。计算公式如下：

预计总收入 = 按照营业税纳税义务发生时间应缴纳营业税对应的收入 +（营业税下预计总收入 - 按照营业税纳税义务发生时间应缴纳营业税对应的收入）÷（1+3% 征收率）+ 预计可抵扣的分包成本 ÷（1+3%）× 3%

按照营业税纳税义务发生时间确认的收入（下同），主要包括：

1）按照税法规定，在 2016 年 4 月 30 日之前，按照纳税义务发生时间缴纳营业税，对应的已经确认的主营业务收入部分。

2）按照税法规定，预收工程款已经完成营业税纳税义务，但尚未确认主营业务收入的部分。

（2）合同预计总成本

因简易计税不允许抵扣进项税额，合同预计总成本与营业税下合同预计总成本相同，不用进行价税分离。

2. 分包抵税减少预计总成本

（1）合同预计总收入

营改增后，老项目简易计税法下合同预计总收入为按照营业税纳税义务发生时间确认的收入与增值税下不含税收入之和。计算公式如下：

预计总收入＝按照营业税纳税义务发生时间应缴纳营业税对应的收入＋

（营业税下预计总收入－按照营业税纳税义务发生时间应缴纳营业税

对应的收入）÷（1+3%征收率）

（2）合同预计总成本

合同预计总成本为营业税下预计总成本扣除预计增值税下分包可抵税金额。计算公式如下：

合同预计总成本＝营业税下合同预计总成本－预计可抵扣的分包成本÷

（1+3%）×3%

3. 工程结算调整

按照增值税纳税义务发生时间，对营业税下已确认工程结算但未满足增值税纳税义务的部分进行价税分离，调整为不含税工程结算。计算公式如下：

分离的税额＝营业税下已确认工程结算未到增值税纳税义务发生时间的

部分÷（1+3%）×3%

调整工程结算的会计分录如下：

贷：工程结算（红字）

贷：应交税费－待结转增值税额－简易计税

4. 案例分析

【案例5-3】乙建筑公司A项目续【案例5-1】合同总金额为16 600万元，预计总成本为15 604万元，其中预计可抵扣的分包成本为4 990万元，合同完工进度按照累计实际发生的合同成本占合同预计总成本的比例确定。截至2016年4月30日，累计发生成本7 802万元，实际已经发生并抵扣税款的分包成本为1 560.4万元，完工百分比为50%，累计确认收入为8 300万元，累计确认工程结算（取得监理批量确认单）6 640万元，根据合同约定，业主支付的工程款为5 312万元，并已向业主开具了营业税发票。该项目选择适用简易计税方法。

（1）分包抵税增加预计总收入

A项目的合同预计总收入=营业税下完税收入+增值税下不含税收入
=5 312+（16 600-5 312）÷（1+3%）+（4 990-1 560.4）÷（1+3%）×3%
=16 371.1146（万元）

A项目的合同预计总成本=含税预算总成本=15 604（万元）

（2）分包抵税减少预计总成本

项目的合同预计总收入=营业税下完税收入+增值税下不含税收入
=5 312+（16 600-5 312）÷（1+3%）=16 271.2233（万元）

A项目的合同预计总成本=营业税下确认成本+增值税下不含税成本
=7 802+（15 604-7 802）-（4 990-1 560.4）÷（1+3%）×3%=15 504.1087（万元）

（3）工程结算调整

A项目的工程结算分离税额=（6 640-5 312）÷（1+3%）×3%=38.6796（万元）

A项目调整工程结算的会计分录如下：

贷：工程结算   -386 796

贷：应交税费-待结转增值税额-简易计税   386 796

（二）一般计税方法

1. 预计总收入

营改增政策实施后，选择一般计税的项目合同预计总收入为按照营业税纳税义务发生时间确认的收入与增值税下不含税收入之和。计算公式如下：

一般计税预计总收入=按照营业税纳税义务发生时间应缴纳营业税对应的收入+（营业税下预计总收入-按照营业税纳税义务发生时间应缴纳营业税对应的收入）÷（1+11%）

2. 预计总成本

一般计税老项目营改增后预计总成本包括营业税下累计实际发生的成本和剩余不含税预计总成本之和。计算公式如下：

合同预计总成本=营业税下累计实际发生的成本+（尚未发生的预计总成本-预计可抵扣进项税额）

3. 工程结算调整

按照增值税纳税义务发生时间，对营业税下已确认工程结算但未满足增值税纳税义务的部分进行价税分离，调整为不含税工程结算。计算公式如下：

分离的税额＝营业税下已确认工程结算未到增值税纳税义务发生时间的部分÷（1+11%）×11%

调整工程结算的会计分录如下：

  贷：工程结算（红字）

  贷：应交税费－待结转增值税额－一般计税

4. 案例分析

【**案例5-4**】乙建筑公司A项目续【案例5-3】，如果该项目选择适用一般计税方法，尚未发生的成本中预计可抵扣进项税为625万元，则：

（1）重新确认预计总收入

A项目的合同预计总收入＝营业税下完税收入＋增值税下不含税收入＝5312+（16 600-5 312）÷（1+11%）=15 481.3694（万元）

（2）重新确认预计总成本

A项目的合同预计总成本＝营业税下成本＋增值税下不含税成本＝7 802+（15 604-7 802-625）=14 979（万元）

（3）工程结算调整

A项目的工程结算分离税额＝(6 640-5 312)÷(1+11%)×11%=131.6036(万元)

A项目调整工程结算的会计分录如下：

  贷：工程结算（红字）　　　　　　　　　　　　　-1 316 036

  贷：应交税费－待结转增值税额－一般计税　　　　1 316 036

【**案例5-5**】乙建筑公司B项目续【案例5-2】合同总金额为21 200万元，预计总成本为19 822万元，其中预计增值税下可抵扣的进项税额为1 250万元，截至2016年4月30日，已经取得工程施工许可证，但工程尚未开工，仅预收业主支付的工程款6 360万元，缴纳了税金及附加213.70万元，该项目选择适用一般计税方法。

B项目的合同预计总收入＝营业税下完税收入＋增值税下不含税收入＝6 360+（21 200-6 360）÷（1+11%）=19 729.3694（万元）

B项目的合同预计总成本＝营业税下的预计总成本－预计可抵扣进项税额=19822-1 250=18 572（万元）

【操作提示】增值税下,确认预收账款对应的收入时,应按含税金额确认,并补提税金及附加,直至将应交税费-应交营业税及附加科目借方余额冲减至0为止。确认可抵扣进项税额时,应按照营业税对应收入的比例计算不可抵扣的进项税额。

第七节 投资业务会计核算

建筑企业的投资业务主要包括BT业务、BOT业务、PPP业务。

一、BT业务会计核算

BT项目实质上是建筑企业向业主提供信贷并招揽承包业务的一种交易方式,即投融资业务和建造业务。本节从业务分析入手,结合BT业务的税收政策,介绍BT业务涉税会计核算。

(一)业务分析

BT(Build-Transfer)即"建设-移交"业务,是基础设施项目建设领域中经常采用的一种投资建设业务,是指项目发起人与投融资人签订合同,由投融资人负责项目的融资建设,并在规定的时限内将竣工后的项目移交项目发起人,项目发起人根据事先签订的回购协议分期向投融资人支付项目总投资及确定的回报。

BT业务从业务承接和资产建设,到最后的资产移交,整个过程共有发起人、投资人、项目公司和实际建设单位四个参与主体,其中项目公司受发起人和投资人委托,负责BT项目的投资及建设管理,是BT项目的核心主体,本节以项目公司为会计主体,介绍BT项目的会计核算。

(二)税务处理

营改增前,财政部、国家税务总局层面一直没有出台关于BT业务的营业税政策,各省市对BT业务存在按"建筑业"、"建筑业+金融业"、"建筑业+代理业"、"转让不动产"等多种计税方法。

营改增后，财政部、国家税务总局层面仍未出台关于BT业务的增值税政策，目前仅有个别省份明确了BT业务的增值税处理。如湖北省，区分不同立项主体适用不同征税规定，如以投融资人名义立项，则项目公司按"转让不动产"征收增值税；如以业主名义立项，则项目公司按"提供建筑服务"征收增值税。

对于增值税政策不明确的事项，目前各地国税机关政策掌握是从营业税平移至增值税。因此，对于BT业务，如果当地并无明确的增值税政策，可参照营业税政策执行或其他省份的政策。建筑企业投资方应在承接项目阶段，与业主、相关政府部门及主管国税机关等积极沟通协调，提前确定BT项目的增值税征收政策。

（三）会计核算

1. 核算原则

在BT业务中，项目公司的运营模式包括"既作为投资主体又作为施工总承包主体"和"仅作为投资主体"两种。在这两种运营模式下，项目公司承担的职能不同，相应的会计核算也有所不同。

项目公司应根据自身承担项目职能的不同，并结合不同征税方式的影响，合理进行会计核算。借鉴财政部颁布的《企业会计准则解释2号》对BOT业务的会计处理，BT业务两种模式下项目公司的会计核算原则如下：

（1）建造期间，投资建设方若同时提供建造服务的，对于其所提供的建造服务，应当按照《建造合同准则》确认相关收入和费用；建造过程中发生的借款利息，应当按照《企业会计准则第17号——借款费用》（以下简称《借款费用准则》）的规定处理。

（2）建造期间，投资建设方仅进行发包，而未直接提供建造服务的，不应确认建造服务收入，应当按照建造过程中支付的工程价款等考虑合同规定，确认为金融资产。

两种模式下，BT业务所建造的基础设施均不应作为建设方的固定资产。下面分别介绍两种运营模式下项目公司的会计核算。

2. 项目公司既作为投资主体又作为施工总承包主体

项目公司既作为投资主体又作为施工总承包主体的，应按照《建造合同准则》和《借款费用准则》进行会计核算。建设阶段和回购阶段的会计核算如下：

(1) 建设阶段的会计核算

1) 与施工单位定期验工计价，并支付工程款：

借：工程施工 - 合同成本 - 分包成本

　　应交税费 - 一般计税应交增值税 - 进项税额（取得增值税专用发票并认证通过）

　　应交税费 - 待认证（确认）增值税额 - 一般计税（未取得增值税专用发票）

　　贷：银行存款/应付账款

待取得增值税专用发票，并认证通过后，将待认证增值税转入进项税额：

借：应交税费 - 一般计税应交增值税 - 进项税额

　　贷：应交税费 - 待认证（确认）增值税额 - 一般计税

2) 计提或支付银行利息：

借：工程施工 - 合同成本 - 利息支出

　　贷：应付利息/银行存款

3) 发生规划、招标、监理及其他管理及办公等费用：

借：工程施工 - 合同成本 - 其他直接费用

　　工程施工 - 合同成本 - 间接费用

　　应交税费 - 一般计税应交增值税 - 进项税额

　　贷：银行存款/应付账款

4) 月末按完工百分比确认工程收入和成本：

借：主营业务成本

　　工程施工 - 合同毛利

　　贷：主营业务收入

(2) 回购阶段的会计核算

1) 项目完工时，项目公司按照与业主确定的回购总价款：

借：长期应收款

　　贷：工程结算

　　　　应交税费 - 一般计税应交增值税 - 销项税额（已到付款时间）

　　　　应交税费 - 待结转增值税额 - 一般计税（未到付款时间）

同时，结转合同毛利：

借：工程结算

  贷：工程施工－合同成本

    工程施工－合同毛利

2）待到合同约定的付款时间，将待结转增值税额转入销项税额：

借：应交税费－待结转增值税额－一般计税

  贷：应交税费－一般计税应交增值税－销项税额

3）收到回购款时：

借：银行存款

  贷：长期应收款

3. 项目公司仅作为投资主体

项目公司仅作为投资主体，即仅承担投融资职能，不承担施工总承包职能。项目公司按照《借款费用准则》和《收入准则》进行会计核算。建设阶段和回购阶段的会计核算如下：

（1）建设阶段的会计处理

1）与施工单位定期验工计价，支付工程款：

借：长期应收款

  应交税费－一般计税应交增值税－进项税额（取得增值税专用发票并认证通过）

  应交税费－待认证（确认）增值税额－一般计税（未取得增值税专用发票）

  贷：银行存款／应付账款

待取得增值税专用发票，并认证通过后，将待认证增值税转入进项税额：

借：应交税费－－般计税应交增值税－进项税额

  贷：应交税费－待认证（确认）增值税额－一般计税

2）计提或支付银行利息：

借：长期应收款

  贷：应付利息／银行存款

3）发生规划、招标、监理及其他管理及办公等费用：

借：长期应收款

  应交税费－一般计税应交增值税－进项税额

  贷：银行存款／应付账款

（2）回购阶段的会计核算

1）项目完工时，项目公司按照与业主确定的回购基数（本金部分），并确认建安期间投资回报（建安期间利息部分）：

借：持有至到期投资－成本
　　持有至到期投资－应计利息
　贷：长期应收款
　　　投资收益
　　　应交税费－一般计税应交增值税－销项税额（已到付款时间）
　　　应交税费－待结转增值税额－一般计税（未到付款时间）

2）待到合同约定的付款时间，将待结转增值税额转入销项税额：

借：应交税费－待结转增值税额－一般计税
　贷：应交税费－一般计税应交增值税－销项税额

3）收到回购款，同时确认回购期的投资收益（回购期间利息部分）：

借：银行存款
　贷：持有至到期投资
　　　投资收益

（四）案例分析

1. 项目公司既作为投资主体又作为施工总承包主体

【案例6-1】湖北省武汉市某企业承接政府部门一项目，企业以政府部门的名义自行立项建设，工程建设预计不含税成本6 400万元。建设期从2016年7月1日开始到2017年6月30日结束移交验收，总回购金额为8 000万元（不含税），付款条件为自验收合格后分5年支付，每年2017年12月31日之前支付总回购金额的20%，即1 600万元（不含税）。假设每期验工计价时均取得全额增值税专用发票。

（1）2016年度会计核算（完工50%）

1）支付工程款及其他合同费用

借：工程施工－合同成本　　　　　　　　　　　　　　　　32 000 000
　　应交税费－一般计税应交增值税－进项税额　　　　　　 3 520 000
　贷：应付账款/银行存款等　　　　　　　　　　　　　　　35 520 000

2）按完工百分比确认工程收入和成本

借：主营业务成本 32 000 000
　　工程施工 – 合同毛利 8 000 000
　　贷：主营业务收入 40 000 000

（2）2017年度会计核算（完工100%）

1）支付工程款及其他合同费用

借：工程施工 – 合同成本 32 000 000
　　应交税费 – 一般计税应交增值税 – 进项税额 3 520 000
　　贷：应付账款／银行存款等 35 520 000

2）按完工百分比确认工程收入和成本

借：主营业务成本 32 000 000
　　工程施工 – 合同毛利 8 000 000
　　贷：主营业务收入 40 000 000

3）业主审定的项目支出金额，待确定的回购总价款

借：长期应收款 88 800 000
　　贷：工程结算 80 000 000
　　　　应交税费 – 待结转增值税额 – 一般计税 8 800 000

同时，结转合同毛利：

借：工程结算 80 000 000
　　贷：工程施工 – 合同成本 64 000 000
　　　　工程施工 – 合同毛利 16 000 000

（3）2017～2021年，每年12月31日收到回购款

借：银行存款 16 000 000
　　贷：长期应收款 16 000 000

同时，确认销项税额：

借：应交税费 – 待结转增值税额 – 一般计税 1 760 000
　　贷：应交税费 – 一般计税应交增值税 – 销项税额 1 760 000

2. 项目公司仅作为投资主体

【案例6-2】A建筑企业与某市政府签订×区市政路网及配套施工BT合同，工程造价不含税金额200 000万元。2016年7月1日开始建设，三年后完工。2016年完成工程造价50 000万元，2017年完成工程造价80 000万元，2018年完成工程造价70 000万元，均不含增值税。合同约定投资方在当地成立×项目

公司进行融资，并由 A 建筑公司负责施工总承包，政府以工程造价的 10% 作为建安期间投资回报，并以含税工程造价为基数按每年 8% 的利率支付回购利息。2018 年 12 月 31 日政府支付第一期回购款 20 000 万元（为建安期间投资回报）。

×项目公司的会计核算如下：

（1）2016 年、2017 年、2018 年共完成工程造价 200 000 万元，支付建设单位工程款，每年的会计分录：

1）2016 年度会计核算

借：长期应收款　　　　　　　　　　　　　　　　　　　500 000 000

　　应交税费 – 一般计税应交增值税 – 进项税额　　　　 55 000 000

　　贷：应付账款 / 银行存款　　　　　　　　　　　　　555 000 000

2）2017 年度会计核算

借：长期应收款　　　　　　　　　　　　　　　　　　　800 000 000

　　应交税费 – 一般计税应交增值税 – 进项税额　　　　 88 000 000

　　贷：应付账款 / 银行存款　　　　　　　　　　　　　888 000 000

3）2018 年度会计核算

借：长期应收款　　　　　　　　　　　　　　　　　　　700 000 000

　　应交税费 – 一般计税应交增值税 – 进项税额　　　　 77 000 000

　　贷：应付账款 / 银行存款　　　　　　　　　　　　　777 000 000

（2）2018 年 11 月，项目公司与业主审定项目支出金额，并确认回购基数如下：

回购基数 = 200 000（万元）

建安期间投资回报 = 200 000 × 10% = 20 000（万元）

建安期间投资回报应缴纳增值税 = 20 000 ÷（1+6%）× 6% = 1 132.0755（万元）

建安期间投资收益 = 20 000 - 1 132.0755 = 18 867.9245（万元）

借：持有至到期投资 – 成本　　　　　　　　　　　　　2 000 000 000

　　持有至到期投资 – 应计利息　　　　　　　　　　　　200 000 000

　　贷：长期应收款　　　　　　　　　　　　　　　　 20 000 000 000

　　　　投资收益　　　　　　　　　　　　　　　　　　 188 679 245

　　　　应交税费 – 待结转增值税额 – 一般计税　　　　　 11 320 755

（3）2018 年 12 月 31 日，根据合同约定收取回购款

借：银行存款　　　　　　　　　　　　　　　　　　　　200 000 000

　　贷：持有至到期投资 – 应计利息　　　　　　　　　　200 000 000

借：应交税费－待结转增值税额－一般计税 11 320 755

　　贷：应交税费－一般计税应交增值税－销项税额 11 320 755

二、BOT 业务会计核算

BOT 业务是建筑企业开展投资业务的另一种模式，包括建设、运营和移交三个阶段。本节从 BOT 业务实质出发，结合现行税收政策，介绍 BOT 业务的涉税会计核算。

（一）业务分析

BOT（Build-Operate-Transfer）即"建设—经营—转让"业务，是指政府通过契约授予私营企业（包括外国企业）以一定期限的特许专营权，许可其融资建设和经营特定的公用基础设施，并准许其通过向用户收取费用或出售产品来清偿贷款，回收投资并赚取利润；特许权期限届满时，该基础设施移交给政府。

项目公司是 BOT 项目的核心主体，建设期主要负责融通资金和管理实施项目建设；运营期在政府授予的特许经营权范围内，开展建设资产的运营业务；资产移交期主要与发起人办理资产移交手续。本节以项目公司为会计主体，介绍 BOT 业务建设期、运营期和资产移交期的会计核算。

（二）税务处理

根据《财政部国家税务总局关于进一步明确全面推开营改增试点有关劳务派遣服务收费公路通行费抵扣等政策的通知》（财税〔2016〕47 号）❶中规定：一般纳税人收取试点前开工的一级公路、二级公路、桥、闸通行费，可以选择适用简易计税方法，按照 5% 的征收率计算缴纳增值税。试点前开工，是指相关施工许可证注明的合同开工日期在 2016 年 4 月 30 日前。

（三）会计核算

1. 核算原则

在 BOT 业务中，项目公司在建造阶段的运营模式包括"既作为投资主体

---

❶ 以下简称"财税〔2016〕47 号文"。

又作为施工总承包主体"和"仅作为投资主体"两种。在这两种运营模式下，项目公司承担的职能不同，相应的会计核算也有所不同。

项目公司应根据自身承担项目职能的不同，并结合不同征税方式的影响，合理进行会计核算。根据财政部颁布的《企业会计准则解释 2 号》对 BOT 业务的会计处理，BOT 两种模式下项目公司的会计核算原则如下：

（1）建造期间，项目公司对于所提供的建造服务应当按照《建造合同准则》确认相关的收入和费用。基础设施建成后，项目公司应当按照《企业会计准则第 14 号——收入》（以下简称《收入准则》）确认与后续经营服务相关的收入。建造过程如发生借款利息，应当按照《借款费用准则》的规定处理。

在确认收入的同时，项目公司应分别按以下情况确认金融资产或无形资产：

1）合同规定基础设施建成后的一定期间内，项目公司可以无条件地自合同授予方收取确定金额的货币资金或其他金融资产的；或在项目公司提供经营服务的收费低于某一限定金额的情况下，合同授予方按照合同规定负责将有关差价补偿给项目公司的，应当在确认收入的同时确认金融资产，并按照《企业会计准则第 22 号——金融工具确认和计量》的规定处理。

2）合同规定项目公司在有关基础设施建成后，从事经营的一定期间内有权利向获取服务的对象收取费用，但收费金额不确定的，该权利不构成一项无条件收取现金的权利，项目公司应当在确认收入的同时确认无形资产。

（2）建造期间，项目公司未提供实际建造服务，将基础设施建造发包给其他方的，不应确认建造服务收入，应当按照建造过程中支付的工程价款等考虑合同规定，分别确认为金融资产或无形资产。

两种模式下，BT 业务所建造的基础设施均不应作为建设方的固定资产。

结合增值税相关规定，如果 BOT 项目是 2016 年 4 月 30 日以后新承接的项目，项目公司按价税分离原理分别核算建设阶段的不含税工程款、借款利息和其他费用支出及相应的进项税额；如果是 2016 年 4 月 30 日前承接的，建造一级公路、二级公路、桥、闸等的 BOT 项目，运营期收取的通行费，可以选择简易计税方法计税，因此，项目公司应按含税价核算建设阶段的工程款、利息和其他费用。以下以一般计税方法为例分别介绍两种运营模式下项目公司的会计核算。

2. 项目公司既作为投资主体又作为施工总承包主体

项目公司既作为投资主体又作为施工总承包主体的，应按照《建造合同准

则》、《借款费用准则》和《收入准则》进行会计核算。建设阶段、运营阶段和移交阶段的会计核算如下:

(1) 建设阶段的会计核算

1) 与施工单位定期验工计价,并支付工程款:

借:工程施工-合同成本-分包成本

  应交税费-一般计税应交增值税-进项税额(取得增值税专用发票并认证通过)

  应交税费-待认证(确认)增值税额-一般计税(未取得增值税专用发票)

贷:银行存款/应付账款

待取得增值税专用发票,并认证通过后,将待认证增值税转入进项税额:

借:应交税费-一般计税应交增值税-进项税额

  贷:应交税费-待认证(确认)增值税额-一般计税

2) 计提或支付银行利息:

借:工程施工-合同成本-利息支出

  贷:应付利息/银行存款

3) 发生规划、招标、监理及其他管理及办公等费用:

借:工程施工-合同成本-其他直接费用

  工程施工-合同成本-间接费用

  应交税费-一般计税应交增值税-进项税额

贷:银行存款/应付账款

4) 月末按完工百分比确认工程收入和成本:

借:主营业务成本

  工程施工-合同毛利

  贷:主营业务收入

(2) 建设阶段结束时的会计核算

建设期结束,根据承包合同约定,分别以下列两种情况确定金融资产或无形资产:

1) 如果合同约定项目公司从授予方(政府)取得货币或其他资产的,根据确定取得的货币金额或资产的公允价值,确认为金融资产;其余部分确认为无形资产:

借：持有至到期投资
　　无形资产－特许经营权－成本
　　贷：工程结算

同时，结转合同毛利：

借：工程结算
　　贷：工程施工－合同成本
　　　　工程施工－合同毛利

2）如果合同约定项目公司不从授予方（政府）取得货币或资产，则全额确认为无形资产：

借：无形资产－特许经营权－成本
　　贷：工程结算

同时，结转合同毛利：

借：工程结算
　　贷：工程施工－合同成本
　　　　工程施工－合同毛利

（3）运营阶段的会计核算

1）收取通行费等资产运营收益，按适用税率计提销项税额：

借：银行存款
　　贷：主营业务收入
　　　　应交税费－一般计税应交增值税－销项税额

2）摊销无形资产：

借：主营业务成本
　　贷：无形资产－特许经营权－累计摊销

3）从授予方（政府）取得货币或资产补偿：

借：银行存款
　　贷：持有至到期投资

（4）移交阶段的会计核算

BOT 项目在运营期已将建造成本和利润全部收回，大多采用无偿移交的方式将资产移交给授予方，不产生移交转让收益；移交资产对应的无形资产账面成本也已摊销完毕，因此，在移交阶段，项目公司一般不需要进行会计核算。

3. 项目公司仅作为投资主体

项目公司仅作为投资主体，即仅承担投融资职能，不承担施工总承包职能。项目公司应按照《借款费用准则》和《收入准则》进行会计核算。建设阶段、运营阶段和移交阶段的会计核算如下：

（1）建设阶段的会计核算

1）与施工单位定期验工计价，支付工程款：

借：在建工程 – 工程成本

　　应交税费 – 一般计税应交增值税 – 进项税额（取得增值税专用发票并认证通过）

　　应交税费 – 待认证（确认）增值税额 – 一般计税（未取得增值税专用发票）

贷：银行存款/应付账款

待取得增值税专用发票，并认证通过后，将待认证增值税转入进项税额：

借：应交税费 – 一般计税应交增值税 – 进项税额

　　贷：应交税费 – 待认证（确认）增值税额 – 一般计税

2）计提或支付银行利息：

借：在建工程 – 利息支出

　　贷：应付利息/银行存款

3）发生规划、招标、监理及其他管理及办公等费用：

借：在建工程 – 其他费用

　　应交税费 – 一般计税应交增值税 – 进项税额

　　贷：银行存款/应付账款

（2）建设阶段结束时的会计核算

建设期结束，根据承包合同约定，分别以下列两种情况确定金融资产或无形资产：

1）如果合同约定项目公司从授予方（政府）取得货币或其他资产的，根据确定取得的货币金额或资产的公允价值，确认为金融资产；其余部分确认为无形资产：

借：持有至到期投资

　　无形资产 – 特许经营权 – 成本

　　贷：在建工程

2）如果合同约定项目公司不从授予方（政府）取得货币或资产，则全额确认为无形资产：

借：无形资产 - 特许经营权 - 成本
　　贷：在建工程

（3）运营阶段的会计核算

1）收取通行费等资产运营收益，按适用税率计提销项税额：

借：银行存款
　　贷：主营业务收入
　　　　应交税费 - 一般计税应交增值税 - 销项税额

2）摊销无形资产：

借：主营业务成本
　　贷：无形资产 - 特许经营权 - 累计摊销

3）从授予方（政府）取得货币或资产补偿：

借：银行存款
　　贷：持有至到期投资

（4）移交阶段的会计核算

BOT项目在运营期已将建造成本和利润全部收回，大多采用无偿移交的方式将资产移交给授予方，不产生移交转让收益；移交资产对应的无形资产账面成本也已摊销完毕，因此，在移交阶段，项目公司一般不需要进行会计核算。

（四）案例分析

1. 项目公司既作为投资主体又作为施工总承包主体

【案例6-3】某市A建筑公司于2015年12月15日采用BOT参与公共基础设施建设，投资建设高速公路。工程由A建筑公司建设，B项目公司作为工程的总承包方，负责建设、投资、融资等，特许经营期为8年。于2016年7月开始建设，2017年底完工，2018年1月开始运行生产。高速公路建设总投资6 000万元（含税）。B项目公司2016年实际发生合同费用2 400万元，2017年实际发生合同费用3 600万元。2018年全年实现通行费运营收入1 000万元（不含税），B项目公司选择简易计税方法计税。特许经营期满后，该高速公路将无偿移交给政府。

（1）2016年度会计核算（完工40%）

1）支付工程款及其他合同费用

借：工程施工－合同成本　　　　　　　　　　　24 000 000
　　贷：银行存款／应付账款　　　　　　　　　24 000 000

2）按完工百分比确认工程收入和成本

借：主营业务成本　　　　　　　　　　　　　24 000 000
　　贷：主营业务收入　　　　　　　　　　　　24 000 000

（2）2017年度会计核算（完工100%）

1）支付工程款及其他合同费用

借：工程施工－合同成本　　　　　　　　　　　36 000 000
　　贷：银行存款／应付账款　　　　　　　　　36 000 000

2）按完工百分比确认工程收入和成本

借：主营业务成本　　　　　　　　　　　　　36 000 000
　　贷：主营业务收入　　　　　　　　　　　　36 000 000

3）按工程成本确认无形资产

借：无形资产－特许经营权－成本　　　　　　60 000 000
　　贷：工程结算　　　　　　　　　　　　　　60 000 000

4）结转工程施工及工程结算

借：工程施工－合同成本　　　　　　　　　　　60 000 000
　　贷：工程结算　　　　　　　　　　　　　　60 000 000

（3）2018年度会计核算

1）确认通行费运营收入

借：银行存款　　　　　　　　　　　　　　　10 600 000
　　贷：主营业务收入　　　　　　　　　　　　10 000 000
　　　　应交税费－一般计税应交增值税－销项税额　　600 000

2）摊销无形资产

借：主营业务成本　　　　　　　　　　　　　　7 500 000
　　贷：无形资产－特许经营权－累计摊销　　　　7 500 000

2. 项目公司仅作为投资主体

【案例6-4】某市A建筑公司2016年5月10日采用BOT参与公共基础设施建设，投资建设高速公路。A建筑公司成立B项目公司，B项目公司进行该项目的融资、投资和运营管理，A建筑公司作为该项目的总承包单位负责项目施工。项目从2016年7月1日开始建设，2016年实际发生合同费用

2 220万元,2017年实际发生合同费用4 440万元,2017年12月31日竣工验收,2018～2026年为政府授予B项目公司8年的运营期,运营期取得通行费收入归B项目公司所有,授予方不再支付任何货币或资产给B项目公司。2027年将该高速公路无偿移交给授予方。该项目实际建造成本6 660万元(含税价)。2018年投入运营,2018年全年实现运营收入1 110万元(含税价)。

(1)2016年度会计核算

支付工程款及其他合同费用:

借:在建工程	20 000 000
应交税费－一般计税应交增值税－进项税额	2 200 000
贷:银行存款/应付账款	22 200 000

(2)2017年度会计核算

1)支付工程款及其他合同费用:

借:在建工程	40 000 000
应交税费－一般计税应交增值税－进项税额	4 400 000
贷:银行存款/应付账款	44 400 000

2)按在建工程成本确认无形资产

借:无形资产－特许经营权－成本	60 000 000
贷:在建工程	60 000 000

(3)2018年度会计核算

1)确认通行费收入

借:银行存款	11 100 000
贷:主营业务收入	10 000 000
应交税费－一般计税应交增值税－销项税额	1 100 000

2)摊销无形资产

借:主营业务成本	7 500 000
贷:无形资产－特许经营权－累计摊销	7 500 000

三、PPP业务会计核算

PPP业务模式是指政府与社会资本为提供公共产品或服务而建立的合作模式,它广义上是指一系列项目融资模式的总称。目前,PPP业务模式分为非经营性、经营性和准经营性三类，本节主要介绍这三类PPP业务的会计核算。

（一）业务分析

PPP业务模式是政府通过政府采购形式与中标投资人组成的特殊目的公司签订特许合同（特殊目的公司一般是由中标的建筑公司、服务经营公司或对项目进行投资的第三方组成的股份有限公司），由特殊目的公司负责筹资、建设及经营。这种融资形式实质是政府通过给予社会资本所组建的公司长期的特许经营权和收益权来换取基础设施加快建设及有效运营。

非经营性PPP业务指对于缺乏"使用者付费"基础、主要依靠"政府付费"回收投资成本的项目，非经营性PPP业务类似于BT业务，例如：传统项目资产移交模式的BT项目及股权移交的BT项目。

经营性项目指对于具有明确的收费基础，并且经营收费能够完全覆盖投资成本的项目，可通过政府授予特许经营权，采用建设—运营—移交（BOT）、建设—拥有—运营—移交（BOOT）等模式推进；准经营性项目指对于经营收费不足以覆盖投资成本、需政府补贴部分资金或资源的项目，可通过政府授予特许经营权附加部分补贴或直接投资参股等措施，采用建设—运营—移交（BOT）、建设—拥有—运营（BOOT）等模式推进。因此，经营性和准经营性PPP业务类似于BOT业务。

（二）税法规定

目前，税法未对PPP业务如何纳税做出规定，由于PPP业务与BT业务和BOT业务类似，因此，PPP业务的适用税目和税率，以及涉税会计处理，都可以参照BT业务和BOT业务来执行。

（三）会计核算

1. 非经营性PPP项目

非经营性PPP业务的会计核算与BT业务的会计核算相似，可参见本节"一、BT业务会计核算/（三）会计核算"。

2. 经营性和准经营性PPP项目

经营性和准经营性PPP业务的会计核算与BOT业务的会计核算相似，可参见本节"二、BOT业务会计核算/（三）会计核算"。

第八节 境外工程出口业务

伴随我国走出去发展战略以及建筑企业自身业务发展需求,很多建筑企业在境外承接工程,为境外单位提供建筑施工、工程监理、工程设计等与施工相关的服务。本节从境外业务实质入手,结合境外工程的税收政策,介绍境外工程相关出口业务的增值税的会计核算。

一、业务分析

建筑企业境外单位提供的建筑服务过程中,涉及的主要业务为:工程设备物资出口、工程设计服务和工程设计领域的离岸服务外包、建筑施工服务、工程监理服务等。

二、税务处理

(一)工程设备物资出口

境外工程施工建设所需的设备物资,由建筑企业在中国境内采购,然后出口至境外用于工程建设。根据《财政部国家税务总局关于出口货物劳务增值税和消费税政策的通知》(财税〔2012〕39号)❶中规定,设备物资出口适用免抵退税或免退税优惠政策。

(二)设计服务和工程设计领域的离岸外包

建筑设计企业为境外承包工程提供设计服务或工程设计领域的离岸外包服务,根据财税〔2016〕36号文规定,适用零税率优惠政策。

根据《国家税务总局关于发布<营业税改征增值税跨境应税行为增值税免税管理办法(试行)>的公告》(国家税务总局公告2016年第29号)❷中的规定,设计服务和离岸服务外包业务,符合零税率政策但适用简易计税方法或声明放

---

❶ 以下简称"财税〔2012〕39号文"。
❷ 以下简称"国家税务总局公告2016年第29号文"。

弃适用零税率可以选择免征增值税。

（三）建筑施工服务

建筑企业为境外工程提供建设施工服务，根据财税〔2016〕36号文规定，所取得的建筑施工收入适用免征增值税优惠政策。

根据国家税务总局公告2016年第29号文及《国家税务总局关于在境外提供建筑服务等有关问题的公告》(国家税务总局公告2016年第69号) ❶ 的规定，工程项目在境外的建筑服务：工程总承包方和工程分包方为施工地点在境外的工程项目提供的建筑服务，均属于工程项目在境外的建筑服务。

（四）工程监理服务

建筑企业为境外工程提供监理服务，根据财税〔2016〕36号文规定，所取得的监理服务收入适用免征增值税优惠政策。

三、会计核算

以下分别介绍设备物资出口、设计服务和工程设计领域的离岸服务外包、建筑施工和工程监理服务的境外工程出口业务的会计核算。

（一）设备物资出口

根据财税〔2012〕39号文规定，生产企业货物出口适用免抵退税办法计算退税，外贸企业和其他企业适用免退税办法计算退税。建筑企业承包境外工程出口设备物资，应向主管税务机关申请办理退税计算办法的认定，根据主管税务机关认定的免抵退税、免退税计算办法进行相应的会计核算。

1. 免抵退税办法的会计核算

（1）建筑企业国内采购设备物资，会计处理如下：

借：原材料／库存商品／固定资产
　　应交税费－一般计税应交增值税－进项税额
　　贷：应付账款／银行存款

---

❶ 以下简称"国家税务总局公告2016年第69号文"。

（2）建筑企业将采购的设备物资报关出口，会计处理如下：

借：应收账款

  贷：主营业务收入－出口设备收入

注：当月出口的货物，需在次月的增值税纳税申报期内，向主管税务机关办理免税申报。

（3）办理免抵退税申报当期的会计处理

建筑企业在规定的期限内收齐凭证办理免抵退税申报，申报当期需按免抵退税办法，计算当期免抵税额和应退税额，具体如下：

①计算"当期不得免征和抵扣税额"，并做如下会计处理：

借：主营业务成本

  贷：应交税费－一般计税应交增值税－进项税额转出

当期不得免征和抵扣税额的计算公式如下：

当期不得免征和抵扣税额＝当期出口货物离岸价 × 外汇人民币折合率 ×（出口货物适用税率－出口货物退税率）－当期不得免征和抵扣税额抵减额

当期不得免征和抵扣税额抵减额＝当期免税购进原材料价格 ×（出口货物适用税率－出口货物退税率）

②按"当期应纳税额＝当期销项税额－（当期进项税额－当期不得免征和抵扣税额）"公式计算当期应纳税额。

如果当期应纳税额为正数，会计处理如下：

借：应交税费－－般计税应交增值税－转出未交增值税

  贷：应交税费－未交增值税－结转一般计税

如果当期应纳税额为负数，产生期末留抵税额，不需要做会计处理，按免抵退税办法的计算公式，接着计算"当期免抵退税额"。

③按"当期免抵退税额＝当期出口货物离岸价 × 外汇人民币折合率 × 出口货物退税率－当期免抵退税额抵减额"公式，计算当期免抵退税额。

如果当期期末留抵税额大于当期免抵退税额，当期应退税额为当期免抵退税额，会计处理如下：

借：其他应收款－应收出口退税

  贷：应交税费－一般计税应交增值税－出口退税

如果当期期末留抵税额小于当期免抵退税额，当期期末留抵税额为当期的实际退税额，当期免抵税额＝当期免抵退税额－当期应退税额，会计处理如下：

借：其他应收款－应收出口退税

应交税费 - 一般计税应交增值税 - 出口抵减内销产品应纳税额

贷：应交税费 - 一般计税应交增值税 - 出口退税

（4）收到退税款会计处理如下：

借：银行存款

贷：其他应收款 - 应收出口退税

2. 免退税办法

（1）建筑企业国内采购设备物资，会计处理如下：

借：原材料 / 库存商品

应交税费 - 一般计税应交增值税 - 进项税额

贷：应付账款 / 银行存款

（2）建筑企业将采购的设备物资报关出口，会计处理如下：

借：应收账款

贷：主营业务收入 - 出口设备收入

注：当月出口的货物，需在次月的增值税纳税申报期内，向主管税务机关办理免税申报。

（3）办理免退税申报当期的会计处理

建筑企业在规定的期限内收齐凭证办理退税申报，在办理退税申报当期做如下会计处理：

根据计算的退税金额做如下会计处理：

借：其他应收款 - 应收出口退税款

贷：应交税费 - 一般计税应交增值税 - 出口退税

退税率与征税率的差额做进项税转出处理：

借：主营业务成本

贷：应交税费 - 一般计税应交增值税 - 进项税额转出

（4）收到退税款会计处理如下：

借：银行存款

贷：其他应收款 - 应收出口退税款

（二）设计服务和工程设计领域的离岸服务外包出口

建筑企业为境外单位提供设计服务和工程设计领域的离岸服务外包业务时，根据国家税务总局公告 2016 年第 29 号文规定，可以放弃适用零税率选择免税政策。所以，以下将分别介绍选择免税和适用零税率的会计核算。

1. 选择免税政策的会计核算

建筑企业向境外提供设计服务和工程设计领域的离岸服务外包业务,虽然符合零税率政策,但因该业务采用简易计税方法或声明放弃零税率,向主管税务机关申请办理《出口退(免)税资格认定》,确定按免税计算方法办理,相应免税的会计核算如下:

(1)取得设计服务收入,不需计算销项税额,会计处理如下:

借:应收账款

  贷:主营业务收入-设计服务收入

(2)支付与设计服务相关的成本,不允许抵扣进项税额,会计处理如下:

借:主营业务成本

  贷:应付账款/银行存款

(3)收取设计服务款项

借:银行存款

  贷:应收账款

2. 适用零税率的会计处理

建筑企业向境外提供设计服务和工程设计领域的离岸服务外包业务,根据财税〔2016〕36号文规定,适用零税率政策,企业应向主管税务机关申请办理《出口退(免)税资格认定》,确定免抵退税或免退税的退税计算方法,并进行相应的会计核算。

(1)免抵税计算办法的会计核算

1)购入设计服务的会计处理如下:

借:主营业务成本-设计服务成本/管理费用

  应交税费-一般计税应交增值税-进项税额

  贷:应付账款/银行存款

2)取得境外企业支付的设计服务收入:

借:银行存款

  贷:主营业务收入-设计服务收入

注:当月出口的货物,需在次月的增值税纳税申报期内,向主管税务机关办理免税申报。

3)收齐凭证办理免抵退税申报,并计算免抵税额和应退税额,相应的会计处理与货物出口免抵退税的处理相同,在此不在复述,详见本部分"(一)设备物资出口/1.免抵退税办法的会计核算/(3)办理免抵退税申报当期的会计处理"。

（2）免退税计算办法的会计核算

1）购入境内设计服务的会计处理如下：

借：主营业务成本 - 设计服务成本/管理费用

　　应交税费 - 一般计税应交增值税 - 进项税额

　　贷：应付账款/银行存款

2）取得境外企业支付的设计服务收入

借：银行存款

　　贷：主营业务收入 - 设计服务收入

注：当月出口的货物，需在次月的增值税纳税申报期内，向主管税务机关办理免税申报。

3）收齐凭证办理免退税申报，并计算应退税额，相应的会计处理与货物出口免退税的处理相同，在此不在复述，详见本部分"（一）设备物资出口/2.免退税办法的会计核算/（3）办理免退税申报的会计处理"。

（三）建筑施工、监理服务

建筑企业为境外单位提供建筑施工、监理服务，根据财税〔2016〕36号文规定，适用免税政策，会计处理如下：

（1）支付境外工程成本，不允许抵扣进项税额，会计处理如下：

借：工程施工

　　贷：应付账款/银行存款

（2）办理工程结算，不需要分离确认销项税额或待结转销项税额，会计处理如下：

借：应收账款

　　贷：工程结算

（3）根据合同约定收取工程款，会计处理如下：

借：银行存款

　　贷：应收账款

注：当月收取工程款，需在次月的增值税纳税申报期内，向主管税务机关办理免税申报。

四、案例分析

【**案例6-5**】A建筑企业承接一项境外工程，主管税务机关认定A建筑企业以免抵退税方法来计算出口退税。本月购进货物取得增值税专用发票，准予抵扣的进项税额为 68 万元，期初留抵税额为 4 万元，本月内销货物销售额 100 万元，增值税销项税额 17 万元，本月出口货物销售额为 200 万元。

（1）购进货物会计处理

借：库存商品　　　　　　　　　　　　　　　　　　　　　　　4 000 000

　　应交税费 – 一般计税应交增值税 – 进项税额　　　　　　　 680 000

　贷：应付账款 / 银行存款　　　　　　　　　　　　　　　　　4 680 000

（2）内销货物取得收入的会计处理

借：应收账款　　　　　　　　　　　　　　　　　　　　　　　1 170 000

　贷：主营业务收入　　　　　　　　　　　　　　　　　　　　1 000 000

　　　应交税费 – 一般计税应交增值税 – 销项税额　　　　　　　 170 000

（3）出口货物取得收入的会计处理

借：应收账款　　　　　　　　　　　　　　　　　　　　　　　2 000 000

　贷：主营业务收入　　　　　　　　　　　　　　　　　　　　2 000 000

（4）免抵退税计算的会计核算

1）当期不得免征和抵扣税额 =200×（17% – 15%）=4 万元，会计处理如下：

借：主营业务成本　　　　　　　　　　　　　　　　　　　　　　40 000

　贷：应交税费 – 一般计税应交增值税 – 进项税额转出　　　　　 40 000

2）当期应纳税额 =17-（4 + 68-4）=-51 万元，为留抵税额，不需做会计处理。

3）免抵税额 =200×15%=30 万元，小于期末留抵税额 51 万元，当期应退税额为免抵税额 30 万元，会计处理如下：

借：其他应收款 – 应收出口退税　　　　　　　　　　　　　　　 300 000

　贷：应交税费 – 一般计税应交增值税 – 出口退税　　　　　　　 300 000

如果当期应纳税额为 –17 万元，也即期末留抵税额为 17 万元，期末留抵税额小于免抵税额，当期应退税额为期末留抵税额 17 万元，当期免抵税额为 13 万元，会计核算如下：

借：其他应收款 – 应收出口退税　　　　　　　　　　　　　　　 170 000

　　应交税费 – 一般计税应交增值税 – 出口抵减内销产品应纳税额　130 000

　贷：应交税费 – 一般计税应交增值税 – 出口退税　　　　　　　3 000 000

(5) 收到退税款的会计处理

借：银行存款　　　　　　　　　　　　　　　　　　　　　　　300 000
　　贷：其他应收款 – 应收出口退税　　　　　　　　　　　　300 000

【案例6-6】 A建筑企业承接境外公司，出口境外工程施工设备及物资，主管税务机关认定A建筑企业的退税计税方法为免退税，A建筑企业当期国内采购物资不含税金额为100万元，取得增值税专用发票，进项税额为17万元，退税率为15%。不考虑其他情况，则A建筑企业的会计核算如下：

(1) 国内采购物资的会计核算：

借：库存商品　　　　　　　　　　　　　　　　　　　　　　1 000 000
　　应交税费 – 一般计税应交增值税 – 进项税额　　　　　　　170 000
　　贷：应付账款 / 银行存款　　　　　　　　　　　　　　　1 170 000

(2) 该物资当期出口并收齐单证，办理了退税申报，会计核算如下：

借：其他应收款 – 应收出口退税　　　　　　　　　　　　　　150 000
　　贷：应交税费 – 一般计税应交增值税 – 出口退税　　　　　150 000
借：主营业务成本　　　　　　　　　　　　　　　　　　　　　20 000
　　贷：应交税费 – 一般计税应交增值税 – 进项税额转出　　　 20 000

(3) 收到退税款的会计核算：

借：银行存款　　　　　　　　　　　　　　　　　　　　　　　150 000
　　贷：其他应收款 – 应收出口退税　　　　　　　　　　　　150 000

第四章
增值税纳税申报管理

建筑行业特点鲜明，跨地区经营，流动性强，生产周期长，交叉作业和分包作业普遍。针对建筑企业普遍异地提供建筑服务的经营特殊性，财税〔2016〕36号文和国家税务总局公告2016年第17号文明确，建筑企业的纳税申报实行"在项目所在地预缴税款，在机构所在地纳税申报"的征管原则。因此，建筑企业应结合自身管理特点，按照"项目部+机构"做好两级纳税申报管理。

由于大部分建筑企业一般均符合一般纳税人的认定标准，因此，本章主要是介绍一般纳税人建筑企业的纳税申报管理。本章第一节以国家税务总局公告2016年第17号文的规定为主线，明确建筑企业的纳税申报要求；第二节结合建筑企业行业特点提出"项目部+机构"两级管理的纳税申报管理要点；第三节和第四节从实操的角度对纳税申报表逐表逐项进行深度分析；第五节以"第三章增值税会计核算"中的案例为基础，详细讲解全套纳税申报表的填写方法。

第一节　纳税申报要求

在营业税下，建筑业的纳税申报地点为建筑劳务发生地。营改增后，建筑业的纳税申报地点改为机构所在地。为避免税源变动过大，对跨县（市、区）提供建筑服务的，政策要求采取先在项目所在地预缴税款，再回到机构所在地申报纳税的方式。因此，建筑企业应掌握"项目部+机构"的纳税申报征管要求。

一、纳税申报相关税收法规

与增值税纳税申报相关的税收法规政策如表4-1所示。

增值税纳税申报相关税收法规　　　　　　　　　　表4-1

文件号	文件名	备注
主席令2001年第四十九号及国务院令2012年第628号	《中华人民共和国税收征收管理法》及其实施细则	规定纳税申报的总体要求以及违反规定的法律责任
国务院令2008年第538号及财政部、国家税务总局令2008年第50号	《中华人民共和国增值税暂行条例》及其实施细则	规定原增值税纳税人的纳税期限和纳税地点
财税〔2016〕36号	《财政部国家税务总局关于全面推开营业税改征增值税试点的通知》	规定营改增纳税人的纳税期限和纳税地点
国家税务总局公告2016年第17号	《国家税务总局关于发布〈纳税人跨县（市、区）提供建筑服务增值税征收管理暂行办法〉的公告》	规定纳税人跨县（市、区）提供建筑服务的预缴及申报要求
国家税务总局公告2016年第13号	《国家税务总局关于全面推开营业税改征增值税试点后增值税纳税申报有关事项的公告》❶	公布了新版的《增值税纳税申报表》及其附列资料、《增值税预缴税款表》
国家税务总局公告2016年第27号	《国家税务总局关于调整增值税纳税申报有关事项的公告》❷	对《本期抵扣进项税额结构明细表》进行调整
国家税务总局公告2016年第30号	《国家税务总局关于营业税改征增值税部分试点纳税人增值税纳税申报有关事项调整的公告》❸	新增《营改增税负分析测算明细表》

---

❶　以下简称"国家税务总局公告2016年第13号文"。
❷　以下简称"国家税务总局公告2016年第27号文"。
❸　以下简称"国家税务总局公告2016年第30号文"。

续表

文件号	文件名	备注
国家税务总局公告 2016 年第 75 号	《国家税务总局关于调整增值税一般纳税人留抵税额申报口径的公告》❶	调整留抵税额申报口径

二、纳税申报总体要求

根据《税收征收管理法》的规定，纳税人必须依照法律、行政法规规定或者税务机关依照法律、行政法规规定确定的申报期限、申报内容如实办理纳税申报，报送纳税申报表、财务会计报表以及税务机关根据实际需要要求纳税人报送的其他纳税资料。

纳税人不能按期办理纳税申报的，经税务机关核准，可以延期申报。经核准延期办理前款规定的申报、报送事项的，应当在纳税期内按照上期实际缴纳的税额或者税务机关核定的税额预缴税款，并在核准的延期内办理税款结算。

纳税人在纳税期内没有应纳税款的，也应当按照规定办理纳税申报。

纳税人享受减税、免税待遇的，在减税、免税期间应当按照规定办理纳税申报。

（一）纳税期限

1. 政策规定

财税〔2016〕36 号文规定,增值税的纳税期限分别为 1 日、3 日、5 日、10 日、15 日、1 个月或者 1 个季度。纳税人的具体纳税期限，由主管税务机关根据纳税人应纳税额的大小分别核定。

纳税人以 1 个月或者 1 个季度为 1 个纳税期的，自期满之日起 15 日内申报纳税；以 1 日、3 日、5 日、10 日或者 15 日为 1 个纳税期的，自期满之日起 5 日内预缴税款，于次月 1 日起 15 日内申报纳税并结清上月应纳税款。

2. 操作提示

建筑企业的纳税期限一般为 1 个月，自期满之日起 15 日内申报纳税，遇最后一日为法定节假日的，顺延 1 日，1~15 日内有连续 3 日以上法定休假

---

❶ 以下简称"国家税务总局公告 2016 年第 75 号文"。

日的，按休假日天数顺延。

（二）纳税地点

1. 政策规定

财税〔2016〕36 号文规定，固定业户应当向其机构所在地或者居住地主管税务机关申报纳税。非固定业户应当向应税行为发生地主管税务机关申报纳税；未申报纳税的，由其机构所在地或者居住地主管税务机关补征税款。

国家税务总局公告 2016 年第 17 号文规定，纳税人跨县（市、区）提供建筑服务，应按照财税〔2016〕36 号文规定的纳税义务发生时间和计税方法，向建筑服务发生地主管国税机关预缴税款，向机构所在地主管国税机关申报纳税。

2. 操作提示

建筑企业属于固定业户，其纳税申报地点为机构所在地主管国税机关。

对于有跨县（市、区）工程项目的建筑企业，应按规定先在建筑服务发生地（即项目所在地）预缴税款，再向机构所在地申报纳税。

三、预缴申报具体要求

（一）预缴范围

1. 政策规定

国家税务总局公告 2016 年第 17 号文规定，跨县（市、区）提供建筑服务，是指纳税人在其机构所在地以外的县（市、区）提供建筑服务。

纳税人在同一直辖市、计划单列市范围内跨县（市、区）提供建筑服务的，由直辖市、计划单列市国家税务局决定是否适用本办法。

2. 操作提示

（1）在机构所在地提供建筑服务不需预缴税款

预缴申报仅针对建筑企业提供建筑服务的项目所在地和机构所在地不在同一县（市、区）的情形，如果项目所在地和机构所在地在同一县（市、区），则不需预缴税款，直接由机构按规定申报纳税。这里的（市、区）是指与"县"平级的不设区的市和市辖区。

（2）关注直辖市、计划单列市的预缴申报要求

对于机构所在地在直辖市、计划单列市的建筑企业，在其所在直辖市、计

划单列市范围内跨县（市、区）提供建筑服务是否需要预缴税款，应关注该直辖市、计划单列市国家税务局的预缴申报要求。

对于机构所在地不在直辖市、计划单列市的建筑企业，到直辖市、计划单列市范围内跨县（市、区）提供多项建筑服务是否需要按县（市、区）分别预缴税款，应关注该直辖市、计划单列市国家税务局的预缴申报要求。

（二）分项目预缴

1. 政策规定

国家税务总局公告 2016 年第 17 号文规定，纳税人应按照工程项目分别计算应预缴税款，分别预缴。

2. 操作提示

对于在异地的同一县（市、区）范围内有多个工程项目的，应当由各项目部分别计算预缴税款，分别向主管国税机关申报预缴税款。

（三）预缴税款计算

1. 政策规定

国家税务总局公告 2016 年第 17 号文规定，跨县（市、区）提供建筑服务，按照以下规定预缴税款：

（1）一般纳税人跨县（市、区）提供建筑服务，适用一般计税方法计税的，以取得的全部价款和价外费用扣除支付的分包款后的余额，按照 2% 的预征率计算应预缴税款。

应预缴税款 =（全部价款和价外费用 - 支付的分包款）÷（1+11%）× 2%

（2）一般纳税人跨县（市、区）提供建筑服务，选择适用简易计税方法计税的，以取得的全部价款和价外费用扣除支付的分包款后的余额，按照 3% 的征收率计算应预缴税款。

应预缴税款 =（全部价款和价外费用 - 支付的分包款）÷（1+3%）× 3%

（3）纳税人取得的全部价款和价外费用扣除支付的分包款后的余额为负数的，可结转下次预缴税款时继续扣除。

2. 操作提示

（1）对于适用简易计税方法的建筑服务项目来说，其预缴税款的计算和应纳税额的计算公式一致。因此，对于选择简易计税方法的工程项目，其实现的增值税全部在项目所在地缴纳入库。

（2）一般计税方法和简易计税方法分别适用不同的预征率，但在应预缴税款的计算公式中，"全部价款和价外费用"和"支付的分包款"均为含税价款。

（3）对于工程项目当期"全部价款和价外费用－支付的分包款"为负数的，可结转下次预缴时继续扣除。但在实际操作中，此种情形在部分省市可能无法进行申报，对此，建筑企业仍应按规定填写《增值税预缴税款表》留存备查，并做好台账管理，以备下次预缴时准确计算应预缴税款。

（四）分包扣除凭证

1. 政策规定

国家税务总局公告 2016 年第 17 号文规定，按照上述规定从取得的全部价款和价外费用中扣除支付的分包款，应当取得符合法律、行政法规和国家税务总局规定的合法有效凭证，否则不得扣除。

上述凭证是指：

（1）从分包方取得的 2016 年 4 月 30 日前开具的建筑业营业税发票。上述建筑业营业税发票在 2016 年 6 月 30 日前可作为预缴税款扣除凭证。

（2）从分包方取得的 2016 年 5 月 1 日后开具的，备注栏注明建筑服务发生地所在县（市、区）、项目名称的增值税发票。

（3）国家税务总局规定的其他凭证。

2. 操作提示

（1）建筑企业从分包方取得的营改增前开具但尚未扣除的建筑业营业税发票，可在 2016 年 6 月 30 日以前申报预缴税款时扣除。

（2）从分包方取得的 2016 年 5 月 1 日后开具的增值税发票，包括增值税专用发票和增值税普通发票，由于需要分建筑工程项目分别预缴税款，为了保证扣除的分包款与项目一一对应，开具的增值税发票必须在备注栏注明建筑服务发生地所在县（市、区）、项目名称。

（五）预缴申报资料

1. 政策规定

根据《国家税务总局关于营改增试点若干征管问题的公告》（国家税务总

局公告 2016 年第 53 号）❶文件规定，纳税人跨县（市、区）提供建筑服务，在向建筑服务发生地主管国税机关预缴税款时，需提交以下资料：

（1）与发包方签订的建筑合同复印件；

（2）与分包方签订的分包合同复印件；

（3）从分包方取得的发票复印件。

2. 操作提示

（1）预缴税款要求按项目分别申报，对于在异地的同一县（市、区）范围内有多个工程项目的，各项目应分别填写计算预缴税款，分别填写《增值税预缴税款表》，分别向主管国税机关预缴税款。

（2）计算应预缴税款时可以扣除支付的分包款，前提是要提供与分包方签订的合同及从分包方取得的发票。如果不能按要求提供符合条件的分包发票，支付的分包款不允许在预缴税款时扣除。

（六）预缴义务发生时间及期限

1. 政策规定

国家税务总局公告 2016 年第 17 号文规定，跨县（市、区）提供建筑服务，应按照财税〔2016〕36 号文规定的纳税义务发生时间和计税方法，向建筑服务发生地主管国税机关预缴税款，向机构所在地主管国税机关申报纳税。

2. 操作提示

（1）预缴义务发生时间

根据上述规定，预缴义务发生时间应与纳税义务发生时间一致。因此，判断是否应预缴税款，应根据纳税义务发生时间的规定进行判断。

财税〔2016〕36 号文规定的纳税义务发生时间的判断标准包括"收到预收款的当天"、"收到工程款的当天"、"合同约定的付款日期"、"开具发票的当天"以及"建筑服务完成的当天"。在实际操作中，可根据建筑企业与业主签订合同的以下两种情形进行纳税义务的判断：

1）在签订合同且明确约定付款日期的情况下，建筑企业提供建筑服务的纳税义务发生时间按"实际收款日期（包括预收款）"、"合同约定的付款日期"、"开具发票日期"三者孰先确定。

---

❶ 以下简称"国家税务总局公告 2016 年第 53 号文"。

2）在未签订合同或合同未约定付款日期的情况下，建筑企业提供建筑服务的纳税义务发生时间按"实际收款日期（包括预收款）"、"工程结算日期"、"开具发票日期"三者孰先确定。

（2）预缴申报期限

根据上述规定，预缴申报期限应与纳税期限一致。建筑企业的纳税期限一般为1个月，相应的，预缴申报期限也为1个月。

（3）案例分析

案例：某建筑企业为增值税一般纳税人，其机构所在地为北京朝阳区，2016年5月，该建筑企业在天津市承接A项目。2016年5月，A项目提供建筑服务并与业主确认应付工程结算款项500万元，未结算分包价款。问：该建筑企业应如何进行纳税申报？

解析：该建筑企业应在申报5月份增值税的征期内（即6月15日之前），就确认的工程结算款500万元和2%预征率计算应预缴税款，并在A项目所在地天津市的主管国税机关预缴税款；并在同一个征期内按A项目实际发生的销项税、进项税等数据计算增值税应纳税额，向机构所在地北京市朝阳区的主管国税机关申报缴纳增值税。

（七）预缴台账管理

1. 政策规定

国家税务总局公告2016年第17号文规定，对跨县（市、区）提供的建筑服务，纳税人应自行建立预缴税款台账，区分不同县（市、区）和项目逐笔登记全部收入、支付的分包款、已扣除的分包款、扣除分包款的发票号码、已预缴税款以及预缴税款的完税凭证号码等相关内容，留存备查。

2. 操作提示

跨县（市、区）提供建筑服务需要分项目预缴税款的规定，对建筑企业的会计核算、税务管理以及对税务机关的征管均提出了新的管理要求。因此，建筑企业应按规定自行建立预缴税款台账，并区分不同县（市、区）和项目逐笔登记相关内容，包括但不限于文件规定的内容。

建筑企业机构可根据文件要求并结合管理需要，设计统一的台账模板，要求各项目部财务人员据实填写，并定期上报机构，由机构按期汇总形成企业整体预缴税款台账。

四、机构纳税申报具体要求

建筑企业跨县（市、区）提供建筑服务，实行"先在项目所在地预缴，再回机构所在地申报"的征管方式。因此，机构在纳税申报时，应做好与项目部预缴工作的衔接。

（一）预缴税款抵减

1. 政策规定

国家税务总局公告2016年第17号文规定，纳税人跨县（市、区）提供建筑服务，向建筑服务发生地主管国税机关预缴的增值税税款，可以在当期增值税应纳税额中抵减，抵减不完的，结转下期继续抵减。纳税人以预缴税款抵减应纳税额，应以完税凭证作为合法有效凭证。

2. 操作提示

建筑企业在建筑服务所在地预缴税款，再回机构所在地进行纳税申报时，可在当期增值税应纳税额中抵减。但应注意，预缴税款抵减应纳税额是以取得完税凭证为前提，且预缴税款的所属期限应与应纳税款所属期限相对应，同属同一期间才能进行抵减。当期预缴税款大于当期应纳税额的，抵减不完的部分可结转下期继续抵减。

（二）暂停预缴

1. 政策规定

财税〔2016〕36号文附件2规定：一般纳税人跨省（自治区、直辖市或者计划单列市）提供建筑服务或者销售、出租取得的与机构所在地不在同一省（自治区、直辖市或者计划单列市）的不动产，在机构所在地申报纳税时，计算的应纳税额小于已预缴税额，且差额较大的，由国家税务总局通知建筑服务发生地或者不动产所在地省级税务机关，在一定时期内暂停预缴增值税。

2. 操作提示

为解决建筑企业一般计税方法核算项目在建筑服务发生地预缴税款过多，在机构所在地产生大量进项税额留抵，造成建筑企业大量资金占用的问题，上述条款明确，由国家税务总局通知建筑服务发生地省级税务机关，在一定时期内暂停预缴增值税。

(三)纳税申报资料

1. 政策规定

根据国家税务总局公告 2016 年第 13 号文、国家税务总局公告 2016 年第 27 号文和国家税务总局公告 2016 年第 30 号文的规定,纳税申报资料包括纳税申报表及其附列资料和纳税申报其他资料。

(1)纳税申报表及其附列资料

增值税一般纳税人纳税申报表及其附列资料包括:

1)《增值税纳税申报表(一般纳税人适用)》。

2)《增值税纳税申报表附列资料(一)》(本期销售情况明细)。

3)《增值税纳税申报表附列资料(二)》(本期进项税额明细)。

4)《增值税纳税申报表附列资料(三)》(服务、不动产和无形资产扣除项目明细)。

5)《增值税纳税申报表附列资料(四)》(税额抵减情况表)。

6)《增值税纳税申报表附列资料(五)》(不动产分期抵扣计算表)。

7)《固定资产(不含不动产)进项税额抵扣情况表》。

8)《本期抵扣进项税额结构明细表》。

9)《增值税减免税申报明细表》。

(2)增值税预缴税款表

纳税人跨县(市)提供建筑服务、房地产开发企业预售自行开发的房地产项目、纳税人出租与机构所在地不在同一县(市)的不动产,按规定需要在项目所在地或不动产所在地主管国税机关预缴税款的,需填写《增值税预缴税款表》。

(3)营改增税负分析测算明细表

在增值税纳税申报其他资料中增加《营改增税负分析测算明细表》,由从事建筑、房地产、金融或生活服务等经营业务的增值税一般纳税人在办理增值税纳税申报时填报,具体名单由主管税务机关确定。

(4)纳税申报其他资料

1)已开具的税控机动车销售统一发票和普通发票的存根联。

2)符合抵扣条件且在本期申报抵扣的增值税专用发票(含税控机动车销售统一发票)的抵扣联。

3)符合抵扣条件且在本期申报抵扣的海关进口增值税专用缴款书、购进农产品取得的普通发票的复印件。

4）符合抵扣条件且在本期申报抵扣的税收完税凭证及其清单，书面合同、付款证明和境外单位的对账单或者发票。

5）已开具的农产品收购凭证的存根联或报查联。

6）纳税人销售服务、不动产和无形资产，在确定服务、不动产和无形资产销售额时，按照有关规定从取得的全部价款和价外费用中扣除价款的合法凭证及其清单。

7）主管税务机关规定的其他资料。

2.操作提示

（1）纳税申报表及其附列资料

纳税申报表及其附列资料包括1张主表、8张附表，为建筑企业纳税申报时的必报资料。

（2）增值税预缴税款表

《增值税预缴税款表》仅在有预缴的情况下才需要填报。对于建筑企业而言，由于普遍存在跨县（市、区）提供建筑服务的情形，因此，一般情况下均需要填报此表。

（3）营改增税负分析测算明细表

政策明确需要填报《营改增税负分析测算明细表》为主管税务机关确定的具体名单范围内的企业。但在实际操作中，仅少数省市出了具体名单，较多省市要求只要是有营改增四大行业业务的企业，均需填报此表，如北京、广东、福建等。因此，此表基本为建筑企业的必报资料。

（4）纳税申报其他资料

纳税申报其他资料的报备要求由各省、自治区、直辖市和计划单列市国家税务局确定。因此，建筑企业应关注机构所在地主管国税机关的申报要求。

第二节　纳税申报管理要点

基于跨县（市、区）提供建筑服务实行"先在项目所在地预缴，再回机构所在地申报"的征管方式，建筑企业应建立"项目部+机构"的两级申报管理体系，以确保增值税纳税申报的正确性和完整性，避免增值税纳税风险。

建筑企业的项目部和机构的纳税申报管理均涉及对内和对外两个方面。对于项目部而言,对内涉及提供纳税申报数据及资料,对外涉及增值税预缴申报;对于机构而言,对内涉及接收各项目部的纳税申报数据及资料、汇总计算增值税,对外涉及增值税纳税申报。

一、项目部纳税管理要点

在建筑企业"项目部+机构"的纳税申报方式下,项目部主要从关注地方税收政策、及时取得分包发票、按期完成预缴申报、及时上报申报数据资料等几方面进行纳税申报管理。

(一)关注当地税收政策

建筑业有较多实际操作问题,如老项目新签的分包合同是否认定为老项目等,在国家税务总局层面尚未出台全国统一的政策,部分省市通过出台地方政策或通过热点答疑等方式进行了明确。因此,项目部应及时了解当地国税机关对相关问题的掌握原则,并反馈至机构,以便进行适当的税务处理。

(二)及时取得分包发票

项目部应及时取得合规的分包发票,以抵减当期销售额,从而减少当期预缴税款。

一般计税项目取得增值税普通发票仅可在预缴税款时抵减销售额,在机构纳税申报时无法抵扣进项税额。因此,对于一般计税项目的项目部应尽可能取得增值税专用发票,既可以抵减预缴税款,又可以抵扣进项税。

(三)按期完成预缴申报

项目部应准确登记预缴税款台账,并按税务要求准备资料,在机构要求的时限之前(如每月5日之前)完成当期预缴税款申报。

(四)及时上报申报数据资料

项目应根据机构的要求,统计项目的本期申报相关数据,包括结算及开票、取票及认证、进项税转出以及预缴税款等,并将统计的申报数据及预缴完税凭证等申报资料一并及时上报机构。

二、机构纳税管理要点

在建筑企业"项目部+机构"的纳税申报方式下,机构主要从发票开具管理、扣税凭证认证管理、申报数据统计管理、申报数据审核及汇总、进项税转出管理、申报表填写及核对、按期完成纳税申报、内部项目税款清算等几方面进行纳税申报管理。

(一)发票开具管理

建筑企业一般将增值税税控开票系统部署在机构,各项目部需要开具发票的,均应按照发票管理办法的要求提出开票申请,由机构财务人员统一开具。对此,机构应规范发票开具流程,做好发票开具数据的统计工作。

(二)进项税认证管理

建筑企业的机构及项目部均是增值税扣税凭证的取得主体,其中,项目部取票量较大。但增值税税控认证系统主要部署在机构,各项目部应按照扣税凭证管理办法,通过机构进行认证。对此,机构应规范扣税凭证的电子信息查询认证流程,同时根据需要在项目部部署分扫描仪,规范纸质发票的扫描认证流程,确保进项税额认证信息及时、准确传递,及时进行抵扣。

(三)申报数据统计管理

为满足增值税纳税申报表的数据需求,建筑企业可通过以下两种方式归集和统计纳税申报相关数据:

1. 细化会计科目设置

在设置增值税相关会计科目时,建筑企业可按纳税申报表的数据需求,在增值税相关二级、三级科目下设置四级、五级明细科目,如适用不同税目、税率的销项税额、进项税额,不同情形的进项税额转出等,均可直接通过会计核算统计申报相关数据。

2. 设置管理台账

有的申报数据无法通过会计科目设置进行统计,如视同销售的销售额;有的建筑企业不允许设置多层级会计科目,如有的大型建筑企业集团不允许下属企业在会计核算系统中设置三级以下的会计科目。对于这两种情况,建筑企业应通过设置管理台账，通过各类台账统计申报相关数据。

为了便于统计相关申报数据，建筑企业应结合会计科目设置及核算情况、增值税纳税申报数据需求及征管要求，设计统一格式的管理台账，如不动产进项税抵扣台账、固定资产进项税抵扣台账、预缴税款管理台账、视同销售台账、进项税转出台账等，并明确填报说明。

（四）申报数据审核及汇总

月末，机构对各项目部上报的申报数据及预缴完税凭证等申报资料进行审核，确保纳税申报数据的准确性，审核无误后进行汇总。

（五）进项税转出管理

根据汇总后的申报数据，机构应区分共用的资产及除资产外其他成本费用进行处理，对于无法划分的进项税，按规定计算不能抵扣的进项税，并做进项税转出处理。

（六）申报表填写及核对

机构根据汇总的申报数据，按要求填写增值税纳税申报表，并与账面数据进行核对，确保填写无误。

1. 各项目部及时上报预缴资料

每月 × 日前要求各项目部上报预缴数据资料，包括预缴税款台账、《增值税预缴税款表》、预缴税款完税凭证。

【操作提示】建筑企业各项目部向建筑服务发生地主管国税机关预缴的增值税税款，可以由机构在当期增值税应纳税额中抵减，抵减不完的，结转下期继续抵减。以预缴税款抵减应纳税额，应以完税凭证作为合法有效凭证。机构应严格控制各项目部预缴税款时间，做到当期预缴当期抵减，及时取得预缴税款完税凭证，避免重复纳税。

2. 机构核对汇总数据

机构汇总项目部上报数据后，将本期销售额、已支付分包款、已预缴税款等项与账面进行核对。核对有误的，与项目部及时沟通查明原因，并及时修改；核对无误后，据此作为填报增值税纳税申报表的依据。

3. 机构填写纳税申报表

机构应根据纳税申报表的填写说明，依据汇总审核无误的申报数据，填报

《增值税纳税申报表(一般纳税人适用)》及其附列资料、《营改增税负测算分析表》等纳税申报表。

(七)按期完成纳税申报

机构应按照主管税务机关的要求准备相关纳税申报资料,在征期内(如每月15日之前)完成当期增值税纳税申报。

(八)内部项目税款清算

建筑企业可结合自身对各项目部的管理需要,对各项目部模拟内部税务局,计算各项目部的应交增值税情况,进行内部税款清算。

第三节 纳税申报表填写分析

本节针对建筑企业涉及的纳税申报表类资料(表 4-2),基于国家税务总局的填表说明,逐表逐项进行深度分析,提示操作要点。

增值税纳税申报表类资料及其简称　　　　　　　　表 4-2

申报表全称	申报表简称
1.《增值税纳税申报表(一般纳税人适用)》及其附列资料	
(1)《增值税纳税申报表(一般纳税人适用)》(主表)	《主表》
(2)《增值税纳税申报表附列资料(一)》(本期销售情况明细)	《附列资料(一)》
(3)《增值税纳税申报表附列资料(二)》(本期进项税额明细)	《附列资料(二)》
(4)《增值税纳税申报表附列资料(三)》(服务、不动产和无形资产扣除项目明细)	《附列资料(三)》
(5)《增值税纳税申报表附列资料(四)》(税额抵减情况表)	《附列资料(四)》
(6)《增值税纳税申报表附列资料(五)》(不动产分期抵扣计算表)	《附列资料(五)》
(7)《固定资产(不含不动产)进项税额抵扣情况表》	《固定资产抵扣表》
(8)《本期抵扣进项税额结构明细表》	《进项税额结构表》
(9)《增值税减免税申报明细表》	《减免税明细表》
2.《增值税预缴申报表》	《预缴税款表》
3.《营改增税负分析测算表》	《税负分析表》

一、《增值税纳税申报表（一般纳税人适用）》（主表）

表样见表4-3。

表4-3

增值税纳税申报表（一般纳税人适用）

根据国家税收法律法规及增值税相关规定制定本表。纳税人不论有无销售额，均应按税务机关核定的纳税期限填写本表，并向当地税务机关申报。

税款所属时间：自　年　月　日　至　年　月　日　　填表日期：年　月　日　　金额单位：元至角分

纳税人识别号						
纳税人名称		法定代表人姓名		注册地址		所属行业：
开户银行及账号		登记注册类型		生产经营地址		电话号码

	项目	栏次	一般项目		即征即退项目	
			本月数	本年累计	本月数	本年累计
销售额	（一）按适用税率计税销售额	1				
	其中：应税货物销售额	2				
	应税劳务销售额	3				
	纳税检查调整的销售额	4				
	（二）按简易办法计税销售额	5				
	其中：纳税检查调整的销售额	6				
	（三）免、抵、退办法出口销售额	7			—	—
	（四）免税销售额	8			—	—
	其中：免税货物销售额	9			—	—
	免税劳务销售额	10			—	—

（公章）

续表

项目		栏次	一般项目		即征即退项目	
			本月数	本年累计	本月数	本年累计
税款计算	销项税额	11				
	进项税额	12				
	上期留抵税额	13			—	—
	进项税额转出	14				—
	免、抵、退应退税额	15			—	—
	按适用税率计算的纳税检查应补缴税额	16			—	—
	应抵扣税额合计	17=12+13+14-15+16				
	实际抵扣税额	18（如17<11，则为17，否则为11）		—		—
	应纳税额	19=11-18				
	期末留抵税额	20=17-18			—	—
	简易计税办法计算的应纳税额	21				
	按简易计税办法计算的纳税检查应补缴税额	22			—	—
	应纳税额减征额	23				
	应纳税额合计	24=19+21-23				
税款缴纳	期初未缴税额（多缴为负数）	25			—	—
	实收出口开具专用缴款书退税额	26			—	—
	本期已缴税额	27=28+29+30+31				

243

续表

	项目	栏次	一般项目		即征即退项目	
			本月数	本年累计	本月数	本年累计
税款缴纳	①分次预缴税额	28		—	—	—
	②出口开具专用缴款书预缴税额	29		—	—	—
	③本期缴纳上期应纳税额	30		—	—	—
	④本期缴纳欠缴税额	31		—	—	—
	期末未缴税额（多缴为负数）	32=24+25+26−27		—	—	—
	其中：欠缴税额（≥0）	33=25+26−27		—	—	—
	本期应补（退）税额	34=24−28−29		—	—	—
	即征即退实际退税额	35	—	—		—
	期初未缴查补税额	36		—	—	—
	本期入库查补税额	37		—	—	—
	期末未缴查补税额	38=16+22+36−37		—	—	—

授权声明：如果你已委托代理人申报，请填写下列资料：

为代理一切税务事宜，现授权　　　　（地址）为本纳税人的代理申报人，任何与本申报表有关的往来文件，都可寄予此人。

授权人签字：

申报人声明：本纳税申报表是根据国家税收法律法规及相关规定填报的，我确定它是真实的、可靠的、完整的。

声明人签字：

主管税务机关：　　　　　　　　　　　　　　　接收人：　　　　　　　　　　　接收日期：

（一）税款所属时间

"税款所属时间"：指纳税人申报的增值税应纳税额的所属时间，应填写具体的起止年、月、日。

【操作提示】"税款所属时间"为期间概念，建筑企业按月申报纳税，因此，建筑企业在进行纳税申报时，"税款所属时间"应填写申报月份1日至申报月最后一天日期。

（二）填表日期

"填表日期"：指纳税人填写本表的具体日期。

【操作提示】建筑企业在征期内（如次月的15日之前）申报上月应纳增值税，"填表日期"为次月15日征期内的实际申报日期。

若因特殊事项未能在征期内申报纳税，"填表日期"为实际申报当日。

（三）纳税人识别号

"纳税人识别号"：填写纳税人的税务登记证件号码。

【操作提示】尚未办理"三证合一"的建筑企业，填写税务登记证件号码；已办理完成"三证合一"的建筑企业，填写"三证合一"之后的"统一社会信用代码"。

（四）所属行业

"所属行业"，按照国民经济行业分类与代码中的小类行业填写。

（五）纳税人名称

"纳税人名称"：填写纳税人单位名称全称。

【操作提示】"纳税人名称"应按照营业执照上的单位全称填写，不得填写简称。

（六）法定代表人姓名

"法定代表人姓名"：填写纳税人法定代表人的姓名。

（七）注册地址

"注册地址"：填写纳税人税务登记证件所注明的详细地址。

（八）生产经营地址

"生产经营地址"：填写纳税人实际生产经营地的详细地址。

（九）开户银行及账号

"开户银行及账号"：填写纳税人开户银行的名称和纳税人在该银行的结算账户号码。

【操作提示】"开户银行及账号"应填写建筑企业用于缴纳增值税的开户行及账号。

（十）登记注册类型

"登记注册类型"：按纳税人税务登记证件的栏目内容填写。

（十一）电话号码

"电话号码"：填写可联系到纳税人的常用电话号码。

（十二）即征即退项目

"即征即退项目"列：填写纳税人按规定享受增值税即征即退政策的货物、劳务和服务、不动产、无形资产的征（退）税数据。

【操作提示】建筑企业一般不涉及即征即退项目，无须填写本列；如有即征即退项目，如销售自产掺兑废渣比例不低于70%的混凝土、以废旧沥青混凝土为原料且用量比例不低于30%的再生沥青混凝土等，则应按规定填写。

（十三）一般项目

"一般项目"列：填写除享受增值税即征即退政策以外的货物、劳务和服务、不动产、无形资产的征（免）税数据。

【操作提示】"一般项目"列与"即征即退项目"列为并列关系。如有即征即退项目，建筑企业应分别核算即征即退项目与一般项目。

（十四）本年累计

"本年累计"列：一般填写本年度内各月"本月数"之和。其中，第13、20、25、32、36、38栏及第18栏"实际抵扣税额""一般项目"列的"本年累计"分别按本填写说明第（二十七）（三十四）（三十九）（四十六）（五十）（五十二）（三十二）条要求填写。

【操作提示】在"一般项目"和"即征即退"两部分内容中均包含"本月数"和"本年累计"。一般情况下的"本年累计"为截止申报月的本年累计金额，但第13、20、25、32、36、38栏及第18栏"实际抵扣税额""一般项目"列的"本年累计"例外，应按相应规定分析填写。

（十五）第1栏"（一）按适用税率计税销售额"

第1栏"（一）按适用税率计税销售额"：填写纳税人本期按一般计税方法计算缴纳增值税的销售额，包含：在财务上不作销售但按税收规定应缴纳增值税的视同销售和价外费用的销售额；外贸企业作价销售进料加工复出口货物的销售额；税务、财政、审计部门检查后按一般计税方法计算调整的销售额。

营业税改征增值税的纳税人，服务、不动产和无形资产有扣除项目的，本栏应填写扣除之前的不含税销售额。

本栏"一般项目"列"本月数"=《附列资料（一）》第9列第1至5行之和－第9列第6、7行之和；本栏"即征即退项目"列"本月数"=《附列资料（一）》第9列第6、7行之和。

【操作提示】

（1）计税销售额

增值税纳税申报的"计税销售额"不等于会计核算所确认的收入金额，而是按照税法规定达到增值纳税义务发生时间、应计算销项税额或应纳税额的销售额。该销售额可能在会计上直接体现为收入，如材料销售收入计入其他业务收入；也可能体现为其他项目，如处置固定资产收益计入固定资产清理；也可能并不在会计上体现，如视同销售。

建筑企业提供建筑服务的"计税销售额"主要包括预收工程款、达到合同约定付款日期的计量结算工程款、提前开具发票的金额等几种情形的不含税金额。

（2）有扣除项目的销售额

对于有扣除项目的应税项目，本栏应填写扣除之前的不含税销售额。例如：提供建筑服务选择适用简易计税方法的，政策规定的计税销售额为取得的全部价款和价外费用扣除支付的分包款后的余额，但在填写本栏时，应填写扣除支付的分包款之前的不含税金额。

（3）系统自动生成本栏数据

本栏的"本月数"均来源于《附列资料（一）》，根据"一、一般计税方法计税"项目的相关栏次数据自动计算，即由纳税申报系统自动生成数据，不需手工填写。

（十六）第2栏"其中：应税货物销售额"

第2栏"其中：应税货物销售额"：填写纳税人本期按适用税率计算增值税的应税货物的销售额。包含在财务上不作销售但按税收规定应缴纳增值税的视同销售货物和价外费用销售额，以及外贸企业作价销售进料加工复出口货物的销售额。

【操作提示】本栏数据对应《附列资料（一）》"一、一般计税方法计税"项目中"17%税率的货物和加工修理修配劳务"（第1行）里的货物部分和"13%税率"（第3行）的数据中，不含纳税检查调整的应税货物销售额。

对于建筑企业而言，涉及填写本栏的业务主要包括材料销售、资产处置或者视同销售。本栏数据不能由系统自动生成，需手工填列，建筑企业可设置台账进行归集，也可以根据会计账面数据手工填写。

（十七）第3栏"应税劳务销售额"

第3栏"应税劳务销售额"：填写纳税人本期按适用税率计算增值税的应税劳务的销售额。

【操作提示】本栏数据对应《附列资料（一）》"一、一般计税方法计税"项目中"17%税率的货物和加工修理修配劳务"（第1行）里的加工修理修配部分数据中，不含纳税检查调整的应税货物销售额。对于建筑企业而言，很少涉及本栏数据。

（十八）第4栏"纳税检查调整的销售额"

填写纳税人因税务、财政、审计部门检查，并按一般计税方法在本期计算调整的销售额。但享受增值税即征即退政策的货物、劳务和服务、不动产、无形资产，经纳税检查属于偷税的，不填入"即征即退项目"列，而应填入"一般项目"列。

营业税改征增值税的纳税人，服务、不动产和无形资产有扣除项目的，本栏应填写扣除之前的不含税销售额。

本栏"一般项目"列"本月数"=《附列资料（一）》第7列第1至5行之和。

【操作提示】本栏"一般项目"列"本月数"来源于《附列资料（一）》，由纳税申报系统自动生成数据，不需手工填写。"即征即退项目"列"本月数"一般无数据。

（十九）第5栏"按简易办法计税销售额"

第5栏"按简易办法计税销售额"：填写纳税人本期按简易计税方法计算增值税的销售额。包含纳税检查调整按简易计税方法计算增值税的销售额。

营业税改征增值税的纳税人，服务、不动产和无形资产有扣除项目的，本栏应填写扣除之前的不含税销售额；服务、不动产和无形资产按规定汇总计算缴纳增值税的分支机构，其当期按预征率计算缴纳增值税的销售额也填入本栏。

本栏"一般项目"列"本月数"≥《附列资料（一）》第9列第8至13b行之和－第9列第14、15行之和；本栏"即征即退项目"列"本月数"≥《附列资料（一）》第9列第14、15行之和。

【操作提示】

（1）建筑企业涉及适用或可以选择简易计税办法的业务主要包括以清包工方式为甲供工程、为建筑工程老项目提供建筑服务，处置使用过的、营改增之前购置的固定资产，出租或出售营改增之前取得的不动产等。

（2）本栏数据为包含纳税检查调整的销售额，而《附列资料（一）》"二、简易计税方法计税"项目不填写纳税检查调整数据，因此，本栏"本月数"等于《附列资料（一）》中按简易计税办法计税项目的销售额加上纳税检查调整销售额。即：

本栏"一般项目"列"本月数"=《附列资料(一)》第9列第8～13b行之和－第9列第14、15行之和＋本表第6栏"一般项目"列"本月数"

本栏"即征即退项目"列"本月数"≥《附列资料（一）》第9列第14、15行之和＋本表第6栏"即征即退项目"列"本月数"

（二十）第6栏"其中：纳税检查调整的销售额"

第6栏"其中：纳税检查调整的销售额"：填写纳税人因税务、财政、审计部门检查，并按简易计税方法在本期计算调整的销售额。但享受增值税即征即退政策的货物、劳务和服务、不动产、无形资产，经纳税检查属于偷税的，不填入"即征即退项目"列，而应填入"一般项目"列。

营业税改征增值税的纳税人，服务、不动产和无形资产有扣除项目的，本栏应填写扣除之前的不含税销售额。

【操作提示】

（1）由于《附列资料（一）》"二、简易计税方法计税"项目不填写纳税检查调整数据，因此，本栏需手工填写。

（2）其中，享受增值税即征即退政策的货物、劳务和服务、不动产、无形资产，纳税检查调整中经查属于偷税的，不再享受即征即退政策，填入本栏"一般项目"列补缴税款。

（二十一）第7栏"免、抵、退办法出口销售额"

第7栏"免、抵、退办法出口销售额"：填写纳税人本期适用免、抵、退税办法的出口货物、劳务和服务、无形资产的销售额。

营业税改征增值税的纳税人，服务、无形资产有扣除项目的，本栏应填写扣除之前的销售额。

本栏"一般项目"列"本月数"=《附列资料（一）》第9列第16、17行之和。

【操作提示】

（1）本栏适用于有出口业务的纳税人填写，没有出口业务的不涉及填写。

（2）本栏"一般项目"列"本月数"来源于《附列资料（一）》，由纳税申报系统自动生成数据，不需手工填写。

（二十二）第 8 栏 "免税销售额"

第 8 栏 "免税销售额"：填写纳税人本期按照税收规定免征增值税的销售额和适用零税率的销售额，但零税率的销售额中不包括适用免、抵、退税办法的销售额。

营业税改征增值税的纳税人，服务、不动产和无形资产有扣除项目的，本栏应填写扣除之前的免税销售额。

本栏 "一般项目" 列 "本月数"=《附列资料（一）》第 9 列第 18、19 行之和。

【操作提示】

（1）本栏数据包括免税项目销售额和适用免、退税办法的销售额。

（2）本栏 "一般项目" 列 "本月数" 来源于《附列资料（一）》，由纳税申报系统自动生成数据，不需手工填写。

（二十三）第 9 栏 "其中：免税货物销售"

第 9 栏 "其中：免税货物销售额"：填写纳税人本期按照税收规定免征增值税的货物销售额及适用零税率的货物销售额，但零税率的销售额中不包括适用免、抵、退税办法出口货物的销售额。

【操作提示】本栏为第 8 栏中属于货物的数据，需手工分析填写。

（二十四）第 10 栏 "免税劳务销售"

第 10 栏 "免税劳务销售额"：填写纳税人本期按照税收规定免征增值税的劳务销售额及适用零税率的劳务销售额，但零税率的销售额中不包括适用免、抵、退税办法的劳务的销售额。

【操作提示】

（1）本栏为第 8 栏中属于劳务的数据，需手工分析填写。

（2）本栏与第 9 栏之和=《附列资料（一）》第 9 列第 18 行。

（二十五）第 11 栏 "销项税额"

第 11 栏 "销项税额"：填写纳税人本期按一般计税方法计税的货物、劳务和服务、不动产、无形资产的销项税额。

营业税改征增值税的纳税人，服务、不动产和无形资产有扣除项目的，本栏应填写扣除之后的销项税额。

本栏"一般项目"列"本月数"=《附列资料（一）》（第10列第1、3行之和－第10列第6行）+（第14列第2、4、5行之和－第14列第7行）；

本栏"即征即退项目"列"本月数"=《附列资料（一）》第10列第6行+第14列第7行。

【操作提示】本栏填写按一般计税方法计税的应税项目的销项税额，数据来源于《附列资料（一）》，包括原增值税业务的销项税额（《附列资料（一）》第10列）和营改增业务的销项税额（《附列资料（一）》第14列）。

本栏数据由纳税申报系统自动生成数据，不需手工填写。

（二十六）第12栏"进项税额"

第12栏"进项税额"：填写纳税人本期申报抵扣的进项税额。

本栏"一般项目"列"本月数"+"即征即退项目"列"本月数"=《附列资料（二）》第12栏"税额"。

【操作提示】本栏填写通过扫描认证方式和勾选方式申报抵扣的进项税额之和，包括认证通过但已做进项税额转出的数据。

本栏"一般项目"列和"即征即退项目"列的"本月数"均需手工分析填写，但二者之和应与《附列资料（二）》第12栏"税额"相等，如果填写结果不相等，则纳税申报不能通过，需查明原因并修改。

（二十七）第13栏"上期留抵税额"

第13栏"上期留抵税额"：

1.上期留抵税额按规定须挂账的纳税人，按以下要求填写本栏的"本月数"和"本年累计"

上期留抵税额按规定须挂账的纳税人是指试点实施之日前一个税款所属期的申报表第20栏"期末留抵税额""一般货物、劳务和应税服务"列"本月数"大于零，且兼有营业税改征增值税服务、不动产和无形资产的纳税人（下同）。其试点实施之日前一个税款所属期的申报表第20栏"期末留抵税额""一般货物、劳务和应税服务"列"本月数"，以下称为货物和劳务挂账留抵税额。

（1）本栏"一般项目"列"本月数"：试点实施之日的税款所属期填写"0"；

以后各期按上期申报表第 20 栏"期末留抵税额""一般项目"列"本月数"填写。

根据国家税务总局公告 2016 年第 75 号文规定,即 2016 年 12 月前申报表第 20 栏"期末留抵税额""一般项目"列"本年累计"中有余额的增值税一般纳税人,在本公告发布之日起的第一个纳税申报期,将余额一次性转入本栏"一般项目"列"本月数"中。

(2)本栏"一般项目"列"本年累计":反映货物和劳务挂账留抵税额本期期初余额。根据国家税务总局公告 2016 年第 75 号文规定,自 2016 年 12 月 1 日起,本栏次停止使用,不再填报数据。

(3)本栏"即征即退项目"列"本月数":按上期申报表第 20 栏"期末留抵税额""即征即退项目"列"本月数"填写。

2. 其他纳税人,按以下要求填写本栏"本月数"和"本年累计"

其他纳税人是指除上期留抵税额按规定须挂账的纳税人之外的纳税人(下同)。

(1)本栏"一般项目"列"本月数":按上期申报表第 20 栏"期末留抵税额""一般项目"列"本月数"填写。

(2)本栏"一般项目"列"本年累计":填写"0"。

(3)本栏"即征即退项目"列"本月数":按上期申报表第 20 栏"期末留抵税额""即征即退项目"列"本月数"填写。

【操作提示】"上期留抵税额按规定须挂账的纳税人"可以理解为兼有原增值税应税项目(如货物、劳务)和营改增应税项目(如服务、不动产、无形资产)的纳税人。这类纳税人如果在营改增前产生进项税额留抵,在营改增后只能用于抵扣原增值税应税项目(即货物、劳务)的销项税额,不能用于抵扣营改增应税项目(如服务、不动产、无形资产)的销项税额。

对于建筑企业而言,应在判断是否属于"上期留抵税额按规定须挂账的纳税人"的基础上,分析填写本栏数据。

(1)属于"上期留抵税额按规定须挂账的纳税人"

对于建筑企业而言,如果兼有销售货物、劳务等原增值税应税项目,且在 2016 年 4 月 30 日出现进项税额留抵,则属于"上期留抵税额按规定须挂账的纳税人",该进项税额留抵数据应填写入本栏"一般项目"列"本年累计"。

(2) 不属于"上期留抵税额按规定须挂账的纳税人"

如果并无销售货物、劳务等原增值税应税项目，或在2016年4月30日进项税额留抵为零，则不属于"上期留抵税额按规定须挂账的纳税人"，本栏"一般项目"列"本年累计"填写为零，并且以后每期均为零。

（二十八）第14栏"进项税额转出"

第14栏"进项税额转出"：填写纳税人已经抵扣，但按税收规定本期应转出的进项税额。

本栏"一般项目"列"本月数"＋"即征即退项目"列"本月数"=《附列资料（二）》第13栏"税额"。

【操作提示】本栏填写按规定需做进项税额转出的金额。

本栏"一般项目"列和"即征即退项目"列的"本月数"均需手工分析填写，但二者之和应与《附列资料（二）》第13栏"税额"相等，如果填写结果不相等，则纳税申报不能通过，需查明原因并修改。

（二十九）第15栏"免、抵、退应退税额"

第15栏"免、抵、退应退税额"：反映税务机关退税部门按照出口货物、劳务和服务、无形资产免、抵、退办法审批的增值税应退税额。

【操作提示】本栏填写已经通过税务机关审批的增值税应退税额，未经审批的不可在此填写。

（三十）第16栏"按适用税率计算的纳税检查应补缴税额"

第16栏"按适用税率计算的纳税检查应补缴税额"：填写税务、财政、审计部门检查，按一般计税方法计算的纳税检查应补缴的增值税税额。

本栏"一般项目"列"本月数"≤《附列资料（一）》第8列第1至5行之和＋《附列资料（二）》第19栏。

【操作提示】本栏填写一般计税方法应税项目纳税检查应补缴的税额，包括纳税检查过程中发现少确认而补提的销项税额和多抵扣而转出的进项税额。

本栏数据需手工分析填写，但"一般项目"列"本月数"应符合上述逻辑关系，否则申报不能通过。

（三十一）第17栏"应抵扣税额合计"

第17栏"应抵扣税额合计"：填写纳税人本期应抵扣进项税额的合计数。按表中所列公式计算填写。

【操作提示】由于查补税额的情况需要在第36栏、第37栏和第38栏中统一体现，而销项税额和进项税额转出中包含纳税检查调整应补缴的税额，因此，本栏公式"17=12+13-14-15+16"，将第16栏"按适用税率计算的纳税检查应补缴税额"与进项税额等其他抵扣项目合计作为应抵扣税额，用于抵减销项税额，从应纳税额中剔除。

（三十二）第18栏"实际抵扣税额"

第18栏"实际抵扣税额"：

（1）上期留抵税额按规定须挂账的纳税人，按以下要求填写本栏的"本月数"和"本年累计"。

1）本栏"一般项目"列"本月数"：按表中所列公式计算填写。

2）本栏"一般项目"列"本年累计"：填写货物和劳务挂账留抵税额本期实际抵减一般货物和劳务应纳税额的数额。将"货物和劳务挂账留抵税额本期期初余额"与"一般计税方法的一般货物及劳务应纳税额"两个数据相比较，取二者中小的数据。

其中：货物和劳务挂账留抵税额本期期初余额＝第13栏"上期留抵税额""一般项目"列"本年累计"；

一般计税方法的一般货物及劳务应纳税额＝（第11栏"销项税额""一般项目"列"本月数"－第18栏"实际抵扣税额""一般项目"列"本月数"）×一般货物及劳务销项税额比例；

一般货物及劳务销项税额比例＝(《附列资料（一）》第10列第1、3行之和－第10列第6行）÷第11栏"销项税额""一般项目"列"本月数"×100％。

3）本栏"即征即退项目"列"本月数"：按表中所列公式计算填写。

（2）其他纳税人，按以下要求填写本栏的"本月数"和"本年累计"：

1）本栏"一般项目"列"本月数"：按表中所列公式计算填写。

2）本栏"一般项目"列"本年累计"：填写"0"。

3）本栏"即征即退项目"列"本月数"：按表中所列公式计算填写。

【操作提示】对于建筑企业而言，应在区分是否属于"上期留抵税额按规定须挂账的纳税人"的基础上，分析填写本栏数据。

（1）属于"上期留抵税额按规定须挂账的纳税人"

如果属于"上期留抵税额按规定须挂账的纳税人"，即实行营改增后首个增值税纳税申报期（即2016年5月）第13栏"上期留抵税额""一般项目"列"本年累计"数据不为零的纳税人，如果本期第13栏"上期留抵税额""一般项目"列"本年累计"数据仍不为零，则需在本栏"一般项目"列"本年累计"分析填写可在本期抵扣的金额。

由于留抵税额挂账本期只可以抵扣销售货物、劳务的销项税额，因此，应先按填写说明中的公式计算出本期销售货物、劳务的应纳税额，再与留抵税额比较，以孰小为原则填写本期可抵扣的留抵税额。

（2）不属于"上期留抵税额按规定须挂账的纳税人"

如果不属于"上期留抵税额按规定须挂账的纳税人"，则本栏"一般项目"列"本年累计"填写为零，并且以后每期均为零。

（三十三）第19栏"应纳税额"

第19栏"应纳税额"：反映纳税人本期按一般计税方法计算并应缴纳的增值税额。按以下公式计算填写：

（1）本栏"一般项目"列"本月数"=第11栏"销项税额""一般项目"列"本月数"-第18栏"实际抵扣税额""一般项目"列"本月数"-第18栏"实际抵扣税额""一般项目"列"本年累计"。

（2）本栏"即征即退项目"列"本月数"=第11栏"销项税额""即征即退项目"列"本月数"-第18栏"实际抵扣税额""即征即退项目"列"本月数"。

【操作提示】本栏反映本期一般计税方法应税项目的应纳税额，按上述公式计算由纳税申报系统自动生成数据，不需手工填写。

（三十四）第20栏"期末留抵税额"

第20栏"期末留抵税额"：

（1）上期留抵税额按规定须挂账的纳税人，按以下要求填写本栏的"本月数"和"本年累计"：

1）本栏"一般项目"列"本月数"：反映试点实施以后，货物、劳务和服务、不动产、无形资产共同形成的留抵税额。按表中所列公式计算填写。

2）本栏"一般项目"列"本年累计"：反映货物和劳务挂账留抵税额，在试点实施以后抵减一般货物和劳务应纳税额后的余额。

在国家税务总局公告2016年第75号文发布前，即2016年12月前申报表本栏次中有余额的增值税一般纳税人，在本公告发布之日起的第一个纳税申报期，将余额一次性转入第13栏"上期留抵税额""一般项目"列"本月数"中。

自2016年12月1日起，本栏次停止使用，不再填报数据。

3）本栏"即征即退项目"列"本月数"：按表中所列公式计算填写。

（2）其他纳税人，按以下要求填写本栏"本月数"和"本年累计"：

1）本栏"一般项目"列"本月数"：按表中所列公式计算填写。

2）本栏"一般项目"列"本年累计"：填写"0"。

3）本栏"即征即退项目"列"本月数"：按表中所列公式计算填写。

【操作提示】本栏数据由纳税申报系统自动生成数据，不需手工填写。

对于建筑企业而言，如果属于"上期留抵税额按规定须挂账的纳税人"，本栏数据反应在试点实施以后抵减一般货物和劳务应纳税额后的挂账留抵税额，但在国家税务总局公告2016年第75号文发布后，挂账留抵税额一次性转入第13栏"上期留抵税额""一般项目"列"本月数"中，本栏"一般项目"列"本年累计"停止使用，不再填报数据；如果不属于"上期留抵税额按规定须挂账的纳税人"，则本栏"一般项目"列"本年累计"填写为零，并且以后每期均为零。

（三十五）第21栏"简易计税办法计算的应纳税额"

第21栏"简易计税办法计算的应纳税额"：反映纳税人本期按简易计税方法计算并应缴纳的增值税额，但不包括按简易计税方法计算的纳税检查应补缴税额。按以下公式计算填写：

本栏"一般项目"列"本月数"=《附列资料（一）》（第10列第8、9a、10、11行之和－第10列第14行）+（第14列第9b、12、13a、13b行之和－第14列第15行）

本栏"即征即退项目"列"本月数"=《附列资料（一）》第10列第14行+第14列第15行。

营业税改征增值税的纳税人，服务、不动产和无形资产按规定汇总计算缴纳增值税的分支机构，应将预征增值税额填入本栏。

$$预征增值税额 = 应预征增值税的销售额 \times 预征率$$

【操作提示】本栏填写按简易计税方法计税的应税项目的应纳税额，数据来源于《附列资料（一）》，包括原增值税业务的应纳税额（《附列资料（一）》第10列）和营改增业务的应纳税额（《附列资料（一）》第14列）。

本栏数据由纳税申报系统自动生成数据，不需手工填写。

（三十六）第22栏"按简易计税办法计算的纳税检查应补缴税额"

第22栏"按简易计税办法计算的纳税检查应补缴税额"：填写纳税人本期因税务、财政、审计部门检查并按简易计税方法计算的纳税检查应补缴税额。

【操作提示】本栏数据需根据纳税检查调整情况手工填写。

（三十七）第23栏"应纳税额减征额"

第23栏"应纳税额减征额"：填写纳税人本期按照税收规定减征的增值税应纳税额。包含按照规定可在增值税应纳税额中全额抵减的增值税税控系统专用设备费用以及技术维护费。

当本期减征额小于或等于第19栏"应纳税额"与第21栏"简易计税办法计算的应纳税额"之和时，按本期减征额实际填写；当本期减征额大于第19栏"应纳税额"与第21栏"简易计税办法计算的应纳税额"之和时，按本期第19栏与第21栏之和填写。本期减征额不足抵减部分结转下期继续抵减。

【操作提示】

（1）涉及应纳税额减征的常见业务

建筑企业涉及直接减征增值税的业务主要包括以下两类：

一是销售使用过的固定资产，如果适用简易计税方法按3%征收率减按2%计算应纳税额的，按1%减征的税额在本栏填写。

二是初次购买增值税税控系统专用设备支付的费用以及缴纳的技术维护费，凭取得的增值税专用发票，按价税合计在增值税应纳税额中全额抵减的金额，在本栏填写。

（2）抵减应纳税额的原则

实际在本期抵减应纳税额的减征部分不得大于本期一般计税方法和简易计税方法下合计的应纳税额。因此本期取得的可抵减应纳税额的金额小于等于应纳税额时，则实际发生的全部可抵减，本栏以实际发生的金额填写；如果本期取得可抵减应纳税额的金额大于应纳税额，则本栏数等于应纳税额，未抵减的部分留到下一个申报期继续抵减。

（3）与附表的数据关系

本栏数据应与《减免税明细表》中"一、减税项目"第4列"本期实际抵减税额"合计数一致。

（三十八）第24栏"应纳税额合计"

第24栏"应纳税额合计"：反映纳税人本期应缴增值税的合计数。按表中所列公式计算填写。

（三十九）第25栏"期初未缴税额（多缴为负数）"

第25栏"期初未缴税额（多缴为负数）"："本月数"按上一税款所属期申报表第32栏"期末未缴税额（多缴为负数）""本月数"填写。"本年累计"按上年度最后一个税款所属期申报表第32栏"期末未缴税额（多缴为负数）""本年累计"填写。

【操作提示】举例说明，如填写2017年8月纳税申报表时，本栏"本月数"反映的是7月增值税申报表主表第32栏数。8月上一税款所属期为7月，7月期末未交税额也即为8月期初未交税额，本栏"本月数"直接取7月申报表第32栏数额即可。

2017年8月本栏"上年累计数"即为2016年12月申报表第32栏"本年累计数"。2016年12月的本年累计期末未缴税额即为2017年期初未交税额。

（四十）第26栏"实收出口开具专用缴款书退税额"

第26栏"实收出口开具专用缴款书退税额"：本栏不填写。

（四十一）第27栏"本期已缴税额"

第27栏"本期已缴税额"：反映纳税人本期实际缴纳的增值税额，但不包括本期入库的查补税款。按表中所列公式计算填写。

（四十二）第28栏"①分次预缴税额"

第28栏"①分次预缴税额"：填写纳税人本期已缴纳的准予在本期增值税应纳税额中抵减的税额。

营业税改征增值税的纳税人，分以下几种情况填写：

（1）服务、不动产和无形资产按规定汇总计算缴纳增值税的总机构，可以从本期增值税应纳税额中抵减的分支机构已缴纳的税款，按当期实际可抵减数填入本栏，不足抵减部分结转下期继续抵减。

（2）销售建筑服务并按规定预缴增值税的纳税人，可以从本期增值税应纳税额中抵减的已缴纳的税款，按当期实际可抵减数填入本栏，不足抵减部分结转下期继续抵减。

（3）销售不动产并按规定预缴增值税的纳税人，可以从本期增值税应纳税额中抵减的已缴纳的税款，按当期实际可抵减数填入本栏，不足抵减部分结转下期继续抵减。

（4）出租不动产并按规定预缴增值税的纳税人，可以从本期增值税应纳税额中抵减的已缴纳的税款，按当期实际可抵减数填入本栏，不足抵减部分结转下期继续抵减。

【操作提示】

（1）涉及预缴税款的情形

涉及填写本栏的预缴税款包括两种情形：一种是按规定实行"分支机构预缴、总机构汇总申报"的汇总纳税政策的纳税人，其分支机构按规定在当地的预缴税款，总机构在汇总纳税申报时可分析填入本栏以抵减应纳税额。另一种是纳税人销售建筑服务、销售不动产以及出租不动产按规定需要在项目或不动产所在地预缴税款的，在机构所在地纳税申报时可分析填入本栏以抵减应纳税额。

建筑企业一般不实行汇总纳税，因此，本栏主要是填写按规定在项目或不动产所在地预缴增值税的销售建筑服务、销售不动产及出租不动产可以从本期应纳税额中抵减的已缴纳税款。

（2）抵减应纳税额的原则

本栏不是按实际预缴数直接填写，需要分析填写。实际预缴数小于等于应纳税额的，实际预缴数全部抵减应纳税额，本栏填写实际预缴数；实际预缴大于应纳税额的，本栏应以应纳税额为限填写，剩余部分留待下期继续抵减应纳税额。

例如：本期应纳税额为600万，预缴金额500万，则本栏应填写金额为500万；若本期应纳税额为600万，实际预缴税额为700万，则本栏填写600万，剩余100万在以后期间继续抵减应纳税额。

（四十三）第29栏"②出口开具专用缴款书预缴税额"

第29栏"②出口开具专用缴款书预缴税额"：本栏不填写。

（四十四）第30栏"③本期缴纳上期应纳税额"

第30栏"③本期缴纳上期应纳税额"：填写纳税人本期缴纳上一税款所属期应缴未缴的增值税额。

【操作提示】如在填写2016年8月纳税申报表时，本栏为在2016年7月征期内（即2016年8月1日~2016年8月15日期间）缴纳的7月应缴未缴的增值税。

纳税人在不多缴税也不少缴税的情况下，本栏等于第25栏，即本期缴纳上期应纳税额等于期初未缴税额。

（四十五）第31栏"④本期缴纳欠缴税额"

第31栏"④本期缴纳欠缴税额"：反映纳税人本期实际缴纳和留抵税额抵减的增值税欠税额，但不包括缴纳入库的查补增值税额。

【操作提示】本栏需手工分析填写。

（四十六）第32栏"期末未缴税额（多缴为负数）"

第32栏"期末未缴税额（多缴为负数）"："本月数"反映纳税人本期期末应缴未缴的增值税额，但不包括纳税检查应缴未缴的税额。按表中所列公式计算填写。"本年累计"与"本月数"相同。

【操作提示】本栏反映截至本期期末纳税人应缴未缴增值税额，包括以前期间和本期的，是一个累计的概念，因此，"本月数"与"本年累计"相同。

（四十七）第33栏"其中：欠缴税额（≥0）"

第33栏"其中：欠缴税额（≥0）"：反映纳税人按照税收规定已形成欠税的增值税额。按表中所列公式计算填写。

（四十八）第34栏"本期应补（退）税额"

第34栏"本期应补（退）税额"：反映纳税人本期应纳税额中应补缴或应退回的税额。按表中所列公式计算填写。

（四十九）第35栏"即征即退实际退税额"

第35栏"即征即退实际退税额"：反映纳税人本期因符合增值税即征即退政策规定，而实际收到的税务机关退回的增值税额。

（五十）第36栏"期初未缴查补税额"

第36栏"期初未缴查补税额"："本月数"按上一税款所属期申报表第38栏"期末未缴查补税额""本月数"填写。"本年累计"按上年度最后一个税款所属期申报表第38栏"期末未缴查补税额""本年累计"填写。

【操作提示】本栏数据包括按一般计税方法和简易计税方法计算的纳税检查应补缴但截至本期期初或本年年初尚未补缴的增值税额。

（五十一）第37栏"本期入库查补税额"

第37栏"本期入库查补税额"：反映纳税人本期因税务、财政、审计部门检查而实际入库的增值税额，包括按一般计税方法计算并实际缴纳的查补增值税额和按简易计税方法计算并实际缴纳的查补增值税额。

（五十二）第38栏"期末未缴查补税额"

第38栏"期末未缴查补税额"："本月数"反映纳税人接受纳税检查后应在本期期末缴纳而未缴纳的查补增值税额。按表中所列公式计算填写，"本年累计"与"本月数"相同。

二、增值税纳税申报表附列资料（一）

表样见表4-4。

表4-4

增值税纳税申报表附列资料（一）

（本期销售情况明细）

纳税人名称：（公章）

税款所属时间： 年 月 日至 年 月 日

金额单位：元至角分

项目及栏次		开具增值税专用发票		开具其他发票		未开具发票		纳税检查调整		合计		价税合计	服务、不动产和无形资产扣除项目本期实际扣除金额	扣除后	
		销售额	销项（应纳）税额	销售额	销项（应纳）税额	销售额	销项（应纳）税额	销售额	销项（应纳）税额	销售额	销项（应纳）税额			含税（免税）销售额	销项（应纳）税额
		1	2	3	4	5	6	7	8	9=1+3+5+7	10=2+4+6+8	11=9+10	12	13=11-12	14=13÷(100%+税率或征收率)×税率或征收率
一般计税方法计税	全部征税项目	17%税率的货物及加工修理修配劳务 1													
		17%税率的服务、不动产和无形资产 2													
		13%税率 3													
		11%税率 4													
		6%税率 5													

续表

项目及栏次		开具增值税专用发票		开具其他发票		未开具发票		纳税检查调整		合计			服务、不动产和无形资产扣除项目本期实际扣除金额	抑除后	
		销售额	销项(应纳)税额	销售额	销项(应纳)税额	销售额	销项(应纳)税额	销售额	销项(应纳)税额	销售额	销项(应纳)税额	价税合计		含税(免税)销售额	销项(应纳)税额
		1	2	3	4	5	6	7	8	9=1+3+5+7	10=2+4+6+8	11=9+10	12	13=11-12	14=13÷(100%+税率或征收率)×税率或征收率
一、一般计税方法计税	其中：即征即退项目														
	6 即征即退货物及加工修理修配劳务	—	—	—	—	—	—	—	—	—	—	—	—	—	—
	7 即征即退服务、不动产和无形资产	—	—	—	—	—	—	—	—	—	—	—	—	—	—
二、简易计税方法计税	8 6%征收率	—	—	—	—	—	—	—	—	—	—	—	—	—	—
	9a 5%征收率的货物及加工修理修配劳务	—	—	—	—	—	—	—	—	—	—	—	—	—	—
	9b 5%征收率的服务、不动产和无形资产	—	—	—	—	—	—	—	—	—	—	—	—	—	—
	全部征税项目 10 4%征收率	—	—	—	—	—	—	—	—	—	—	—	—	—	—
	11 3%征收率的货物及加工修理修配劳务	—	—	—	—	—	—	—	—	—	—	—	—	—	—
	12 3%征收率的服务、不动产和无形资产	—	—	—	—	—	—	—	—	—	—	—	—	—	—

续表

项目及栏次			开具增值税专用发票		开具其他发票		未开具发票		纳税检查调整		合计			服务、不动产和无形资产扣除项目本期实际扣除金额	扣除后	
			销售额	销项(应纳)税额	销售额	销项(应纳)税额	销售额	销项(应纳)税额	销售额	销项(应纳)税额	销售额 9=1+3+5+7	销项(应纳)税额 10=2+4+6+8	价税合计 11=9+10		含税(免税)销售额 13=11-12	销项(应纳)税额 14=13÷(100%+税率或征收率)×税率或征收率
			1	2	3	4	5	6	7	8	9	10	11	12	13	14
二、简易计税方法计税	全部征税项目	预征率 %														
		预征率 %														
		预征率 %														
	其中：即征即退项目	即征即退货物及加工修理修配劳务 14	—	—	—	—	—	—	—	—						
		即征即退服务、不动产和无形资产 15	—	—	—	—	—	—	—	—						
三、免抵退税	货物及加工修理修配劳务 16		—	—	—	—	—	—	—	—		—	—	—	—	—
	服务、不动产和无形资产 17		—	—	—	—	—	—	—	—		—	—	—	—	—
四、免税	货物及加工修理修配劳务 18		—	—	—	—	—	—	—	—		—	—	—	—	—
	服务、不动产和无形资产 19		—	—	—	—	—	—	—	—		—	—	—	—	—

(一)税款所属时间与纳税人名称

"税款所属时间""纳税人名称"的填写同主表。

(二)第1~2列"开具增值税专用发票"

第1~2列"开具增值税专用发票":反映本期开具增值税专用发票(含税控机动车销售统一发票,下同)的情况。

【操作提示】本栏填写本期实际开具的增值税专用发票(包括红字增值税专用发票)合计不含税金额和增值税税额,以本期从增值税防伪税控系统中实际开具的增值税专用发票数据为准。

(三)第3~4列"开具其他发票"

第3~4列"开具其他发票":反映除增值税专用发票以外本期开具的其他发票的情况。

【操作提示】

(1)开具其他发票的范围

本栏填写本期实际开具的除增值税专用发票以外的其他发票的合计不含税金额和增值税税额。对于建筑企业而言,开具的其他发票主要为本期从增值税防伪税控系统开具的增值税普通发票,包括纸质普通发票和电子普通发票。

(2)营改增过渡期的例外情形

根据《国家税务总局关于全面推开营业税改征增值税试点有关税收征收管理事项的公告》(国家税务总局公告2016年第23号)规定,纳税人在地税机关已申报营业税未开具发票,2016年5月1日以后需要补开发票的,可于2016年12月31日前开具增值税普通发票。

建筑企业按照此项规定开具的增值税普通发票,其对应的金额并不是增值税的销售额,而是营改增之前已申报缴纳营业税的营业额。对于这类发票的数据是否要填写到"开具其他发票"栏次,国家税务总局层面并没有进一步明确。目前,已有部分省市在营改增有关政策问题的解答、专题问答或工作指引中进行了明确,但各省掌握的尺度并不统一,主要有以下几种处理方式:

1)开具零税率普通发票、不填写在增值税申报表中,如北京、上海、山东、福建、湖南、安徽等省(市、区)。

2）开具普通发票（未明确是否是零税率），在"开具其他发票"栏次填写，再通过"未开具发票"栏次填写负数冲减，如河南等省。

3）较大部分省市暂未明确是否填写以及如何填写。

建筑企业如有就已申报营业税的营业额补开增值税普通发票的，应密切关注各省市的具体要求，并按要求填写申报数据；如果没有明确的要求，建议在填报之前与主管税务机关沟通，确定填报方式，避免申报风险。

（四）第 5～6 列 "未开具发票"

第 5～6 列 "未开具发票"：反映本期未开具发票的销售情况。

【操作提示】

根据《附列资料（一）》的数据关系，第 1～10 列之间的数据关系如下：

"9=1+3+5+7"，即合计的销售额＝开具增值税专用发票的销售额＋开具其他发票的销售额＋未开具发票的销售额＋纳税检查调整的销售额

"10=2+4+6+8"，即合计的销项（应纳）税额＝开具增值税专用发票的销项（应纳）税额＋开具其他发票的销项（应纳）税额＋未开具发票的销项（应纳）税额＋纳税检查调整的销项（应纳）税额

由此可见，各种开票情形下的数据构成本期的销售额和销项（应纳）税额。

而建筑企业本期开具发票的数据，无论是增值税专用发票还是增值税普通发票，通常直接以本期在增值税防伪税控系统中实际开具的数据为准，这些开票数据既包含本期销售额在本期开具发票的数据，也包含以前期间未开具发票的销售额在本期补开发票的数据。因此，第 5～6 列 "未开具发票"的数据并不一定是对应本期销售额中未开具发票的部分，而应该是包含本期销售额中未开具发票的数据减去本期开具以前期间未开具发票的数据。

通常情况下，第 5～6 列 "未开具发票"的数据无法通过会计科目或台账取得，而本期销售额和销项（应纳）税额的合计数可从会计账面或台账中直接提取，因此，在实际操作中，可通过以下公式倒算此两列数据：

"5=9-1-3-7"，即未开具发票的销售额＝合计的销售额－开具增值税专用发票的销售额－开具其他发票的销售额－纳税检查调整的销售额

"6=10-2-4-8"，即未开具发票的销项（应纳）税额＝合计的销项（应纳）税额－开具增值税专用发票的销项（应纳）税额－开具其他发票的销项（应纳）税额－纳税检查调整的销项（应纳）税额

(五) 第7~8列"纳税检查调整"

第7~8列"纳税检查调整"：反映经税务、财政、审计部门检查并在本期调整的销售情况。

【操作提示】 纳税检查调整反映本期纳税检查在本期应调整的情况，包括检查过程中发现本期应调增事项和本期检查发现的以前期间的应调增事项。

例如：2016年8月税务机关做纳税检查，发现2016年7月少计材料销售收入100万元，按17%税率计算销项税额17万元，2016年8月少计材料销售收入200万元，按17%税率计算销项税额34万元，因此，在2016年8月的纳税申报表《附列资料（一）》中，第7列"纳税检查调整""销售额"填写300万元，第8列"纳税检查调整""销项（应纳）税额"填写51万元。

(六) 第9~11列"合计"

第9~11列"合计"：按照表中所列公式填写。

营业税改征增值税的纳税人，服务、不动产和无形资产有扣除项目的，第1~11列应填写扣除之前的征（免）税销售额、销项（应纳）税额和价税合计额。

【操作提示】 第9~10列，反映本期应税销售额和销项（应纳）税额。在实际填报时，此两列数据一般并不是通过公式计算填写，而是从会计账面相关收入明细科目（如材料销售收入、设备租赁收入、不动产租赁收入等）或销售类管理台账（如工程结算管理台账、固定资产处置管理台账、销售不动产管理台账、视同销售管理台账等）中取数直接填写。

在取数时应注意，对于有扣除项目的应税项目，应提取扣除之前的销售额和销项（应纳）税额。对于建筑企业而言，有扣除项目的应税项目主要包括选择简易计税办法的工程项目、选择简易计税办法的销售不动产等。

(七) 第12列"服务、不动产和无形资产扣除项目本期实际扣除金额"

第12列"服务、不动产和无形资产扣除项目本期实际扣除金额"：营业税改征增值税的纳税人，服务、不动产和无形资产有扣除项目的，按《附列资料（三）》第5列对应各行次数据填写，其中本列第5栏等于《附列资料（三）》第5列第3行与第4行之和；服务、不动产和无形资产无扣除项目的，本列填写"0"。其他纳税人不填写。

营业税改征增值税的纳税人，服务、不动产和无形资产按规定汇总计算缴纳增值税的分支机构，当期服务、不动产和无形资产有扣除项目的，填入本列第 13 行。

【操作提示】

（1）第 12～14 列适用于营改增纳税人填写，即服务、不动产和无形资产有扣除项目的，先填写《附列资料（三）》，再填写本列数据；无扣除项目的，本列填写"0"。非营改增纳税人不填写本列。

（2）本列数据为含税金额。例如：建筑企业选择简易计税办法的工程项目，按取得的全部价款和价外费用扣除支付的分包款后的余额计税，则第 11 列填写扣除之前从业主取得的已产生增值税纳税义务的含税计量结算款，本列填写已从分包商取得增值税发票的含税分包款。

（八）第 13 列"扣除后""含税（免税）销售额"

第 13 列"扣除后""含税（免税）销售额"：营业税改征增值税的纳税人，服务、不动产和无形资产有扣除项目的，本列各行次＝第 11 列对应各行次－第 12 列对应各行次。其他纳税人不填写。

（九）第 14 列"扣除后""销项（应纳）税额"

第 14 列"扣除后""销项（应纳）税额"：营业税改征增值税的纳税人，服务、不动产和无形资产有扣除项目的，按以下要求填写本列，其他纳税人不填写。

1. 服务、不动产和无形资产按照一般计税方法计税

本列各行次＝第 13 列 ÷（100%+ 对应行次税率）× 对应行次税率

本列第 7 行"按一般计税方法计税的即征即退服务、不动产和无形资产"不按本列的说明填写。具体填写要求见"各行说明"第 2 条第（2）项第③点的说明。

2. 服务、不动产和无形资产按照简易计税方法计税

本列各行次＝第 13 列 ÷（100%+ 对应行次征收率）× 对应行次征收率

本列第 13 行"预征率 %"不按本列的说明填写。具体填写要求见"各行说明"第 4 条第（2）项。

3. 服务、不动产和无形资产实行免抵退税或免税

本列不填写。

（十）第1~5行"一、一般计税方法计税""全部征税项目"各行

第1~5行"一、一般计税方法计税""全部征税项目"各行：按不同税率和项目分别填写按一般计税方法计算增值税的全部征税项目。有即征即退征税项目的纳税人，本部分数据中既包括即征即退征税项目，又包括不享受即征即退政策的一般征税项目。

【操作提示】第1~5行分别按适用税率以"开具增值税专用发票"、"开具其他发票"、"未开具发票"、"纳税检查调整"填写相应的销售额和销项税额，以及相应的扣除情况等。

第1行"17%税率的货物及加工修理修配劳务"：建筑企业可能涉及本行的业务主要包括材料销售、资产处置、视同销售等。

第2行"17%税率的服务、不动产和无形资产"：建筑企业可能涉及本行的业务主要为设备租赁等。

第3行"13%税率"：建筑企业可能涉及本行的业务主要为销售木材等，一般很少涉及。

第4行"11%税率"：建筑企业的主营业务在本行填写，即适用一般计税方法的建筑服务，还可能涉及本行的业务包括销售不动产、出租不动产、转让土地使用权等。

第5行"6%税率"：建筑企业可能涉及本行的业务主要包括工程项目管理、销售除土地使用权之外的其他无形资产、资金借贷等。

（十一）第6~7行"一、一般计税方法计税""其中：即征即退项目"各行

第6~7行"一、一般计税方法计税""其中：即征即退项目"各行：只反映按一般计税方法计算增值税的即征即退项目。按照税收规定不享受即征即退政策的纳税人，不填写本行。即征即退项目是全部征税项目的其中数。

（1）第6行"即征即退货物及加工修理修配劳务"：反映按一般计税方法计算增值税且享受即征即退政策的货物和加工修理修配劳务。本行不包括服务、不动产和无形资产的内容。

1）本行第9列"合计""销售额"栏：反映按一般计税方法计算增值税且享受即征即退政策的货物及加工修理修配劳务的不含税销售额。该栏不按第9列所列公式计算，应按照税收规定据实填写。

2）本行第10列"合计""销项（应纳）税额"栏：反映按一般计税方法

计算增值税且享受即征即退政策的货物及加工修理修配劳务的销项税额。该栏不按第10列所列公式计算，应按照税收规定据实填写。

（2）第7行"即征即退服务、不动产和无形资产"：反映按一般计税方法计算增值税且享受即征即退政策的服务、不动产和无形资产。本行不包括货物及加工修理修配劳务的内容。

1）本行第9列"合计""销售额"栏：反映按一般计税方法计算增值税且享受即征即退政策的服务、不动产和无形资产的不含税销售额。服务、不动产和无形资产有扣除项目的，按扣除之前的不含税销售额填写。该栏不按第9列所列公式计算，应按照税收规定据实填写。

2）本行第10列"合计""销项（应纳）税额"栏：反映按一般计税方法计算增值税且享受即征即退政策的服务、不动产和无形资产的销项税额。服务、不动产和无形资产有扣除项目的，按扣除之前的销项税额填写。该栏不按第10列所列公式计算，应按照税收规定据实填写。

3）本行第14列"扣除后""销项（应纳）税额"栏：反映按一般计税方法征收增值税且享受即征即退政策的服务、不动产和无形资产实际应计提的销项税额。服务、不动产和无形资产有扣除项目的，按扣除之后的销项税额填写；服务、不动产和无形资产无扣除项目的，按本行第10列填写。该栏不按第14列所列公式计算，应按照税收规定据实填写。

【操作提示】第6行对应的第1～8列、第11～14列不需填写，只需填写即征即退货物及加工修理修配劳务的本期销售额和税额，即第9～10列。第7行对应的第1～8列不需填写，第9～14列需按规定填写。

建筑企业一般不涉及即征即退项目，无须填写第6～7行；如有即征即退项目，且适用一般计税方法的，则应按规定填写。

（十二）第8～12行"二、简易计税方法计税""全部征税项目"各行

第8～12行"二、简易计税方法计税""全部征税项目"各行：按不同征收率和项目分别填写按简易计税方法计算增值税的全部征税项目。有即征即退征税项目的纳税人，本部分数据中既包括即征即退项目，也包括不享受即征即退政策的一般征税项目。

【操作提示】第8～12行分别按适用征收率按"开具增值税专用发票"、"开具其他发票"、"未开具发票"、"纳税检查调整"填写相应的销售额和应纳税额，

以及相应的扣除情况等。

第 8 行 "6% 征收率" 和第 10 行 "4% 征收率"：财税〔2014〕57 号文将 6% 和 4% 的增值税征收率统一调整为 3%。因此，此两项对纳税人不再适用。

第 9a 行 "5% 征收率的货物及加工修理修配劳务"：建筑企业不涉及本行业务。

第 9b 行 "5% 征收率的服务、不动产和无形资产"：建筑企业可能涉及本行的业务主要包括符合条件且选择简易计税方法的销售不动产、出租不动产、转让土地使用权等。

第 11 行 "3% 征收率的货物及加工修理修配劳务"：建筑企业可能涉及本行的业务主要为适用简易计税方法的销售使用过的固定资产、符合条件且选择简易计税方法的设备租赁等。

第 12 行 "3% 征收率的服务、不动产和无形资产"：建筑企业符合条件且选择简易计税方法的主营业务在本行填写，即适用简易计税方法的建筑服务。

（十三）第 13a ~ 13c 行 "二、简易计税方法计税" "预征率 %"

第 13a ~ 13c 行 "二、简易计税方法计税" "预征率 %"：反映营业税改征增值税的纳税人，服务、不动产和无形资产按规定汇总计算缴纳增值税的分支机构，预征增值税销售额、预征增值税应纳税额。其中，第 13a 行 "预征率 %" 适用于所有实行汇总计算缴纳增值税的分支机构试点纳税人；第 13b、13c 行 "预征率 %" 适用于部分实行汇总计算缴纳增值税的铁路运输试点纳税人。

（1）第 13a ~ 13c 行第 1 ~ 6 列按照销售额和销项税额的实际发生数填写。

（2）第 13a ~ 13c 行第 14 列，纳税人按 "应预征缴纳的增值税 = 应预征增值税销售额 × 预征率" 公式计算后据实填写。

【操作提示】第 13a ~ 13c 行适用于按规定实行 "分支机构预缴、总机构汇总申报" 的汇总纳税政策的纳税人。建筑企业一般不实行汇总纳税，因此，通常不需要填写第 13a ~ 13c 行。

（十四）第 14 ~ 15 行 "二、简易计税方法计税" "其中：即征即退项目" 各行

第 14 ~ 15 行 "二、简易计税方法计税" "其中：即征即退项目" 各行：只反映按简易计税方法计算增值税的即征即退项目。按照税收规定不享受即征即退政策的纳税人，不填写本行。即征即退项目是全部征税项目的其中数。

（1）第 14 行 "即征即退货物及加工修理修配劳务"：反映按简易计税方法

计算增值税且享受即征即退政策的货物及加工修理修配劳务。本行不包括服务、不动产和无形资产的内容。

1）本行第9列"合计""销售额"栏：反映按简易计税方法计算增值税且享受即征即退政策的货物及加工修理修配劳务的不含税销售额。该栏不按第9列所列公式计算，应按照税收规定据实填写。

2）本行第10列"合计""销项（应纳）税额"栏：反映按简易计税方法计算增值税且享受即征即退政策的货物及加工修理修配劳务的应纳税额。该栏不按第10列所列公式计算，应按照税收规定据实填写。

（2）第15行"即征即退服务、不动产和无形资产"：反映按简易计税方法计算增值税且享受即征即退政策的服务、不动产和无形资产。本行不包括货物及加工修理修配劳务的内容。

1）本行第9列"合计""销售额"栏：反映按简易计税方法计算增值税且享受即征即退政策的服务、不动产和无形资产的不含税销售额。服务、不动产和无形资产有扣除项目的，按扣除之前的不含税销售额填写。该栏不按第9列所列公式计算，应按照税收规定据实填写。

2）本行第10列"合计""销项（应纳）税额"栏：反映按简易计税方法计算增值税且享受即征即退政策的服务、不动产和无形资产的应纳税额。服务、不动产和无形资产有扣除项目的，按扣除之前的应纳税额填写。该栏不按第10列所列公式计算，应按照税收规定据实填写。

（3）本行第14列"扣除后""销项（应纳）税额"栏：反映按简易计税方法计算增值税且享受即征即退政策的服务、不动产和无形资产实际应计提的应纳税额。服务、不动产和无形资产有扣除项目的，按扣除之后的应纳税额填写；服务、不动产和无形资产无扣除项目的，按本行第10列填写。

【操作提示】第14行对应的第1～8列、第11～14列不需填写，只需填写即征即退货物及加工修理修配劳务的本期销售额和税额，即第9～10列。第15行对应的第1～8列不需填写，第9～14列需按规定填写。

建筑企业一般不涉及即征即退项目，无须填写第14～15行；如有即征即退项目，且采用简易计税方法的，则应按规定填写。

（十五）第16行"三、免抵退税""货物及加工修理修配劳务"

第16行"三、免抵退税""货物及加工修理修配劳务"：反映适用免、抵、退税政策的出口货物、加工修理修配劳务。

【操作提示】适用免抵退税的出口货物、加工修理修配劳务,首先免征出口环节的增值税,因此,不涉及开具增值税专用发票。对应列次仅需填写第3列"开具其他发票""销售额"、第5列"未开具发票""销售额"和第9列"合计""销售额";其他列次不需填写。

(十六)第17行"三、免抵退税""服务、不动产和无形资产"

第17行"三、免抵退税""服务、不动产和无形资产":反映适用免、抵、退税政策的服务、不动产和无形资产。

【操作提示】适用免抵退税的出口服务、不动产和无形资产,首先免征出口环节的增值税,因此,不涉及开具增值税专用发票。对应列次仅需填写第3列"开具其他发票""销售额"、第5列"未开具发票""销售额"、第9列"合计""销售额"、第10列"合计"价税合计以及扣除第11列和第12列销售额的扣除情况;其他列次不需填写。

(十七)第18行"四、免税""货物及加工修理修配劳务"

第18行"四、免税""货物及加工修理修配劳务":反映按照税收规定免征增值税的货物及劳务和适用零税率的出口货物及劳务,但零税率的销售额中不包括适用免、抵、退税办法的出口货物及劳务。

【操作提示】适用免税的货物及劳务、免退税的出口货物及劳务,一般不涉及开具增值税专用发票。对应列次仅需填写第3列"开具其他发票""销售额"、第5列"未开具发票""销售额"和第9列"合计""销售额";其他列次不需填写。

(十八)第19行"四、免税""服务、不动产和无形资产"

第19行"四、免税""服务、不动产和无形资产":反映按照税收规定免征增值税的服务、不动产、无形资产和适用零税率的服务、不动产、无形资产,但零税率的销售额中不包括适用免、抵、退税办法的服务、不动产和无形资产。

【操作提示】适用免税及免退税的服务、不动产和无形资产,不涉及开具增值税专用发票。对应列次仅需填写第3列"开具其他发票""销售额"、第5列"未开具发票""销售额"、第9列"合计""销售额"、第10列"合计"价税合计以及扣除第11列和第12列销售额的扣除情况;其他列次不需填写。

三、增值税纳税申报表附列资料（二）

表样见表 4-5。

增值税纳税申报表附列资料（二） 表 4-5

（本期进项税额明细）

税款所属时间：　年　月　日至　年　月　日

纳税人名称：（公章）　　　　　　　　　　　　　　金额单位：元至角分

一、申报抵扣的进项税额				
项目	栏次	份数	金额	税额
（一）认证相符的增值税专用发票	1=2+3			
其中：本期认证相符且本期申报抵扣	2			
前期认证相符且本期申报抵扣	3			
（二）其他扣税凭证	4=5+6+7+8			
其中：海关进口增值税专用缴款书	5			
农产品收购发票或者销售发票	6			
代扣代缴税收缴款凭证	7		—	
其他	8			
（三）本期用于购建不动产的扣税凭证	9			
（四）本期不动产允许抵扣进项税额	10		—	
（五）外贸企业进项税额抵扣证明	11		—	—
当期申报抵扣进项税额合计	12=1+4-9+10+11			
二、进项税额转出额				
项目	栏次	税额		
本期进项税额转出额	13=14至23之和			
其中：免税项目用	14			
集体福利、个人消费	15			
非正常损失	16			
简易计税方法征税项目用	17			
免抵退税办法不得抵扣的进项税额	18			
纳税检查调减进项税额	19			
红字专用发票信息表注明的进项税额	20			
上期留抵税额抵减欠税	21			
上期留抵税额退税	22			
其他应作进项税额转出的情形	23			

续表

三、待抵扣进项税额				
项目	栏次	份数	金额	税额
（一）认证相符的增值税专用发票	24	—	—	—
期初已认证相符但未申报抵扣	25			
本期认证相符且本期未申报抵扣	26			
期末已认证相符但未申报抵扣	27			
其中：按照税收规定不允许抵扣	28			
（二）其他扣税凭证	29=30至33之和			
其中：海关进口增值税专用缴款书	30			
农产品收购发票或者销售发票	31			
代扣代缴税收缴款凭证	32			
其他	33			
	34			
四、其他				
项目	栏次	份数	金额	税额
本期认证相符的增值税专用发票	35			
代扣代缴税额	36	—	—	

（一）税款所属时间与纳税人名称

"税款所属时间""纳税人名称"的填写同主表。

（二）第1栏"（一）认证相符的增值税专用发票"

第1~12栏"一、申报抵扣的进项税额"：分别反映纳税人按税收规定符合抵扣条件，在本期申报抵扣的进项税额。

第1栏"（一）认证相符的增值税专用发票"：反映纳税人取得的认证相符本期申报抵扣的增值税专用发票情况。该栏应等于第2栏"本期认证相符且本期申报抵扣"与第3栏"前期认证相符且本期申报抵扣"数据之和。

【操作提示】本栏数据为第2~3栏之和，由申报系统自动生成，不需手工填写。第2~3栏数据可从增值税认证系统中直接提取。

（三）第2栏"其中：本期认证相符且本期申报抵扣"

第2栏"其中：本期认证相符且本期申报抵扣"：反映本期认证相符且本期

申报抵扣的增值税专用发票的情况。本栏是第1栏的其中数,本栏只填写本期认证相符且本期申报抵扣的部分。

适用取消增值税发票认证规定的纳税人,当期申报抵扣的增值税发票数据,也填报在本栏中。

【操作提示】本栏填写一般纳税人本期通过纸质扫描认证通过的和在《增值税发票查询平台》勾选确认的增值税专用发票的申报抵扣情况,包括本期认证相符的发票份数、金额和税额。

对于取得购建不动产按规定需分期抵扣进项税额的增值税专用发票,在本栏"税额"填写进项税额全额,而不是可在本期抵扣的60%。

(四)第3栏"前期认证相符且本期申报抵扣"

第3栏"前期认证相符且本期申报抵扣":反映前期认证相符且本期申报抵扣的增值税专用发票的情况。

辅导期纳税人依据税务机关告知的稽核比对结果通知书及明细清单注明的稽核相符的增值税专用发票填写本栏。本栏是第1栏的其中数,只填写前期认证相符且本期申报抵扣的部分。

【操作提示】本栏由辅导期纳税人在辅导期间填写,其他纳税人不需填写。

营改增纳税人一般不存在辅导期,因此,建筑企业不需要填写本栏。

(五)第4栏"(二)其他扣税凭证"

第4栏"(二)其他扣税凭证":反映本期申报抵扣的除增值税专用发票之外的其他扣税凭证的情况。具体包括:海关进口增值税专用缴款书、农产品收购发票或者销售发票(含农产品核定扣除的进项税额)、代扣代缴税收完税凭证和其他符合政策规定的抵扣凭证。该栏应等于第5~8栏之和。

【操作提示】本栏数据为第5~8栏之和,由申报系统自动生成,不需手工填写。

为准确统计本栏数据,应针对第5~8栏各类扣税凭证建立管理台账,统计申报所需数据。

(六)第5栏"海关进口增值税专用缴款书"

第5栏"海关进口增值税专用缴款书":反映本期申报抵扣的海关进口增

值税专用缴款书的情况。按规定执行海关进口增值税专用缴款书先比对后抵扣的，纳税人需依据税务机关告知的稽核比对结果通知书及明细清单注明的稽核相符的海关进口增值税专用缴款书填写本栏。

【操作提示】由于取得海关进口增值税专用缴款书一般需要先比对后抵扣，对于本期取得但尚未返回比对结果的，不在本栏填写。

建筑企业进口设备、材料等涉及取得海关进口增值税专用缴款书。

（七）第6栏"农产品收购发票或者销售发票"

第6栏"农产品收购发票或者销售发票"：反映本期申报抵扣的农产品收购发票和农产品销售普通发票的情况。执行农产品增值税进项税额核定扣除办法的，填写当期允许抵扣的农产品增值税进项税额，不填写"份数""金额"。

【操作提示】建筑企业购买免税农产品，如建筑用木材，无法取得增值税专用发票，可取得农产品销售发票。

（八）第7栏"代扣代缴税收缴款凭证"

第7栏"代扣代缴税收缴款凭证"：填写本期按规定准予抵扣的完税凭证上注明的增值税额。

【操作提示】建筑企业向境外支付技术服务费、设计费等，涉及代扣代缴增值税，解缴税款后可取得完税凭证。

（九）第8栏"其他"

第8栏"其他"：反映按规定本期可以申报抵扣的其他扣税凭证情况。

纳税人按照规定不得抵扣且未抵扣进项税额的固定资产、无形资产、不动产，发生用途改变，用于允许抵扣进项税额的应税项目，可在用途改变的次月将按公式计算出的可以抵扣的进项税额，填入"税额"栏。

【操作提示】建筑企业涉及填写本栏的情形主要包括以下两种：

（1）根据财税〔2016〕36号文和国家税务总局公告2016年第15号文规定，原来按规定不得抵扣且未抵扣进项税额的固定资产、无形资产、不动产，发生用途改变，用于允许抵扣进项税额的应税项目，可在用途改变的次月按照下列公式，依据合法有效的增值税扣税凭证，计算可以抵扣的进项税额。

改变用途的固定资产、无形资产可抵扣进项税额=固定资产、无形资产净值/（1+适用税率）×适用税率

改变用途的不动产可抵扣进项税额=增值税扣税凭证注明或计算的进项税额×不动产净值率

对于属于已取得合法有效扣税凭证、上月改变用途的资产，按上述公式计算的可抵扣进项税额，在本期填入本栏"税额"。

（2）根据财税〔2016〕86号文规定，一般纳税人支付的道路、桥、闸通行费，暂凭取得的通行费发票（不含财政票据）上注明的收费金额按照下列公式计算可抵扣的进项税额：

高速公路通行费可抵扣进项税额=高速公路通行费发票上注明的金额÷（1+3%）×3%

一级公路、二级公路、桥、闸通行费可抵扣进项税额=一级公路、二级公路、桥、闸通行费发票上注明的金额÷（1+5%）×5%

对于取得通行费发票，按上述公式计算的可抵扣进项税额，填入本栏"税额"。

（十）第9栏"（三）本期用于购建不动产的扣税凭证"

第9栏"（三）本期用于购建不动产的扣税凭证"：反映按规定本期用于购建不动产并适用分2年抵扣规定的扣税凭证上注明的金额和税额。购建不动产是指纳税人2016年5月1日后取得并在会计制度上按固定资产核算的不动产或者2016年5月1日后取得的不动产在建工程。

取得不动产，包括以直接购买、接受捐赠、接受投资入股、自建以及抵债等各种形式取得不动产，不包括房地产开发企业自行开发的房地产项目。

本栏次包括第1栏中本期用于购建不动产的增值税专用发票和第4栏中本期用于购建不动产的其他扣税凭证。

本栏"金额""税额"<第1栏+第4栏且本栏"金额""税额"≥0。

纳税人按照规定不得抵扣且未抵扣进项税额的不动产，发生用途改变，用于允许抵扣进项税额的应税项目，可在用途改变的次月将按公式计算出的可以抵扣的进项税额，填入"税额"栏。

本栏"税额"列=《附列资料（五）》第2列"本期不动产进项税额增加额"。

【操作提示】本栏单独反映本期取得的用于购建不动产需按2年分期抵扣

进项税额的扣税凭证信息。房地产开发企业自行开发的房地产项目属于房地产开发企业的存货,其进项税额不需分期抵扣,不在本栏填写。

本栏数据由纳税申报系统自动生成,无须手工填写。

根据国家税务总局公告2016年第15号文规定,涉及需要填写本栏的不动产相关分期抵扣情形包括以下两种:

(1)购建不动产涉及的进项税分期抵扣

1)取得不动产或不动产在建工程。适用一般计税方法的试点纳税人,2016年5月1日后取得并在会计制度上按固定资产核算的不动产或者2016年5月1日后发生的不动产在建工程,其进项税额应自取得之日起分2年从销项税额中抵扣,第一年抵扣比例为60%,第二年抵扣比例为40%。

在这种情况下,纳税人取得需分期抵扣的扣税凭证一般为转让不动产的增值税专用发票,需填入本栏。

2)用于自建不动产或不动产在建工程。纳税人2016年5月1日后购进货物和设计服务、建筑服务,用于新建不动产,或者用于改建、扩建、修缮、装饰不动产并增加不动产原值超过50%的,其进项税额依照本办法有关规定分2年从销项税额中抵扣。

在这种情况下,纳税人取得需分期抵扣的扣税凭证为货物、设计服务、建筑服务的增值税专用发票,需填入本栏。取得购进的其他货物、劳务、服务用于自建不动产或不动产在建工程但不需要分期抵扣的,如监理、咨询、运输等增值税专用发票,不需要填入本栏;不动产在建工程未增加不动产原值超过50%的,取得的所有扣税凭证都不需要分期抵扣,也不需要填入本栏。

(2)不动产用途改变用于可抵扣项目涉及的进项税分期抵扣

按照规定不得抵扣进项税额的不动产,发生用途改变,用于允许抵扣进项税额项目的,按照下列公式在改变用途的次月计算可抵扣进项税额。

可抵扣进项税额=增值税扣税凭证注明或计算的进项税额 × 不动产净值率

不动产净值率=(不动产净值 ÷ 不动产原值)× 100%

按照本条规定计算的可抵扣进项税额,60%的部分于改变用途的次月从销项税额中抵扣,40%的部分为待抵扣进项税额,于改变用途的次月起第13个月从销项税额中抵扣。

在此种情况下,上月发生用途改变的不动产,本期需填入本栏。

（十一）第10栏"（四）本期不动产允许抵扣进项税额"

第10栏"（四）本期不动产允许抵扣进项税额"：反映按规定本期实际申报抵扣的不动产进项税额。本栏"税额"列＝《附列资料（五）》第3列"本期可抵扣不动产进项税额"。

【操作提示】本栏单独反应本期取得的用于购建不动产需按2年分期抵扣进项税额的在本期的抵扣情况。

本栏数据由纳税申报系统自动生成，无须手工填写。

本栏包括两部分进项税额（具体填写思路详见本章本节"六、增值税纳税申报表附列资料（五）/（四）第3列'本期可抵扣不动产进项税额'"的操作提示）：

（1）本期购建不动产、上期用途改变用于可抵扣项目的不动产，可在本期抵扣的60%。

（2）一年前购建不动产、用途改变用于可抵扣项目的不动产以及改变用途用于不动产的货物或服务，到第13个月时抵扣的40%。

（十二）第11栏"（五）外贸企业进项税额抵扣证明"

第11栏"（五）外贸企业进项税额抵扣证明"：填写本期申报抵扣的税务机关出口退税部门开具的《出口货物转内销证明》列明允许抵扣的进项税额。

【操作提示】本栏由外贸企业填写，其他企业不需填写。

（十三）第12栏"当期申报抵扣进项税额合计"

第12栏"当期申报抵扣进项税额合计"：反映本期申报抵扣进项税额的合计数。按表中所列公式计算填写。

【操作提示】本栏由纳税申报系统自动生成，不需手工填写。

（十四）第13栏"本期进项税额转出额"

第13～23栏"二、进项税额转出额"各栏：分别反映纳税人已经抵扣但按规定应在本期转出的进项税额明细情况。

第13栏"本期进项税额转出额"：反映已经抵扣但按规定应在本期转出的进项税额合计数。按表中所列公式计算填写。

【操作提示】本栏数据为第14～23栏之和，由申报系统自动生成，不需手工填写。

（十五）第14栏"免税项目用"

第14栏"免税项目用"：反映用于免征增值税项目，按规定应在本期转出的进项税额。

【操作提示】本栏包括以下四种需做进项税转出的情形：

（1）已抵扣进项税额的货物、劳务、服务等，由于改变用途，用于免征增值税项目，而需做转出的进项税额。

（2）已抵扣进项税额的固定资产、无形资产，由于改变用途，专用于免征增值税项目，而按公式计算需做转出的进项税额。计算公式为：

不得抵扣的进项税额＝固定资产、无形资产净值 × 适用税率

（3）已抵扣进项税额的不动产发生用途改变，由于改变用途，专用于免征增值税项目，而按公式计算需做转出的进项税额。计算公式为：

不得抵扣的进项税额＝（已抵扣进项税额＋待抵扣进项税额）× 不动产净值率

（4）本期申报抵扣的既用于应税项目又用于免税项目的进项税额，按公式计算需做进项税额转出的部分，计算公式为：

不得抵扣的进项税额＝当期无法划分的全部进项税额 × （免征增值税项目销售额 ÷ 当期全部销售额）

（十六）第15栏"集体福利、个人消费"

第15栏"集体福利、个人消费"：反映用于集体福利或者个人消费，按规定应在本期转出的进项税额。

【操作提示】本栏包括以下3种需做进项税转出的情形：

（1）已抵扣进项税额的货物、劳务、服务等，由于改变用途，用于集体福利或者个人消费，而需做转出的进项税额。

（2）已抵扣进项税额的固定资产、无形资产，由于改变用途，专用于集体福利或者个人消费，而按公式计算需做转出的进项税额。计算公式为：

不得抵扣的进项税额＝固定资产、无形资产净值 × 适用税率

（3）已抵扣进项税额的不动产发生用途改变，由于改变用途，专用于集体福利或者个人消费，而按公式计算需做转出的进项税额。计算公式为：

不得抵扣的进项税额＝（已抵扣进项税额＋待抵扣进项税额）× 不动产净值率

（十七）第 16 栏"非正常损失"

第 16 栏"非正常损失"：反映纳税人发生非正常损失，按规定应在本期转出的进项税额。

【操作提示】本栏包括以下 3 种需做进项税转出的情形：

（1）已抵扣进项税额的货物、劳务、服务等，由于发生非正常损失而需做转出的进项税额。

（2）已抵扣进项税额的固定资产、无形资产，由于发生非正常损失而按公式计算需做转出的进项税额。计算公式为：

不得抵扣的进项税额＝固定资产、无形资产净值×适用税率

（3）已抵扣进项税额的不动产发生用途改变，由于发生非正常损失而按公式计算需做转出的进项税额。计算公式为：

不得抵扣的进项税额＝（已抵扣进项税额＋待抵扣进项税额）×不动产净值率

非正常损失，是指因管理不善造成货物被盗、丢失、霉烂变质，以及因违反法律法规造成货物或者不动产被依法没收、销毁、拆除的情形。

（十八）第 17 栏"简易计税方法征税项目用"

第 17 栏"简易计税方法征税项目用"：反映用于按简易计税方法征税项目，按规定应在本期转出的进项税额。

营业税改征增值税的纳税人，服务、不动产和无形资产按规定汇总计算缴纳增值税的分支机构，当期应由总机构汇总的进项税额也填入本栏。

【操作提示】本栏主要包括以下 5 种需做进项税转出的情形：

（1）已抵扣进项税额的货物、劳务、服务等，由于改变用途，用于简易计税方法计税项目，而需做转出的进项税额。

（2）已抵扣进项税额的固定资产、无形资产，由于改变用途，专用于简易计税方法计税项目，而按公式计算需做转出的进项税额。计算公式为：

不得抵扣的进项税额＝固定资产、无形资产净值×适用税率

（3）已抵扣进项税额的不动产发生用途改变，由于改变用途，专用于简易计税方法计税项目，而按公式计算需做转出的进项税额。计算公式为：

不得抵扣的进项税额＝（已抵扣进项税额＋待抵扣进项税额）×不动产净值率

（4）本期申报抵扣的既用于应税项目又用于简易计税项目的进项税额，按

公式计算需做进项税额转出的部分，计算公式为：

不得抵扣的进项税额＝当期无法划分的全部进项税额×（简易计税方法征税项目销售额÷当期全部销售额）

（5）营改增纳税人实行"分支机构预缴、总机构汇总申报"的汇总纳税政策的，分支机构在填写本表时，其汇总至总机构的进项税额也在本栏填写。建筑企业一般不实行汇总纳税，不涉及此种情形。

（十九）第18栏"免抵退税办法不得抵扣的进项税额"

第18栏"免抵退税办法不得抵扣的进项税额"：反映按照免、抵、退税办法的规定，由于征税税率与退税税率存在税率差，在本期应转出的进项税额。

【操作提示】本栏由存在出口货物、服务按规定可享受免抵退税政策的纳税人填写。

（二十）第19栏"纳税检查调减进项税额"

第19栏"纳税检查调减进项税额"：反映税务、财政、审计部门检查后而调减的进项税额。

【操作提示】本栏反映本期纳税检查在本期应调减进项税额的情况，包括检查过程中发现应调减的本期进项税额和以前期间进项税额。

（二十一）第20栏"红字专用发票信息表注明的进项税额"

第20栏"红字专用发票信息表注明的进项税额"：填写主管税务机关开具的《开具红字增值税专用发票信息表》注明的在本期应转出的进项税额。

【操作提示】本栏填写由于发生退货或者折扣、折让的情形而需依据《开具红字增值税专用发票信息表》(以下简称《信息表》)做转出的进项税额。包括以下两种情形：

（1）由购买方申请填写《信息表》的，购买方应在填开《信息表》后依《信息表》所列增值税税额从填开《信息表》当期的进项税额中转出。

（2）由销售方申请填写《信息表》的，购买方应在销售方填开《信息表》的当期做进项税额转出。

（二十二）第21栏"上期留抵税额抵减欠税"

第21栏"上期留抵税额抵减欠税"：填写本期经税务机关同意，使用上期留抵税额抵减欠税的数额。

【操作提示】填写本栏应注意2点：
（1）使用上期留抵税额抵减欠缴增值税的，必须经税务机关同意。
（2）发生使用留抵税额抵减欠税的情况，应做进项税额转出，反映在本栏。

（二十三）第22栏"上期留抵税额退税"

第22栏"上期留抵税额退税"：填写本期经税务机关批准的上期留抵税额退税额。

【操作提示】填写本栏应注意，一旦税务机关批准上期留抵税额可以退税的，不管是否已收到退还的增值税均需做进项税额转出。

（二十四）第23栏"其他应作进项税额转出的情形"

第23栏"其他应作进项税额转出的情形"：反映除上述进项税额转出情形外，其他应在本期转出的进项税额。

【操作提示】不能填入第14～22栏的进项税额转出，都填入本栏。如购进时已全额抵扣进项税额的货物和服务，转用于不动产在建工程时，要把它已抵扣进项税额的40%部分做进项税额转出，填入本栏，同时转入待抵扣进项税额。

（二十五）第24栏"认证相符的增值税专用发票"

第24～34栏"三、待抵扣进项税额"各栏：分别反映纳税人已经取得，但按税收规定不符合抵扣条件，暂不予在本期申报抵扣的进项税额情况及按税收规定不允许抵扣的进项税额情况。

第24～28栏均为增值税专用发票的情况。

（二十六）第25栏"期初已认证相符但未申报抵扣"

第25栏"期初已认证相符但未申报抵扣"：反映前期认证相符，但按照税收规定暂不予抵扣及不允许抵扣，结存至本期的增值税专用发票情况。辅导期纳税人填写认证相符但未收到稽核比对结果的增值税专用发票期初情况。

【操作提示】第25～27栏主要包括以下两种待抵扣情形的期初余额情况、本期抵扣情况及期末余额情况。
（1）前期已认证相符、需分期抵扣、尚未到第13个月的不动产抵税凭证信息。
（2）辅导期纳税人前期已认证相符、尚未收到税务机关的稽核比对结果的扣税凭证信息。

营改增纳税人一般不存在辅导期,因此,建筑企业仅涉及第一种情形,不涉及第二种情形。

(二十七)第26栏"本期认证相符且本期未申报抵扣"

第26栏"本期认证相符且本期未申报抵扣":反映本期认证相符,但按税收规定暂不予抵扣及不允许抵扣,而未申报抵扣的增值税专用发票情况。辅导期纳税人填写本期认证相符但未收到稽核比对结果的增值税专用发票情况。

【操作提示】请参见第25栏"操作提示"。

(二十八)第27栏"期末已认证相符但未申报抵扣"

第27栏"期末已认证相符但未申报抵扣":反映截至本期期末,按照税收规定仍暂不予抵扣及不允许抵扣且已认证相符的增值税专用发票情况。辅导期纳税人填写截至本期期末已认证相符但未收到稽核比对结果的增值税专用发票期末情况。

【操作提示】请参见第25栏"操作提示"。

(二十九)第28栏"其中:按照税收规定不允许抵扣"

第28栏"其中:按照税收规定不允许抵扣":反映截至本期期末已认证相符但未申报抵扣的增值税专用发票中,按照税收规定不允许抵扣的增值税专用发票情况。

(三十)第29栏"(二)其他扣税凭证"

第29栏"(二)其他扣税凭证":反映截至本期期末仍未申报抵扣的除增值税专用发票之外的其他扣税凭证情况。具体包括:海关进口增值税专用缴款书、农产品收购发票或者销售发票、代扣代缴税收完税凭证和其他符合政策规定的抵扣凭证。该栏应等于第30~33栏之和。

【操作提示】本栏数据为第30~33栏之和,由申报系统自动生成,不需手工填写。

(三十一)第30栏"海关进口增值税专用缴款书"

第30栏"海关进口增值税专用缴款书":反映已取得但截至本期期末仍未申报抵扣的海关进口增值税专用缴款书情况,包括纳税人未收到稽核比对结果的海关进口增值税专用缴款书情况。

【操作提示】本栏包括已取得海关进口增值税专用缴款书，但尚未收到稽核比对结果，或已比对通过，但尚未申报抵扣的情况。

（三十二）第31栏"农产品收购发票或者销售发票"

第31栏"农产品收购发票或者销售发票"：反映已取得但截至本期期末仍未申报抵扣的农产品收购发票和农产品销售普通发票情况。

（三十三）第32栏"代扣代缴税收缴款凭证"

第32栏"代扣代缴税收缴款凭证"：反映已取得但截至本期期末仍未申报抵扣的代扣代缴税收完税凭证情况。

（三十四）第33栏"其他"

第33栏"其他"：反映已取得但截至本期期末仍未申报抵扣的其他扣税凭证的情况。

（三十五）第35栏"本期认证相符的增值税专用发票"

第35栏"本期认证相符的增值税专用发票"：反映本期认证相符的增值税专用发票的情况。

【操作提示】本栏反映纳税人在本期认证相符的所有增值税专用发票，包括本期申报抵扣的和未申报抵扣的。因此，本栏数据可能会大于第2栏数据。

例如：纳税人购买一批用于福利的物资，取得了增值税专用发票，且已扫描认证或勾选确认，但由于用于职工福利，因此不再申报抵扣。这种情形在申报时需做出未申报抵扣的原因说明。

（三十六）第36栏"代扣代缴税额"

第36栏"代扣代缴税额"：填写纳税人根据《中华人民共和国增值税暂行条例》第十八条扣缴的应税劳务增值税额与根据营业税改征增值税有关政策规定扣缴的服务、不动产和无形资产增值税额之和。

【操作提示】本栏填写纳税人本期实际缴纳的代扣代缴增值税，不管代扣代缴的增值税在本期是否申报抵扣，均在本栏反映。

如纳税人从境外机构融资，需履行代扣代缴义务，但由于利息支出不可抵扣，本栏金额就会大于本表第7栏。

四、增值税纳税申报表附列资料（三）

表样见表4-6。

表4-6

增值税纳税申报表附列资料（三）

（服务、不动产和无形资产扣除项目明细）

税款所属时间： 年 月 日至 年 月 日

纳税人名称：（公章） 金额单位：元至角分

项目及栏次	本期服务、不动产和无形资产价税合计额（免税销售额）	服务、不动产和无形资产扣除项目			
		期初余额	本期发生额	本期应扣除金额 4=2+3	本期实际扣除金额 5（5≤1且5≤4）	期末余额 6=4-5
	1	2	3	4	5	6
17%税率的项目						
11%税率的项目						
6%税率的项目（不含金融商品转让）						
6%税率的金融商品转让项目						
5%征收率的项目						
3%征收率的项目						
免抵退税的项目						
免税的项目						

(一) 税款所属时间与纳税人名称

本表由服务、不动产和无形资产有扣除项目的营业税改征增值税纳税人填写。其他纳税人不填写。"税款所属时间""纳税人名称"的填写同主表。

【操作提示】本表仅适用于销售服务、不动产和无形资产的应税项目中有扣除项目的纳税人填写。

(二) 第1列"本期服务、不动产和无形资产价税合计额 (免税销售额)"

第1列"本期服务、不动产和无形资产价税合计额 (免税销售额)": 营业税改征增值税的服务、不动产和无形资产属于征税项目的，填写扣除之前的本期服务、不动产和无形资产价税合计额；营业税改征增值税的服务、不动产和无形资产属于免抵退税或免税项目的，填写扣除之前的本期服务、不动产和无形资产免税销售额。本列各行次等于《附列资料 (一)》第11列对应行次，其中本列第3行和第4行之和等于《附列资料 (一)》第11列第5栏。

营业税改征增值税的纳税人，服务、不动产和无形资产按规定汇总计算缴纳增值税的分支机构，本列各行次之和等于《附列资料 (一)》第11列第13a、13b行之和。

【操作提示】

(1) 本列填写的数据为扣除之前的含税销售额，包括免税销售额。

(2) 本列与《附列资料 (一)》第11列"合计""价税合计"之间有勾稽关系，即两列相对应的各行次数据相等。

结合本表填写的适用范围，本列数据的填写要求为：如果纳税人销售服务、不动产和无形资产的应税项目中无扣除项目，则本表不需填写，也不需要与《附列资料 (一)》第11列勾稽；如果纳税人销售服务、不动产和无形资产的应税项目中有扣除项目，则本列数据应与《附列资料 (一)》第11列相应行次数据的口径一致，即各行次数据既包含该类项目中有扣除项目的应税项目扣除之前的价税合计额，也包含该类项目中无扣除项目的应税项目的价税合计额。

(三) 第2列"服务、不动产和无形资产扣除项目""期初余额"

第2列"服务、不动产和无形资产扣除项目""期初余额"：填写服务、不动产和无形资产扣除项目上期期末结存的金额，试点实施之日的税款所属期填写"0"。本列各行次等于上期《附列资料（三）》第 6 列对应行次。

本列第 4 行"6% 税率的金融商品转让项目""期初余额"年初首期填报时应填"0"。

【操作提示】

（1）本列反映的是期初也即上期期末可在本期抵扣销售额的扣除项目结存金额，反映的是扣除项目含税金额，而不是扣除项目可抵扣的税额。

例如：建筑企业采用简易计税方法计税的甲工程项目，上期取得的分包发票价税合计金额 500 万元，大于上期按简易计税方法计税的含税销售额 450 万元，则上期期末未抵扣的分包价税合计金额 50 万元填入本期本列。

（2）注意区分一般计税方法下的进项税抵扣与差额纳税（即有扣除项目）。进项税抵扣不属于差额纳税，是以扣税凭证注明的税额或计算的税额抵扣销项税额；差额纳税是以取得合法有效票据注明的价税合计金额抵减含税销售额，如融资租赁业务取得利息支出的增值税发票后，可以用于抵减计税销售额。

对于建筑企业而言，选择或适用一般计税方法的应税项目一般不涉及差额纳税，仅涉及进项税额抵扣；选择简易计税方法的应税项目，如销售建筑服务、销售不动产等，涉及差额纳税。例如：选择一般计税方法的工程项目，取得分包方开具的增值税专用发票，可以抵扣销项税额；取得分包方开具的增值税普通发票，无法抵扣进项税，也不能抵减销售额。选择简易计税方法的工程项目，取得分包方开具的增值税发票，无论是专用发票还是普通发票，均可以发票价税合计金额抵减简易计税的销售额，为政策规定的扣除项目。

（四）第 3 列"服务、不动产和无形资产扣除项目""本期发生额"

第 3 列"服务、不动产和无形资产扣除项目""本期发生额"：填写本期取得的按税收规定准予扣除的服务、不动产和无形资产扣除项目金额。

【操作提示】例如：建筑企业采用简易计税方法计税的甲工程项目，本期取得的分包发票价税合计金额 500 万元，填入本列。

（五）第 4 列"服务、不动产和无形资产扣除项目""本期应扣除金额"

第 4 列"服务、不动产和无形资产扣除项目""本期应扣除金额"：填写服务、不动产和无形资产扣除项目本期应扣除的金额。

本列各行次＝第 2 列对应各行次＋第 3 列对应各行次

（六）第 5 列"服务、不动产和无形资产扣除项目""本期实际扣除金额"

第 5 列"服务、不动产和无形资产扣除项目""本期实际扣除金额"：填写服务、不动产和无形资产扣除项目本期实际扣除的金额。

本列各行次≤第 4 列对应各行次且本列各行次≤第 1 列对应各行次

【操作提示】本列各行次本期实际扣除的金额以各行次本期销售额为限，即取第 1 列和第 4 列孰小。

（七）第 6 列"服务、不动产和无形资产扣除项目""期末余额"

第 6 列"服务、不动产和无形资产扣除项目""期末余额"：填写服务、不动产和无形资产扣除项目本期期末结存的金额。

本列各行次＝第 4 列对应各行次－第 5 列对应各行次

【操作提示】本期未扣除完的金额，填入本列，以结转下期继续扣除。

五、增值税纳税申报表附列资料（四）

表样见表 4-7。

增值税纳税申报表附列资料（四） 表 4-7

（税额抵减情况表）

税款所属时间： 年 月 日至 年 月 日

纳税人名称：（公章） 金额单位：元至角分

序号	抵减项目	期初余额	本期发生额	本期应抵减税额	本期实际抵减税额	期末余额
		1	2	3=1+2	4≤3	5=3-4
1	增值税税控系统专用设备费及技术维护费					
2	分支机构预征缴纳税款					
3	建筑服务预征缴纳税款					
4	销售不动产预征缴纳税款					
5	出租不动产预征缴纳税款					

（一）第1行

本表第1行由发生增值税税控系统专用设备费用和技术维护费的纳税人填写，反映纳税人增值税税控系统专用设备费用和技术维护费按规定抵减增值税应纳税额的情况。

【操作提示】 纳税人初次购买增值税税控系统专用设备支付的费用以及缴纳的技术维护费，凭取得的增值税专用发票，按价税合计在增值税应纳税额中全额抵减的金额，在本行填写。

（二）第2行

本表第2行由营业税改征增值税纳税人，服务、不动产和无形资产按规定汇总计算缴纳增值税的总机构填写，反映其分支机构预征缴纳税款抵减总机构应纳增值税税额的情况。

【操作提示】 目前增值税的汇总纳税有两种方式，一种是分支机构按预征率先在分支机构所在地预缴增值税，然后由总机构汇总计算应纳税额，再减去分支机构按预征率预缴的增值税，由总机构在总机构所在地汇总进行纳税申报；另一种是总机构汇总计算所有汇总纳税范围内本期应纳税额，然后按各分支机构应税收入占汇总范围内所有应税收入的比重分配应缴纳的税额。

第一种汇总纳税方式下，总机构在本行填写分支机构按预征率预缴的增值税。

第二种汇总纳税方式以及不采取汇总纳税方式的纳税人，不需填写本行。

建筑企业一般不实行汇总纳税，因此不涉及填写本行。

（三）第3行

本表第3行由销售建筑服务并按规定预缴增值税的纳税人填写，反映其销售建筑服务预征缴纳税款抵减应纳增值税税额的情况。

【操作提示】 建筑企业跨县（市、区）提供建筑服务，无论采用一般计税方法还是简易计税方法，均需按规定在项目所在地预缴增值税，预缴申报的主管税务机关为项目所在地主管国税机关。因此，本行主要是为建筑企业设计，用于填写跨县（市、区）工程项目的预缴情况。

建筑企业对于跨县（市、区）的工程项目，应统一要求在规定的时间内完成增值税预缴申报，如每月5日之前，并及时传递预缴税款的完税凭证，以确保建筑企业在机构所在地纳税申报时及时从应纳税额中抵减，避免在当期重复纳税。

（四）第4行

本表第4行由销售不动产并按规定预缴增值税的纳税人填写，反映其销售不动产预征缴纳税款抵减应纳增值税税额的情况。

【操作提示】建筑企业销售不动产，无论采用一般计税方法还是简易计税方法，无论是否跨县（市、区），均需按规定在不动产所在地预缴增值税，预缴申报的主管税务机关均为不动产所在地主管地税机关。

（五）第5行

本表第5行由出租不动产并按规定预缴增值税的纳税人填写，反映其出租不动产预征缴纳税款抵减应纳增值税税额的情况。

未发生上述业务的纳税人不填写本表。

本行由所在跨县（市、区）销售不动产租赁服务并按规定应在不动产所在地预缴增值税的纳税人填写。

在销售的不动产租赁服务所在地预缴的增值税在机构所在地纳税申报的可以抵减应纳增值税税额。

【操作提示】建筑企业县（市、区）出租不动产，无论采用一般计税方法还是简易计税方法，均需按规定在不动产所在地预缴增值税，预缴申报的主管税务机关为不动产所在地主管国税机关。

六、增值税纳税申报表附列资料（五）

表样见表4-8。

增值税纳税申报表附列资料（五） 表4-8

（不动产分期抵扣计算表）

税款所属时间： 年 月 日至 年 月 日

纳税人名称：（公章） 金额单位：元至角分

期初待抵扣不动产进项税额	本期不动产进项税额增加额	本期可抵扣不动产进项税额	本期转入的待抵扣不动产进项税额	本期转出的待抵扣不动产进项税额	期末待抵扣不动产进项税额
1	2	3 ≤ 1+2+4	4	5 ≤ 1+4	6=1+2-3+4-5

(一)税款所属时间与纳税人名称

本表由分期抵扣不动产进项税额的纳税人填写。"税款所属时间""纳税人名称"的填写同主表。

【操作提示】纳税人本期有发生用于购建不动产或不动产用途改变需分期抵扣的进项税额,或前期发生用于购建不动产需分期抵扣进项税额的40%部分尚有未到抵扣时间的,需要填写本表,否则不需填写。

根据国家税务总局公告2016年第15号文件规定,涉及需要填写本表的不动产相关分期抵扣情形包括以下两种:

(1)购建不动产涉及的进项税分期抵扣

1)取得不动产或不动产在建工程

适用一般计税方法的试点纳税人,2016年5月1日后取得并在会计制度上按固定资产核算的不动产或者2016年5月1日后发生的不动产在建工程,其进项税额应自取得之日起分2年从销项税额中抵扣,第一年抵扣比例为60%,第二年抵扣比例为40%。这里的取得包括直接购买、接受捐赠、接受投资入股以及抵债等各种形式取得。

在这种情况下,纳税人取得需分期抵扣的扣税凭证一般为转让不动产的增值税专用发票,需填入本表。

2)用于自建不动产或不动产在建工程

纳税人2016年5月1日后购进货物和设计服务、建筑服务,用于新建不动产,或者用于改建、扩建、修缮、装饰不动产并增加不动产原值超过50%的,其进项税额依照本办法有关规定分2年从销项税额中抵扣。

在这种情况下,纳税人取得需分期抵扣的扣税凭证为货物、设计服务、建筑服务的增值税专用发票,需填入本表。取得购进的其他货物、劳务、服务用于自建不动产或不动产在建工程但不需要分期抵扣的,如监理、咨询、运输等增值税专用发票,不需要填入本表;不动产在建工程未增加不动产原值超过50%的,取得的所有扣税凭证都不需要分期抵扣,也不需要填入本表。

(2)用途改变涉及的不动产进项税分期抵扣

1)不动产用途改变用于可抵扣项目

按照规定不得抵扣进项税额的不动产,发生用途改变,用于允许抵扣进项税额项目的,按照下列公式在改变用途的次月计算可抵扣进项税额。

可抵扣进项税额=增值税扣税凭证注明或计算的进项税额 × 不动产净值率

不动产净值率=（不动产净值÷不动产原值）×100%

按照本条规定计算的可抵扣进项税额，60%的部分于改变用途的次月从销项税额中抵扣，40%的部分为待抵扣进项税额，于改变用途的次月起第13个月从销项税额中抵扣。

在此种情况下，上月发生用途改变的不动产，本期需填入本表。

2）货物或服务改变用途用于不动产

购进时已全额抵扣进项税额的货物和服务，转用于不动产在建工程的，其已抵扣进项税额的40%部分，应于转用的当期从进项税额中扣减，计入待抵扣进项税额，并于转用的当月起第13个月从销项税额中抵扣。

在此种情况下，本期改变用途用于不动产的货物或服务，本期需填入本表。

（二）第1列"期初待抵扣不动产进项税额"

第1列"期初待抵扣不动产进项税额"：填写纳税人上期期末待抵扣不动产进项税额。

【操作提示】本列在营改增后的首个纳税申报期填写"0"，以后各期为上期的期末数，即第6列。

（三）第2列"本期不动产进项税额增加额"

第2列"本期不动产进项税额增加额"：填写本期取得的符合税收规定的不动产进项税额。

【操作提示】本列数据=《附列资料（二）》第9栏"税额"列。

本列填写本期发生的涉及不动产需分期抵扣的进项税额全额。具体包括以下几种情形：

（1）本期通过直接购买、接受捐赠、接受投资入股以及抵债等各种形式取得不动产或不动产在建工程，取得增值税专用发票上注明的进项税额全额。

（2）本期取得用于新建不动产，或者用于改建、扩建、修缮、装饰不动产并增加不动产原值超过50%的购进货物和设计服务、建筑服务的增值税专用发票或海关进口增值税专用缴款书上注明的进项税额全额。

（3）按照规定不得抵扣进项税额的不动产，在上期发生用途改变，用于允许抵扣进项税额项目的，本期按下列公式计算的可抵扣进项税额全额。

可抵扣进项税额=增值税扣税凭证注明或计算的进项税额×不动产净值率

（四）第3列"本期可抵扣不动产进项税额"

第3列"本期可抵扣不动产进项税额"：填写符合税收规定可以在本期抵扣的不动产进项税额。

【操作提示】本列数据=《附列资料（二）》第10栏"税额"列。

本列填写涉及不动产需分期抵扣的进项税额在本期抵扣的部分。具体包括以下几种情形：

（1）本期通过直接购买、接受捐赠、接受投资入股以及抵债等各种形式取得不动产或不动产在建工程，取得增值税专用发票上注明的进项税额的60%部分。

例如：某建筑企业2016年8月购置不动产，取得增值税专用发票，发票上注明金额1 000万元，税额50万元，2016年8月可抵扣进项税额30万元。2016年8月纳税申报时，第2列填写50万元，本列填写30万元。

（2）本期取得用于新建不动产，或者用于改建、扩建、修缮、装饰不动产并增加不动产原值超过50%的购进货物和设计服务、建筑服务的增值税专用发票或海关进口增值税专用缴款书上注明的进项税额的60%部分。

例如：某建筑企业2016年9月购买一批钢材用于新建办公楼，取得增值税专用发票，发票上注明金额1 000万元，税额170万元，2016年9月可抵扣进项税额102万元。2016年9月纳税申报时，第2列填写170万元，本列填写102万元。

（3）按照规定不得抵扣进项税额的不动产，在上期发生用途改变，用于允许抵扣进项税额项目的，本期按下列公式计算的可抵扣进项税额的60%部分。

可抵扣进项税额=增值税扣税凭证注明或计算的进项税额×不动产净值率

例如：某建筑企业2016年9月购买某大厦一层楼，取得增值税专用发票，发票上注明金额2 000万元，税额100万元，打算用作职工食堂，当月未申报抵扣进项税。该房产预计使用年限20年，无残值。2017年8月，该建筑企业将其用于办公，2017年9月计算可抵扣进项税额95万元，当月可抵扣60%部分57万元。则2017年9月纳税申报时，第2列填写95万元，本列填写57万元。

（4）前期上列（1）（2）（3）所述分期抵扣情形下的40%部分待抵扣进项税额，在本期到第13个月转为可抵扣进项税额。

例如：接（1）中例，2017年8月，该建筑企业购置不动产的进项税额

40%部分到抵扣时间,2017年8月纳税申报时,本列填写30万元。

(5)前期购进时已全额抵扣进项税额的货物和服务,转用于不动产在建工程的,其已抵扣进项税额的40%部分,在转用的当期从进项税额中扣减,计入待抵扣进项税额,在本期到第13个月转为可抵扣进项税额。

例如:某建筑企业2016年7月份购买一批瓷砖,金额1000万元,进项税额170万元,购买当月拟用于某装修工程,故而全额申报抵扣。2016年8月,该建筑企业将该批瓷砖改用于自建办公楼,因用途改变,其进项税额需由一次性抵扣改为分期抵扣。2016年8月该建筑企业计算进项税额的40%,即68万元(170×40%),做进项税转出至待抵扣进项税额。

2016年8月纳税申报时,第4列填写68万元;2017年8月纳税申报时,本列填写68万元。

(6)前期上列(1)(2)(3)(5)所述分期抵扣情形下尚未抵扣完毕的40%部分待抵扣进项税额,本期销售不动产或者不动产在建工程时,允许于本期从销项税额中抵扣,即转为可抵扣进项税额。

例如:接(1)中例,假设该建筑企业于2016年12月将该不动产出售,尚未抵扣完毕的待抵扣进项税额30万元,在2016年12月纳税申报时填入本列。

(五)第4列"本期转入的待抵扣不动产进项税额"

第4列"本期转入的待抵扣不动产进项税额":填写按照税收规定本期应转入的待抵扣不动产进项税额。

本列数≤《附列资料(二)》第23栏"税额"。

【操作提示】本列一般较少涉及。建筑企业可能涉及的事项为购进时已全额抵扣进项税额的货物和服务,本期转用于不动产在建工程的,其已抵扣进项税额的40%部分,应从本期进项税额中扣减,计入本列,到第13个月抵扣时计入第3列。

例如:某建筑企业2016年7月购买一批瓷砖,金额1000万元,进项税额170万元,购买当月拟用于某装修工程,故而全额申报抵扣。2016年8月,该建筑企业将该批瓷砖改用于自建办公楼,因用途改变,其进项税额需由一次性抵扣改为分期抵扣。2016年8月该建筑企业计算进项税额的40%,即68万元(170×40%),做进项税转出至待抵扣进项税额。

2016年8月纳税申报时,本列填写68万元;2017年8月纳税申报时,第

3列填写68万元。

(六)第5列"本期转出的待抵扣不动产进项税额"

第5列"本期转出的待抵扣不动产进项税额":填写按照税收规定本期应转出的待抵扣不动产进项税额。

【操作提示】已抵扣进项税额的不动产,发生非正常损失,或者改变用途,专用于简易计税方法计税项目、免征增值税项目、集体福利或者个人消费的,应计算不得抵扣的进项税额。其中,属于前期计入待抵扣进项税额的部分,填入本列做转出。具体计算及转出处理如下:

(1)计算公式

不得抵扣的进项税额=(已抵扣进项税额+待抵扣进项税额)×不动产净值率

不动产净值率=(不动产净值÷不动产原值)×100%

(2)进项税转出

不得抵扣的进项税额小于或等于该不动产已抵扣进项税额的,应于该不动产改变用途的当期,将不得抵扣的进项税额从进项税额中扣减。此种情况下,转出的进项税额应填入《附列资料(二)》第14~17栏里相应栏次,不需填写本行。

不得抵扣的进项税额大于该不动产已抵扣进项税额的,应于该不动产改变用途的当期,将已抵扣进项税额从进项税额中扣减,并从该不动产待抵扣进项税额中扣减不得抵扣的进项税额与已抵扣进项税额的差额。此种情况下,其中应从待抵扣进项税额中扣减的部分,应在本行填写。

例如:某建筑企业2016年5月购买某大厦地下一层,不含税价款为1 000万元,取得增值税专用发票,税额为110万元。预计使用年限20年,无残值。在2016年6月申报抵扣60%部分66万元,剩余40%部分44万元计入待抵扣进项税额。2016年12月,该建筑企业将该房产全部用于职工食堂。

2016年12月,该建筑企业计算不得抵扣的进项税额如下:

已计提折旧=1 000÷20÷12×6=25(万元)

不动产净值率=(1 000-25)÷1 000×100%=97.5%

不得抵扣的进项税额=(66+44)×97.5%=107.25(万元)

不得抵扣进项税额107.25万元>已抵扣进项税额66万元,因此,计算不得抵扣的进项税额与已抵扣进项税额的差额从待抵扣进项税额中扣减。

不得抵扣的进项税额与已抵扣进项税额的差额＝107.25-66=41.25（万元）

2016 年 12 月纳税申报时，在本列填写 41.25 万元。

（七）第 6 列"期末待抵扣不动产进项税额"

第 6 列"期末待抵扣不动产进项税额"：填写本期期末尚未抵扣的不动产进项税额，按表中公式填写。

【操作提示】本列数据由纳税申报系统自动生成，不需手工填写。

七、固定资产（不含不动产）进项税额抵扣情况表

表样见表 4-9。

固定资产（不含不动产）进项税额抵扣情况表　　　表 4-9

纳税人名称（公章）：　　　填表日期：　年　月　日　　　金额单位：元至角分

项目	当期申报抵扣的固定资产进项税额	申报抵扣的固定资产进项税额累计
增值税专用发票		
海关进口增值税专用缴款书		
合计		

本表反映纳税人在《附列资料（二）》"一、申报抵扣的进项税额"中固定资产的进项税额。本表按增值税专用发票、海关进口增值税专用缴款书分别填写。

【操作提示】

（1）本表要求对当期申报的固定资产进项税额分行次分别填写取得增值税专用发票的进项税额和取得海关进口增值税专用缴款书的进项税额。因此，为便于提取这两类数据，要求建筑企业应建立固定资产进项税额抵扣管理台账。

（2）本表申报抵扣的固定资产进项税额累计列反映的是本年内累计数，不是多年累计数。

八、本期抵扣进项税额结构明细表

表样见表 4-10。

本期抵扣进项税额结构明细表   表 4-10

税款所属时间： 年 月 日至 年 月 日

纳税人名称：(公章)   金额单位：元至角分

项目	栏次	金额	税额
合计	1=2+4+5+11+16+18+27+29+30		
一、按税率或征收率归集（不包括购建不动产、通行费）的进项			
17% 税率的进项	2		
其中：有形动产租赁的进项	3		
13% 税率的进项	4		
11% 税率的进项	5		
其中：运输服务的进项	6		
电信服务的进项	7		
建筑安装服务的进项	8		
不动产租赁服务的进项	9		
受让土地使用权的进项	10		
6% 税率的进项	11		
其中：电信服务的进项	12		
金融保险服务的进项	13		
生活服务的进项	14		
取得无形资产的进项	15		
5% 征收率的进项	16		
其中：不动产租赁服务的进项	17		
3% 征收率的进项	18		
其中：货物及加工、修理修配劳务的进项	19		
运输服务的进项	20		
电信服务的进项	21		
建筑安装服务的进项	22		
金融保险服务的进项	23		
有形动产租赁服务的进项	24		
生活服务的进项	25		
取得无形资产的进项	26		
减按 1.5% 征收率的进项	27		
	28		

续表

项目	栏次	金额	税额
二、按抵扣项目归集的进项			
用于购建不动产并一次性抵扣的进项	29		
通行费的进项	30		
	31		
	32		

(一)税款所属时间与纳税人名称

政策规定内容:"税款所属时间""纳税人名称"的填写同主表。

(二)第1栏"合计"按表中所列公式计算填写

第1栏"合计"按表中所列公式计算填写。

本栏与《增值税纳税申报表附列资料(二)》(本期进项税额明细,以下简称《附列资料(二)》)相关栏次勾稽关系如下:

本栏"税额"列 =《附列资料(二)》第12栏"税额"列 -《附列资料(二)》第10栏"税额"列 -《附列资料(二)》第11栏"税额"列

【操作提示】本栏存在表内和表间勾稽关系,根据公式填写即可。

(三)第2~27栏"一、按税率或征收率归集(不包括购建不动产、通行费)的进项"各栏

第2~27栏"一、按税率或征收率归集(不包括购建不动产、通行费)的进项"各栏:反映纳税人按税收规定符合抵扣条件,在本期申报抵扣的不同税率(或征收率)的进项税额,不包括用于购建不动产的允许一次性抵扣和分期抵扣的进项税额,以及纳税人支付的道路、桥、闸通行费,取得的增值税扣税凭证上注明或计算的进项税额。

其中,第27栏反映纳税人租入个人住房,本期申报抵扣的减按1.5%征收率的进项税额。

纳税人执行农产品增值税进项税额核定扣除办法的,按照农产品增值税进项税额扣除率所对应的税率,将计算抵扣的进项税额填入相应栏次。

纳税人取得通过增值税发票管理新系统中差额征税开票功能开具的增值税

专用发票，按照实际购买的服务、不动产或无形资产对应的税率或征收率，将扣税凭证上注明的税额填入对应栏次。

【操作提示】

（1）第 2～27 栏不包括购建不动产，支付的道路、桥、闸通行费的进项。

（2）填写第 2～27 栏时，纳税申报系统要求纳税人填写"金额"列，然后系统根据各行次税率或征收率在"税额"列自动生成数据，即"税额"列＝"金额"列 × 税率或征收率。

纳税人可通过增值税相关明细科目数据及建立《可抵扣扣税凭证台账》统计各类税目、税率或征收率的进项税额。在填报申报系统前，根据从会计科目或台账中提取出的进项税额和相应的税率或征收率倒算金额，用于填写第 2～27 栏"金额"列。

（四）第 29 栏反映纳税人用于购建不动产允许一次性抵扣的进项税额

第 29～30 栏"二、按抵扣项目归集的进项"各栏：反映纳税人按税收规定符合抵扣条件，在本期申报抵扣的不同抵扣项目的进项税额。

第 29 栏反映纳税人用于购建不动产允许一次性抵扣的进项税额。

购建不动产允许一次性抵扣的进项税额，是指纳税人用于购建不动产时，发生的允许抵扣且不适用分期抵扣政策的进项税额。

【操作提示】纳税人用于购建不动产允许一次性抵扣的进项包括：

（1）融资租入的不动产；

（2）在施工现场修建的临时建筑物、构筑物；

（3）房地产开发企业自行开发的房地产项目；

（4）购进货物和设计服务、建筑服务，用于改建、扩建、修缮、装饰不动产并增加不动产原值未超过 50% 的；

（5）购进除政策要求需分期抵扣的货物和设计服务、建筑服务外的其他货物、劳务、服务用于自建不动产，或用于改建、扩建、修缮、装饰不动产并增加不动产原值超过 50% 的。

（五）第 30 栏反映纳税人支付道路、桥、闸通行费，取得的增值税扣税凭证上注明或计算的进项税额

第 30 栏反映纳税人支付道路、桥、闸通行费，取得的增值税扣税凭证上

注明或计算的进项税额。

【操作提示】本栏包括以下情形：

（1）取得道路、桥、闸通行费。

（2）取得道路、桥、闸通行费增值税专用发票并申报抵扣的。

（六）本表内各栏间逻辑关系

第 1 栏表内公式为 1=2+4+5+11+16+18+27+29+30；

第 2 栏≥第 3 栏；

第 5 栏≥第 6 栏＋第 7 栏＋第 8 栏＋第 9 栏＋第 10 栏；

第 11 栏≥第 12 栏＋第 13 栏＋第 14 栏＋第 15 栏；

第 16 栏≥第 17 栏；

第 18 栏≥第 19 栏＋第 20 栏＋第 21 栏＋第 22 栏＋第 23 栏＋第 24 栏＋第 25 栏＋第 26 栏。

九、增值税减免税申报明细表

表样见表 4-11。

增值税减免税申报明细表　　　　　　　　　表 4-11

税款所属时间：自　年　月　日至　年　月　日

纳税人名称（公章）：　　　　　　　　　　　　　　　金额单位：元至角分

减税性质代码及名称	栏次	一、减税项目				
		期初余额	本期发生额	本期应抵减税额	本期实际抵减税额	期末余额
		1	2	3=1+2	4≤3	5=3-4
合计	1					
	2					
	3					
	4					
	5					
	6					

续表

免税性质代码及名称	栏次	免征增值税项目销售额	免税销售额扣除项目本期实际扣除金额	扣除后免税销售额	免税销售额对应的进项税额	免税额
二、免税项目						
		1	2	3=1-2	4	5
合计	7					
出口免税	8		—	—	—	—
其中:跨境服务	9		—	—	—	—
	10					
	11					
	12					

（一）税款所属时间与纳税人名称

本表由享受增值税减免税优惠政策的增值税一般纳税人和小规模纳税人填写。仅享受月销售额不超过3万元（按季纳税9万元）免征增值税政策或未达起征点的增值税小规模纳税人不需填报本表，即小规模纳税人当期增值税纳税申报表主表第12栏"其他免税销售额""本期数"和第16栏"本期应纳税额减征额""本期数"均无数据时，不需填报本表。"税款所属时间""纳税人名称"的填写同增值税纳税申报表主表。

（二）减税项目

"一、减税项目"由本期按照税收法律、法规及国家有关税收规定享受减征（包含税额式减征、税率式减征）增值税优惠的纳税人填写。

（1）"减税性质代码及名称"：根据国家税务总局最新发布的《减免性质及分类表》所列减免性质代码、项目名称填写。同时有多个减征项目的，应分别填写。

（2）第1列"期初余额"：填写应纳税额减征项目上期"期末余额"，为对应项目上期应抵减而不足抵减的余额。

（3）第2列"本期发生额"：填写本期发生的按照规定准予抵减增值税应

纳税额的金额。

（4）第 3 列"本期应抵减税额"：填写本期应抵减增值税应纳税额的金额。本列按表中所列公式填写。

（5）第 4 列"本期实际抵减税额"：填写本期实际抵减增值税应纳税额的金额。本列各行≤第 3 列对应各行。

一般纳税人填写时，第 1 行"合计"本列数＝主表第 23 行"一般项目"列"本月数"。

小规模纳税人填写时，第 1 行"合计"本列数＝主表第 16 行"本期应纳税额减征额""本期数"。

（6）第 5 列"期末余额"：按表中所列公式填写。

【操作提示】减税项目填写时注意以下事项：

（1）减税项目应按《减免性质及分类表》所列减免性质代码、项目名称逐项填写。

（2）通常需要填写的减税项目为首次购买增值税税控设备、每年支付的增值税税控技术维护费和销售使用过的固定资产使用可按 3% 征收率减按 2% 享受的 1% 的减免等减免事项。

（3）第 4 列本期实际抵减税额以本期应纳税额为限，应抵减税额超过本期应纳税额的，超出部分在第 5 列期末余额填写，留到下期继续抵减应纳税额。

（三）免税项目

"二、免税项目"由本期按照税收法律、法规及国家有关税收规定免征增值税的纳税人填写。仅享受小微企业免征增值税政策或未达起征点的小规模纳税人不需填写，即小规模纳税人申报表主表第 12 栏"其他免税销售额""本期数"无数据时，不需填写本栏。

（1）"免税性质代码及名称"：根据国家税务总局最新发布的《减免性质及分类表》所列减免性质代码、项目名称填写。同时有多个免税项目的，应分别填写。

（2）"出口免税"填写纳税人本期按照税收规定出口免征增值税的销售额，但不包括适用免、抵、退税办法出口的销售额。小规模纳税人不填写本栏。

（3）第 1 列"免征增值税项目销售额"：填写纳税人免税项目的销售额。免税销售额按照有关规定允许从取得的全部价款和价外费用中扣除价款的，应填写扣除之前的销售额。

一般纳税人填写时,本列"合计"等于主表第 8 行"一般项目"列"本月数"。

小规模纳税人填写时,本列"合计"等于主表第 12 行"其他免税销售额""本期数"。

(4)第 2 列"免税销售额扣除项目本期实际扣除金额":免税销售额按照有关规定允许从取得的全部价款和价外费用中扣除价款的,据实填写扣除金额;无扣除项目的,本列填写"0"。

(5)第 3 列"扣除后免税销售额":按表中所列公式填写。

(6)第 4 列"免税销售额对应的进项税额":本期用于增值税免税项目的进项税额。小规模纳税人不填写本列,一般纳税人按下列情况填写:

1)纳税人兼营应税和免税项目的,按当期免税销售额对应的进项税额填写;

2)纳税人本期销售收入全部为免税项目,且当期取得合法扣税凭证的,按当期取得的合法扣税凭证注明或计算的进项税额填写;

3)当期未取得合法扣税凭证的,纳税人可根据实际情况自行计算免税项目对应的进项税额;无法计算的,本栏次填"0"。

(7)第 5 列"免税额":一般纳税人和小规模纳税人分别按下列公式计算填写,且本列各行数应大于或等于 0。

一般纳税人公式:第 5 列"免税额"≤第 3 列"扣除后免税销售额"×适用税率 - 第 4 列"免税销售额对应的进项税额"。

小规模纳税人公式:第 5 列"免税额"=第 3 列"扣除后免税销售额"×征收率。

【操作提示】免税项目填写时注意以下事项:

(1)免税项目应按《减免性质及分类表》所列减免性质代码、项目名称逐项填写。

(2)第 1 列"免征增值税项目销售额"按照有关规定允许从取得的全部价款和价外费用中扣除价款的,应填写扣除之前的销售额。建筑企业对外承包工程免税,选择一般计税方法的分包,不按照扣除项目抵减销售额;简易计税取得分包发票可作为扣除项目抵减销售额。

(3)第 4 列小规模纳税人不填写,一般纳税人按上述规定填写。

(4)第 5 列按上述公式计算填写。

十、增值税预缴税款

表样见表4-12。

表4-12

增值税预缴税款表

税款所属时间： 年 月 日至 年 月 日

纳税人识别号：□□□□□□□□□□□□□□□□□□□□

纳税人名称：（公章） 金额单位：元 是否适用一般计税方法 是□ 否□

项目编号		项目名称			
项目地址					
预征项目和栏次		销售额	扣除金额	预征率	预征税额
		1	2	3	4
建筑服务	1				
销售不动产	2				
出租不动产	3				
合计	4				

授权声明：如果你已委托代理人填报，请填写下列资料：
为代理一切税务事宜，现授权_____（地址）为本次纳税人的代理填报人，任何与本表有关的往来文件，都可寄予此人。

授权人签字：

申明：以上内容是真实的、可靠的、完整的。

纳税人签字：

填表人：

（一）增值税预缴税款表适用范围

本表适用于纳税人发生以下情形按规定在国税机关预缴增值税时填写。

（1）纳税人（不含其他个人）跨县（市）提供建筑服务。

（2）房地产开发企业预售自行开发的房地产项目。

（3）纳税人（不含其他个人）出租与机构所在地不在同一县（市）的不动产。

【操作提示】

（1）提供建筑服务

需要填写本表的提供建筑服务的纳税人范围，为国家税务总局公告2016年第17号文规定的跨县（市、区）提供建筑服务的纳税人。对于在同一直辖市、计划单列市范围内跨县（市、区）提供建筑服务的，由直辖市、计划单列市国家税务局可自行决定是否在建筑服务发生地预缴并向机构所在地申报纳税。凡需要在建筑服务发生地预缴的，均应向建筑服务发生地主管国税机关填报本表。

对于机构所在地在直辖市、计划单列市范围内跨县（市、区）的建筑企业，在直辖市、计划单列市范围内跨县（市、区）提供建筑服务的，以及机构所在地不在直辖市、计划单列市范围内跨县（市、区）的建筑企业，到直辖市、计划单列市范围内跨县（市、区）提供建筑服务的，均应关注机构所在地国税局关于预缴增值税的具体规定和要求。

（2）销售不动产

需要填写本表的销售不动产范围，仅限房地产开发企业预售自行开发的房地产项目。

对于非房地产企业销售不动产，其预缴机构为不动产所在地主管地税机关，不填报本表。

（3）出租不动产

需要填写本表的出租不动产纳税人范围，为国家税务总局公告2016年第16号文规定的出租的不动产所在地与机构所在地不在同一县（市、区）的纳税人。对于在同一直辖市、计划单列市范围内跨县（市、区）提供建筑服务的，由直辖市、计划单列市国家税务局可自行决定是否在不动产所在地预缴税款并向机构所在地申报纳税。凡需要在不动产所在地预缴税款的，均应向不动产所在地主管国税机关填报本表。

目前北京市国家税务局发布了2016年第7号公告《关于纳税人跨区提供不动产经营租赁服务增值税纳税地点问题的公告》，规定北京市纳税人（不含其他个人）在北京市范围内跨区提供不动产经营租赁服务的，统一向机构所在地主管国税机关申报缴纳增值税，不在不动产经营租赁服务发生地主管国税机关预缴增值税。即北京市范围内跨区提供不动产经营租赁服务的不适用国家税务总局公告2016年第16号文，不需填报本表。

（4）区分项目填报

本表是配合全面推开营改增试点新增的表，由按政策规定需要预缴增值税的纳税人，在向国税机关预缴税款时填写。

根据本表填写要求，纳税人发生本表适用范围内的业务，需区分不同项目，分别计算预缴税款，分别填写本表，并在纳税申报期内向服务发生地或不动产所在地国税机关申报本表预缴税款。

（二）基础信息填写说明

1. 税款所属时间

"税款所属时间"：指纳税人申报的增值税预缴税额的所属时间，应填写具体的起止年、月、日。

【操作提示】"税款所属时间"为期间概念，根据国家税务总局公告2016年第17号规定：纳税人跨县（市、区）提供建筑服务预缴税款时间，按照财税〔2016〕36号文规定的纳税义务发生时间和纳税期限执行。根据财税〔2016〕36号文的规定，建筑企业按月申报纳税。因此，建筑企业应按月在跨县（市、区）提供建筑服务发生地主管税务机关预缴税款，"税款所属时间"应填写申报月1日至申报月最后一日。

2. 纳税人识别号

"纳税人识别号"：填写纳税人的税务登记证件号码；纳税人为未办理过税务登记证的非企业性单位的，填写其组织机构代码证号码。

【操作提示】对于执行"三证合一、一照一码"的纳税人，纳税人识别号应使用统一社会信用代码。对于目前仍为"一照三码"的纳税人，未来变更为"一照一码"应注意此处同时变更。

3. 纳税人名称

"纳税人名称"：填写纳税人名称全称。

【操作提示】纳税人应填报单位全称，不可填写简称。跨县（市、区）提供建筑服务的，应填报承包建筑项目的建筑企业全称。

4.是否适用一般计税方法

"是否适用一般计税方法"：该项目适用一般计税方法的纳税人在该项目后的"□"中打"√"，适用简易计税方法的纳税人在该项目后的"□"中打"×"。

【操作提示】纳税人应区分预缴税款项目适用的计税方法，在表中勾选。对于选择适用简易计税方法的项目，纳税人需要关注机构所在地和建筑服务发生地或不动产所在地主管税务机关对于此类项目税务备案的要求，并按要求完成税务备案。

5.项目编号

"项目编号"：由异地提供建筑服务的纳税人和房地产开发企业填写《建筑工程施工许可证》上的编号，根据相关规定不需要申请《建筑工程施工许可证》的建筑服务项目或不动产开发项目，不需要填写。出租不动产业务无须填写。

【操作提示】此项需对应《建筑工程施工许可证》上的编号填写。出租不动产业务无须填写。

6.项目名称

"项目名称"：填写建筑服务或者房地产项目的名称。出租不动产业务不需要填写。

【操作提示】区分项目填写，一张表对应一个项目填写。出租不动产业务不需要填写。

7.项目地址

"项目地址"：填写建筑服务项目、房地产项目或出租不动产的具体地址。

【操作提示】区分项目填写，一张表对应一个项目填写。

（三）具体栏次填表说明

1.纳税人异地提供建筑服务

纳税人在"预征项目和栏次"部分的第1栏"建筑服务"行次填写相关信息：

第1列"销售额"：填写纳税人跨县（市）提供建筑服务取得的全部价款

和价外费用（含税）。

第2列"扣除金额"：填写跨县（市）提供建筑服务项目按照规定准予从全部价款和价外费用中扣除的金额（含税）。

第3列"预征率"：填写跨县（市）提供建筑服务项目对应的预征率或者征收率。

第4列"预征税额"：填写按照规定计算的应预缴税额。

【操作提示】第1列"销售额"和第2列"扣除金额"按含税口径填写，因此，在计算第4列"预征税额"时，需注意换算为不含税口径。

计算预征税额需区分项目计税方法进行计算，适用一般计税方法计税的，应预缴税款=（全部价款和价外费用－支付的分包款）÷（1+11%）×2%；适用简易计税方法计税的，应预缴税款=（全部价款和价外费用－支付的分包款）÷（1+3%）×3%。

纳税人取得的全部价款和价外费用扣除支付的分包款后的余额为负数的，可结转下次预缴税款时继续扣除。

纳税人应按照工程项目分别计算应预缴税款，分别预缴。

2. 房地产开发企业预售自行开发的房地产项目

纳税人在"预征项目和栏次"部分的第2栏"销售不动产"行次填写相关信息：

第1列"销售额"：填写本期收取的预收款（含税），包括在取得预收款当月或主管国税机关确定的预缴期取得的全部预收价款和价外费用。

第2列"扣除金额"：房地产开发企业不需填写。

第3列"预征率"：房地产开发企业预征率为3%。

第4列"预征税额"：填写按照规定计算的应预缴税额。

【操作提示】第1列"销售额"和第2列"扣除金额"按含税口径填写，因此，在计算第4列"预征税额"时，需注意换算为不含税口径。

根据《国家税务总局关于发布〈房地产开发企业销售自行开发的房地产项目增值税征收管理暂行办法〉的公告》（国家税务总局公告2016年第18号）规定，作为一般纳税人的房地产开发企业采取预收款方式销售自行开发的房地产项目，应在收到预收款时按照3%的预征率预缴增值税。

房地产开发企业在计算预征税额需区分项目计税方法进行计算，适用一般计税方法计税的，应预缴税款=预收款÷（1+11%）×3%；适用简易计税方法计税的，应预缴税款＝预收款÷（1+5%）×3%。

一般纳税人应在取得预收款的次月纳税申报期向主管国税机关预缴税款。

3. 纳税人出租不动产

纳税人在"预征项目和栏次"部分的第3栏"出租不动产"行次填写相关信息：

第1列"销售额"：填写纳税人出租不动产取得全部价款和价外费用（含税）；

第2列"扣除金额"：无须填写；

第3列"预征率"：填写纳税人预缴增值税适用的预征率或者征收率；

第4列"预征税额"：填写按照规定计算的应预缴税额。

【操作提示】第1列"销售额"和第2列"扣除金额"按含税口径填写，因此，在计算第4列"预征税额"时，需注意换算为不含税口径。

根据国家税务总局公告2016年第16号文规定，纳税人出租不动产，按照需要预缴税款的，应在取得租金的次月纳税申报期或不动产所在地主管国税机关核定的纳税期限预缴税款。在计算预征税额需区分项目计税方法进行计算，适用一般计税方法计税的，应预缴税款＝含税销售额÷（1+11%）×3%；适用简易计税方法计税的，应预缴税款＝含税销售额÷（1+5%）×5%。

十一、营改增税负分析测算明细表

表样见表4-13。

（一）基础信息填写说明

1. 税款所属时间与纳税人名称

本表中"税款所属时间""纳税人名称"的填写同《增值税纳税申报表（适用一般纳税人）》主表。

2. 应税项目代码及名称

"应税项目代码及名称"：根据《营改增试点应税项目明细表》所列项目代码及名称填写，同时有多个项目的，应分项目填写。

【操作提示】纳税人需要根据实际涉及的业务对应《营改增试点应税项目明细表》所列项目，按项目分行填写本表。

营改增税负分析测算明细表

表 4-13

纳税人名称：（公章）

税款所属时间： 年 月 日 至 年 月 日

金额单位：元至角分

项目及栏次		增值税						营业税					
		不含税销售额	销项（应纳）税额	价税合计	服务、不动产和无形资产扣除项目本期实际扣除金额	扣除后		增值税应纳税额（测算）	原营业税税制下服务、不动产和无形资产差额扣除项目				应税营业额	营业税应纳税额
						含税销售额	销项（应纳）税额		期初余额	本期发生额	本期应扣除金额	本期实际扣除金额	期末余额		
应税项目代码及名称	增值税税率或征收率	1	2=1×增值税税率或征收率	3=1+2	4	5=3-4	6=5÷(100%+增值税税率或征收率)×增值税税率或征收率	7	8	9	10=8+9	11(11≤3且11≤10)	12=10-11	13=3-11	14=13×营业税税率
	营业税税率	—													
合计	—	—													

313

3. 增值税税率或征收率、营业税税率

"增值税税率或征收率":根据各项目适用的增值税税率或征收率填写。

"营业税税率":根据各项目在原营业税税制下适用的原营业税税率填写。

【操作提示】纳税人应注意同一项目涉及不同增值税税率或征收率的,需要分行填写。如纳税人提供工程服务,既有适用一般计税11%项目也有适用简易计税3%项目,应分开两行填写本表。

(二)增值税相关信息

1. 第1列"不含税销售额"

第1列"不含税销售额":反映纳税人当期对应项目不含税的销售额(含即征即退项目),包括开具增值税专用发票、开具其他发票、未开具发票、纳税检查调整的销售额,纳税人所填项目享受差额征税政策的,本列应填写差额扣除之前的销售额。

【操作提示】纳税人分项目填写的本列合计数应与《增值税纳税申报表附列资料(一)》中第9列一般计税方法计税项目和简易计税方法计税项目的加总。

2. 第2列"销项(应纳)税额"

第2列"销项(应纳)税额":反映纳税人根据当期对应项目不含税的销售额计算出的销项税额或应纳税额(简易征收)。

$$本列各行次 = 第1列对应各行次 \times 增值税税率或征收率$$

【操作提示】纳税人分项目填写的本列合计数应与《增值税纳税申报表附列资料(一)》中第10列一般计税方法计税项目和简易计税方法计税项目的加总。

3. 第3列"价税合计"

第3列"价税合计":反映纳税人当期对应项目的价税合计数。

$$本列各行次 = 第1列对应各行次 + 第2列对应各行次$$

【操作提示】纳税人分项目填写的本列合计数应与《增值税纳税申报表附列资料(一)》中第11列一般计税方法计税项目和简易计税方法计税项目的加总。

4. 第4列"服务、不动产和无形资产扣除项目本期实际扣除金额"

第4列"服务、不动产和无形资产扣除项目本期实际扣除金额":纳税人销售服务、不动产和无形资产享受差额征税政策的,应填写对应项目当期实际差额扣除的金额。不享受差额征税政策的填"0"。

【操作提示】纳税人分项目填写的本列合计数应与《增值税纳税申报表附列资料(一)》中第12列一般计税方法计税项目和简易计税方法计税项目的加总。

5. 第5列"含税销售额"

第5列"含税销售额":纳税人销售服务、不动产和无形资产享受差额征税政策的,应填写对应项目差额扣除后的含税销售额。

本列各行次 = 第3列对应各行次 - 第4列对应各行次

【操作提示】纳税人分项目填写的本列合计数应与《增值税纳税申报表附列资料(一)》中第13列一般计税方法计税项目和简易计税方法计税项目的加总。

6. 第6列"销项(应纳)税额"

第6列"销项(应纳)税额":反映纳税人按现行增值税规定,分项目的增值税销项(应纳)税额,按以下要求填写:

(1)销售服务、不动产和无形资产按照一般计税方法计税的

本列各行次 = 第5列对应各行次 ÷ (100%+ 对应行次增值税税率)
× 对应行次增值税税率

(2)销售服务、不动产和无形资产按照简易计税方法计税的

本列各行次 = 第5列对应各行次 ÷ (100%+ 对应行次增值税征收率)
× 对应行次增值税征收率

【操作提示】纳税人分项目填写的本列合计数应与《增值税纳税申报表附列资料(一)》中第14列一般计税方法计税项目和简易计税方法计税项目的加总。

7. 第7列"增值税应纳税额(测算)"

第7列"增值税应纳税额(测算)":反映纳税人按现行增值税规定,测算出的对应项目的增值税应纳税额。

(1)销售服务、不动产和无形资产按照一般计税方法计税的

本列各行次 = 第6列对应各行次 ÷《增值税纳税申报表(一般纳税人适用)》主表第11栏"销项税额""一般项目"和"即征即退项目""本月数"之和 ×《增值税纳税申报表(一般纳税人适用)》主表第19栏"应纳税额""一般项目"和"即征即退项目""本月数"之和

（2）销售服务、不动产和无形资产按照简易计税方法计税的

$$本列各行次=第6列对应各行次$$

【操作提示】纳税人分项目填写的本列合计数应与《增值税纳税申报表（一般纳税人适用）》中第24栏扣除第23栏后的数据进行核对。

（三）营业税相关信息

1. 第8列"原营业税税制下服务、不动产和无形资产差额扣除项目""期初余额"

第8列"原营业税税制下服务、不动产和无形资产差额扣除项目""期初余额"：填写按原营业税规定，服务、不动产和无形资产差额扣除项目上期期末结存的金额，试点实施之日的税款所属期填写"0"。本列各行次等于上期本表第12列对应行次。

2. 第9列"原营业税税制下服务、不动产和无形资产差额扣除项目""本期发生额"

第9列"原营业税税制下服务、不动产和无形资产差额扣除项目""本期发生额"：填写按原营业税规定，本期取得的准予差额扣除的服务、不动产和无形资产差额扣除项目金额。

【操作提示】纳税人分项目对应营业税下差额口径填写，且应符合原营业税下差额扣除的条件。如建筑服务总包差额扣除分包时，应取得分包合规发票方能差额扣除。

3. 第10列"原营业税税制下服务、不动产和无形资产差额扣除项目""本期应扣除金额"

第10列"原营业税税制下服务、不动产和无形资产差额扣除项目""本期应扣除金额"：填写按原营业税规定，服务、不动产和无形资产差额扣除项目本期应扣除的金额。

$$本列各行次=第8列对应各行次+第9列对应各行次$$

4. 第11列"原营业税税制下服务、不动产和无形资产差额扣除项目""本期实际扣除金额"

第11列"原营业税税制下服务、不动产和无形资产差额扣除项目""本期实际扣除金额"：填写按原营业税规定，服务、不动产和无形资产差额扣除项目本期实际扣除的金额。

（1）当第 10 列各行次≤第 3 列对应行次时

本列各行次＝第 10 列对应各行次

（2）当第 10 列各行次＞第 3 列对应行次时

本列各行次＝第 3 列对应各行次

【操作提示】纳税人分项目对本列进行计算，对比第 10 列和第 3 列，确定原营业税下可以实际扣除的金额。

5. 第 12 列"原营业税税制下服务、不动产和无形资产差额扣除项目""期末余额"

第 12 列"原营业税税制下服务、不动产和无形资产差额扣除项目""期末余额"：填写按原营业税规定，服务、不动产和无形资产差额扣除项目本期期末结存的金额。

本列各行次＝第 10 列对应各行次－第 11 列对应各行次

6. 第 13 列"应税营业额"

第 13 列"应税营业额"：反映纳税人按原营业税规定，对应项目的应税营业额。

本列各行次＝第 3 列对应各行次－第 11 列对应各行次

7. 第 14 列"营业税应纳税额"

第 14 列"营业税应纳税额"：反映纳税人按原营业税规定，计算出的对应项目的营业税应纳税额。

本列各行次＝第 13 列对应各行次 × 对应行次营业税税率

【操作提示】纳税人分项目计算得出对应原营业税下的应纳税额，可与本表第 7 列"增值税应纳税额（测算）"进行对比，分析营改增对各项目应纳税额的影响。

第四节 纳税申报案例分析

一、纳税申报表填报顺序

一般纳税人纳税申报主要包括《增值税纳税申报表（一般纳税人适用）》、

《增值税预缴税款表》和《营改增税负分析测算明细表》。

（一）具体表单

增值税一般纳税人纳税申报表及其附列资料包括 1 张主表、5 张附表、3 张明细表以及 2 张特殊表。具体表单如图 4-1 所示。

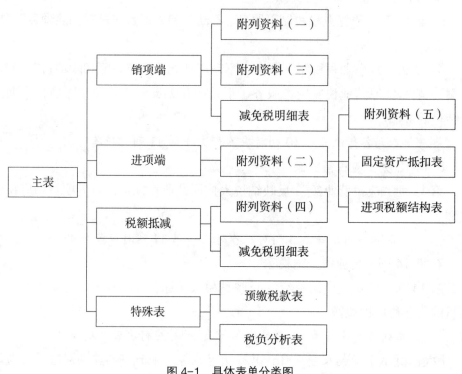

图 4-1　具体表单分类图

（二）表间关系

主表与附列资料之间存在勾稽关系，而特殊表《税负分析表》与《附列资料（一）》存在勾稽关系；《增值税预缴税款表》与其他表类资料无直接的勾稽关系。主表与附列资料之间的关系如图 4-2 所示。

（三）填报顺序

一般纳税人申报时应按照先附表后主表、先明细后综合、先特殊后一般的顺序进行填报。见表 4-14。

第四章 增值税纳税申报管理

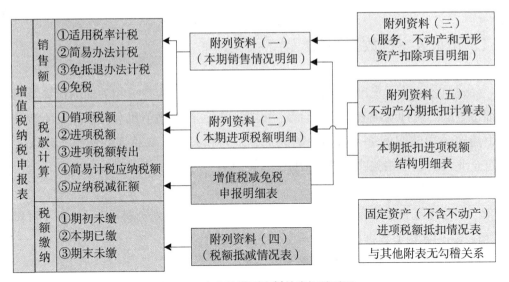

图 4-2 主表及附列资料的表间关系图

填报顺序明细表　　　　　　　　　　　　　　　表 4-14

序号	纳税申报表	填报事项
1	《预缴税款表》	项目所在地预缴
2	《附列资料（三）》	存在差额扣除项目
3	《减免税明细表》	存在跨境服务收入；处置使用过固定资产，按简易计税 3% 按 2%；增值税税控系统专用设备费及技术维护费
4	《附列资料（一）》	结合 2、3 项及销售收入情况填报
5	《附列资料（五）》	固定资产-不动产分期抵扣，区分一次性抵扣还是分期抵扣，分期抵扣填报
6	《进项税额结构表》	进项税额归集后填报（含固定资产-动产抵扣和一次性抵扣的固定资产）
7	《固定资产抵扣表》	固定资产-动产抵扣
8	《附列资料（二）》	结合 5、6 项情况及相关资料填报
9	《附列资料（四）》	增值税税控系统专用设备费及技术维护费 项目所在地实际预缴税款
10	《主表》	《主表》根据附列资料的填报，计算应纳税额情况；补充填报《减免税明细表》和《附列资料（四）》（税额抵减情况表）
11	《税负分析表》	根据相关数据填报

二、申报表案例数据汇总

建筑企业为了更准确地填报增值税纳税申报表，应建立相关辅助核算及明细备查账、统计明细表或相关台账。根据"第三章　增值税会计核算"所涉及甲建筑公司的案例 1-1 系列、案例 1-2 系列和案例 1-3 系列的情况，建议建筑企业设立以下相关明细表及台账。

（1）销售业务统计表。

汇总建筑企业全部应税收入，主要用于填报《附列资料（一）》和《附列资料（三）》相关数据。

（2）支出业务与抵扣情况统计表。

汇总建筑企业全部支出，主要用于区分共用资产、费用取得进项税情况，为共用部分不能抵扣进项税额的划分提供统计数据。

（3）不动产进项税额抵扣台账。

根据国家税务总局公告 2016 年第 15 号文要求，对不动产分期及一次性抵扣进行统计，台账主要用于填报《附列资料（二）》、《附列资料（五）》及《进项税额结构表》相关数据。

（4）固定资产进项税额抵扣台账。

财税〔2016〕36 号文要求，固定资产用途发生改变，将会涉及相关进项税额转入和转出，台账主要统计固定资产进项税抵扣情况，用于填报《附列资料（二）》和《固定资产抵扣表》相关数据。

（5）预缴税款台账。

国家税务总局公告 2016 年第 17 号文要求，跨县（市、区）提供的建筑服务，纳税人应自行建立预缴税款台账。因此，为了满足税务机关征管要求和预缴税款统计，建立预缴税款，用于填报《附列资料（四）》。

依据甲建筑公司案例 1-1 系列、案例 1-2 系列和案例 1-3 系列的相关数据，汇总应交税费科目余额表，填写相关统计表及台账，表单及台账数据结果如下：

第四章 增值税纳税申报管理

（一）销售业务统计表

1. 甲建筑公司A项目部

见表 4-15。

表 4-15 甲建筑公司A项目部8月销售业务统计表

业务编号	业务类型	计税方法	适用税率	销售额对应来源	扣除前 含税收入	扣除前 不含税销售额	扣除前 销项税额	含税可扣除额	含税实际扣除额	扣除后 含税收入	扣除后 不含税销售额	扣除后 销项税额
一	合计		—	—	53 291 700.00	48 010 000.00	5 281 700.00			53 291 700.00	48 010 000.00	5 281 700.00
	小计	一般计税	—	—	53 291 700.00	48 010 000.00	5 281 700.00			53 291 700.00	48 010 000.00	5 281 700.00
	17%税率		17%		11 700.00	10 000.00	1 700.00			11 700.00	10 000.00	1 700.00
其中	货物		17%									
	加工修理修配劳务		17%									
	有形动产租赁											
	13%税率		13%									
	11%税率		11%		53 280 000.00	48 000 000.00	5 280 000.00			53 280 000.00	48 000 000.00	5 280 000.00
	6%税率		6%									
二	小计	简易计税	—	—								
其中	5%征收率		5%									
	货物及加工修理修配劳务		5%									
	服务、不动产和无形资产		5%									
	3%征收率		3%									
其中	货物及加工修理修配劳务		3%									
	服务、不动产和无形资产		3%									
三	小计	免税	—	—								
1-1-14	建筑服务	一般计税	11%	预收账款	16 650 000.00	15 000 000.00	1 650 000.00			16 650 000.00	15 000 000.00	1 650 000.00
1-1-15	建筑服务	一般计税	11%	应收账款	36 630 000.00	33 000 000.00	3 630 000.00			36 630 000.00	33 000 000.00	3 630 000.00
1-1-17	货物	一般计税	17%	其他业务收入	11 700.00	10 000.00	1 700.00			11 700.00	10 000.00	1 700.00

2. 甲建筑公司B项目部

见表4-16。

表4-16 甲建筑公司B项目部8月销售业务明细表

业务编号	业务类型	计税方法	适用税率	销售额对应来源	扣除前			含税可扣除额	含税实际扣除额	扣除后		
					含税收入	不含税销售额	销项税额			含税收入	不含税销售额	销项税额
一	合计	—	—	—	24 720 000.00	24 000 000.00	720 000.00	8 511 920.00	8 511 920.00	16 208 080.00	15 736 000.00	472 080.00
	小计	一般计税	—	—								
其中	17%税率		17%	—								
	货物		17%									
	加工修理修配劳务		17%									
	有形动产租赁		13%									
	13%税率		13%									
	11%税率		11%									
	6%税率		6%									
二	小计	简易计税	—	—	24 720 000.00	24 000 000.00	720 000.00	8 511 920.00	8 511 920.00	16 208 080.00	15 736 000.00	472 080.00
其中	5%征收率		5%									
	货物及加工修理修配劳务		5%									
	服务、不动产和无形资产		5%									
	3%征收率		3%									
	货物及加工修理修配劳务		3%									
	服务、不动产和无形资产		3%		24 720 000.00	24 000 000.00	720 000.00	8 511 920.00	8 511 920.00	16 208 080.00	15 736 000.00	472 080.00
三	小计	免税	—	—								
1-2-1	建筑服务	简易计税	3%	工程结算（分包抵税）				8 511 920.00	8 511 920.00	-8 264 000.00		-247 920.00
1-2-2	建筑服务	简易计税	3%	预收账款	10 300 000.00	10 000 000.00	300 000.00			10 300 000.00	10 000 000.00	300 000.00
1-2-3	建筑服务	简易计税	3%	工程结算	14 420 000.00	14 000 000.00	420 000.00			14 420 000.00	14 000 000.00	420 000.00

3. 甲建筑公司总机构

见表 4-17。

表 4-17

甲建筑公司总机构 8 月销售业务明细表

案例编号	业务类型	计税方法	适用税率	销售额对应来源	扣除前 含税收入	扣除前 不含税销售额	扣除前 销项税额	含税可扣除额	含税实际扣除额	扣除后 含税收入	扣除后 不含税销售额	扣除后 销项税额
	合计		—	—	44 946 000.00	42 061 904.76	2 884 095.24	5 000 000.00	5 000 000.00	39 946 000.00	37 300 000.00	2 646 000.00
一	小计	一般计税	—	—	7 817 000.00	6 700 000.00	1 117 000.00	0.00	0.00	7 817 000.00	6 700 000.00	1 117 000.00
	17% 税率		17%		7 605 000.00	6 500 000.00	1 105 000.00	0.00	0.00	7 605 000.00	6 500 000.00	1 105 000.00
其中	货物		17%		585 000.00	500 000.00	85 000.00	0.00	0.00	585 000.00	500 000.00	85 000.00
	加工修理修配劳务		17%		0.00	0.00	0.00	0.00	0.00	0.00	0.00	0.00
	有形动产租赁		17%		7 020 000.00	6 000 000.00	1 020 000.00	0.00	0.00	7 020 000.00	6 000 000.00	1 020 000.00
	13% 税率		13%		0.00	0.00	0.00	0.00	0.00	0.00	0.00	0.00
	11% 税率		11%		0.00	0.00	0.00	0.00	0.00	0.00	0.00	0.00
	6% 税率		6%		212 000.00	200 000.00	12 000.00	0.00	0.00	212 000.00	200 000.00	12 000.00
二	小计	简易计税	—	—	37 129 000.00	35 361 904.76	1 767 095.24	5 000 000.00	5 000 000.00	32 129 000.00	30 600 000.00	1 529 000.00
	5% 征收率		5%		37 077 500.00	35 311 904.76	1 765 595.24	5 000 000.00	5 000 000.00	32 077 500.00	30 550 000.00	1 527 500.00
其中	服务、不动产及加工修理修配劳务		5%		0.00	0.00	0.00	0.00	0.00	0.00	0.00	0.00
	无形资产		5%		37 077 500.00	35 311 904.76	1 765 595.24	5 000 000.00	5 000 000.00	32 077 500.00	30 550 000.00	1 527 500.00
	3% 征收率		3%		51 500.00	50 000.00	1 500.00	0.00	0.00	51 500.00	50 000.00	1 500.00
其中	服务、不动产及加工修理修配劳务		3%		51 500.00	50 000.00	1 500.00	0.00	0.00	51 500.00	50 000.00	1 500.00
	无形资产		3%		0.00	0.00	0.00	0.00	0.00	0.00	0.00	0.00
三	小计	免税	—	—	0.00	0.00	0.00	0.00	0.00	0.00	0.00	0.00
1-3-1	销售不动产	简易计税	5%	固定资产清理（不动产）	26 250 000.00	25 000 000.00	1 250 000.00	0.00	0.00	26 250 000.00	25 000 000.00	1 250 000.00
1-3-2	销售无形资产	简易计税	5%	营业外收入	10 460 000.00	9 961 904.76	498 095.24	5 000 000.00	5 000 000.00	5 460 000.00	5 200 000.00	260 000.00
1-3-3	有形动产租赁	一般计税	17%	其他业务收入-租赁收入	7 020 000.00	6 000 000.00	1 020 000.00	0.00	0.00	7 020 000.00	6 000 000.00	1 020 000.00
1-3-4	不动产租赁	简易计税	5%	其他业务收入-租赁收入	367 500.00	350 000.00	17 500.00	0.00	0.00	367 500.00	350 000.00	17 500.00
1-3-5	贷款服务	一般计税	6%	财务费用-利息清理	212 000.00	200 000.00	12 000.00	0.00	0.00	212 000.00	200 000.00	12 000.00
1-1-18	货物	简易计税	3%	固定资产清理	51 500.00	50 000.00	1 500.00	0.00	0.00	51 500.00	50 000.00	1 500.00
1-1-19	货物	一般计税	17%	固定资产清理	585 000.00	500 000.00	85 000.00	0.00	0.00	585 000.00	500 000.00	85 000.00

（二）支出业务与抵扣情况统计表

1. 甲建筑公司 A 项目部

见表 4-18。

表 4-18 甲建筑公司 A 项目部 8 月支出业务与抵扣情况统计表

业务编号	业务类型	税率	扣税凭证	资产类型	含税价格	采购价款不含税价款	税额	共用情况全额抵扣	比例抵扣
—	合计				25 549 100.00	22 180 000.00	3 369 100.00	3 369 100.00	
一	17%税率的进项	17%		—	18 135 000.00	15 500 000.00	2 635 000.00	2 635 000.00	
二	13%税率的进项	13%		—	1 113 000.00	970 000.00	143 000.00	143 000.00	
三	11%税率的进项	11%		—	5 661 000.00	5 100 000.00	561 000.00	561 000.00	
四	6%税率的进项	6%		—	402 800.00	380 000.00	22 800.00	22 800.00	
五	5%征收率的进项	5%		—					
六	3%征收率的进项	3%		—	206 000.00	200 000.00	6 000.00	6 000.00	
七	减按1.5%征收率的进项	1.5%		—					
八	购建不动产一次性抵扣	—		—					
九	通行费			—	31 300.00	30 000.00	1 300.00		1 300.00
1-1-1	货物	17%	增值税专用发票	无须划分	11 700 000.00	10 000 000.00	1 700 000.00	1 700 000.00	
1-1-2	运输服务	11%	增值税专用发票	无须划分	111 000.00	100 000.00	11 000.00	11 000.00	
1-1-4	货物	17%	海关进口增值税专用缴款书	无须划分	2 340 000.00	2 000 000.00	340 000.00	340 000.00	
1-1-5	货物	13%	其他	无须划分	1 000 000.00	870 000.00	130 000.00	130 000.00	
1-1-6	建筑服务	11%	增值税专用发票	无须划分	1 110 000.00	1 000 000.00	110 000.00	110 000.00	
1-1-7	有形动产租赁	17%	增值税专用发票	无须划分	4 440 000.00	4 000 000.00	440 000.00	440 000.00	
1-1-9	建筑服务	17%	增值税专用发票	无须划分	3 510 000.00	3 000 000.00	510 000.00	510 000.00	
1-1-10	其他服务	6%	增值税专用发票	无须划分	318 000.00	300 000.00	18 000.00	18 000.00	
1-1-10	其他服务	3%	增值税专用发票	无须划分	103 000.00	100 000.00	3 000.00	3 000.00	
1-1-11	货物	17%	增值税专用发票	无须划分	351 000.00	300 000.00	51 000.00	51 000.00	
1-1-11	加工修理修配	13%	增值税专用发票	无须划分	113 000.00	100 000.00	13 000.00	13 000.00	
1-1-11	货物	17%	增值税专用发票	无须划分	234 000.00	200 000.00	34 000.00	34 000.00	
1-1-11	金融保险服务	6%	增值税专用发票	无须划分	53 000.00	50 000.00	3 000.00	3 000.00	
1-1-11	生活服务	6%	增值税专用发票	无须划分	31 800.00	30 000.00	1 800.00	1 800.00	
1-1-11	通行费	3%	其他	无须划分	10 300.00	10 000.00	300.00		300.00
1-1-11	通行费	5%	其他	无须划分	21 000.00	20 000.00	1 000.00		1 000.00

2. 甲建筑公司总机构

见表 4-19。

表 4-19 甲建筑公司总机构 8 月支出业务与抵扣情况统计表

业务编号	业务类型	税率	扣税凭证	资产类型	含税价格	采购价款 不含税价款	税额	全额抵扣	共用抵扣 比例抵扣
	合计				10 268 470.00	8 799 000.00	1 469 260.00	1 445 300.00	23 960.00
一	17%税率的进项	17%			10 003 500.00	8 550 000.00	1 453 500.00	1 445 000.00	8 500.00
二	13%税率的进项	13%							
三	11%税率的进项	11%			33 300.00	30 000.00	3 300.00		3 300.00
四	6%税率的进项	6%			201 400.00	190 000.00	11 400.00	300.00	11 100.00
五	5%征收率的进项	5%			14 700.00	14 000.00	700.00		700.00
六	3%征收率的进项	3%			9 270.00	9 000.00	270.00		270.00
七	减按 1.5%征收率的进项	1.5%			6 300.00	6 000.00	90.00		90.00
八	购建不动产一次性抵扣	—							
九	通行费	—							
1-3-5	金融保险服务	6%	增值税专用发票	无须划分	5 300.00	5 000.00	300.00	300.00	
1-3-8	货物	17%	增值税专用发票	固定资产	9 360 000.00	8 000 000.00	1 360 000.00	1 360 000.00	
1-3-9	取得无形资产	17%	增值税专用发票	无形资产（不含其他权益性）	585 000.00	500 000.00	85 000.00	85 000.00	
1-3-10	税控系统相关	6%	增值税专用发票	税控	1 000.00	1 000.00			
1-3-11	生活服务	6%	增值税专用发票	其他	9 540.00	9 000.00	540.00	540.00	
1-3-11	货物	17%	增值税专用发票	其他	58 500.00	50 000.00	8 500.00	8 500.00	
1-3-11	电信服务	11%	增值税专用发票	其他	33 300.00	30 000.00	3 300.00	3 300.00	
1-3-11	电信服务	6%	增值税专用发票	其他	7 420.00	7 000.00	420.00	420.00	
1-3-11	金融保险服务	6%	增值税专用发票	其他	46 640.00	44 000.00	2 640.00	2 640.00	
1-3-11	不动产租赁	1.5%	增值税专用发票	其他	6 300.00	6 000.00	90.00	90.00	
1-3-11	不动产租赁	5%	增值税专用发票	其他	14 700.00	14 000.00	700.00	700.00	
1-3-11	其他服务	6%	增值税专用发票	其他	127 200.00	120 000.00	7 200.00	7 200.00	
1-3-11	建筑服务	3%	增值税专用发票	其他	9 270.00	9 000.00	270.00	270.00	
1-3-12	金融保险服务	6%	增值税专用发票	其他	5 300.00	5 000.00	300.00	300.00	

（三）不动产进项税额抵扣台账

见表 4-20。

甲建筑公司 8 月不动产进项税额抵扣台账

表 4-20

填表部门：资产管理部　　　填表人：***　　　填表日期：2016-8-25

项目分类	业务编号	价税合计	不含税金额	税率	税额合计	进项税额抵扣情况统计						改变用途涉及事计算				转出情况统计			转入情况统计		
						第一期抵扣金额	第一期抵扣时间	第二期抵扣金额	第二期抵扣时间	本期增加进项税	本期抵扣抵扣税额	期初累计已抵扣税额	期末待抵扣税额	具体改变情形	已提折旧	不动产净值	不动产净值率	不得抵扣进项	转出待抵扣进项	扣出待抵扣进项税	第一次转入待抵进项税日期	第二次转入待抵进项税日期	本期转入可抵扣税额
不动产合计		22 481 000.00	20 600 000.00		1 881 000.00	1 269 000.00		748 000.00		881 000.00	533 000.00	929 000.00	495 022.00					648 978.00	648 978.00	252 978.00			136 000.00
分期总计		22 370 000.00	20 500 000.00		1 870 000.00	1 258 000.00		748 000.00		870 000.00	522 000.00	918 000.00	495 022.00					648 978.00	648 978.00	252 978.00			136 000.00
一次性总计		111 000.00	100 000.00		11 000.00	11 000.00					11 000.00	11 000.00											
1.取得不动产																							
合计		17 160 000.00	16 000 000.00		1 160 000.00	696 000.00	—	464 000.00	—	500 000.00	300 000.00	696 000.00	211 022.00		100 000.00	5 900 000.00							
办公楼1	1-3-6	10 500 000.00	10 000 000.00	5%	500 000.00	300 000.00	2016-8-12	200 000.00	2017-8-12	500 000.00	300 000.00	300 000.00	200 000.00	转出	100 000.00	5 900 000.00	98.33%						
办公楼2	1-3-13	6 660 000.00	6 000 000.00	11%	660 000.00	396 000.00	2016-5-6	264 000.00	2017-5-6			396 000.00	11 022.00				×						
2.改扩建及新建不动产																							
合计		2 981 000.00	2 600 000.00		381 000.00	233 000.00		148 000.00		381 000.00	233 000.00	233 000.00	148 000.00										
2.1扩建办公楼																							
基本情况				60%																			
小计		2 981 000.00	2 600 000.00		381 000.00	233 000.00		148 000.00		381 000.00	233 000.00	233 000.00	148 000.00										
购进货物		2 340 000.00	2 000 000.00	17%	340 000.00	204 000.00	2016-8-6	136 000.00	2017-8-6	340 000.00	204 000.00	204 000.00	136 000.00										
货物1	1-3-7	2 340 000.00	2 000 000.00	17%	340 000.00	204 000.00	2016-8-6	136 000.00	2017-8-6	340 000.00	204 000.00	204 000.00	136 000.00										
货物2				17%			×		×														
设计服务		530 000.00	500 000.00	6%	30 000.00	18 000.00	2016-8-2	12 000.00	2017-8-2	30 000.00	18 000.00	18 000.00	12 000.00										
设计1	1-3-7	530 000.00	500 000.00	6%	30 000.00	18 000.00	2016-8-2	12 000.00	2017-8-2	30 000.00	18 000.00	18 000.00	12 000.00										
设计2				6%			×		×														
建筑服务				11%																	1901-1-31		
建筑1				11%																	1901-1-31		
建筑2																					1901-1-31		
建筑3				11%																			

续表

项目分类	业务编号	价税合计	不含税金额	税率	税额合计	进项税额情况统计							改变用途净值换算			转出情况统计				转入情况统计		
						第一期抵扣金额	第一期抵扣时间	第二期抵扣金额	第二期抵扣时间	本期抵扣进项税	本期应抵扣金额	期末累计已抵扣金额	期末待抵扣税额	具体改变情形	已提折旧	不动产净值	不动产净值率	不得抵扣进项	转出已抵扣进项税	转出待抵扣进项税	可抵扣进项税 变为可抵扣进项税的日期	第一次抵扣日期 抵扣税额	第二次抵扣日期 抵扣税额	本期转入待抵扣税额
已抵进项的货物						×																	
货物1				17%		×																	
货物2				17%		×																	
货物3		111 000.00	100 000.00	17%	11 000.00	×				11 000.00	11 000.00	11 000.00											
其他成本费用	1-3-7	111 000.00	100 000.00	11%	11 000.00	11 000.00	2016-8-10																	
运输费																								
2.2新建综合办公楼																								
小计		2 340 000.00	2 000 000.00	—	340 000.00	340 000.00	用于不动产时间	—					136 000.00											
购进货物																								
货物1				17%		×																		
货物2				17%		×																		
设计服务				6%		×																		
设计1				6%		1901-1-31																		
设计2				6%		1901-1-31																		
建筑服务				11%		1901-1-31																		
建筑1				11%		1901-1-31																		
建筑2				11%		1901-1-31																		
建筑3		2 340 000.00	2 000 000.00	×	340 000.00	340 000.00	2016-8-25	136 000.00	2017-8-25				136 000.00									2016/6/25 136 000.00	2016/6/25 136 000.00	
已抵进项的货物	1-3-14	2 340 000.00	2 000 000.00	17%		×																		
货物1				17%		×																		
货物2																								
其他成本费用																								

（四）固定资产进项税额抵扣台账

见表 4-21。

甲建筑公司 8 月固定资产进项税额抵扣台账

表 4-21

填表部门：资产管理部　　填表人：×××　　填表日期：××××

类型	业务编号	基本情况							改变用途净值率计算				转出不得抵扣进项税	转入可抵扣进项税
		价税合计	不含税金额	税率	本期抵扣进项税额	入账时间	扣税凭证类型	转变用途时间	具体改变情形	已提折旧	固定资产净值	固定资产净值率		
总合计		9 360 000.00	8 000 000.00	—	1 360 000.00									
增值税专用发票		9 360 000.00	8 000 000.00	17%	1 360 000.00									
海关进口增值税专用缴款书				—										
其他				—										
1.直接购置														
合计		9 360 000.00	8 000 000.00	—	1 360 000.00									
固定资产1	1-3-8	9 360 000.00	8 000 000.00	17%	1 360 000.00	2016年8月	增值税专用发票				×			
2.在建工程														
合计														
固定资产工程1				17%										
小计				17%							×			
设备														
货物1				×										
货物2				3%										
其他成本费用				3%										
成本费用1														
成本费用2														

第四章 增值税纳税申报管理

（五）预缴税款台账

见表 4-22。

表 4-22

甲建筑公司 8 月预缴税款台账

序号	填报单位	项目或不动产名称	业务编号	项目所选计税方式	所在地（明确到市、区）	填报日期	当期计税收入	支付的分包款	已扣除的分包款	扣除分包款的发票号码	已预缴税款	预缴税款的完税凭证号
	合计						104 617 500.00	14 394 920.00	14 394 920.00		2 593 580.00	
	分项小计	A 项目		一般计税方法			53 280 000.00	5 883 000.00	5 883 000.00		854 000.00	
		B 项目		简易计税方法			24 720 000.00	8 511 920.00	8 511 920.00		472 080.00	
		C 房产		简易计税方法			367 500.00				17 500.00	
		D 房产		简易计税方法			26 250 000.00				1 250 000.00	
1	机构	C 房产	1-3-4	简易计税方法	C 省 ××市 ×××区	2016-8-5	367 500.00				17 500.00	××××××
2	机构	D 房产	1-3-1	简易计税方法	D 省 ××市 ×××区	2016-8-6	26 250 000.00				1 250 000.00	××××××
3	A 项目部	A 项目	1-1-6	一般计税方法	A 省 ××市 ×××区	2016-8-7		1 110 000.00	1 110 000.00	××××××		
4	A 项目部	A 项目	1-1-7	一般计税方法	A 省 ××市 ×××区	2016-8-8		4 440 000.00	4 440 000.00	××××××		
5	A 项目部	A 项目	1-1-8	一般计税方法	A 省 ××市 ×××区	2016-8-9	16 650 000.00	333 000.00	333 000.00	××××××	854 000.00	××××××
6	A 项目部	A 项目	1-1-14	一般计税方法	A 省 ××市 ×××区	2016-8-10	36 630 000.00					
7	A 项目部	A 项目	1-1-15	一般计税方法	A 省 ××市 ×××区	2016-8-11		8 511 920.00	8 511 920.00	××××××		
8	B 项目部	B 项目	1-2-1	简易计税方法	B 省 ××市 ×××区	2016-8-12	24 720 000.00				472 080.00	××××××
9	B 项目部	B 项目	1-2-3	简易计税方法								

（六）"应交税费"科目余额表

见表4-23。

表4-23 甲建筑公司8月应交税费余额表

一	二	三	四	五	科目设置	合计 借方	合计 贷方	合计 余额	机构小计 借方	机构小计 贷方	机构小计 余额	A项目小计 借方	A项目小计 贷方	A项目小计 余额	B项目小计 借方	B项目小计 贷方	B项目小计 余额
应交税费						24 905 207.20	23 653 232.40	-1 251 974.80	11 358 527.20	12 178 532.40	820 005.20	11 720 700.00	9 530 700.00	-2 190 000.00	1 825 980.00	1 944 000.00	118 020.00
1	一般计税应交增值税					9 297 907.20	9 297 907.20	0.00	3 659 287.20	3 659 287.20	0.00	5 366 700.00	5 366 700.00	0.00	271 920.00	271 920.00	0.00
		销项税额				0.00	6 398 700.00	6 398 700.00	0.00	1 117 000.00	1 117 000.00	0.00	5 281 700.00	5 281 700.00	0.00	0.00	0.00
			17%税率			0.00	1 106 700.00	1 106 700.00	0.00	1 105 000.00	1 105 000.00	0.00	1 700.00	1 700.00	0.00	0.00	0.00
				货物		0.00	86 700.00	86 700.00	0.00	85 000.00	85 000.00	0.00	1 700.00	1 700.00	0.00	0.00	0.00
				加工、修理修配劳务		0.00	0.00	0.00	0.00	0.00	0.00	0.00	0.00	0.00	0.00	0.00	0.00
				服务、不动产和无形资产		0.00	1 020 000.00	1 020 000.00	0.00	1 020 000.00	1 020 000.00	0.00	0.00	0.00	0.00	0.00	0.00
			13%税率			0.00	0.00	0.00	0.00	0.00	0.00	0.00	0.00	0.00	0.00	0.00	0.00
			11%税率			0.00	5 280 000.00	5 280 000.00	0.00	0.00	0.00	0.00	5 280 000.00	5 280 000.00	0.00	0.00	0.00
			6%税率			0.00	12 000.00	12 000.00	0.00	12 000.00	12 000.00	0.00	0.00	0.00	0.00	0.00	0.00
			转让金融商品			0.00	12 000.00	12 000.00	0.00	12 000.00	12 000.00	0.00	0.00	0.00	0.00	0.00	0.00
			其他			0.00	0.00	0.00	0.00	0.00	0.00	0.00	0.00	0.00	0.00	0.00	0.00
		进项税额				5 655 280.00	0.00	5 655 280.00	2 014 260.00	0.00	2 014 260.00	3 369 100.00	0.00	3 369 100.00	271 920.00	0.00	271 920.00
			17%税率			4 088 500.00	0.00	4 088 500.00	1 453 500.00	0.00	1 453 500.00	2 635 000.00	0.00	2 635 000.00	0.00	0.00	0.00
			固定资产			1 360 000.00	0.00	1 360 000.00	1 360 000.00	0.00	1 360 000.00	0.00	0.00	0.00	0.00	0.00	0.00
			有形动产租赁			510 000.00	0.00	510 000.00	0.00	0.00	0.00	510 000.00	0.00	510 000.00	0.00	0.00	0.00
			其他			2 218 500.00	0.00	2 218 500.00	93 500.00	0.00	93 500.00	2 125 000.00	0.00	2 125 000.00	0.00	0.00	0.00
			13%税率			143 000.00	0.00	143 000.00	0.00	0.00	0.00	143 000.00	0.00	143 000.00	0.00	0.00	0.00
			11%税率			836 220.00	0.00	836 220.00	3 300.00	0.00	3 300.00	561 000.00	0.00	561 000.00	271 920.00	0.00	271 920.00
			运输服务			11 000.00	0.00	11 000.00	0.00	0.00	0.00	11 000.00	0.00	11 000.00	0.00	0.00	0.00
			电信服务			3 300.00	0.00	3 300.00	3 300.00	0.00	3 300.00	0.00	0.00	0.00	0.00	0.00	0.00
			建筑安装服务			821 920.00	0.00	821 920.00	0.00	0.00	0.00	550 000.00	0.00	550 000.00	271 920.00	0.00	271 920.00
			不动产租赁服务			0.00	0.00	0.00	0.00	0.00	0.00	0.00	0.00	0.00	0.00	0.00	0.00
			受让土地使用权			0.00	0.00	0.00	0.00	0.00	0.00	0.00	0.00	0.00	0.00	0.00	0.00
			通行费			0.00	0.00	0.00	0.00	0.00	0.00	0.00	0.00	0.00	0.00	0.00	0.00
			其他			0.00	0.00	0.00	0.00	0.00	0.00	0.00	0.00	0.00	0.00	0.00	0.00

续表

一	二	三	四	五	科目设置	合计 借方	合计 贷方	合计 余额	机构小计 借方	机构小计 贷方	机构小计 余额	A项目小计 借方	A项目小计 贷方	A项目小计 余额	B项目小计 借方	B项目小计 贷方	B项目小计 余额
应交税费						24 905 207.20	23 653 232.40	-1 251 974.80	12 178 532.40	11 358 527.20	820 005.20	11 720 700.00	9 530 700.00	-2 190 000.00	1 825 980.00	1 944 000.00	118 020.00
	1				一般计税应交增值税	9 297 907.20	9 297 907.20	0.00	3 659 287.20	3 659 287.20	0.00	5 366 700.00	5 366 700.00	0.00	271 920.00	271 920.00	0.00
					进项税额	5 655 280.00	0.00	5 655 280.00	2 014 260.00	0.00	2 014 260.00	3 369 100.00	0.00	3 369 100.00	271 920.00	0.00	271 920.00
			6%税率														
					电信服务	46 200.00	0.00	46 200.00	23 400.00	0.00	23 400.00	22 800.00	0.00	22 800.00	0.00	0.00	0.00
					金融保险服务	420.00	0.00	420.00	420.00	0.00	420.00	0.00	0.00	0.00	0.00	0.00	0.00
					生活服务	6 240.00	0.00	6 240.00	3 240.00	0.00	3 240.00	3 000.00	0.00	3 000.00	0.00	0.00	0.00
					取得无形资产	2 340.00	0.00	2 340.00	540.00	0.00	540.00	1 800.00	0.00	1 800.00	0.00	0.00	0.00
					其他	0.00	0.00	0.00	0.00	0.00	0.00	0.00	0.00	0.00	0.00	0.00	0.00
			5%征收率														
					不动产租赁服务	37 200.00	0.00	37 200.00	19 200.00	0.00	19 200.00	18 000.00	0.00	18 000.00	0.00	0.00	0.00
					通行费	1 700.00	0.00	1 700.00	700.00	0.00	700.00	1 000.00	0.00	1 000.00	0.00	0.00	0.00
					其他	700.00	0.00	700.00	700.00	0.00	700.00	0.00	0.00	0.00	0.00	0.00	0.00
			3%征收率			1 000.00	0.00	1 000.00	0.00	0.00	0.00	1 000.00	0.00	1 000.00	0.00	0.00	0.00
					固定资产	6 570.00	0.00	6 570.00	270.00	0.00	270.00	6 300.00	0.00	6 300.00	0.00	0.00	0.00
					其他货物及加工修理修配劳务	0.00	0.00	0.00	0.00	0.00	0.00	0.00	0.00	0.00	0.00	0.00	0.00
					运输服务	3 000.00	0.00	3 000.00	0.00	0.00	0.00	3 000.00	0.00	3 000.00	0.00	0.00	0.00
					电信服务	0.00	0.00	0.00	0.00	0.00	0.00	0.00	0.00	0.00	0.00	0.00	0.00
					建筑安装服务	0.00	0.00	0.00	0.00	0.00	0.00	0.00	0.00	0.00	0.00	0.00	0.00
					金融保险服务	270.00	0.00	270.00	270.00	0.00	270.00	0.00	0.00	0.00	0.00	0.00	0.00
					有形动产租赁服务	0.00	0.00	0.00	0.00	0.00	0.00	0.00	0.00	0.00	0.00	0.00	0.00
					生活服务	0.00	0.00	0.00	0.00	0.00	0.00	0.00	0.00	0.00	0.00	0.00	0.00
					取得无形资产	300.00	0.00	300.00	0.00	0.00	0.00	300.00	0.00	300.00	0.00	0.00	0.00
					通行费	3 000.00	0.00	3 000.00	3 000.00	0.00	3 000.00	0.00	0.00	0.00	0.00	0.00	0.00
					其他	0.00	0.00	0.00	0.00	0.00	0.00	0.00	0.00	0.00	0.00	0.00	0.00
			1.5%征收率			90.00	0.00	90.00	90.00	0.00	90.00	0.00	0.00	0.00	0.00	0.00	0.00

续表

科目设置					合计			机构小计			A项目小计			B项目小计		
一	二	三	四	五	借方	贷方	余额	借方	贷方	余额	借方	贷方	余额	借方	贷方	余额
应交税费					24 905 207.20	23 653 232.40	-1 251 974.80	11 358 527.20	12 178 532.40	820 005.20	11 720 700.00	9 530 700.00	-2 190 000.00	1 825 980.00	1 944 000.00	118 020.00
	1 一般计税应交增值税				9 297 907.20	9 297 907.20	0.00	3 659 287.20	3 659 287.20	0.00	5 366 700.00	5 366 700.00	0.00	271 920.00	271 920.00	0.00
		进项税额			5 655 280.00	0.00	5 655 280.00	2 014 260.00	0.00	2 014 260.00	3 369 100.00	0.00	3 369 100.00	271 920.00	0.00	271 920.00
			用于购建不动产		533 000.00	0.00	533 000.00	533 000.00	0.00	533 000.00	0.00	0.00	0.00	0.00	0.00	0.00
				一次性抵扣	11 000.00	0.00	11 000.00	11 000.00	0.00	11 000.00	0.00	0.00	0.00	0.00	0.00	0.00
				分期抵扣	522 000.00	0.00	522 000.00	522 000.00	0.00	522 000.00	0.00	0.00	0.00	0.00	0.00	0.00
		进项税额转出			0.00	901 607.20	901 607.20	0.00	544 687.20	544 687.20	0.00	85 000.00	85 000.00	0.00	271 920.00	271 920.00
			免税项目用		0.00	0.00	0.00	0.00	0.00	0.00	0.00	0.00	0.00	0.00	0.00	0.00
			集体福利、个人消费		0.00	447 000.00	447 000.00	0.00	396 000.00	396 000.00	0.00	51 000.00	51 000.00	0.00	0.00	0.00
			非正常损失		0.00	35 700.00	35 700.00	0.00	1 700.00	1 700.00	0.00	34 000.00	34 000.00	0.00	0.00	0.00
			简易计税方法征税项目用		0.00	282 907.20	282 907.20	0.00	10 987.20	10 987.20	0.00	0.00	0.00	0.00	0.00	0.00
			免抵退税办法不得抵扣的进项税额		0.00	0.00	0.00	0.00	0.00	0.00	0.00	0.00	0.00	0.00	0.00	0.00
			纳税检查调减进项税额		0.00	0.00	0.00	0.00	0.00	0.00	0.00	0.00	0.00	0.00	0.00	0.00
			红字专用发票信息表注明的进项税额		0.00	136 000.00	136 000.00	0.00	136 000.00	136 000.00	0.00	0.00	0.00	0.00	0.00	0.00
			上期留抵税额抵减		0.00	0.00	0.00	0.00	0.00	0.00	0.00	0.00	0.00	0.00	0.00	0.00
			上期留抵税额退税		0.00	0.00	0.00	0.00	0.00	0.00	0.00	0.00	0.00	0.00	0.00	0.00
			其他		0.00	0.00	0.00	0.00	0.00	0.00	0.00	0.00	0.00	0.00	0.00	0.00
		销项税额抵减			0.00	0.00	0.00	0.00	0.00	0.00	0.00	0.00	0.00	0.00	0.00	0.00
		已交税金			1 997 600.00	1 997 600.00	0.00	1 997 600.00	1 997 600.00	0.00	1 997 600.00	0.00	1 997 600.00	0.00	0.00	0.00
		出口抵减内销产品应纳税额			0.00	0.00	0.00	0.00	0.00	0.00	0.00	0.00	0.00	0.00	0.00	0.00
		出口退税			0.00	0.00	0.00	0.00	0.00	0.00	0.00	0.00	0.00	0.00	0.00	0.00
		一般计税项目部结转			1 645 027.20	0.00	-1 645 027.20	1 645 027.20	1 997 600.00	-1 645 027.20	0.00	0.00	-1 997 600.00	0.00	0.00	0.00
		转出未交增值税			0.00	0.00	0.00	0.00	0.00	0.00	0.00	0.00	0.00	0.00	0.00	0.00
		转出多交增值税			0.00	0.00	0.00	0.00	0.00	0.00	0.00	0.00	0.00	0.00	0.00	0.00

续表

				科目设置		合计			机构小计			A项目小计			B项目小计		
一	二	三	四		五	借方	贷方	余额	借方	贷方	余额	借方	贷方	余额	借方	贷方	余额
1				应交税费		24 905 207.20	23 653 232.40	-1 251 974.80	11 358 527.20	12 178 532.40	820 005.20	11 720 700.00	9 530 700.00	-2 190 000.00	1 825 980.00	1 944 000.00	118 020.00
	2			简易计税应交增值税		2 721 080.00	2 721 080.00	495 840.00	2 001 080.00	2 001 080.00	0.00	0.00	0.00	0.00	720 000.00	720 000.00	0.00
				应纳税额计提		0.00	2 249 000.00	2 249 000.00	0.00	1 529 000.00	1 529 000.00	0.00	0.00	0.00	0.00	720 000.00	720 000.00
				5%征收率		0.00	1 527 500.00	1 527 500.00	0.00	1 527 500.00	1 527 500.00	0.00	0.00	0.00	0.00	0.00	0.00
				3%征收率		0.00	721 500.00	721 500.00	0.00	1 500.00	1 500.00	0.00	0.00	0.00	0.00	720 000.00	720 000.00
				应纳税额抵减		247 920.00	0.00	247 920.00	0.00	0.00	0.00	0.00	0.00	0.00	247 920.00	0.00	-247 920.00
				简易计税项目部结转		472 080.00	472 080.00	0.00	472 080.00	472 080.00	0.00	0.00	0.00	0.00	472 080.00	0.00	-472 080.00
				转出未交增值税		2 001 080.00	0.00	-2 001 080.00	2 001 080.00	0.00	-2 001 080.00	0.00	0.00	0.00	0.00	0.00	0.00
	3			减免税增值税		1 500.00	1 500.00	0.00	1 500.00	1 500.00	0.00	0.00	0.00	0.00	0.00	0.00	0.00
				减免税款		0.00	1 500.00	1 500.00	0.00	1 500.00	1 500.00	0.00	0.00	0.00	0.00	0.00	0.00
				减免税款项目部结转		0.00	1 500.00	-1 500.00	0.00	1 500.00	-1 500.00	0.00	0.00	0.00	0.00	0.00	0.00
				转出减免增值税		1 500.00	0.00	-1 500.00	1 500.00	0.00	-1 500.00	0.00	0.00	0.00	0.00	0.00	0.00
	4			预交增值税		3 919 660.00	2 593 580.00	2 593 580.00	2 593 580.00	2 593 580.00	0.00	0.00	0.00	0.00	0.00	0.00	0.00
				预交税款		2 593 580.00	0.00	2 593 580.00	1 267 500.00	0.00	1 267 500.00	854 000.00	0.00	-854 000.00	472 080.00	0.00	472 080.00
				项目部结转		1 326 080.00	0.00	1 326 080.00	1 326 080.00	0.00	1 326 080.00	854 000.00	0.00	-854 000.00	472 080.00	0.00	472 080.00
				一般计税		854 000.00	854 000.00	0.00	854 000.00	854 000.00	0.00	854 000.00	0.00	0.00	472 080.00	472 080.00	-472 080.00
				简易计税		472 080.00	472 080.00	0.00	472 080.00	472 080.00	0.00	0.00	0.00	0.00	472 080.00	472 080.00	-472 080.00
				转出预交增值税		0.00	2 593 580.00	-2 593 580.00	0.00	2 593 580.00	-2 593 580.00	0.00	0.00	0.00	0.00	0.00	0.00
	5			未交增值税		2 593 080.00	3 646 107.20	1 051 027.20	2 595 080.00	3 646 107.20	1 051 027.20	0.00	0.00	0.00	0.00	0.00	0.00
				结转一般计税		0.00	1 645 027.20	1 645 027.20	0.00	1 645 027.20	1 645 027.20	0.00	0.00	0.00	0.00	0.00	0.00
				结转简易计税		0.00	2 001 080.00	2 001 080.00	0.00	2 001 080.00	2 001 080.00	0.00	0.00	0.00	0.00	0.00	0.00
				结转减免增值税		1 500.00	0.00	-1 500.00	1 500.00	0.00	-1 500.00	0.00	0.00	0.00	0.00	0.00	0.00
				结转预交增值税		2 593 580.00	0.00	-2 593 580.00	2 593 580.00	0.00	-2 593 580.00	0.00	0.00	0.00	0.00	0.00	0.00
				缴纳增值税		0.00	0.00	0.00	0.00	0.00	0.00	0.00	0.00	0.00	0.00	0.00	0.00
	6			待确认转让金融商品应交增值税		0.00	0.00	0.00	0.00	0.00	0.00	0.00	0.00	0.00	0.00	0.00	0.00
	7			待结转增值税额		1 500 000.00	1 500 000.00	1 500 000.00	1 500 000.00	1 500 000.00	0.00	1 320 000.00	1 320 000.00	1 320 000.00	180 000.00	180 000.00	180 000.00
				一般计税		1 320 000.00	1 320 000.00	1 320 000.00	1 320 000.00	1 320 000.00	0.00	1 320 000.00	1 320 000.00	1 320 000.00	0.00	0.00	0.00
				简易计税		180 000.00	180 000.00	180 000.00	180 000.00	180 000.00	0.00	0.00	0.00	0.00	180 000.00	180 000.00	180 000.00

续表

科目设置					合计			机构小计			A项目小计			B项目小计		
一	二	三	四	五	借方	贷方	余额	借方	贷方	余额	借方	贷方	余额	借方	贷方	余额
					24 905 207.20	23 653 232.40	-1 251 974.80	11 358 527.20	12 178 532.40	820 005.20	11 720 700.00	9 530 700.00	-2 190 000.00	1 825 980.00	1 944 000.00	118 020.00
应交税费																
8	待转销项税额				1 950 000.00	1 950 000.00	0.00	0.00	0.00	0.00	1 650 000.00	1 650 000.00	0.00	300 000.00	300 000.00	0.00
	一般计税				1 650 000.00	1 650 000.00	0.00	0.00	0.00	0.00	1 650 000.00	1 650 000.00	0.00	0.00	0.00	0.00
	简易计税				300 000.00	300 000.00	0.00	0.00	0.00	0.00	0.00	0.00	0.00	300 000.00	300 000.00	0.00
9	待抵扣进项税额				836 000.00	604 978.00	231 022.00	496 000.00	264 978.00	231 022.00	340 000.00	340 000.00	0.00	0.00	0.00	0.00
	不动产 40%				484 000.00	252 978.00	231 022.00	484 000.00	252 978.00	231 022.00	0.00	0.00	0.00	0.00	0.00	0.00
	辅导期发票				0.00	0.00	0.00	0.00	0.00	0.00	0.00	0.00	0.00	0.00	0.00	0.00
	海关专用缴款书				340 000.00	340 000.00	0.00	0.00	0.00	0.00	340 000.00	340 000.00	0.00	0.00	0.00	0.00
	农产品收购或销售发票				0.00	0.00	0.00	0.00	0.00	0.00	0.00	0.00	0.00	0.00	0.00	0.00
	完税凭证				12 000.00	12 000.00	0.00	12 000.00	12 000.00	0.00	0.00	0.00	0.00	0.00	0.00	0.00
	其他				0.00	0.00	0.00	0.00	0.00	0.00	0.00	0.00	0.00	0.00	0.00	0.00
10	待认证增值税额				3 571 980.00	0.00	3 571 980.00	0.00	0.00	0.00	3 510 000.00	0.00	3 510 000.00	61 980.00	0.00	61 980.00
	一般计税				3 510 000.00	0.00	3 510 000.00	0.00	0.00	0.00	3 510 000.00	0.00	3 510 000.00	0.00	0.00	0.00
		已取得发票			1 700 000.00	0.00	1 700 000.00	0.00	0.00	0.00	1 700 000.00	0.00	1 700 000.00	0.00	0.00	0.00
		未取得发票			1 810 000.00	0.00	1 810 000.00	0.00	0.00	0.00	1 810 000.00	0.00	1 810 000.00	0.00	0.00	0.00
	简易计税				61 980.00	0.00	61 980.00	0.00	0.00	0.00	0.00	0.00	0.00	61 980.00	0.00	61 980.00
		已取得发票			0.00	0.00	0.00	0.00	0.00	0.00	0.00	0.00	0.00	0.00	0.00	0.00
		未取得发票			61 980.00	0.00	61 980.00	0.00	0.00	0.00	0.00	0.00	0.00	61 980.00	0.00	61 980.00
11	增值税留抵税额				0.00	0.00	0.00	0.00	0.00	0.00	0.00	0.00	0.00	0.00	0.00	0.00
12	增值税检查调整				0.00	0.00	0.00	0.00	0.00	0.00	0.00	0.00	0.00	0.00	0.00	0.00
	一般计税				0.00	0.00	0.00	0.00	0.00	0.00	0.00	0.00	0.00	0.00	0.00	0.00
	简易计税				0.00	0.00	0.00	0.00	0.00	0.00	0.00	0.00	0.00	0.00	0.00	0.00
13	代扣代交税费				12 000.00	12 000.00	0.00	12 000.00	12 000.00	0.00	0.00	0.00	0.00	0.00	0.00	0.00
	增值税				12 000.00	12 000.00	0.00	12 000.00	12 000.00	0.00	0.00	0.00	0.00	0.00	0.00	0.00
	城市维护建设税				0.00	0.00	0.00	0.00	0.00	0.00	0.00	0.00	0.00	0.00	0.00	0.00
	教育费附加				0.00	0.00	0.00	0.00	0.00	0.00	0.00	0.00	0.00	0.00	0.00	0.00
	地方教育费附加				0.00	0.00	0.00	0.00	0.00	0.00	0.00	0.00	0.00	0.00	0.00	0.00

三、申报表案例数据填报

按照纳税申报表的填报顺序，依据本节"二、申报表案例数据汇总"中增值税相关明细科目及各类管理台账的数据汇总结果，逐一讲解每张申报表的填写思路及结果。

（一）《预缴税款表》

根据预缴台账，甲建筑公司总机构业务中，【案例 1-3-1】销售不动产业务按政策规定需要在不动产所在地进行预缴，但根据国家税务总局公告 2016 年第 13 号文的规定无须填报预缴税款表。因此，甲建筑公司涉及向项目所在地或不动产所在地填报《预缴税款表》的事项共有三个，具体案例数据可对应《预缴税款台账》进行统计，以便填报。

1. 跨县（市、区）提供建筑服务——一般计税项目

案例 1-1 系列甲建筑公司在 A 省承接的 A 项目并成立 A 项目部，采用一般计税方法，因其与机构所在地 S 省不在同一县（市），所以 A 项目部需在 A 省×××市×××区进行预缴税款，填表示例见表 4-24 所列。

甲建筑公司 A 项目部 8 月预缴税款表   表 4-24

增值税预缴税款表

税款所属时间：2016 年 8 月 1 日 ~ 2016 年 8 月 31 日

纳税人识别号：123456789123456789　　　　　　是否适用一般计税方法：是 √ 否 □

纳税人名称		甲建筑公司	金额单位:元（列至角分）		
项目编号		××××××××××	项目名称		A 项目
项目地址		A 省×××市×××区×××			
一、预征项目					
预征项目和栏次		销售额	扣除金额	预征率	预征税额
		1	2	3	4
建筑服务	1	53 280 000.00	5 883 000.00	2%	854 000.00
销售不动产	2				
出租不动产	3				
	4				
	5				
合计	6	53 280 000.00	5 883 000.00		854 000.00

授权声明	如果你已委托代理人填报，请填写下列资料： 为代理一切税务事宜，现授权　　　（地址　　　）为本次纳税人的代理填报人，任何与本表有关的往来文件，都可寄予此人。 授权人签字：	填表人申明	以上内容是真实的、可靠的、完整的。 纳税人签字：

2. 跨县（市、区）提供建筑服务——简易计税项目

案例1-2系列甲建筑公司在B省承接的B项目并成立B项目部，采用简易计税方法，因其与机构所在地S省不在同一县（市），B项目部需在B省×××市×××区进行预缴税款，填表示例见表4-25所列。

甲建筑公司B项目部8月预缴税款表　　　　　　　　　　表4-25

增值税预缴税款表

税款所属时间：2016年8月1日～2016年8月31日

纳税人识别号：123456789123456789　　　　　　　是否适用一般计税方法：是 □ 否 √

纳税人名称：	甲建筑公司			金额单位：元（列至角分）	
项目编号	××××××××××			项目名称	B项目
项目地址	B省×××市×××区×××				
一、预征项目					

预征项目和栏次		销售额	扣除金额	预征率	预征税额
		1	2	3	4
建筑服务	1	24 720 000.00	8 511 920.00	3%	472 080.00
销售不动产	2				
出租不动产	3				
	4				
	5				
合计	6	24 720 000.00	8 511 920.00		472 080.00

授权声明	如果你已委托代理人填报，请填写下列资料： 为代理一切税务事宜，现授权　　　（地址　　　）为本次纳税人的代理填报人，任何与本表有关的往来文件，都可寄予此人。 授权人签字：	填表人申明	以上内容是真实的、可靠的、完整的。 纳税人签字：

3. 出租与机构所在地不在同一县（市）的不动产

【案例1-3-4】甲建筑公司总机构出租位于C省一处房产，因其与机构所在地S省不在同一县（市），总机构需在C省×××市×××区进行预缴税款，填表示例见表4-26所列。

甲建筑公司总机构出租C省房产预缴税款表　　　　　　表4-26

增值税预缴税款表

税款所属时间：2016年8月1日～2016年8月31日

纳税人识别号：123456789123456789　　　　　　　　是否适用一般计税方法：是 □ 否 √

纳税人名称：甲建筑公司			金额单位:元（列至角分）		
项目编号		—	项目名称		—
项目地址		C省×××市×××区×××			
一、预征项目					
预征项目和栏次		销售额	扣除金额	预征率	预征税额
		1	2	3	4
建筑服务	1				
销售不动产	2				
出租不动产	3	367 500.00		5%	17 500.00
	4				
	5				
合计	6	367 500.00			17 500.00
授权声明	如果你已委托代理人填报，请填写下列资料： 　为代理一切税务事宜，现授权　　　　（地址）　　　　为本次纳税人的代理填报人，任何与本表有关的往来文件，都可寄予此人。 授权人签字：		填表人申明	以上内容是真实的、可靠的、完整的。 纳税人签字：		

（二）《附列资料（三）》（服务、不动产和无形资产扣除项目明细）

甲建筑公司总机构【案例1-3-1】销售不动产业务、【案例1-3-2】销售土地使用权以及【案例1-3-4】出租不动产涉及填报《附列资料（三）》中"5%征收率的项目"，其中【案例1-3-2】销售土地使用权可扣除土地使用权的原价，需要填报扣除项目。

甲建筑公司 B 项目选择了简易计税方法，该项目涉及填报《附列资料（三）》中"3% 征收率的项目"，符合条件的分包款可作为扣除项目，反映在《附列资料（三）》扣除项目。具体案例数据可对应各张《销售业务统计表》进行统计，以便填报。

具体填表示例见表 4-27 所列。

甲建筑公司 8 月附列资料（三） 表 4-27

增值税纳税申报表附列资料（三）

（服务、不动产和无形资产扣除项目明细）

税款所属时间：自 2016 年 8 月 1 日 ~ 2016 年 8 月 31 日

纳税人名称：甲建筑公司（公章） 金额单位：元至角分

项目及栏次		本期服务、不动产和无形资产价税合计额（免税销售额）	服务、不动产和无形资产扣除项目				
			期初余额	本期发生额	本期应扣除金额	本期实际扣除金额	期末余额
		1	2	3	4=2+3	5（5≤1 且 5≤4）	6=4-5
17% 税率的项目	1						
11% 税率的项目	2						
6% 税率的项目（不含金融商品转让）	3						
6% 税率的金融商品转让项目	4						
5% 征收率的项目	5	37 077 500.00		5 000 000.00	5 000 000.00	5 000 000.00	
3% 征收率的项目	6	24 720 000.00		8 511 920.00	8 511 920.00	8 511 920.00	
免抵退税的项目	7						
免税的项目	8						

（三）《附列资料（一）》（本期销售情况明细）

甲建筑公司总机构、A 项目和 B 项目已统计的《销售业务统计表》，及已填报完成的《附列资料（三）》（服务、不动产和无形资产扣除项目明细），填报《附列资料（一）》（本期销售情况明细）。具体填表示例见表 4-28 所列。

第四章 增值税纳税申报管理

甲建筑公司 8 月附列资料（一）

增值税纳税申报表附列资料（一）

（本期销售情况明细）

税款所属时间：自 2016 年 8 月 1 日至 2016 年 8 月 31 日

表 4-28

纳税人名称：甲建筑公司（公章）　　　　　　　　　　　　　　　金额单位：元至角分

项目及栏次			开具增值税专用发票		开具其他发票		未开具发票		纳税检查调整		合计			服务、不动产和无形资产扣除项目本期实际扣除金额	扣除后	
			销售额	销项（应纳）税额	销售额	销项（应纳）税额	销售额	销项（应纳）税额	销售额	销项（应纳）税额	销售额	销项（应纳）税额	价税合计		含税（免税）销售额	销项（应纳）税额
			1	2	3	4	5	6	7	8	9=1+3+5+7	10=2+4+6+8	11=9+10	12	13=11-12	14=13÷(100%+税率或征收率)×税率或征收率
一、一般计税方法计税	全部征税项目	17%税率的货物及加工修理修配劳务	510 000.00	86 700.00							510 000.00	86 700.00		—	—	—
		17%税率的服务、不动产和无形资产			6 000 000.00	1 020 000.00					6 000 000.00	1 020 000.00	7 020 000.00	0.00	7 020 000.00	1 020 000.00
		13%税率			0.00	0.00					0.00	0.00	0.00	—	—	—
		11%税率	48 000 000.00	5 280 000.00							48 000 000.00	5 280 000.00	53 280 000.00	0.00	53 280 000.00	5 280 000.00
		6%税率					200 000.00	12 000.00			200 000.00	12 000.00	212 000.00	—	212 000.00	12 000.00
	其中即征即退项目	即征即退货物及加工修理修配劳务	—	—	—	—	—	—	—	—	—	—	—	—	—	—
		即征即退服务、不动产和无形资产	—	—	—	—	—	—	—	—	0.00	0.00	0.00	0.00	0.00	0.00
二、简易计税方法计税	全部征税项目	6%征收率	—	—	—	—	—	—	—	—	—	—	—	—	—	—
		5%征收率的货物及加工修理修配劳务			0.00	0.00					0.00	0.00	0.00	—	—	—
		5%征收率的服务、不动产和无形资产			35 311 904.76	1 765 595.24					35 311 904.76	1 765 595.24	37 077 500.00	5 000 000.00	32 077 500.00	1 527 500.00
		4%征收率									0.00	0.00	0.00	—	—	—
		3%征收率的货物及加工修理修配劳务			50 000.00	1 500.00					50 000.00	1 500.00	—	—	—	—
		3%征收率的服务、不动产和无形资产	24 000 000.00	720 000.00							24 000 000.00	720 000.00	24 720 000.00	8 511 920.00	16 208 080.00	472 080.00
	其中即征即退项目	即征即退货物及加工修理修配劳务	—	—	—	—	—	—	—	—	—	—	—	—	—	—
		即征即退服务、不动产和无形资产	—	—	—	—	—	—	—	—	—	—	—	—	—	—
		预征率 %	—	—	—	—	—	—	—	—	—	—	—	—	—	—
		预征率 %	—	—	—	—	—	—	—	—	—	—	—	—	—	—
		预征率 %	—	—	—	—	—	—	—	—	—	—	—	—	—	—
三、免抵退税		货物及加工修理修配劳务	—	—	—	—	—	—	—	—	—	—	—	—	—	—
		服务、不动产和无形资产	—	—	—	—	—	—	—	—	—	—	—	—	—	—
四、免税		货物及加工修理修配劳务	—	—	—	—	—	—	—	—	—	—	—	—	—	—
		服务、不动产和无形资产	—	—	0.00	—	—	—	—	—	0.00	—	0.00	—	0.00	0.00

(四)《附列资料(五)》(不动产分期抵扣计算表)

不动产的案例主要集中在甲建筑公司总机构,对于需要分期抵扣的填报《附列资料(五)》,无须分期抵扣的填报《进项税额结构表》。涉及的案例有【案例1-3-6】、【案例1-3-7】、【案例1-3-13】和【案例1-3-14】,下面结合案例对填表事宜进行逐一说明。

【案例1-3-6】总机构新购置办公楼,属于需要分期抵扣的不动产进项税。本期不动产增加的进项税额:1 050÷(1+5%)×5%=50(万元),本期抵扣:50×60%=30(万元);本期待抵扣进项税额:50×40%=20(万元)。

【案例1-3-7】总机构改造办公楼,预计改造支出超过账面原值60%,因此涉及的购进货物和设计服务、建筑服务需要分期抵扣的不动产进项税,其他支出无须分期抵扣,可一次性抵扣进项税额。具体抵扣情况见表4-29。

甲建筑公司8月不动产分期抵扣计算表(单位:万元)　　表4-29

购进项目	是否分期	支出金额 1	本期增加进项税额 2=1/(1+税率)×税率	本期抵扣金额 3=2×60%	本期待抵扣金额 4=2×40%
材料	分期	234.00	34.00	20.40	13.60
设计	分期	53.00	3.00	1.80	1.20
运输	不分期	11.10	1.10	1.10	

【案例1-3-13】总机构将2016年5月购置的办公楼改造为职工食堂,计算出不抵扣的进项税额64.8978万元,大于该不动产5月已抵扣进项税额39.6万元,因此将已抵扣的进项税额39.6万元进项税额转出,此数据需填报《附列资料(二)》,其余25.2978万元(64.8978-39.6)从待抵扣进项税额中扣减。

【案例1-3-14】总机构将2016年5月份购进的已全额抵扣的材料转用于新建办公楼。转用于不动产后,不能一次性抵扣,已抵扣的34万进项税中40%需作转出处理,转入待抵扣进项税额。转出的进项税13.6万元(34×40%)需填报《附列资料(二)》,同时填报《附列资料(五)》。

具体填报示例见表4-30所列。

甲建筑公司 8 月附列资料（五）　　　　　　　　　　　　表 4-30

增值税纳税申报表附列资料（五）

（不动产分期抵扣计算表）

税款所属时间：自 2016 年 8 月 1 日 ~ 2016 年 8 月 31 日

纳税人名称：甲建筑公司（公章）　　　　　　　　　　金额单位：元至角分

期初待抵扣不动产进项税额	本期不动产进项税额增加额	本期可抵扣不动产进项税额	本期转入的待抵扣不动产进项税额	本期转出的待抵扣不动产进项税额	期末待抵扣不动产进项税额
1	2	3 ≤ 1+2+4	4	5 ≤ 1+4	6=1+2-3+4-5
264 000.00	870 000.00	522 000.00	136 000.00	252 978.00	495 022.00

数据说明：

第 1 列：依据【案例 1-3-13】数据，不动产购置时放入待抵扣进项税额 66 万元 ×40%=26.40（万元）。

第 2 列：依据【案例 1-3-6】不动产购置时全额进项税额 50 万元，【案例 1-3-7】为新建不动产购进材料全额进项税额 34 万元，购进设计服务 3 万元，合计 87 万元。

第 3 列：依据【案例 1-3-6】、【案例 1-3-7】本期可抵扣进项税额按本期增加进项税额的 60% 计算。

第 4 列：依据【案例 1-3-14】将原全额抵扣的材料进行分期，40% 部分转入待抵扣 34×40%=13.6（万元）。

第 5 列：依据【案例 1-3-13】因用途改变计算的不得抵扣进项税，将原已抵扣进项税冲减为零后，不足部分继续冲减原计入待抵扣进项税部分。

第 6 列：依据公式计算，并与会计科目"应交税费 - 待抵扣进项税额 - 不动产 40%"核对。本书提供的应交税费科目余额表中，因未考虑期初涉及的【案例 1-3-13】数据，因此"应交税费 - 待抵扣进项税额 - 不动产 40%"科目期末余额为 231 022.00 元，与本列数据 495 022.00 元相差 264 000.00 元，系第 1 列【案例 1-3-13】数据。

（五）《进项税额结构表》

本表"税额"部分可依据会计科目"应交税费 - 一般计税应交增值税 - 进项税额"本期发生额填报，"金额"部分可根据税额对应税率或征收率反算出来。其中"用于购建不动产并一次性抵扣的进项"还可与不动产台账中的数据进行核对。

具体填表示例见表 4-31 所列。

甲建筑公司 8 月进项税额结构表　　　　　　　　　　表 4-31

本期抵扣进项税额结构明细表

税款所属时间：自 2016 年 8 月 1 日 ~ 2016 年 8 月 31 日

纳税人名称（公章）：甲建筑公司　　　　　　　　　　金额单位：元至角分

项目	栏次	金额	税额
合计	1=2+4+5+11+16+18+27+29+30	33 881 000.00	5 133 280.00
一、按税率或征收率归集（不包括购建不动产、通行费）的进项			
17% 税率的进项	2	24 050 000.00	4 088 500.00
其中：有形动产租赁的进项	3	3 000 000.00	510 000.00
13% 税率的进项	4	1 100 000.00	143 000.00
11% 税率的进项	5	7 602 000.00	836 220.00
其中：运输服务的进项	6	100 000.00	11 000.00
电信服务的进项	7	30 000.00	3 300.00
建筑安装服务的进项	8	7 472 000.00	821 920.00
不动产租赁服务的进项	9		
受让土地使用权的进项	10		
6% 税率的进项	11	770 000.00	46 200.00
其中：电信服务的进项	12	7 000.00	420.00
金融保险服务的进项	13	104 000.00	6 240.00
生活服务的进项	14	39 000.00	2 340.00
取得无形资产的进项	15		
5% 征收率的进项	16	14 000.00	700.00
其中：不动产租赁服务的进项	17	14 000.00	700.00
3% 征收率的进项	18	209 000.00	6 270.00
其中：货物及加工、修理修配劳务的进项	19	100 000.00	3 000.00
运输服务的进项	20		
电信服务的进项	21		
建筑安装服务的进项	22	9 000.00	270.00
金融保险服务的进项	23		
有形动产租赁服务的进项	24		
生活服务的进项	25		

续表

项目	栏次	金额	税额
取得无形资产的进项	26		
减按1.5%征收率的进项	27	6 000.00	90.00
	28		
二、按抵扣项目归集的进项			
用于购建不动产并一次性抵扣的进项	29	100 000.00	11 000.00
通行费的进项	30	30 000.00	1 300.00
	31		
	32		

（六）《固定资产抵扣表》

本表依据《固定资产进项税额抵扣台账》相关数据直接填报。具体填表示例见表4-32所列。

甲建筑公司8月固定资产抵扣表　　　　　　　　　　　表4-32

固定资产（不含不动产）进项税额抵扣情况表

纳税人名称（公章）：甲建筑公司　　　填表日期：2016年9月5日　　　金额单位：元至角分

项目	当期申报抵扣的固定资产进项税额	申报抵扣的固定资产进项税额累计
增值税专用发票	1 360 000.00	1 360 000.00
海关进口增值税专用缴款书		
合计	1 360 000.00	1 360 000.00

（七）《附列资料（二）》（本期进项税额明细）

本表为本期进项税额情况的明细统计表，需结合《附列资料（五）》、《进项税额结构表》，以及增值税认证系统相关数据综合填报。本表主要包含四部分内容，下面结合案例数据逐一进行填报讲解。

1. 申报抵扣的进项税额

见表4-33。

甲建筑公司 8 月附列资料（二）第一部分　　　　　表 4-33

增值税纳税申报表附列资料（二）

（本期进项税额明细）

税款所属时间：自 2016 年 8 月 1 日 ~ 2016 年 8 月 31 日

纳税人名称：甲建筑公司（公章）　　　　　　　　　　　　　　　金额单位：元至角分

一、申报抵扣的进项税额				
项目	栏次	份数	金额	税额
（一）认证相符的增值税专用发票	1=2+3	218	48 381 000.00	5 519 980.00
其中：本期认证相符且本期申报抵扣	2	218	48 381 000.00	5 519 980.00
前期认证相符且本期申报抵扣	3			
（二）其他扣税凭证	4=5+6+7+8	173	3 030 000.00	483 300.00
其中：海关进口增值税专用缴款书	5	2	2 000 000.00	340 000.00
农产品收购发票或者销售发票	6	5	1 000 000.00	130 000.00
代扣代缴税收缴款凭证	7	1	—	12 000.00
其他	8	165	30 000.00	1 300.00
（三）本期用于购建不动产的扣税凭证	9	16	12 500 000.00	870 000.00
（四）本期不动产允许抵扣进项税额	10	—	—	522 000.00
（五）外贸企业进项税额抵扣证明	11			
当期申报抵扣进项税额合计	12=1+4-9+10+11		38 911 000.00	5 655 280.00

数据说明：

第 1 栏：第 2 栏与第 3 栏之和。

第 2 栏：纳税人根据自身增值税认证系统中增值税专用发票认证相符的数据进行填报，特别是发票份数。

第 8 栏："税额"可从会计科目明细核算中归集取数，"金额"可依据税额反算得出。

第 9 栏："税额"可从《附列资料（五）》第 2 列直接取得，"金额"可依据《不动产进项税额抵扣台账》统计得出。

第 10 栏："税额"可从《附列资料（五）》第 3 列直接取得。

第 12 栏：根据公式计算得出，此数据应与会计科目"应交税费－一般计税应交增值税－进项税额"本期发生额相等，且应与《附列资料（五）》第 3 列与《进项税额结构表》第 1 栏税额之和相等。

2. 进项税额转出额

见表 4-34。

甲建筑公司8月份附列资料（二）第二部分　　　　　　　　表4-34

增值税纳税申报表附列资料（二）

（本期进项税额明细）

税款所属时间：自2016年8月1日~2016年8月31日

纳税人名称：甲建筑公司（公章）　　　　　　　　　　　　　金额单位：元至角分

二、进项税额转出额		
项目	栏次	税额
本期进项税额转出额	13=14至23之和	901 607.20
其中：免税项目用	14	
集体福利、个人消费	15	447 000.00
非正常损失	16	35 700.00
简易计税方法征税项目用	17	282 907.20
免抵退税办法不得抵扣的进项税额	18	
纳税检查调减进项税额	19	
红字专用发票信息表注明的进项税额	20	
上期留抵税额抵减欠税	21	
上期留抵税额退税	22	
其他应作进项税额转出的情形	23	136 000.00

数据说明：

本部分数据可依据会计科目"应交税费－一般计税应交增值税－进项税额转出"本期发生额填报。

3. 待抵扣进项税额

见表4-35。

甲建筑公司8月附列资料（二）第三部分　　　　　　　　表4-35

增值税纳税申报表附列资料（二）

（本期进项税额明细）

税款所属时间：自2016年8月1日~2016年8月31日

纳税人名称：甲建筑公司（公章）　　　　　　　　　　　　　金额单位：元至角分

三、待抵扣进项税额				
项目	栏次	份数	金额	税额
（一）认证相符的增值税专用发票	24	—	—	—
期初已认证相符但未申报抵扣	25	4	6 000 000.00	264 000.00
本期认证相符且本期未申报抵扣	26	16	12 500 000.00	348 000.00

345

续表

三、待抵扣进项税额				
项目	栏次	份数	金额	税额
期末已认证相符但未申报抵扣	27	21	20 500 000.00	495 022.00
其中：按照税法规定不允许抵扣	28			
（二）其他扣税凭证	29=30至33之和			
其中：海关进口增值税专用缴款书	30			
农产品收购发票或者销售发票	31			
代扣代缴税收缴款凭证	32		—	
其他	33			
	34			

数据说明：

待抵扣进项税额主要与不动产待抵扣部分相关。其中：

第25栏："税额"可从《附列资料（五）》第1列直接取得，"金额"可依据《不动产进项税额抵扣台账》统计得出。且此部分应与上期纳税申报表中第27栏相等。

第26栏：主要填报本期不动产认证相关待抵扣数据，"税额"为本表第9栏减去第10栏差额部分，"金额"与本表第9栏相等。

第27栏："税额"可从《附列资料（五）》第6列直接取得，"金额"可依据《不动产进项税额抵扣台账》统计得出。由于本期待抵扣进项税额转入、转出等特殊事项影响，此栏数据不一定等于第25栏加第26栏之和，此三栏数据间没有勾稽关系。

4. 其他

见表4-36。

甲建筑公司8月附列资料（二）第四部分　　　　表4-36

增值税纳税申报表附列资料（二）

（本期进项税额明细）

税款所属时间：自2016年8月1日 ~ 2016年8月31日

纳税人名称：甲建筑公司（公章）　　　　　　　　　　　　金额单位：元至角分

四、其他				
项目	栏次	份数	金额	税额
本期认证相符的增值税专用发票	35	218	48 381 000.00	5 519 980.00
代扣代缴税额	36	—	—	

数据说明：

非辅导期纳税人此部分数据应与本表第 1 栏数据相等。

（八）《附列资料（四）》（税额抵减情况表）

本表需分两步进行填报，第一步先根据上述总机构A项目部和B项目部《预缴税款表》填报；同时总机构【案例 1-3-1】销售不动产业务在不动产所在地预缴的税款，及【案例 1-3-10】支付税控设备的技术维护费 1 000 元需要填报《附列资料（四）》第 2 列；第二步需根据《主表》中第 33 栏"应纳税额合计"判断第 4 列"本期实际抵减税额"的填报。

具体填报示例见表 4-37 所列。

甲建筑公司 8 月附列资料（四） 表 4-37

增值税纳税申报表附列资料（四）
（税额抵减情况表）

税款所属时间：自 2016 年 8 月 1 日 ~ 2016 年 8 月 31 日

纳税人名称：甲建筑公司（公章） 金额单位：元至角分

序号	抵减项目	期初余额	本期发生额	本期应抵减税额	本期实际抵减税额	期末余额
		1	2	3=1+2	4≤3	5=3-4
1	增值税税控系统专用设备费及技术维护费		1 000.00	1 000.00	1 000.00	
2	分支机构预征缴纳税款					
3	建筑服务预征缴纳税款		1 326 080.00	1 326 080.00	1 326 080.00	
4	销售不动产预征缴纳税款		1 250 000.00	1 250 000.00	1 250 000.00	
5	出租不动产预征缴纳税款		17 500.00	17 500.00	17 500.00	

数据说明：

第 2 列：填报本期已预缴的各类税款，以及已发生税控相关支出。其中："增值税税控系统专用设备费及技术维护费"数据依据【案例 1-3-10】填报；"建筑服务预征缴纳税款"数据为 A 项目部与 B 项目部预缴税款之和；"销售不动产预征缴纳税款"数据依据【案例 1-3-1】填报；"出租不动产预征缴纳税款"数据依据【案例 1-3-4】填报，且填报的预缴税款数据应与《预缴税款台账》进行核对。

此外，本列数据涉及预缴税款部分，还应与会计科目"应交税费－预交增值税－预交税款"本期发生额进行核对。

第 4 列：此列数据需结合《主表》中相关数据进行判断，填报本表第 3 列数据与《主表》相关数据中的较小数。

（九）《减免税明细表》

本表主要分为两部分，第一部分为减税项目填报；第二部分为免税项目填报。"减税性质代码及名称"与"免税性质代码及名称"需根据国家税务总局发布的《减免税政策代码目录》分项目填报。

根据总机构【案例 1-3-10】支付税控设备的技术维护费 1 000 元，及【案例 1-1-18】处置使用过固定资产涉及填报《减免税明细表》减税部分；该部分需分两步进行填报，第一步先根据案例数据填报本表"一、减税项目"第 2 列；第二步需根据《主表》中第 33 栏"应纳税额合计"判断第 4 列"本期实际抵减税额"的填报。本案例中未涉及跨境提供建筑服务，因此本表免税部分不涉及填报。

具体填报示例见表 4-38 所列。

甲建筑公司 8 月减免税明细表　　　　　　　　　表 4-38

增值税减免税申报明细表

税款所属时间：自 2016 年 8 月 1 日 ~ 2016 年 8 月 31 日

纳税人名称（公章）：甲建筑公司　　　　　　　　　　金额单位：元至角分

减税性质代码及名称	栏次	期初余额	本期发生额	本期应抵减税额	本期实际抵减税额	期末余额
		1	2	3=1+2	4≤3	5=3-4
合计	1		1 500.00	1 500.00	1 500.00	
1129914 购置增值税税控系统专用设备抵减增值税	2		1 000.00	1 000.00	1 000.00	
1129924 已使用固定资产减征增值税	3		500.00	500.00	500.00	
	4					
	5					
	6					

续表

二、免税项目						
免税性质代码及名称	栏次	免征增值税项目销售额	免税销售额扣除项目本期实际扣除金额	扣除后免税销售额	免税销售额对应的进项税额	免税额
		1	2	3=1-2	4	5
合计	7					
出口免税	8		—	—	—	—
其中：跨境服务	9		—	—	—	—
	10					
	11					
	12					
	13					
	14					
	15					
	16					

数据说明：

第2列：表中数据涉及本期减免税款部分，应与会计科目"应交税费-减免增值税-减免税款"本期发生额进行核对。

（十）《主表》

本表用于"应纳税额"以及"本期应补（退）税额"的统计，主要包括三部分内容，分别为"销售额"、"税款计算"、"税款缴纳"，下面结合案例数据逐一进行填报讲解。

对于"即征即退项目"本表单独进行了统计，由于一般建筑企业不涉及即征即退相关业务，因此本书案例中未涉及，不涉及此项填报。

具体填报示例如下：

1. 销售额

见表4-39。

表 4-39

甲建筑公司 8 月申报表主表——销售额

增值税纳税申报表

（一般纳税人适用）

根据国家税收法律法规及增值税相关规定制定本表。纳税人不论有无销售额，均应按税务机关核定的纳税期限填写本表，并向当地税务机关申报。

税款所属时间：自 2016 年 8 月 1 日 ~ 2016 年 8 月 31 日　　　填表日期：2016 年 9 月 5 日

金额单位：元至角分

纳税人识别号	1 2 3 4 5 6 7 8 9				
纳税人名称	甲建筑公司				
所属行业：4704700					
开户银行及账号	×××××××××				
法定代表人姓名	××	登记注册类型	×××	注册地址	S省
				生产经营地址	S省
				有限责任公司	
				电话号码	

	项目	栏次	一般项目		即征即退项目	
			本月数	本年累计	本月数	本年累计
销售额	（一）按适用税率计税销售额	1	54 710 000.00	54 710 000.00	0.00	0.00
	其中：应税货物销售额	2	510 000.00	510 000.00		
	应税劳务销售额	3	0.00	0.00		
	纳税检查调整的销售额	4	0.00	0.00		
	（二）按简易办法计税销售额	5	59 361 904.76	59 361 904.76	0.00	0.00
	其中：纳税检查调整的销售额	6		0.00		
	（三）免、抵、退办法出口销售额	7	0.00	0.00	—	—
	（四）免税销售额	8	0.00	0.00	—	—
	其中：免税货物销售额	9		0.00	—	—
	免税劳务销售额	10		0.00	—	—

数据填报说明：

数据依据《附列资料（一）》填报，存在扣除项目的，应填报扣除前的不含税销售额。

2. 税款计算

见表 4-40。

表 4-40 甲建筑公司 8 月申报表主表——税款计算

增值税纳税申报表

（一般纳税人适用）

根据国家税收法律法规及增值税相关规定制定本表。纳税人不论有无销售额，均应按税务机关核定的纳税期限填写本表，并向当地税务机关申报。

税款所属时间：自 2016 年 8 月 1 日 ~ 2016 年 8 月 31 日　　填表日期：2016 年 9 月 5 日

金额单位：元至角分

纳税人识别号	1 2 3 4 5 6 7 8 9			所属行业	4704700		
纳税人名称	甲建筑公司			生产经营地址	S 省		
开户银行及账号	×××××××××			注册地址	S 省		
法定代表人姓名	×××			登记注册类型	有限责任公司		
		一般项目			即征即退项目		
项目	栏次	本月数	本年累计		本月数	本年累计	
销项税额	11	6 398 700.00	6 398 700.00		0.00	—	
进项税额	12	5 655 280.00	5 655 280.00		0.00	—	
上期留抵税额	13	901 607.20	901 607.20		—	—	
进项税额转出	14		0.00				
免、抵、退应退税额	15		0.00				
按适用税率计算的纳税检查应补缴税额	16						
应抵扣税额合计	17=12+13-14-15+16	4 753 672.80	—				
实际抵扣税额	18（如 17<11，则为 17，否则为 11）	4 753 672.80			0.00		
应纳税额	19=11-18	1 645 027.20	1 645 027.20		0.00		
期末留抵税额	20=17-18	0.00					
简易计税办法计算的应纳税额	21	2 001 080.00	2 001 080.00		0.00		
按简易计税办法计算的纳税检查应补缴	22		0.00				
应纳税额减征额	23	1 500.00	1 500.00				
应纳税额合计	24=19+21-23	3 644 607.20	3 644 607.20		0.00		

数据填报说明：

数据主要来源于《附列资料（一）》、《附列资料（二）》以及《减免税明细表》。

第11栏：来源于《附列资料（一）》中"一、一般计税方法计税"部分，且应与会计科目"应交税费－一般计税应交增值税－销项税额"本期发生额相符。

第12栏：来源于《附列资料（二）》中"一、申报抵扣的进项税额"部分第12栏，且应与会计科目"应交税费－一般计税应交增值税－进项税额"本期发生额相符。

第13栏：如上期纳税申报存在期末留抵税额，则此栏等于上期纳税申报表中本表第20栏数据。

第14栏：来源于《附列资料（二）》中"二、进项税额转出额"部分第13栏，且应与会计科目"应交税费－一般计税应交增值税－进项税额转出"本期发生额相符。

第19栏：按表中公式计算得出的一般计税方法部分的"应纳税额"，应与会计科目"应交税费－未交增值税－结转一般计税"本期发生额相符。

第21栏：来源于《附列资料（一）》中"二、简易计税方法计税"部分，且应与会计科目"应交税费－未交增值税－结转简易计税"本期发生额相符。

第23栏：来源于《减免税明细表》中"一、减税项目"部分，包含按照规定可在增值税应纳税额中全额抵减的增值税税控系统专用设备费用以及技术维护费，应与会计科目"应交税费－未交增值税－结转减免增值税"本期发生额相符。

第24栏：依据公式计算得出扣除减征额后的本期"应纳税额合计"。

3. 税款缴纳

见表4-41。

数据说明：

数据主要来源于《附列资料（四）》，用于计算纳税人"本期应补（退）税额"。其中：

第28栏：来源于《附列资料（四）》第4列。

第34栏：按公式计算得出"本期应补（退）税额"，应与会计科目"应交税费－未交增值税"期末余额核对。

第四章 增值税纳税申报管理

表 4-41

甲建筑公司 8 月份申报表主表——税款缴纳

增值税纳税申报表

（一般纳税人适用）

根据国家税收法律法规及增值税相关法规规定制定本表。纳税人不论有无销售额，均应按税务机关核定的纳税期限填写本表，并向当地税务机关申报。

税款所属时间：自 2016 年 8 月 1 日 ~ 2016 年 8 月 31 日　　填表日期：2016 年 9 月 5 日

金额单位：元至角分

纳税人识别号	1 2 3 4 5 6 7 8 9 ×××××××××				
纳税人名称	甲建筑公司	法定代表人姓名	×××	登记注册类型	×××
开户银行及账号	×××××××××	注册地址	S 省	生产经营地址	S 省
			有限责任公司	所属行业	4704700
				电话号码	×××××

	项目	栏次	一般项目		即征即退项目	
			本月数	本年累计	本月数	本年累计
税款缴纳	期初未缴税额（多缴为负数）	25				
	实收出口开具缴款书退税额	26				
	本期已缴税额	27=28+29+30+31	2 593 580.00	2 593 580.00	—	—
	①分次预缴税额	28	2 593 580.00	—	—	—
	②出口开具专用缴款书预缴税额	29				
	③本期缴纳上期应纳税额	30				
	④本期缴纳欠缴税额	31				
	期末未缴税额（多缴为负数）	32=24+25+26-27	1 051 027.20		—	—
	其中：欠缴税额（≥0）	33=25+26-27	—		—	—
	本期应补（退）税额	34=24-28-29	1 051 027.20			
	即征即退实际退税额	35				
	期初未缴查补税额	36				
	本期入库查补税额	37				
	期末未缴查补税额	38=16+22+36-37				

授权声明	如果你已委托代理人申报，请填写下列资料： 为代理一切税务事宜，现授权　　　　　（地址） 为本纳税人的代理申报人，任何与本申报表有关的往来文件，都可寄予此人。 授权人签字：	申报人声明	本纳税申报表是根据国家税收法律法规及相关规定填报的，我确定它是真实的、可靠的、完整的。 声明人签字：
主管税务机关：		接收人：	接收日期：

(十一)《税负分析表》

本表主要是为了了解营改增前后纳税人实际税负变化情况，本表填报对于为从事建筑、房地产、金融保险或生活服务等经营业务的纳税人，需区分应税项目逐一填写。

本表主要分为三部分，一是"项目及栏次"、二是"增值税"测算、三是"营业税"测算。具体填报示例见表4-42所列。

数据说明：

"应税项目代码及名称"依据国家税务总局公告2016年第30号附件《营改增试点应税项目明细表》分项目填报，本案例主要涉及了8个项目的填写，具体法规详见上表。

1."增值税"部分

第1列~第6列可依据《销售业务统计表》分项目填报。

第7列区分简易计税方法项目与一般计税方法项目填报，简易计税方法项目第7列直接等于第6列；一般计税方法项目需按各项目第6列销项税额占《主表》第11栏销项税额的比例，乘以《主表》第19栏一般计税应纳税额，得出各项目对应的"增值税应纳税额"。案例中大部分业务均涉及填报本表，但其中简易计税项目中【案例1-1-18】处置固定资产不涉及填报，一般计税项目中【案例1-1-17】、【案例1-1-19】不涉及填报，造成本表第7列合计数与《主表》第19栏和第21栏之和并不相等，此为正常差异。

2."营业税"部分：

依据各项目营业税下情况填报，并计算得出"营业税应纳税额"。

对比本表第7列与第14列数据，即可得出项目营改增前后的实际税负变化。本案例中"增值税应纳税额"合计为4 640 402.38元，"营业税应纳税额"合计为3 884 227.40元，即营改增后甲建筑公司实际税负上升了756 174.98元，主要是由于一般计税方法下的工程服务-A项目税负大幅上升造成的。

表 4-42

甲建筑公司 8 月增值税《税负分析表》
营改增税负分析测算明细表

纳税人名称：甲建筑公司（公章）

税款所属时间：自 2016 年 8 月 1 日 ~ 2016 年 8 月 31 日

金额单位：元至角分

应税项目代码及名称	项目及栏次	增值税税率或征收率	营业税税率	增值税							营业税						
				不含税销售额	销项（应纳）税额	价税合计	服务、不动产和无形资产扣除项目本期实际扣除金额	扣除后		增值税应纳税额（测算）	原营业税税制下服务、不动产和无形资产差额扣除项目					应税营业额	营业税应纳税额
								含税销售额	销项（应纳）税额		期初余额	本期发生额	本期应扣除金额	本期实际扣除金额	期末余额		
				1	2=1×增值税税率或征收率	3=1+2	4	5=3-4	6=5÷(100%+增值税税率或征收率)×增值税税率或征收率	7	8	9	10=8+9	11 (11≤3 且 11≤10)	12=10-11	13=3-11	14=13×营业税税率
合计	—	—	—	113 511 904.76	8 797 595.24	122 309 500.00	13 511 920.00	108 797 580.00	8 311 580.00	3 622 317.69	0.00	19 394 920.00	19 394 920.00	19 394 920.00	0.00	102 914 580.00	3 873 627.40
090100 销售不动产 建筑物		5%	5%	25 000 000.00	1 250 000.00	26 250 000.00	0.00	26 250 000.00	1 250 000.00	1 250 000.00	0.00	0.00	0.00	0.00	0.00	26 250 000.00	1 312 500.00
080300 土地使用权		5%	5%	9 961 904.76	498 095.24	10 460 000.00	5 000 000.00	5 460 000.00	260 000.00	260 000.00	0.00	5 000 000.00	5 000 000.00	5 000 000.00	0.00	5 460 000.00	273 000.00
060502 不动产经营租赁		5%	5%	350 000.00	17 500.00	367 500.00	0.00	367 500.00	17 500.00	17 500.00	0.00	0.00	0.00	0.00	0.00	367 500.00	18 375.00
040100 工程服务		3%	3%	24 000 000.00	720 000.00	24 720 000.00	8 511 920.00	16 208 080.00	472 080.00	472 080.00	0.00	8 511 920.00	8 511 920.00	8 511 920.00	0.00	16 208 080.00	486 242.40
060504 有形动产经营租赁		17%	5%	6 000 000.00	1 020 000.00	7 020 000.00	0.00	7 020 000.00	1 020 000.00	262 229.48	0.00	0.00	0.00	0.00	0.00	7 020 000.00	351 000.00
050100 贷款服务		6%	5%	200 000.00	12 000.00	212 000.00	0.00	212 000.00	12 000.00	3 085.05	0.00	0.00	0.00	0.00	0.00	212 000.00	10 600.00
040100 工程服务		11%	3%	48 000 000.00	5 280 000.00	53 280 000.00	0.00	53 280 000.00	5 280 000.00	1 357 423.17	0.00	5 883 000.00	5 883 000.00	5 883 000.00	0.00	47 397 000.00	1 421 910.00
060301 设计服务		6%	5%	0.00	0.00	0.00	0.00	0.00	0.00	0.00	0.00	0.00	0.00	0.00	0.00	0.00	0.00

附录 1

增值税税收法规目录

文件号	文件名称
财政部 国家税务总局令 2008 年第 50 号	《中华人民共和国增值税暂行条例实施细则》
财税〔2017〕37 号	《财政部 国家税务总局关于简并增值税税率有关政策的通知》
财税〔2016〕36 号	《财政部 国家税务总局关于全面推开营业税改征增值税试点的通知》
财税〔2016〕47 号	《财政部 国家税务总局关于进一步明确全面推开营改增试点有关劳务派遣服务、收费公路通行费抵扣等政策的通知》
财税〔2016〕86 号	《财政部 国家税务总局关于收费公路通行费增值税抵扣有关问题的通知》
财税〔2016〕140 号	《财政部 国家税务总局关于明确金融 房地产开发 教育辅助服务等增值税政策的通知》
财税〔2014〕57 号	《财政部 国家税务总局关于简并增值税征收率政策的通知》
财税〔2012〕39 号	《财政部 国家税务总局关于出口货物劳务增值税和消费税政策的通知》
财税〔2012〕15 号	《财政部、国家税务总局<关于增值税税控系统专用设备和技术维护费用抵减增值税税额有关政策的通知>》
财税〔2008〕170 号	《财政部 国家税务总局关于全国实施增值税转型改革若干问题的通知》
财税〔1986〕120 号	《财政部关于征收教育费附加几个具体问题的通知》
财综〔2010〕98 号	《财政部关于统一地方教育附加政策有关问题的通知》
国发〔1985〕19 号	《中华人民共和国城市维护建设税暂行条例》
国家税务总局公告 2017 年第 11 号	《国家税务总局关于进一步明确营改增有关征管问题的公告》
国家税务总局公告 2017 年第 3 号	《国家税务总局关于加强海关进口增值税抵扣管理的公告》
国家税务总局公告 2016 年第 75 号	《国家税务总局关于调整增值税一般纳税人留抵税额申报口径的公告》
国家税务总局公告 2016 年第 69 号	《国家税务总局关于在境外提供建筑服务等有关问题的公告》
国家税务总局公告 2016 年第 53 号	《国家税务总局关于营改增试点若干征管问题的公告》

续表

文件号	文件名称
国家税务总局公告 2016 年第 47 号	《国家税务总局关于红字增值税发票开具有关问题的公告》
国家税务总局公告 2016 年第 30 号	《国家税务总局关于营业税改征增值税部分试点纳税人增值税纳税申报有关事项调整的公告》
国家税务总局公告 2016 年第 29 号	《国家税务总局关于发布<营业税改征增值税跨境应税行为增值税免税管理办法（试行）>的公告》
国家税务总局公告 2016 年第 27 号	《国家税务总局关于调整增值税纳税申报有关事项的公告》
国家税务总局公告 2016 年第 23 号	《国家税务总局关于全面推开营业税改征增值税试点有关税收征收管理事项的公告》
国家税务总局公告 2016 年第 17 号	《国家税务总局关于发布<纳税人跨县（市、区）提供建筑服务增值税征收管理暂行办法>的公告》
国家税务总局公告 2016 年第 16 号	《国家税务总局关于发布<纳税人提供不动产经营租赁服务增值税征收管理暂行办法>的公告》
国家税务总局公告 2016 年第 15 号	《国家税务总局关于发布<不动产进项税额分期抵扣暂行办法>的公告》
国家税务总局公告 2016 年第 14 号	《国家税务总局关于发布<纳税人转让不动产增值税征收管理暂行办法>的公告》
国家税务总局公告 2016 年第 13 号	《国家税务总局关于全面推开营业税改征增值税试点后增值税纳税申报有关事项的公告》
国家税务总局公告 2015 年第 90 号	《国家税务总局关于营业税改征增值税试点期间有关增值税问题的公告》
国家税务总局公告 2014 年第 36 号	《国家税务总局关于简并增值税征收率有关问题的公告》
税总发〔2016〕127 号	《国家税务总局关于规范国税机关代开发票环节征收地方税费工作的通知》
国家税务总局、海关总署公告 2013 年第 31 号	《国家税务总局海关总署关于实行海关进口增值税专用缴款书"先比对后抵扣"管理办法有关问题的公告》
国税发〔2000〕187 号	《国家税务总局关于纳税人善意取得虚开的增值税专用发票处理问题的通知》
国税发〔2000〕182 号	《国家税务总局关于<国家税务总局关于纳税人取得虚开的增值税专用发票处理问题的通知>的补充通知》
国税发〔1997〕134 号	《国家税务总局关于纳税人取得虚开的增值税专用发票处理问题的通知》

附录 2

建筑企业增值税管理制度

第一章 总则

第一条 为适应建筑业营改增税制变革，规范公司增值税管理，明确管理责任，完善管理流程，强化相关基础工作，根据《中华人民共和国税收征收管理法》（中华人民共和国主席令第 49 号）、《中华人民共和国增值税暂行条例》（中华人民共和国国务院令第 134 号）、《中华人民共和国增值税暂行条例实施细则》（国家税务总局令第 50 号）、《关于全面推开营业税改征增值税试点的通知》（财税〔2016〕36 号）《中华人民共和国发票管理办法》（中华人民共和国国务院令第 587 号）、《中华人民共和国发票管理办法实施细则》（国家税务总局令第 25 号）、《国家税务总局关于修订<增值税专用发票使用规定>的通知》（国税发〔2016〕156 号）等相关规定制定。

第二条 结合建筑行业特点及集团公司的实际情况，制定本制度。

第三条 本制度适用于集团公司、各子、分公司及所属项目部。

第二章 增值税管理原则

第四条 依法管理原则。增值税管理应遵守税收法律、法规相关规定。

第五条 整体把控原则。集团公司以全局观的视角开展增值税管理工作，规范各纳税主体的管理要求，确保整体税收风险可控；平衡各纳税主体增值税税负，保障整体税收利益。

第六条 分工合作原则。增值税的业务管理涉及各个业务领域，应建立跨部门分工协作的工作机制，从业务前端抓好增值税管理，降低涉税风险、提升整体经济效益。

第七条 财税统一原则。增值税管理须充分考虑财务管理目标及企业发展战略，通过有效配置企业的资金和资源，达成财务管理与税务管理双受益的管理效果。

第三章　增值税管理体系

第八条　集团公司作为顶层管理机构，整体把控全层级增值税事项。负责制定增值税管理制度及相关配套办法；负责建立增值税管理体系；负责规范增值税发票管理工作；负责集团公司的增值税税金计算及申报缴纳；负责集团公司增值税税务筹划；负责对下属各级公司增值税管理进行监督检查；协助集团公司各机构所在地主管税务机关关系处理和协调。

第九条　各子、分公司作为基层管理机构，整体把控本公司及所属各项目的增值税管理事项；负责本公司及所属各项目的增值税税金计算及申报缴纳；负责增值税发票的管理；负责对所属项目部的增值税管理进行指导和监督；负责与主管税务机关沟通协调。

第十条　项目部作为基层执行机构，执行具体项目的增值税管理事项。负责项目的增值税预缴税金缴纳、增值税发票管理、预缴纳税信息传递等工作。

第四章　增值税管理职责及分工

第十一条　公司应建立相关业务部门分工协作的管理机制。

第十二条　财务管理部门增值税管理工作

制定增值税管理制度及相关管理办法；管理增值税发票；负责增值税会计核算、增值税申报缴纳等职责；办理增值税出口退税工作；设置增值税管理相关岗位，明确业务部门增值税管理职责；组织开展增值税相关专业培训；牵头进行增值税管理信息化建设工作；与税务机关的沟通，并配合税务机关的检查工作；监督增值税管理制度办法的具体执行。

第十三条　其他相关部门应配合财务管理部门做好增值税管理工作。

（一）战略规划部门：负责修订资质管理规定，调整各类工程项目的施工生产组织模式及业务流程；修订绩效考核相关管理制度，增加对增值税有效管理的相关内容。

（二）经营开发部门：负责业主信息收集、更新等管理；负责建立增值税测算模型，确定谈判价格区间；根据不同类型业主制定不同的定价原则和谈判策略；负责修订承包合同模板；负责修订经营开发相关管理制度。

（三）工程管理部门：按增值税下管理要求编制标后预算；负责分包管理，包括分包商信息管理及分包商选择；负责分包商增值税专用发票的获取、初步审核、保管及传递；负责修订分包合同模板；负责修订工程管理及成本管理相关管理制度。

（四）物资设备管理部门：物资、设备供应商梳理、信息管理及供应商选择；制定采购定价原则和谈判策略；负责机械设备租赁管理；负责修订物资、设备采购及租赁合同模板，并负责修订物资、设备相关管理制度等。

（五）投资部门：负责根据营改增相关要求调整投资项目的业务模式和业务流程，研究 BT/BOT/PPP 业务的增值税处理；修订 BT/BOT/PPP 业务相关合同模板。

（六）海外事业部门：协助财务部门落实境外项目可享受的增值税税收优惠政策；协助财务部门落实出口退税业务办理流程。

（七）人力资源部门：落实增值税管理人员、专用发票管理人员等岗位的人员配置；对新员工进行培训；协助财务部门做好增值税相关培训工作。

（八）法律事务部门：负责组织相关职能部门对各类合同模板进行修订；负责修订合同管理相关制度；牵头组织合同评审，督促相关职能部门按修订后的合同模板签订合同。

第五章　增值税发票管理

第十四条　项目部需开具专用发票的，应统一使用公司向主管税务机关领购的专用发票，并按照《增值税专用发票管理办法》规定的流程开具。

第十五条　空白增值税专用发票和取得的增值税扣税凭证视同现金管理，不得事先加盖发票专用章。

第十六条　专用发票的开具对象原则上为增值税一般纳税人，并且已在业主档案中备案。对非增值税一般纳税人业主应开具增值税普通发票。

第十七条　专用发票开具应以真实交易为基础，不得开具与实际经营业务不相符的专用发票，不得重复开具发票。

第十八条　取得的增值税专用发票等扣税凭证，应按照规定及时认证、抵扣、报账，确保充分抵扣。

第十九条　对于增值税专用发票逾期认证造成公司损失的，相关责任人员应承担赔偿责任。

第二十条　增值税普通发票参照《专用发票管理办法》进行管理。

第六章　增值税申报及缴纳

第二十一条　公司执行"项目部就地预缴，机构申报缴纳"的增值税纳税申报办法。

第二十二条　公司跨县（市）提供建筑服务，适用一般计税方法计税的，按月以取得的全部价款和价外费用扣除支付的分包款后的余额，按照2%的预征率在项目所在地预缴税款。

第二十三条　公司跨县(市)提供建筑服务,选择适用简易计税方法计税的,按月以取得的全部价款和价外费用扣除支付的分包款后的余额，按照3%的征收率在项目所在地预缴税款。

第二十四条　项目按月计算出项目应交增值税，每月向公司报送增值税相关资料。

第二十五条　公司应做好和项目部之间的信息沟通、预缴申报表的传递与核对工作、税金的上缴工作，确保申报纳税及时、准确、高效完成。

第七章　增值税税控系统

第二十六条　公司应在当地税务机关的指导下完成增值税税控机具的购买和安装。

第二十七条　公司和项目部应在税务机关的指导下下载专用软件进行抵扣凭证的抵扣认证。

第二十八条　具有增值税一般纳税人资格的公司应使用增值税防伪税控设备开具增值税发票。

第八章　增值税岗位设置

第二十九条　集团公司及各子、分公司应设置增值税主管，主要职责如下：

（一）负责增值税管理制度、税收体系、管理办法及工作流程的建立与完善，指导、监督相关工作的落实。

（二）组织研究国家及各地方增值税税收政策，提供税收政策解释。

（三）负责增值税税收筹划方案的编制工作，并监督实施。

（四）负责对外报送的纳税资料与文件的审核工作。

（五）负责各种税费凭证的审核工作。

（六）负责参与审核公司重大涉税合同。

（七）负责与国家及各地方税务主管机关进行高层对接和协调。

（八）负责组织税收方面的咨询与答疑服务工作。

（九）承办领导交办的其它工作。

第三十条 各级公司应设置增值税纳税申报岗，主要职责如下：

（一）负责增值税的会计核算。

（二）负责增值税的纳税申报及缴纳工作。

（三）负责出口退税的申报及管理。

（四）负责填报主管税务机关要求提供的税务信息。

（五）负责年度、季度、月度等定期税务分析报告及备查台账的编制。

（六）负责办理各种纳税证明文件。

第三十一条 各级公司应设置增值税发票管理岗，分为增值税发票开具管理岗和增值税扣税凭证管理岗。

（一）增值税发票开具管理岗，主要职责如下：

1. 负责办理增值税一般纳税人资格登记。

2. 负责办理防伪税控最高开票限额申请、防伪税控开票设备的申领、保管及维护、参加防伪税控开票学习。

3. 负责增值税发票的领购、分发、保管、开具与缴销。

（二）增值税扣税凭证管理岗，主要职责如下：

1. 负责增值税扣税凭证的取得、保管、传递及认证。

2. 负责扣税凭证台账登记管理。

3. 负责其他不可抵扣发票的管理。包括：增值税普通发票、机打普通发票、定额发票。

第三十二条 项目部应设置专门人员，负责增值税专用发票开票申请、扣税凭证的认证、保管与传递，增值税纳税预缴申报及预缴信息的传递、增值税发票与扣税凭证的台账登记管理等。

第三十三条 岗位设置应遵循不相容职责分离的原则，负责开具发票的人员不得同时负责发票专用章的使用和管理。

第九章 罚则

第三十四条 对于未按规定报送资料、申报纳税、缴纳税款、使用发票及办理其他涉税事宜，或者发生偷税、抗税、骗税等行为的，公司依照《中华人民共和国税收征收管理法》及其实施细则等有关规定处理；涉嫌犯罪的，移交司法机关处理。

第三十五条 对于未按增值税暂行条例规定管理增值税专用发票的，公司应视情节轻重给予警告、罚款、通报、记过，直至开除等处罚；对于故意虚开增值税专用发票的行为，一经发现，相关责任人员应立即下岗，情节严重的，移交司法机关处理。

第十章 附则

第三十六条 本办法自 2016 年 5 月 1 日起开始实施。

第三十七条 本办法中的有关规定，如遇国家会计、税收政策发生变化，与本制度有冲突的，则按照税务部门的新政策执行，本制度中有关条款自动废止。

附录 3

建筑企业增值税专用发票管理办法

第一章 总则

第一条 为规范集团公司及各子、分公司开具增值税专用发票（以下简称"专用发票"）的管理，强化相关基础工作，明确专用发票管理责任，完善管理流程，建立满足税务部门监管要求的专用发票管理体系，根据《中华人民共和国发票管理办法》（中华人民共和国国务院令第 587 号）、《中华人民共和国发票管理办法实施细则》（国家税务总局令第 37 号）、《国家税务总局关于修订＜增值税专用发票使用规定＞的通知》（国税发〔2016〕156 号）、《国家税务总局关于简化增值税发票领用和使用程序有关问题的公告》（国家税务总局公告 2014 年第 19 号）、《关于全面推开营业税改征增值税试点的通知》（财税〔2016〕36 号）、《国家税务总局关于全面推行增值税发票系统升级版有关问题的公告》（国家税务总局公告 2015 年第 19 号），以及有关发票管理规定（以下简称"国家税法"），结合公司实际情况，制定本办法。

第二条 本办法所称专用发票是指增值税一般纳税人（以下简称"一般纳税人"）销售货物、服务、无形资产或者不动产开具的发票，是购买方支付增值税额并可按照增值税有关规定据以抵扣增值税进项税额的凭证。

第三条 本办法适用于集团公司及其各子、分公司（以下简称"公司"）和项目部。

第二章 专用发票管理原则

第四条 合法合规原则

（一）税务会计核算健全，能准确核算增值税销项税额、进项税额、应纳税额及提供其他有关的税务机关要求准备的增值税税务资料。

（二）增值税发票的领购、保管、开具、取得、传递、作废、缴销等环节严格按照税法相关规定和本管理办法执行。

第五条 风险可控原则

（一）程序可控：增值税专用发票管理流程严格按本办法执行；

（二）人员可控，增值税专用发票的领购、保管、开具、取得、传递、作废、缴销应由专人管理；

（三）设备可控：严格管理税控相关设备和保管发票相关设施；

（四）监督可控，设内部税务审计岗位，对增值税发票的管理定期检查。

第六条 统一领导、分级管理原则

增值税专用发票由公司统一管理，并根据实际情况对下属各单位的发票情况进行监督管理。

第三章 专用发票的领购和分发

第七条 公司申请认定为一般纳税人，应综合考虑业务规模等因素向当地税务机关申请专用发票最高限额及最高申购数量。

第八条 首次领购专用发票需先向主管税务机关办理防伪税控初始发行，领购增值税专用发票应提供的资料为：发票购领簿；税控盘（或金税盘IC卡）；发票专用章；经办人身份证明；税务机关要求提供的其他资料。专用发票必须向税务机关领购，不得向其他单位和个人购买。

第九条 除首次外，领购专用发票前须完成抄报税，专用发票领用采取验旧换新方式，每次领购时依据属地主管税务机关的要求，经财务经理审批后，由发票管理岗统一申请领取。

第十条 发票领购后需要读入系统方能进行开票。

第十一条 对于存在主、分开票服务器的纳税人，需将主开票服务器上的发票信息分发至分开票服务器，分机从主机上获得分配的发票后需读入分机的开票系统后方能开具发票。

第十二条 分开票机需将不需要的增值税专用发票退回至主开票机，分机不能直接到税务机关购买和退回发票。

第四章 专用发票的开具原则

第十三条 公司销售货物、服务、不动产或无形资产时，应当向索取专用发票的客户开具专用发票，并在专用发票上分别注明销售额和销项税额。开具专用发票的客户应为增值税一般纳税人。

第十四条 专用发票开具应以真实交易为基础，不得开具与实际经营业务不相符的专用发票，严禁专用发票虚开行为。虚开发票是指：

（一）为他人、为自己开具与实际经营业务情况不符的发票。

（二）让他人为自己开具与实际经营业务情况不符的发票。

（三）介绍他人开具与实际经营业务情况不符的发票。

第十五条 公司严禁用本单位专用发票为其他单位代开，或者让其他单位为本单位代开发票。

第十六条 公司应根据实际发生的业务类型开具专用发票，开具项目应根据税法规定据实填写，其中涉及不同税率的业务按各自适用的税率分别开具。

第十七条 专用发票打印前，必须将机内发票号码、字轨与机外纸质发票号码、字轨核对一致。

第十八条 开具发票应当按照规定的时限、顺序、栏目，全部联次一次性如实开具，并加盖发票专用章。开具发票时必须做到：

（一）项目齐全，与实际交易相符。

（二）字迹清楚，不得压线、错格。

（三）发票联和抵扣联必须加盖发票专用章。

（四）按照增值税纳税义务的发生时间开具。

第十九条 销售货物、服务、不动产或无形资产可汇总开具专用发票。汇总开具专用发票的，同时使用防伪税控系统开具《销售货物或者提供应税劳务清单》，并加盖发票专用章。

第二十条 如已开具普通发票，需更换为专用发票，需将普通发票退回并作废后，方可重新开具专用发票。

第二十一条 下列情形不得开具增值税专用发票：

（一）向消费者个人销售货物、服务、无形资产或不动产的。

（二）适用免征增值税规定的应税行为。

（三）销售旧货或者转让使用过的固定资产，按简易办法依3%的征收率减按2%征收增值税的。

（四）实行增值税退（免）税办法的增值税零税率应税服务的。

（五）其他按税法规定不得开具增值税专用发票的。

第五章　专用发票的开具流程

第二十二条　项目部经办人员应填写《开票申请单》，并经项目部负责人审批后上传至公司财务主要负责人审批，审批后由增值税发票人员进行开具。

第二十三条　项目部相关人员需按照实际业务填写并审批《开票申请单》，公司相关人员需要对《开票申请单》进行严格审核，主要包括申请资料的完整性及程序的合规性。

第二十四条　项目部上传《开票申请单》时应一并提供客户的开票信息。

（一）对需要开具增值税专用发票的客户，首次开具应准确提供客户的开票信息。

（二）对于客户开票信息发生重大变化的，应在开票申请上注明，并提供变更后的开票信息。

（三）核对无误的客户信息及时录入增值税防伪税控系统客户库，并可通过网络建立共享模式与本公司其他管理人员共享，方便信息录入。

第二十五条　开票人员收到《开票申请单》和开票信息后，应审核相关开票资料，仔细核对无误后，方可开具增值税专用发票，并在增值税发票登记台账做好相应记录。

第二十六条　项目部相关业务人员应主动到公司财务管理部门领取其申请开具的发票；已开具的发票，经项目部相关业务人员复核无误后，在发票登记簿上签字领取发票相应联次。

第二十七条　项目部相关人员无法领取发票，需要邮寄增值税专用发票的，应准确提供收件人地址，公司开票人员邮寄发票后，应保存邮寄存根以备查询。

若在邮寄过程中发生增值税专用发票丢失，相关业务人员及寄件人应及时按规定处理，如果因此导致税款损失相关人员应承担责任。

第二十八条　项目部收到公司财务管理部门开具的发票后，对客户拒收的发票，业务部门应在不迟于接到拒收通知后 × 日内退还发票至财务管理部门，财务管理部门应在 × 日重新开具发票。

第六章　专用发票作废及红字发票的开具

第二十九条　发生以下情况，可进行专用发票作废处理：

（一）开具专用发票时发现开票有误，应将此专用发票立即作废。

（二）发生业务返销、开票有误等情形，当月收到退回专用发票的发票联、抵扣联，未抄报税且未记账，并且客户未认证或认证结果无法通过。

第三十条 开具发票已经跨月的不能进行作废处理。

第三十一条 对于需作废的专用发票，应在税务系统中将相应的数据电文按作废处理，在纸质专用发票（含未打印的专用发票）各联次上注明"作废"字样，全联次保存。

第三十二条 同时具有下列情形的，为本规定所称作废条件：

（一）收到退回的发票联、抵扣联时间未超过销售方开票当月。

（二）销售方未抄税并且未记账。

（三）购买方未认证或者认证结果为"纳税人识别号认证不符"或"专用发票代码、号码认证不符"的。

第三十三条 开具专用发票后，发生销货退回、销售折让，或因开票有误、应税服务终止以及发票抵扣联、发票联均无法认证等情形但不符合作废条件的，需要开具红字专用发票。

（一）专用发票已交付客户的，由客户去当地税务机关申请《开具红字增值税专用发票通知单》或在增值税发票系统升级版中填开并上传《开具红字增值税专用发票信息表》(以下简称《通知单》和《信息表》)，依据客户提供的《通知单》或《信息表》在防伪税控系统中以销项负数开具红字发票，红字专用发票应与《通知单》或《信息表》一一对应。

（二）专用发票尚未交付客户或客户拒收的，应在专用发票认证期限内在增值税发票系统升级版中填开并上传《信息表》，税务机关对《信息表》内容进行系统校验通过后，方可开具红字专用发票。部分地区未实行增值税发票系统升级版的，根据主管税务机关的要求向其申请《通知单》，依据《通知单》开具红字发票。

第三十四条 需要开具红字专用发票时，项目部应先填写《红字专用发票申请单》并附客户提供相应发票的《通知单》或《信息表》，经相关负责人审批后上传至公司，经发票管理岗登记红字专用发票开具台账后，开具红字专用发票。

第七章 专用发票的丢失和缴销

第三十五条 空白专用发票丢失时，负责保管专用发票的人员应在发现丢失当日，撰写书面报告，报告中应包含丢失专用发票的纳税人名称、发票份数、专用发票号码等情况;应当于发现丢失当日书面报告税务机关,并在指定的报刊等传播媒介上公告声明作废;发票管理人员应填报《发票丢失被盗登记表》,持报税盘,按照主管税务机关要求办理电子发票退回或作废手续。

第三十六条 丢失已开具专用发票的发票联和抵扣联的处理。丢失情形包括:我方已开具专用发票交付客户前丢失和客户取得我方专用发票后丢失的。

(一)如果丢失前已认证相符的,客户需凭我方提供的相应专用发票记账联复印件及我方所在地主管税务机关出具的《丢失增值税专用发票已报税证明单》,经客户方主管税务机关审核同意后,作为增值税进项税额的抵扣凭证;

(二)如果丢失前未认证的,客户需凭我方提供的相应专用发票记账联复印件到主管税务机关进行认证,认证相符的凭该专用发票记账联复印件及我方所在地主管税务机关出具的《丢失增值税专用发票已报税证明单》,经客户方主管税务机关审核同意后,可作为增值税进项税额的抵扣凭证。

(三)我方视情况可协助客户办理相关手续。

第三十七条 对丢失专用发票的相关责任人视情节严重程度,按照法律法规及公司相关管理规定进行处理。

第三十八条 在发生公司注销、变更税务登记、取消一般纳税人资格或专用发票改版等情况时,应按主管税务机关的要求办理专用发票缴销。发票管理人员应在税务系统中进行缴销处理。

第八章 专用发票的日常管理

第三十九条 公司应委派专人,按税务相关要求存放、保管专用发票和增值税防伪税控系统及相关专用设备。专用发票应在保险柜存放,并配备必要的防潮、防火、防盗、应急照明灯等设施。

(一)专用发票,包括:未开具的空白增值税专用发票、已开具的增值税专用发票存根联和已开具尚在本公司范围内传递的增值税专用发票。

(二)增值税防伪税控系统,包括:专用设备和通用设备、运用数字密码和电子存储技术管理专用发票的计算机管理系统。其中专用设备,是指金税卡、读卡器或金税盘和报税盘。

第四十条 增值税发票管理岗应全面掌握专用发票领、用、存情况,做到手续齐全、责任清晰。

第四十一条 空白专用发票视同现金支票管理,且不得事先加盖发票专用章。财务管理部门负责人是专用发票安全管理的第一责任人。

第四十二条 增值税发票管理人员不得有以下行为：

（一）转借、转让、介绍他人转让发票、发票监制章和发票防伪专用品。

（二）知道或者应当知道是私自印制、伪造、变造、非法取得或者废止的发票而受让、开具、存放、携带、邮寄、运输。

（三）拆本使用发票。

（四）扩大发票使用范围。

（五）以其他凭证代替发票使用。

（六）不得跨规定的使用区域携带、邮寄、运输空白发票。

第四十三条 已开具专用发票的记账联（含红字发票）、作废票三联、专用发票登记簿等资料应视同会计凭证进行管理；专用发票纸质资料应及时整理装订成册，保管期限为 30 年。如已实现信息系统管理的，则相关电子信息保管期限同上。

第四十四条 专用发票纸质资料在保存期满后，报经税务机关查验后销毁。销毁前必须编制销毁发票清册，经财务负责人和单位负责人签字盖章。

第九章 专用发票监管

第四十五条 公司应按照主管税务机关要求定期上报专用发票使用情况，主动接受主管税务部门监管。

第四十六条 公司应建立健全专用发票管理监督机制，定期对专用发票管理情况进行检查，确保专用发票管理合法规范。

第四十七条 发生增值税专用发票虚开的，公司将追究相关负责人责任，涉及税务机关罚款的，由相关责任人承担；涉嫌刑事犯罪的，依法移交司法机关进行处理。

第四十八条 增值税普通发票的管理，参照增值税专用发票相关规定执行。

第十章 附则

第四十九条 本办法自 2016 年 5 月 1 日起实施。

第五十条 本办法中的有关规定，如遇国家税收政策变化，与税法规定有冲突的，按照税务部门的新政策执行，有关条款自动废止。

附录 4

建筑企业增值税扣税凭证管理办法

第一章 总则

第一条 为规范公司增值税扣税凭证的管理,强化相关基础工作,明确增值税抵扣的管理责任,完善管理流程,根据《中华人民共和国发票管理办法》(中华人民共和国国务院令第 587 号)、《中华人民共和国发票管理办法实施细则》(国家税务总局令第 37 号)、《国家税务总局关于修订<增值税专用发票使用规定>的通知》(国税发〔2016〕156 号)、《国家税务总局关于纳税信用 A 级纳税人取消增值税发票认证有关问题的公告》(国家税务总局公告 2016 年第 7 号)、《国家税务总局关于简化增值税发票领用和使用程序有关问题的公告》(国家税务总局公告 2014 年第 19 号)、《国家税务总局关于纳税人认定或登记为一般纳税人前进项税额抵扣问题的公告》(国家税务总局公告 2015 年第 59 号)、《国家税务总局关于按照纳税信用等级对增值税发票使用实行分类管理有关事项的公告》(国家税务总局公告 2016 年第 71 号)以及有关发票管理规定(以下简称"国家税法规定"),结合公司实际情况,制定本办法。

第二条 本办法适用于集团公司及其各子、分公司(以下简称"公司")和项目部。

第二章 扣税凭证定义

第三条 增值税扣税凭证是指公司作为一般纳税人购买货物、服务、无形资产和不动产获得的增值税专用发票等凭证。

第四条 增值税扣税凭证的类型包括增值税专用发票、海关进口增值税专用缴款书、农产品收购发票、农产品销售发票、税控机动车销售统一发票和税收缴款书。

第五条 上述各类扣税凭证具体是增值税专用发票抵扣联、海关进口增值税专用缴款书抵扣联、税控机动车销售统一发票抵扣联、农产品收购/销售发票和中华人民共和国税收缴款书的本联次（以下简称"扣税凭证"）。

第三章 管理原则

第六条 合法合规原则

（一）符合一般纳税人登记资格的，应及时办理一般纳税人资格登记。

（二）取得一般纳税人资格后，应当严格按照税法的相关要求健全会计核算，准确提供主管税务机关要求的各项税务资料，依据税法的要求进行扣税凭证的管理。

第七条 应抵尽抵原则。对属于增值税应税范围内且用于可抵扣项目的各类业务，均应取得扣税凭证，实现增值税进项税额的充分抵扣，取得的扣税凭证需符合税法相关规定。

第八条 及时抵扣原则

（一）业务人员在取得扣税凭证后，应在 × 日将扣税凭证传递至扣税凭证管理岗；

（二）扣税凭证管理岗收到扣税凭证后在 × 日进行认证；未通过认证的扣税凭证原则上不能发起报账。

第九条 业务部门负责原则

（一）业务部门是扣税凭证的接收部门。

（二）在签订涉及增值税业务的合同时，应明确要求对方提供增值税专用发票等扣税凭证。

（三）及时获得扣税凭证并负责经手保管，配合扣税凭证管理岗工作。

第四章 取得及提交

第十条 公司与供应商签订的应税业务合同应做到价税分离，即：明确不含税价款及增值税额；合同条款应明确约定供应商必须提供增值税专用发票等扣税凭证（含税务机关代开发票）。对于应开具专用发票而未开具的，应按不含税价款结算。

第十一条 业务人员在办理采购货物、服务、无形资产和不动产时，应主动向对方索取增值税扣税凭证，取得的抵扣凭证应当合法合规，保证合同流向、货物流向、资金流向和发票流向一致。

第十二条 业务人员严禁取得代开、虚开的增值税扣税凭证，一经发现，由相关人员承担责任。

第十三条 公司应明确"先取得发票，后付款"的底线管理原则。对于应提供专用发票而未提供专用发票的，业务人员应要求对方开具专用发票；如确实无法取得专用发票，应做详细说明，并由相关人员承担责任。

第十四条 业务人员在取得合法扣税凭证后，为保证其认证和抵扣，应对下列项目进行审核：

（一）字迹是否清晰、是否有压线、错格。

（二）项目填写是否齐全。

（三）发票联和抵扣联是否加盖发票专用章。

（四）将扣税凭证与合同比对，查看是否符合合同的约定；扣税凭证上显示的开票方是否与合同相对方信息一致。

第十五条 为避免折痕、污迹等影响认证，扣税凭证经手人员应妥善保管扣税凭证，确保扣税凭证安全、完整、清晰、不折叠、不装订、不粘贴、不签字。

第十六条 对于因不可抗力，业务人员取得扣税凭证时距到期日已在30天内的情况，应尽快完成传递，扣税凭证管理岗应优先进行认证、抵扣。

第五章 认证及抵扣

第十七条 扣税凭证须在规定的抵扣期限完成认证和申报抵扣工作。扣税凭证应在开具之日起360天（2017年7月1日前开具的为180天）内办理认证。

第十八条 扣税凭证管理岗对收到的扣税凭证原则上应在×个工作日内完成认证。

第十九条 扣税凭证管理岗在进行认证时，如检查税务管理系统中的录入信息与票面无误且两次认证仍未通过，可提交税务机关申请稽核比对。

第二十条 稽核比对仍未通过的，不得作为增值税进项税额的扣税凭证。扣税凭证管理岗应通知业务经办人换取发票，业务经办人需做好配合工作。

第二十一条 对于认证相符的扣税凭证，扣税凭证管理岗应生成核算凭证。认证通过的当月按照增值税有关规定核算当期进项税额并申报抵扣。

第二十二条 公司纳税信用登记为A、B级的，销售方使用增值税发票系统升级版开具的增值税发票（包括增值税专用发票、机动车销售统一发票，下同），可以不进行扫描认证，通过增值税发票税控开票软件登录增值税发票查询平台，查询、选择用于申报抵扣或者出口退税的增值税发票信息。认证时要注意核对电子信息和纸质发票信息，选择部分发票认证时要对未认证的纸质发票进行标识。

第二十三条 通过增值税发票查询平台未查询到对应发票信息的，仍需进行扫描认证。

第二十四条 对认证相符的专用发票抵扣联、《认证结果通知书》和《认证结果清单》按月装订成册。增值税进项发票等扣税凭证。

第二十五条 增值税一般纳税人发生真实交易但由于客观原因造成增值税扣税凭证未按期申报抵扣的，可向主管税务机关申请办理逾期抵扣。

第二十六条 对于扣税凭证逾期认证造成公司损失的，相关责任人员应按损失的税款承担赔偿责任。

第二十七条 下列项目取得扣税凭证的进项税额不得抵扣：

（1）用于简易计税方法计税项目、免征增值税项目、集体福利或者个人消费的购进货物、加工修理修配劳务、服务、无形资产和不动产。其中涉及的固定资产、无形资产、不动产，仅指专用于上述项目的固定资产、无形资产（不包括其他权益性无形资产）、不动产。纳税人的交际应酬消费属于个人消费。

（2）非正常损失的购进货物，以及相关的加工修理修配劳务和交通运输服务。

（3）非正常损失的在产品、产成品所耗用的购进货物（不包括固定资产）、加工修理修配劳务和交通运输服务。

（4）非正常损失的不动产，以及该不动产所耗用的购进货物、设计服务和建筑服务。

（5）非正常损失的不动产在建工程所耗用的购进货物、设计服务和建筑服务。

（6）购进的旅客运输服务、贷款服务、餐饮服务、居民日常服务和娱乐服务。

（7）向贷款方支付的与该笔贷款直接相关的投融资顾问费、手续费、咨询费等费用。

（8）财政部和国家税务总局规定的其他情形。

第六章 凭证丢失

第二十八条 扣税凭证丢失时由直接保管人承担相应责任。

第二十九条　丢失已开具专用发票的发票联和抵扣联，且丢失前已认证相符的，由业务人员负责协调与供应商联系，取得相应专用发票记账联复印件（加盖发票专用章）及供应商主管税务机关出具的《丢失增值税专用发票已报税证明单》，并及时传递给扣税凭证管理岗，作为增值税进项税额的抵扣凭证。专用发票记账联复印件和《证明单》留存备查，按照扣税凭证归档要求进行管理。

第三十条　丢失已开具专用发票的发票联和抵扣联，如果丢失前未认证的，由业务人员负责协调与供应商联系，取得相应专用发票记账联复印件（加盖发票专用章）及供应商所在地主管税务机关出具的《证明单》，并及时传递给扣税凭证管理岗，扣税凭证管理岗凭销售方提供的相应专用发票记账联复印件进行认证，认证相符的，可凭专用发票记账联复印件及供应商主管税务机关出具的《证明单》，作为增值税进项税额的抵扣凭证。

第三十一条　丢失已开具专用发票的抵扣联的，如果丢失前已认证相符的，可使用专用发票的发票联复印件留存备查；如果丢失前未认证的，可使用专用发票的发票联认证，专用发票的发票联复印件留存备查。

第三十二条　丢失已开具专用发票的发票联的，可将专用发票抵扣联作为记账凭证，专用发票抵扣联复印件留存备查。

第三十三条　对于丢失除增值税专用发票外的扣税凭证，应取得对方记账联的复印件并加盖对方发票专用章后，留存备查。

第七章　特殊业务处理

第三十四条　发生销售退回、开票有误、折让等情形，应根据税务机关要求，办理发票作废或红字增值税专用发票手续，业务人员应配合扣税凭证管理岗做好相关工作。

第三十五条　善意取得的虚开增值税专用发票，是指购货方与销售方存在真实的交易，销售方使用的是其所在省（自治区、直辖市和计划单列市）的专用发票，专用发票注明的销售方名称、印章、货物数量、金额及税额等全部内容与实际相符，且没有证据表明购货方知道销售方提供的专用发票是以非法手段获得的。

第三十六条　对于善意取得的虚开增值税专用发票，不允许抵扣进项税，已经抵扣的进项税需作进项税转出，并要求供应商重新换开增值税专用发票或赔偿相关税款损失。供应商不能重新换开发票或赔偿损失的，由相关责任人承担损失。

第三十七条 恶意取得虚开增值税专用发票的，由相关责任人承担损失，并依法移交司法机关处理。

第八章 附则

第三十八条 本办法自 2016 年 5 月 1 日起开始实施。

第三十九条 本办法中的有关规定，如遇国家会计、税收政策发生变化，与本制度有冲突的，则按照税务部门的新政策执行，本制度中有关条款自动废止。

附录 5

建筑企业增值税纳税申报管理办法

第一章 总则

第一条 为了适应国家对建筑行业重大税制改革的要求，规范企业内部增值税的申报缴纳行为，保证建筑企业机构与项目部能够顺利完成纳税申报工作，根据《关于全面推开营业税改征增值税试点的通知》（财税〔2016〕36号）和《关于发布＜纳税人跨县（市、区）提供建筑服务增值税征收管理暂行办法＞的公告》（国家税务总局公告2016年第17号）相关规定，特制定本办法。

第二条 本办法适用于集团公司及其各子、分公司（以下简称"公司"）和项目部。

第三条 术语释义。除另有规定外，本办法中下列术语应解释为：

（一）跨县（市、区）提供建筑服务

跨县（市、区）提供建筑服务是指单位和个体工商户在其机构所在地以外的县（市、区）提供建筑服务。

（二）一般计税方法应纳税额

一般计税方法的应纳税额是指当期销项税额抵扣当期进项税额后的余额。应纳税额计算公式：应纳税额 = 当期销项税额 − 当期进项税额

当期销项税额小于当期进项税额不足抵扣时，其不足部分可以结转下期继续抵扣。

（三）简易计税方法应纳税额

简易计税方法的应纳税额，是指按照销售额和增值税征收率计算的增值税额，不得抵扣进项税额。应纳税额计算公式：应纳税额 = 销售额 × 征收率

第四条 建筑企业跨县（市）提供建筑服务，如果跨省，应按规定分项目开具《外出经营活动税收管理证明》（以下简称"外管证"），如果不跨省，应根据机构所在地省级税务机关的规定，确定是否办理外管证。

《外管证》有效期限一般不超过180天，建筑企业在申请开具《外管证》时，

可以按照建筑工程合同期限申请确定《外管证》的有效期限。

第五条 建筑企业（一般纳税人）发生下列特殊情形可选择简易计税方法。

（一）一般纳税人为建筑工程老项目提供的建筑服务

建筑工程老项目是指：《建筑工程施工许可证》注明的合同开工日期在2016年4月30日前的建筑工程项目；未取得《建筑工程施工许可证》的，建筑工程承包合同注明的开工日期在2016年4月30日前的建筑工程项目。

注：一般纳税人发生上述行为，可以选择适用简易计税方法计税，但一经选择，36个月内不得变更。

（二）一般纳税人为甲供工程提供的建筑服务

甲供工程指全部或部分设备、材料、动力由工程发包方自行采购的建筑工程。

（三）一般纳税人以清包工方式提供的建筑服务

以清包工方式提供建筑服务，是指施工方不采购建筑工程所需的材料或只采购辅助材料，并收取人工费、管理费或者其他费用的建筑服务。

第六条 建筑企业的纳税期限为1个月，自期满之日起15日内申报纳税。

第七条 建筑企业跨县（市、区）提供建筑服务，向建筑服务发生地主管国税机关预缴税款，向机构所在地主管国税机关申报纳税。

第二章 简易计税项目申报管理

第八条 建筑企业跨县（市、区）提供建筑服务，应按照工程项目分别计算应预缴税款，分别预缴。

各项目部应按月以取得的全部价款和价外费用扣除支付的分包款后的余额，按照3%征收率计算应预缴税款。扣除后余额为负数的，可结转下次预缴税款时继续扣除。

第九条 预缴税款计算

应预缴税款=（全部价款和价外费用-支付的分包款）÷（1+3%）×3%

（一）销售额确认口径

建筑企业各项目部按月确认的全部价款和价外费用，包括已开票销售额及已到纳税义务发生时间但尚未开票的销售额。

各项目部实际收款开票与合同约定时间、比例不一致的，应设立备查账簿管理。

各项目部根据项目本期销售额确认情况，区分是否已开具发票及发票开具种类等，填报《××项目销售额信息统计表》。

（二）分包扣税凭证

建筑企业计算预缴时扣除支付的分包款，应当取得符合法律、行政法规和国家税务总局规定的合法有效凭证，否则不得扣除。合法有效凭证包括：

1. 从分包方取得的2016年5月1日后开具的，备注栏注明建筑服务发生地所在县（市、区）、项目名称的增值税发票。

2. 从分包方取得的2016年4月30日前开具的建筑业营业税发票，此建筑业营业税发票在2016年6月30日前可作为预缴税款的扣除凭证。

3. 国家税务总局规定的其他凭证。

（三）审批预缴税款

项目部财务人员在计算完本期应预缴的税款后，应按公司具体业务流程，经公司相关部门审批后，进行预缴申报并缴纳税款。

第十条 项目部预缴申报。

（一）预缴提交的资料：

1. 与发包方签订的建筑合同复印件。

2. 与分包方签订的分包合同复印件。

3. 从分包方取得的发票复印件。

《增值税预缴税款表》一式三份，一份留税务机关备查，一份留项目部备查，一份上报机构备查。

（二）预缴申报完成时间

为保证建筑企业按期完成纳税申报，各项目部应在次月×日前完成本项目增值税预缴申报，并及时缴纳税款。

（三）向机构传递数据资料

各项目部应建立预缴税款台账，并在建筑服务发生地主管国税机关完成预缴申报后，×个工作日内将下列数据资料传递给机构：

1. 预缴税款台账，要求逐笔登记本期申报全部收入、本期已开具发票收入、本期未开具发票收入、本期开具上期收入发票金额、本期支付的分包款、本期已扣除的分包款、扣除分包款的发票号码、本期尚未扣除结转下期扣除的分包款、已预缴税款以及预缴税款的完税凭证号码等相关内容。

2.《增值税预缴税款表》（原件）。

3. 预缴税款完税凭证（原件）。

第三章 一般计税项目申报管理

第十一条 销项税额的管理。

（一）销售额确认口径

建筑企业各项目部按月确认的全部价款和价外费用，包括已开票销售额及已到纳税义务发生时间但尚未开票的销售额。

各项目部实际收款开票与合同约定时间、比例不一致，应设立备查账。

（二）确认本期销售额

各项目部根据项目本期销售额确认情况，区分是否已开具发票及发票开具种类等，填报《××项目销售额信息统计表》。

第十二条 进项税额管理。

（一）各项目部确认可抵扣的进项税

各项目部汇总本月已认证的增值税专用发票，并根据用途确认已认证抵扣的专用发票是否可认证抵扣。确认后将本月可抵扣的进项税汇总填报《进项税信息统计表》。

对于进项税的认证可考虑采用以下两种方式：

1. 扫描认证方式。安装抵扣联采集系统软件及扫描仪，通过扫描方式将发票录入软件，并上传认证。在认证通过的次月1日起，机构可直接查询打印项目部发票的认证结果。

2. 平台采用电子信息手段，将各项目部获取的进项税及对应专用发票信息上传至机构，通过文件导入的形式在增值税发票查询平台实现批量勾选，批量勾选确认后完成与增值税发票查询平台中专用发票信息的比对工作。

（二）各项目部确认需要转出的进项税

各项目部在月底根据用途确定需要进行进项税转出的金额，确认后将本月需转出的进项税额作账，机构申报时直接按进项税转出账面取数填报。

（三）项目部定期上传纸质资料

各项目部按月将以下资料装订成册，并定期（按月/季）将纸质资料传递到机构：

1. 符合抵扣条件且在本期申报抵扣的增值税专用发票（含税控机动车销售统一发票）的抵扣联。

2. 符合抵扣条件且在本期申报抵扣的海关进口增值税专用缴款书、购进农产品取得的普通发票的复印件。

3. 从取得的全部价款和价外费用中扣除价款的合法凭证及其清单（简易计税方法对应项目）。

（四）机构汇总形成进项税抵扣信息

机构汇总《进项税信息统计表》，包括进项税抵扣和进项税转出相关数据，并将与税控系统中认证的进项税金额进行核对，同时与财务账面相应科目数据进行核对，核对无误形成本期申报抵扣的进项税。

第十三条 项目预缴申报

（一）预缴规定

建筑企业跨县（市、区）提供建筑服务，应按照工程项目分别计算应预缴税款，分别预缴。

各项目部应按月以取得的全部价款和价外费用扣除支付的分包款后的余额，按照2%的预征率计算应预缴税款。扣除后余额为负数的，可结转下次预缴税款时继续扣除。

（二）税款计算公式

应预缴税款 =（全部价款和价外费用 - 支付的分包款）÷（1+11%）×2%

支付的分包款凭增值税发票（包括普通发票）即可在预缴时扣除。

（三）其他事项

预缴时销售额确认口径、分包扣税凭证要求、预缴申报的管理及上报机构审批预缴税额等事项见简易计税项目的申报。

第四章 总机构纳税的申报管理

第十四条 机构根据各项目部汇总情况填报增值税纳税申报表。具体流程如下：

（一）收集项目数据资料

每月×日前要求各项目部上报预缴数据资料，包括预缴税款台账、《增值税预缴税款表》、预缴税款完税凭证及其他税务机关要求的留存资料。

（二）汇总数据核对

机构对项目部上报数据进行汇总，将本期销售额、已支付分包款、已扣除分包款、已预缴税款等项与账面进行核对。核对无误的填报本单位增值税纳税申报表；核对有误的，与项目部沟通查明原因，确定无误再进行申报表填报。

对于一般计税项目，根据进项税及进项税转出等科目核对《进项税信息统计表》和"进项税转出会计核算账面数据"。

（三）预缴税款的抵减

项目部向建筑服务发生地主管国税机关预缴的增值税税款，可以由机构在当期增值税应纳税额中抵减，抵减不完的，结转下期继续抵减。以预缴税款抵减应纳税额，应以完税凭证作为合法有效凭证。

（四）申报表填写

机构应根据公司汇总数据填报增值税纳税申报表及附表，并与财务汇总数据核对一致。

（五）申报缴纳

机构填报完成申报表后，应将主表中本期应补（退）税额与账面数据进行核对，核对无误后进行申报并完成税款缴纳。

第十五条 税款清算。

建筑企业跨省（自治区、直辖市或者计划单列市）提供建筑服务，在机构所在地申报纳税时，计算的应纳税额小于已预缴税额，且差额较大的，应向国家税务总局进行申请，由国家税务总局通知建筑服务发生地省级税务机关，在一定时期内暂停预缴增值税。

第五章 纳税申报资料管理

第十六条 纳税申报成功后，机构应将纳税申报表及附表和其他纳税资料，装订成册，按会计凭证保管规定的要求进行保存。

第十七条 机构应保存的纳税申报资料具体包括：

（一）预缴税款台账，要求逐笔登记本期申报全部收入、本期已开具发票收入、本期未开具发票收入、本期开具上期收入发票金额、本期支付的分包款、本期已扣除的分包款、扣除分包款的发票号码、本期尚未扣除结转下期扣除的分包款、已预缴税款以及预缴税款的完税凭证号码等相关内容。

（二）《增值税预缴税款表》（原件）。

（三）预缴税款完税凭证（原件）。

（四）符合抵扣条件且在本期申报抵扣的增值税专用发票（含税控机动车销售统一发票）的抵扣联。

（五）符合抵扣条件且在本期申报抵扣的海关进口增值税专用缴款书、购进农产品取得的普通发票的复印件。

（六）从取得的全部价款和价外费用中扣除价款的合法凭证及其清单（简易计税方法对应项目）。

（七）税务机关要求的其他资料。

第六章 附则

第十八条 本办法自 2016 年 5 月 1 日起开始实施。

第十九条 本办法中的有关规定，如遇国家会计、税收政策发生变化，与本制度有冲突的，则按照税务部门的新政策执行，本制度中有关条款自动废止。